디지털
미디어와
페미니즘

머리말

새로운 기술, 오래된 불평등을 만나다

이희은 · 채석진

페미니즘을 이야기하지 않고 2018년을 되돌아볼 수 있을까. 민주주의를 향한 촛불혁명 이후 우리의 삶이 조금씩 나아지고 있다고 믿던 와중에도 오래된 차별과 불평등과 폭력은 사회의 한 구석에 똬리를 튼 채 커나가고 있었다. 그러던 2018년 초, 종편 텔레비전 뉴스 인터뷰에 피해자들이 얼굴을 드러내며 한국 사회의 다양한 권력이 행한 성폭력을 폭로하면서 그 무시무시한 똬리는 모습을 드러내기 시작했다. 이후 이어진 사회 여러 분야의 고발과 폭로는 수많은 여성들의 몸에 각인되어 있는 일상적인 성폭력 경험과 공명하며, 성폭력을 재생산하고 있는 성적 불평등을 근절시키기 위한 구조적, 제도적 개선을 요구하는 집회로 확산되어왔다. 디지털 미디어는 이러한 반反성폭력 페미니즘 운동이 조직 및 확산되는 과정에서 중추적인 역할을 하고 있다. 역사상 처음 있는 일이라고는 할 수 없지만 역사상 처음 목격하는 방식으로, 성차별과 성폭력에 대한 고발과 저항이 널리 퍼져나갔다. 어느 한 사람의 힘이나 어느 한 조직의 운동이 아닌 모두가 함께 하는 페미니즘. 2018년은 여성의 삶과 페미니즘의 역사에 그런 해로 기록될 것이다.

이 책은 미디어와 문화를 연구하는 학자들의 관점으로 바라본 오늘날 여성의 삶과 페미니즘 전개의 기록이다. 그리고 페미니즘과 함께 기억될 2018년에 대한 여성 커뮤니케이션 학자들의 작은 움직임이기도 하다. 세상은 빠르게 변화하고, 테크놀로지와 미디어에 대한 논의도 그에 못지않게 빠르게 변화했지만, 어쩐 일인지 그 중심에 서 있는 인간의 삶은 마냥 지지부진한 것만 같다. 특히 여성을 비롯한 사회적 소수자들의 삶은 더 그러하다. 우리에겐 낭만적이었던 과거나 언제 다가올지 모르는 미래가 아니라, 지금 여기에서 치열하게 변화하고 싸워나가는 현재에 대한 논의가 더 필요하다. 미디어에 대해서도 페미니즘에 대해서도, 과거로부터 쌓아온 이론적인 무게를 짊어지고 나가되 더욱 현재성이 강화된 새로운 담론을 구성할 필요가 있다. 이 책은 그러한 고민들이 만난 작지만 뜨거운 마당을 지향한다.

이 책의 첫 그림이 그려지기 시작했던 2017년만 하더라도, 새로운 '페미니즘'보다는 새로운 '미디어 연구'에 대한 논의의 필요성이 더 컸던 상황이라 할 수 있다. 한국 사회에서 페미니즘은 뜨거운 논쟁이 이어지고 있었으나 마땅한 돌파구를 찾지 못하는 상태처럼 보였고, 하루가 다르게 변화하는 미디어 환경을 좇아가는 일이 매우 시급해 보였기 때문이다. 그동안 미디어 연구에서나 일상의 삶에서, 여성들의 이야기는 단순화되거나 빠지거나 왜곡되는 경우가 많았다. 이제 빠져있던 퍼즐 조각을 채워야 한다는 인식으로, 이 책은 뒤얽힌 미디어 환경을 가로지르며 페미니즘의 담론들을 찾아나가는 과정이 되고자 했다.

전 세계적으로 지난 몇 년간 페미니즘은 경제적 불평등, 전 지구적 이주, 일상과 노동, 언론 자유와 혐오, 정체성과 문화 등 다양한 이슈를 공적 담론의 전면으로 이끌어내왔다. 특히 트위터, 페이스북, 1인 방송, 유튜브, 메신저, 팟캐스트 등의 디지털 미디어는 이러한 변혁 과정의 핵심이 되는 새로운 사회적 공간들을 매개하며 놀라운 동력을 발휘했다. 이러한 공간들은 때로는 혐오와 갈등의 망이 되기도 하고, 때로는 지속적인 불평등을 고발하는 연대의 마당이 되기도 하며, 때로는 복잡한 사회 권력 관계들이 이전과는 다른 방식으로 충돌하는 전장이 되어오고 있다. 새로운 기술이 널리 퍼져나가는 만큼 오래된 불평등의 골이 더욱 깊어진다는 인식, 혹은 새로운 미디어가 현재의 불평등을 드러내고 바꾸는 단초를 제공해줄 것이라는 인식, 서로 달라 보이지만 관련되어 있는 이 복합적인 인식의 망 속에서, 이 책은 명확한 답을 제공하기보다는 복잡한 문제를 던지는 방식을 택했다.

사실 '디지털 미디어와 페미니즘'이라는 이 책의 제목은 어찌 보면 너무나 평범하다. 그러나 그 평범함이야말로 이 책이 소중하게 생각하는 가치 중의 하나이기도 하다. 페미니즘에 대한 사회적 관심이 증가하고 그 흐름을 촉발하는 미디어에 대한 관심이 커져나감에도 불구하고, 관련 논의들은 특정 사건들의 사회적 부침과 함께 쉽게 폭발했다가 가라앉는 일을 반복해온 경우가 많다. 또한 현재 진행되고 있는 페미니즘 운동들에서 핵심적인 역할을 하고 있는 디지털 미디어에 대한 논의 역시 단편적인 사례 위주로 이루어진 경우가 많다. 다양한 주체들이 다양한 미디어와 기술을 활용하여 다양하게 수행하는 실천들을 논의하면서도, 그 핵심을 가로지르는 사회적이고 문화적인 의미를 찾아야 할 필요성이 있었다.

이러한 문제의식에서 우리는 『디지털 미디어와 페미니즘』 저술 작업을 통해 크게 세 영역을 포괄하고자 했다. 첫째, 디지털 미디어를 통한 페미니즘 현상의 의미와 특성을 고찰하는 이론적 연구들, 둘째, 다양한 디지털 미디어 플랫폼들(유튜브, 웹툰, 인스타그램, 트위터 등)에서 이루어지고 있는 다양한 미디어 실천들의 정치적, 사회적, 문화적 함의를 젠더 관점에서 분석하는 사례 연구들, 셋째, 여성의 노동과 미디어 산업의 관계를 심층적으로 고찰하는 연구들. 이러한 구성을 통해 우리는 디지털 미디어와 페미니즘에 관한 기본적인 지식을 정리할 뿐 아니라 구체적인 사례 연구와 깊이 있는 이론적 논의를 포괄하고자 했다. 또한 우리는 디지털 미디어 문화 내의 역동성을 적극 담아내면서도 미디어 생산, 수용, 재현, 산업, 정책 등 다각적인 논의를 개괄할 수 있는 학술적이면서도 대중적인 저서를 생산하고자 했다.

물론 이러한 책의 구성이 디지털 미디어와 페미니즘에 대한 논의 전체를 대표하는 것은 아니다. 다만 그동안의 주류 미디어 연구나 주류 페미니즘 논의에서 상대적으로 소외되었던 주제와 분야와 사례들을 중점적으로 포함하고자 했다. 그러한 의미에서 전통적인 미디어보다는 부상하는 미디어에 대한 최신의 논의에 집중하고, 중견 연구자와 신진 연구자들의 복합적이고도 중층적인 논의를 교차하는 방식을 택했다. 이는 이전 세대의 여성주의자들과 후속 세대의 여성주의자들이 조우하는 기회를 만들기 위한 것이기도 했다.

현재 미디어 학계에서 다양한 위치 속에서 다양한 관점과 문제의식을 가지고 연구해온 연구자들이 이 책에 저자로 참여했다. 이들의 연구들은 여성에 대한 오래된 불평등이 새로운 디지털 미디어와 어떻게 만나고 있는지를 복합적으로 드러내고 있다. 9편의 글은 크게 주제별로 3부로 나누어 구성했다. 먼저 1부는 디지털 미디어를 매개로 전 지구적으로 진행되고 있는 반성폭력 페미니즘 운동을 추동하고 있는 정동에 대해서 논한다. 2부는 새롭게 부상하는 미디어를 중심으로 일어나는 젠더 관계의 다양한 양상들을 고찰하는 사례 연구들로 이루어진다. 3부는 그동안 상대적으로 논의가 충분치 못했던 미디어 산업과 여성의 노동의 관계를 집중적으로 고찰한다.

1부를 시작하는 두 편의 글에는 미디어와 페미니즘 연구가 결국은 여성의 몸과 환경과의 관계에 대한 문제임을 제안하는 연구자들의 과감한 제안이 담겨 있다. 이들은 여성이라는 정체성은 일상을 살아가는 불안감과 이를 극복하는 용기가 복합적으로 이루어낸 운동성이라는 점을 강조한다. 먼저 김예란은 여성의 몸에 새겨져 있는 현실의 비참함이 역으로 '#미투운동' 속에서 행복을 만들기 위한 움직임으로 전환되고 있음을 논한다. 그는 행복의 윤리를 상황을 받아들이면서도 용기 있게 도약하는 운동성에서 찾으며, 디지털 페미니즘 운동이 그러한 행복의 윤리의 현실적인 가능성을 함축하고 있음을 조망한다. 백지연은 화장실 '몰카' 사건을 중심으로 한국의 젊은 여성들이 일상에서 체감하고 있는 불안감을 세밀하게 그리고 이러한 불안감이 여성이라는 총체적인 정체성을 형성하며 불안과 두려움을 안고 이에 대항하는 움직임을 만들고 있다고 진단한다. 그의 글은 어쩌면 현재의 한국 사회에서 가장 뜨거운 논쟁거리이면서도 가장 간과되고 있는 일상의 한 단면에 대한 치밀한 보고이자 비판을 담고 있다.

2부는 미디어를 중심으로 한 구체적인 사례 연구들로 이루어져 있다. 기존 미디어에 비해 이론적인 논의가 취약한 새로운 미디어 환경의 의미를 논하고, 이를 통해 젠더 관계가 새롭게 매개되고 구성되는 방식을 세밀하게 논의한다. 먼저, 김수정은 유튜브 플랫폼을 통해 광범위하게 유통되고 있는 '자율감각쾌락반응ASMR'이라는 새로운 디지털 문화를 분석한다. ASMR은 특정 소리가 야기하는 기분 좋은 자극 및 감각 경험을 추구하는 문화로, 김수정은 이 현상 속에서 테크놀로지를 매개로 형성되고 있는 정동과 젠더 질서와의 관계를 분석한다. 김은영은 웹툰을 원작으로 제작된 텔레비전 드라마 사례를 분석함으로써, 웹툰이라는 디지털 미디어 양식에서 재현되었던 젠더 관계가 전통적인 미디어인 텔레비전 드라마의 양식으로 재매개화되면서 어떻게 변화하는지 분석한다. 여전히 반복되는 성차별적 재현이나 정형화된 표현에도 불구하고, 일부 새로운 방식으로 재매개된 웹툰의 사례에서 가부장적 이데올로기의 극복 방식을 찾아보아야 한다는 그의 고민이 담겨 있다. 강혜원은 인스타그램의 '#맘스타그램' 해시태그를 중심으로 젊은 여성들이 어떻게 자신의 일상을 전시하며 '엄마'로서의 일과 정체성을 정의 및 수행해나가고 있는지 분석한다. 특히 한국 사회에서 모성 이데올로기는 가부장제 유지에 그 무엇보다도 더 큰 힘을 발휘하고 있다는 측면에서, 소위 '맘스타그램'을 통해 소비문화의 전시와 여성들의 자기서사라는 양면성을 고찰하는 그의 논의는 흥미롭다. 강보라 역시 인스타그램에 대한 논의를 펼쳐나가면서도 소위 '먹스타그램'이라 불리는 먹을거리와 음식의 재현과 활용에 집중한다. 그는 한국 사회의 가정에서 음식의 마련과 제공이 여전히 여성의 몫으로 많이 남아 있음을 지적하고, 개인의 소셜 미디어 환경을 미시적으로 관찰함으로써 거시적인 젠더 정체성 구성의 의미와 한계를 논의한다.

3부는 디지털 미디어 산업과 노동의 관계를 페미니즘의 입장에서 바라본 세 편의 연구들로 구성되어 있다. 김애라는 소셜 미디어를 매개로 형성되고 있는 '컨텐츠 크리에이터' 산업이 어떻게 성별화된 노동 시장을 형성하며 '핑크게토'를 형성하고 있는지 분석한다. 최근 청소년들의 희망 직종 1위이자 청년들이 선망하는 직업 상위를 차지하는 크리에이터의 노동 현황에 대한 페미니즘 관점의 고찰 속에서, 그는 이 산업이 드러내고 있는 젠더 정체성의 봉합과 균열의 양면성을 함께 살필 것을 제안한다. 이종임은 게임 산업에 종사하고 있는 여성들의 노동 조건을 분석한다. 사실상 가장 규모가 큰 엔터테인먼트 산업이면서도 페미니즘과 관련한 불법 해고와 소위 '페미니즘 사상 검증'이 큰 논란을 일으킨 적이 있다는 점에서, 게임 산업에 대한 노동과 젠더의 분석은 실증적으로나 이론적으로나 귀한 논의를 제공해준다. 마지막으로 한희정은 현장 활동가들의 심층 인터뷰를 기반으로, 소라넷 등의 불법 촬영 영상물 유포 사이트 등을 매개로 광범위하게 확산되고 있는 사이버 성폭력 및 성산업의 악순환 구조에 대하여 논한다. 이 글은 무엇보다도 사이버 성폭력이 매우 심각한 수준의 폭력임에도 불구하고 법적으로나 사회적인 대응이 미미함을 비판적으로 지적하고, 그에 대한 적극적 저항과 대안을 요구한다.

이 책을 만들어나가는 과정은 많은 분들의 노력과 배려와 열정이 더해진 것이었다. 다양한 주제와 경험과 연구 분야를 지닌 저자들이 '디지털 미디어와 페미니즘'이라는 이 책의 기획 의도에 공감하며 1년여의 시간을 함께 해주었다. 2018년 4월의 비가 내리는 쌀쌀했던 날에, 한국여성커뮤니케이션학회 봄철 정기학술대회에서는 이 책의 저자들이 모여 중간 발표와 토론을 함께 하는 워크숍을 가졌다. 추운 강의실에서 도시락을 먹어가면서도 끊이지 않고 이어지던 토론의 치열함은, 이후 완성된 글의 문제의식과 주장으로 이어졌다. 특히나 변화무쌍했던 2018년 미디어와 페미니즘의 지형을 함께 겪어나가면서, 저자들의 어려움은 더할 나위 없이 컸을 것이다. 현재 활발히 진행 중인 사안을 다루어야 한다는 부담감, 그럼에도 연구 논문이라는 목적에 맞춰 모두 담아낼 수 없었던 생생한 현실에 대한 아쉬움, 촉박한 마감 일자에 맞추느라 어느 순간 글을 마무리해야 했던 학자로서의 고단함이 있었음에 틀림없다.

다양한 미디어 사례와 다양한 연구진을 초대한다는 기획 의도로 인해, 이 책은 일관된 통일성을 지니기보다는 다양한 퍼즐 조각이 이루어내는 불균질하지만 치열한 그림이 되었다. 연구 주제나 연구 방법 역시 다양한 방식을 아우르고 있다. 그럼에도 이 모든 다양성들은 현재를 살아가는 우리를 반영하면서도 우리가 지향하는 미래를 가리킨다. 중견 연구자들의 심도 있는 이론적 논의와 함께 신진 연구자들의 날카로운 현실 분석을 함께 접하는 기회가 되기를 바란다. 마지막으로 이 저술 작업의 기반이 되었으며 책의 기획과 전개에 물심양면 지원을 아끼지 않은 한국여성커뮤니케이션학회와 이동후 회장님께 감사의 말씀을 드린다.

차례

제1부

디지털 미디어, 몸, 정동

Digital Media
and Feminism

행복을 향한 그녀들의 움직임: 디지털 페미니즘의 정동[1]

김예란

1. 비참의 몸으로부터

비참한 몸은 무엇을 할 수 있을까? 그녀에게 남은 상처는 어떻게 되어갈까? 시간이 갈수록 딱지가 생겨 덮어지고 흔적으로 남는가, 혹은 다른 어떠한 몸의 역능으로 되살아날 수 있는가? 말은 상처 입었던 자신의 몸에 대해 무엇을 할 수 있을까? 말이 몸을 변화시킬 수 있는가? 혹은 그 역은 가능한가?

이 질문은 삶의 생기를 잃은 채 불안하고 비루하게(줄곧 몸담은 나라와 사회가 '지옥'에 비유될 만큼) 힘에 겨운 삶을 살아가는 우리 시대의 많은 사람들에게 대부분 적용될 수 있을 터이다. 무의미와 무력감에 잠식된 듯한 현실에 대한 인식은 나로 하여금 불행감에 빠지게 했고 그만큼

1 이 글은 『한국언론정보학보』(2018, 통권 90호)에 "우리 시대, 행복의 윤리: #미투운동의 한 기점에서"라는 제목으로 실린 글을 재구성한 것임을 밝힌다.

행복을 열망하게 했고 그 요원함에 대해 절망하게 했다. 이 고통이 지독하게 악화될 즈음 #미투운동(이후 '미투'로 표기)이 일어났다. 이 사건은 현실의 불행에 대한 이해와 해명, 나아가 변화를 갈망하고 있던 내게 충격과 아울러 희망의 빛을 막연하게나마 느끼도록 했다. 여기엔 몹시 복잡한 문제들이 얽혀 있지만, 특히 내가 주목하게 된 계기는 미투가 상처입은 몸들이 말로써 변화를 시도한 사건이라는 사실이었다. 이 점에서 미투 그리고 미투를 포함하는 디지털 페미니즘의 대중적, 급진적 성장은 내가 상당한 시간 동안 고민해왔던 행복(그리고 불행)의 문제를 본격적이고 현실적으로 심화할 수 있는 맥락적 배경이 되었다. 행복에 관한 연구 시기와 미투의 전개 시기가 겹쳐졌던 점도 있지만 그에 못지않게 미투 및 디지털 페미니즘 운동과 그것을 둘러싸고 생성된 이론적·사회적 담론이 행복의 문제화 작업을 살찌우는 데에 매우 유용한 자원이자 분석 대상이 되었기 때문이다.

미투 이전의 한국 사회에서는 강남역 살인 사건을 비롯하여 여성혐오에 대한 사회적 관심이 고조되어 있었고 젊은 여성세대가 중심이 되어 행해지고 있는 디지털 페미니즘의 여러 양상들이 논쟁적인 영향력을 발휘하게 되면서, 이미 페미니즘은 사회적 모순과 변혁을 함축한 핵심어로 자리잡아 오고 있었다. 이 한복판에서 발생한 미투는 한국 사회에 유의미한 변동을 가지고 올 잠재력을 지니며 이 잠재력을 발현하는 담론적, 물질적인 행동들이 현재 진행형으로, 매우 방대하게 실행되고 있다(한국여성커뮤니케이션학회, 2018). 이 같은 페미니즘의 사회적 실천과 의미에 대해서는 지속적인 정교한 해석과 진단이 필요하지만 내가 집중하는 지점은 그보다 훨씬 미세하고도 통렬한 순간, 비참한 몸이 마침내 말을 하게 되는 전환적 찰나이다. 어떻게, 어떤 이유에서 비참했던 몸들이 오랜 동안의 시간을 겪어 보낸 후, 자신을 비난하는 현재의 거짓된 질서에 계속 침묵하는 대신 그에 충돌하는 자신의 진실을 말하게 되었을까(cf. Foucault, 2014)? 미투는 우리말로 번역될 때 "나도 당했다"와 "나도 말한다"라는 뜻을 가리키는 표현으로 혼용된다. 이 이중 의미 자체가 나에겐 유의미하게 느껴진다. '당했다'라는 몸을 대상으로 한 과거 시제형의 표현과 '말한다'라는 말을 대상으로 한 현재 시제형 표현이 미투에 혼융되어 있다는 사실은, 그간 여성 몸에 가부장적 권력이 지극히 기형적으로 투입되어왔었음을, 그리고 그 모순이 임계점에 다다른 오늘날 변화를 요구하는 여성의 말들이 표출되고 있음을 동시에, 교차적으로 가리키기 때문이다.

한편 미투를 비롯한 여성폭력 및 혐오에 관한 담론에는 변혁적인 잠재성과 함께, 어쩌면 현재적 한계에 가까워 보이는 특성들이 암암리에 드러나기도 한다(이승한, 2018). 그 특징 중 하나는 '가해자와 피해자', 나아가 '잠재적'인 가해자와 피해자의 대립 구도이다. 이 시각에서 주체는 우선 젠더화된 대상으로 고정되며 이어 고정된 젠더 위치 자체가 사회적 폭력의 가해 및 피해의 이분법적 질서에 틀지어진다. 이 틀의 경계들에서 어떤 균열과 흔들림이 일어날 수 있는지, 생존자들이 어떻게 현재를 극복하며 사회적인 변혁에 몸을 실을 수 있는지, 사회의 여러 다른 위치에 있는 사람들 사이에 가해와 피해의 경계를 넘어 어떠한 연대가 만들어질 수 있는지 등에 대한 변화 가능성은 줄곧 간과된다. 이와 관련된 두 번째 문제점은 피해와 가해, 즉 사회적으로 단순하게 배치된 결과 복잡한 정동의 작용들이 지극히 피상적이고 납작한 말의 조각들로 단순화되는 현상이다. '폭로' 같은 다소 단발적이고 선정적인 어감을 함축한 말들이 미투 담론의 정경을 뒤덮는다. 수년, 길게는 수십 년간 복합적인 정동들이 교차했고 그 복잡한 작용들에 의해서 비로소 말이 발화되기까지 진행된 심대하면서도 섬세한 결은 무신경하게 덮인다. 그 결과 미투는 공격적인 여성들에 의해 돌발적으로 터졌지만 억울하게 고발당한 남성들이 '원상복귀'함으로써 곧 마무리될 일시적인 일인 양 가볍게 간주되곤 한다(Freeman, 2018). 이렇게 겉으로 드러난 행위와 사건 위주로 묘사되면서 미투가 일어나기까지 저류에 흘렀던 여성들의 경험의 궤적과 망들, 처절한 고통으로부터 변혁을 희망하고 그 의지를 발휘하게 되기까지 거쳐왔을 "살아 있는 삶"의 "역동적"이며 "집합적"인 가능성(Keller, Mendes & Ringrose, 2018)은 미처 진지하게 고찰되지 못한다. 마지막으로 미투를 포함한 디지털 페미니즘에 대한 단편적인 사고에 관련하여, 트윗을 비롯한 디지털 테크놀로지 중심적인 사고 안에서 이 현상이 다루어지곤 한다는 점이다. 그러나 여성들의 삶 속에서 때로는 기쁨으로, 때로는 괴로움으로 오랫동안 누적된 경험들, 무엇보다도 사회 구석구석에서 무참히 상처 입은 몸들의 역사와 그것을 뒤집으려는 용기가 없었다면, 아무리 발달한 디지털 테크놀로지가 있었다 할지라도 미투는 일어나지 않았을 것이다(김예란, 2010). 동시에 트위터라는, 특히 "상호작용적"이며 "관계적"인 디지털 미디엄이 긴 세월 동안 누적되어왔던, 그리고 대부분 침묵 속에 짓눌려 있었던 "충격, 역겨움, 두려움, 위기감, 분노" 같은 복합적인 "정동의 연합체affective assemblage"가 비로소 사회적으로 말해지고 소통되며 새로운 여성주의 정치적 의식으로 "연대"할 수 있도록 고유한 "매개"와 "연결"의 역할을 수행했다(Keller, Mendes & Ringrose, 2018). 따라서 미투를 비롯한 디지털 페미니즘은 단지 테크놀로지의 매개 작용에 대한 과대한 평가 대신 응당 몸, 정동, 언어, 기술이 모두 접합된 "정동 네트워크"(김예란, 2017; Hillis, Paasonen & Petit, 2015)가 발현된 운동의 관점에서 폭넓고 세심하게 이해되어야 한다.

이 글은 지금 우리가 느끼는 비참이 지닌 가능성과 한계에 대한 성찰적 이해에서부터 시작되어 행복의 정치윤리적 가치 주장으로서 행복의 윤리를 제안한다. 행복의 문제화를 정동, 나아가 정동 네트워크의 관점에서 접근하는데, 특히 비참으로부터 행복으로 향해 가기 위한 주체의 치열한 투쟁과 변화 과정으로 이해한다. 아울러 행복의 윤리의 현실적 의의를 논하기 위해 나의 행복의 윤리 이론화 작업의 중요한 맥락적 배경을 이루었고 그것을 행한 사례로서 미투를 포괄하는 디지털 페미니즘을 조망한다. 행복의 윤리의 실천이라는 관점에서 현재 우리 사회에서 활발하게, 그 자체의 가능성과 한계를 동시에 함축한 채 광범하게 펼쳐지고 있는, 미투를 포함한 디지털 페미니즘 운동을 해석한다. 또한 이 논의의 궤적을 통해 지금 우리 사회에 점철된 비참에도 불구하고, 그렇기 때문에, 더욱 절실히 상상되고 실천되어야 할 가치로서 행복의 윤리를 강조한다.

2. 행복의 윤리[2]

행복장치

행복과 불행에 대해 알게 된다는 것은 자기의 삶을 이해하고 만들어 나갈 수 있음을 뜻한다. 행복에 대한 앎만으로 불행감이 행복감으로 당장 바뀔 수는 없겠지만, 적어도 그러한 변화를 향할 수 있는 지혜와 기운을 모을 수는 있지 않을까. 나는 이 같은 절실한 바람에서 비롯된 막연한 물음들을 가진 채로 행복에 대한 희원을 품으면서 행복에 대한 앎

2 2절의 행복의 윤리 부분은 저자가 최근에 출간한 글(김예란, 2018a)에 바탕을 두었다. 이 글이 일반적으로 쉽게 접근하기 어려운 일본어 저널인 〈The Annual Review of Cultural Studies〉에 일본어로 게재된 이유에서 상당 부분을 그 글에 의존했지만 매우 많은 부분이 재분석 · 재구성되고 새로이 작성되었다.

을 시도한다. 윤리란 "무엇을 바라는가(니체, 1901/1988)" 또는 "무엇을 할 수 있는가"라는 "원망願望"과 "가능"에 대한 사유라는 점에서 (Deleuze, 1990) 이 글의 이론적 지향은 '행복의 윤리'에 있다. 삶이란 행복해지기를 바라는, 그리고 행복해지기 위해 무언가를 해나갈 수 있도록 노력하는 과정에 다름 아니라 할 때, 삶의 과정은 곧 행복을 추구하는 과정이기도 하다. 줄곧 우리의 머릿속을 떠나지 않는 "행복해지기 위해서 나는 어떤 것을 바라고 할 수 있는가?"라는 일면 순진한 질문은 행복의 문제가 결코 단순하지 않음을 알려주는 지극히 단순하고도 분명한 사례다. 그렇지만 이러저러한 정치적, 사회적, 도덕적 기준 혹은 심지어 현실적인 조건 때문에라도 모든 것이 능히 욕망되고 행해질 수 있는 것은 아니기에 행복에 대한 원망과 가능에 있어 특정한 가치 판단과 의미 생성이 필요하다. 나의 행복의 '윤리'는 그 가치 판단과 의미 설정이 주체가 자신과 육체적·정신적으로 맺는 관계 안에서 제기, 생성, 추진되고, 주체가 자신을 실행하는 규칙 및 방법 역시 자아의 실천 속에서 형성됨을 주장한 푸코의 윤리학 개념에 근거를 두고 있다.[3] 이 점에서 첫째, 행복의 윤리는 행복에 관한 객관적이고 보편적인 도덕 규범과 구분된다. 푸코의 윤리학 개념에서는 주체가 자아와 맺는 관계가 "궁극"의 목적으로"절대화"되는 가운데, 그러한 "자아의 실천"이 "삶의 기술"을 이루는 근거 위에서 주체가 자신의 사회적 위치와 역할을 설계, 실천한다 (Foucault, 2005). 윤리적 주체는 자신의 삶을 이해하고 기획하며 실천하는 방향과 방법을 (도덕에서처럼 객관적 규범을 순응적으로 준수하기보다는) 스스로 통솔한다. 둘째, 푸코에게 주체란 지식과 권력 체제 안에서 주어지거나 주조되는 대상일 뿐 아니라, 더욱 흥미롭고도 유의미하

3 『성의 역사』 2권 〈쾌락의 활용〉에서 푸코는 윤리의 네 가지 요소를 '윤리의 재료', '주체화의 양식', '윤리적 실천', '목표'로 정의한다(Foucault, 1990).

게도, 그것의 "바깥"으로부터의 사유, 혹은"외부"가 기입되어 형성되는 존재이기도 하다(Deleuze, 1988; Foucault & Blanchot, 1989). 이 점에서 들뢰즈의 정확한 해석에서처럼, 푸코의 '주체화subjectivation' 개념은 흔히 구속적인 권력관계를 가리키는 말인 종속subjection과 완전히 구별된다(Deleuze, 1988). 이러한 윤리와 주체의 개념을 고려한다면 행복의 윤리적 주체는 이미 규범으로 정해지거나 주어진 것과 연관되는 동시에 다른 행복을 욕망하고 그 실현을 위해 고투하는 과정 안에서 형성된다. 곧 이어 상술하겠지만 신자유주의적인 행복장치들과 행복의 윤리가 구별되는 지점은, 후자는 전자와 달리 지배적인 권력 질서가 요구하거나 유혹하는 성격의 행복이 아니라, 그로부터 벗어나거나 대항하는 다른 행복의 가치를 창안하고 실행한다는 사실에서 찾을 수 있다. 즉 행복의 윤리적 주체가 행복의 도덕적 주체와 결별하는 중요한 기준은 행복이라 말해질 수 있는 무언가가 주어진 질서와 체제를 가로질러 넘어서며 지향하는 외부성과 창발성에 있다. 따라서 행복의 윤리 실천에서 행복은 주체의 삶의 근거, 규칙, 방법론, 목표가 되는 동시에 한걸음 더 나아가 체제와 조건의 경계를 인식하고 그 너머를 추구하고 발명하는 사회정치적 함의를 띠게 된다.

이에, 나의 행복의 윤리는 행복을 개인의 심리(심리학)나 사회의 발전 요소(경제학)로 간주하고 측정하는 대신 정동으로 해석하는 관점을 취한다. 삶의 기술의 중요한 한 부분은, 앞에서 밝혔듯이 주체가 실행하는 마음과 몸이 발휘하는 욕망과 의지, 즉 정동의 운동이고 행동으로 구성되기 때문이다.

행복의 윤리를 시도함에 있어 매우 조심스런 준비 작업이 우선되어야 한다. 우선 하나의 개념적 작업으로 윤리학으로서의 행복 개념은 현실적으로 애용 혹은 남용되는 통속적인 행복 개념과 단절되어야 한다.

다소 강하게 지적하자면, 이후에 행복장치의 개념을 통해 논의되듯이, 행복이란 단어는 현대 사회—후기 자본주의, 신자유주의, 소비주의 등 현대 사회를 묘사하는 단어는 무수히 나열될 수 있다—에서 포획되고 많은 경우에 심히 오염되었다. 대표적으로 대중 심리학이나 자기계발 담론에서 애용되는 단어가 행복이다. 사라 아흐메드는 일상, 학계, 산업, 정책의 전 영역에서 행복에 대한 관심이 폭증하는 현상을 가리켜 "행복으로의 전회happiness turn"라고 부르면서, 이 전환을 이끈 거대한 상업적 기제를 "행복산업happiness industry"이라고 표현한다. 웰빙well-being, 웰다잉well-dying, 웰에이징well-aging 등 갖가지 "좋은 상태"를 뜻하는 단어들을 끼고 육체적이거나 심리적인 편안, 건강, 쾌락을 추구하는 상업 기제들이 나날이 증식하는 현상은 이미 잘 알려진 후기 자본주의 사회의 현실이다. 통속적인 행복론에서는 개인주의적인 삶의 양식을 고수하여 외부로부터 적절히 차단되어 있되 현실의 가치 체계에 조화로운 방식으로 생활을 운영함으로써, 현실적인 불편으로부터 안전하게 분리되면서 효율적이고 실리적인 인간관계를 지향하는 자아가 강조된다(김예란, 2018). 아울러 현대 사회는 실로 '좋다고 느끼도록' 만들기를 목표로 하는 행복산업으로 가득 차 있다(Ahmed, 2010; Gill & Orgad, 2016). 행복산업은 '좋은 삶'을, 크고 작은 물질적 자본을 투자하여 어느 정도의 확실성 내지 불확실성을 안고 성취 혹은 구입해야 하는 상품(예를 들어 작고 확실한 행복의 의미를 가지고 있는 요즘의 유행어 '소확행')으로 공정해내는데 대표적으로 미디어는 행복 이미지를 나날이 다각화하고 새롭게 개발하여 유통시킨다.

아울러 행복에 대한 여러 실용 학문들은 행복의 정의, 실행 방식, 효과를 설명하기 위한 과학적 방법론을 개발하는 데에 주력하고 있다. 이를테면 행복과학science of happiness은 행복에 대한 체계적 설명 체계로 자리 잡으며 개인과 사회, 나아가 국가의 행복 정도를 계량화하여 우열의 위계 관계 안에서 평가할 수 있는 방법론을 제안한다. 여기서 행복은 행복지수hedonimeters로 환원되어 측정 가능한 객관적인 대상으로 간주된다. 행복과학 분야의 저명한 학자인 리처드 레이아드Richard Layard는 경제지수 대신 행복지수가 개인과 사회의 진정한 진보, 즉 삶의 질의 정도를 알려준다고 주장한다(Hesmondhalgh, 2017). 이를테면 우리는 '국민행복지수Gross National Happiness: GNH'라는 개념을 통해 느리고 편함을 지향하는 부탄이 가장 행복한 나라며 경제적으로 풍족한 국가보다 그렇지 않은 국가에서 사는 사람들의 행복도가 높다는 식의 이야기를 자주 듣는다(김진주, 2018). 또한 유엔은 매년 3월 20일을 '국제 행복의 날International Day of Happiness'로 지정하여 인류의 행복 향상을 위한 연구 및 사업 기획을 국제적으로 도모하고 있다.[4] 일상에서도 '행복론'을 알리는 광고 문구가 거리에 뿌려져 있는가 하면, 행복 연구와 긍정 심리학은 광범한 대중성을 확보하며 베스트셀러의 탄탄한 영역을 이루고 있다. 행복학 분야의 대표적인 국제학술저널인 『행복 연구 저널 *Journal of Happiness Studies*』의 부제가 "주관적인 웰빙"에 관한 학제적 접근인 사실에서 암시되고, 행복에 관한 긍정 심리학을 본격화한 마이클 아가일Michael Argyle의 저서 『행복 심리학*The Psychology of Happiness*』에서 두드러지듯이, 행복은 자기 마음먹기에 달린 것으로서 "더 좋다고 느끼면 더 좋아지는 것*to feel better is to get better*"으로 설명된다(Ahmed, 2010: 7-8). 더욱 과거로 올라가면 찾을 수 있는 유명한 예로, 아리스토텔레스의 행복eudaimonia에 관한 이론에서부터 공리주의 이론가인 제레미 벤담을 포함한 공리주의자들의 '최대 다수의 최대 행복'의 원칙에서 표명

4 http://www.dayofhappiness.net/#join 참고.

되었듯이 행복은 양적으로 육성, 증대 가능한 대상으로 추구되었다. 또한 근대 경제학의 기초를 세운 정치경제학 전통에서 아담 스미스를 비롯한 경제학자들은 자원의 증대 및 배분의 합리화를 통해 국가의 부를 확대하고 구성원들의 행복을 증진하기를 목표로 삼았다(Hesmondhalgh, 2017).

이처럼 행복으로의 기획이 반드시 아흐메드의 행복산업 개념처럼 시장과 상품의 형태로 확장되는 것만은 아니다. 방향과 정도의 차이는 있지만 행복에 대한 보다 진지한 학술적 혹은 대중적 담론 역시 행복에 대한 관심의 확장에 중요한 기여를 해왔다. 전통적으로 종교는 모든 이의 행복을 기약하는 중요한 사회적 제도로 기능해왔다. 현대 사회에서 종교적 힘은 다소 희박해졌다 하더라도 명상, 요가와 같은 심신의 단련 프로그램이 일종의 유사 종교로서 현대인의 행복 프로그램으로 대중화되어 있다. 또한 철학의 역사에서 주요한 줄기 중의 하나는 행복의 주제를 중심으로 발전해왔다. 이는 말할 필요도 없이, 행복이 인간의 삶, 혹은 인간됨의 문제에 본질적이기 때문이다. 이 역시 행복에 대한 관심이 단지 최근의 행복산업으로 파생된 상품에 한정되지 않음을 알려주는 대목이다. 미셸 푸코(1988)는 "행복"을 성취하고 삶의 질을 고양하려는 목적으로 자신을 변화시키기 위해 스스로의 몸, 마음, 영혼, 삶을 특정한 방식으로 실행하는 일련의 기획을 "자아의 기술technology of the self"이라고 개념화하면서 그 실행의 계보학적 뿌리를 고대 그리스에서 찾는다. 자아의 기술에서 행복은 주체의 행복을 사유하고 훈련하며 고양하기 위한 방법론이자 목적telos이기도 한 윤리적 요소다. 나아가 행복의 기획은 단지 개인적인 차원에서의 마음가짐과 행동 양식의 문제로 멈추지 않는다. 사회적인 차원에서 행복의 의미, 실행, 구현 형태가 갖가지 방식으로 발굴되며 개인의 삶 전반에 적용되어 그가 자신의 삶을 특정한 방식으로 운영하도록 유도하는 막강한 영향력을 미치는데, 이는 제도, 규범, 기술, 상품, 언술 등 전 영역들의 총체로 진행된다(Rose, 1999). 이 점에서 행복에 대한 사회적 구조와 활동은 일종의 "장치dispositif"(Agamben, 2009; Foucault, 1977)로 작동한다.

이처럼 개인적인 차원에서 자아의 기술로 실행되는 윤리적 기획이면서, 사회적인 차원에서 구성원들의 사고와 행동 양식을 유도하는 거대한 힘과 질서로 작동한다는 점에서, 그리고 아흐메드의 행복산업 개념을 비산업적인 영역까지 포함하는 범위로까지 더욱 확장할 필요에서, 나는 행복에 관한 일련의 물질적·담론적 장치를 '행복장치'라고 부른다. 행복장치에는 종교, 교육, 가족 및 친족 제도, 학문적·대중적 담론, 일상화된 교육 프로그램, 소비 행위와 상품, 안전과 복지를 포함한 국가 정책, 법 등 우리의 삶을 구성하는 거의 모든 요소가 포함된다. 이는 어찌 보면 당연한 일인데, 앞에서 말했듯이 사회를 구성하는 거의 모든 요소와 작용의 정당성은 구성원들의 '행복'을 위한다는 주장에 근거하기 때문이다.

원망, 가능, 의지로서 정동의 운동력이 행복을 향해 움직일 때 그것을 행복의 윤리라고 할 수 있다면—푸코가 윤리의 요소로서 '윤리의 재료', '주체화의 양식', '윤리적 실천', '목표'를 제시했듯이—행복은 그러한 요소들을 아우르는 중요한 요소가 된다(앞의 11쪽 각주 2 참고). 다르게 표현한다면, 행복은 그 윤리를 추구하고 실행하는 주체의 삶의 기술이자 의미로 유의미해진다. 우리는 행복이라는 윤리적 가치를 위해, 다양성 안에서 스스로 변화하며 특정한 선택을 향해 움직여가려고 노력한다. 이때 행복이란 단일하게 규정되거나 고정될 수 없으며 기쁨과 슬픔을 끌어안고 끝없이 지속되어야 하는 생성적인 운동력이 된다.

취약과 고통, 마침내 긍정으로의 전환

고통으로 힘겹고 괴롭다면, 그녀에게 행복은 어떻게 다가오는가? 아니, 그녀는 어떤 행복을 바라고 그 실현을 위해 어떤 노력을 할 수 있는 것일까?

고통과 행복의 관계를 생각함에 있어 주디스 버틀러의 취약성에 대한 해석은 귀중한 도움을 준다. 버틀러(2006)는 존재의 취약성vulnerability을 자신의 정치윤리학의 근본 전제로 삼는다. 존재의 취약성이란 어느 누구이든 무엇이든 본연적으로 지닐 수밖에 없는 실존적인 약함precariousness이기도 하며, 특정한 사회질서 안에서 야기되는 구조적 취약성precarisation이기도 하다.[5] 그러나 논의의 중요한 전환점으로, 버틀러는 주체에게 부여된 실존적·구조적 취약성이 그 또는 그녀가 모든 존재들에 대해 책임을 져야 하는 윤리적 근거를 이룬다고 주장한다. 내가 존재하게 되기까지 이미 나는 알거나 알지 못하는 수많은 존재—타인, 생물과 무생물, 환경, 세계 전체에 이르기까지—에게 의존하고 빚을 졌다. 나는 당신이 없다면, 다수 무명의 그들이 없다면, 존재할 수 없는 약한 존재다. 각자 이토록 약하고 고독한 주체들이 '우리'로 공존할 수 있기 위해서는, 바로 그 취약함과 의존성 때문에, 그 누구도 타자에 대한 책임 윤리로부터 자유롭지 않다. 우리가 강하기 때문이 아니라 약하기 때문에 오히려 타자에 대한 공존과 협력의 책임을 지게 되는 것이다. 이로써 버틀러에게는 주체의 벗어날 수 없는 취약성이 삶, 나아가 공통적인 삶의 원리로 긍정화된다. 동시에 우리들의 취약성은 사회적

5 취약성으로 번역한 영어 단어 vulnerability는 '상처를 입히다'를 뜻하는 라틴어 vulnerāre, 혹은 상처를 뜻하는 vulnus에서 왔다. 나아가 현재의 신자유주의 체제에서는 불안정한 사회적 구조precarity가 주체에게 미치는 상처 같은 결과이자, 그 상처로부터 이뤄지는 저항을 뜻하는 단어로 정교해졌다(Sabsay, 2016).

불안정성을 노출하고 그에 대립하고자 하는 집합적 의지와 필요를 구성하게 된다. 마땅히 가졌어야 할 물적, 사회적 지지 기반을 잃은 취약한 존재들이 바로 그러한 것을 보장받기를 정당하게 요구함으로써 "다수적이고 수행적인 육체적 저항"의 가능성이 열리게 된다(Butler, 2016: 15). 이렇게 볼 때 취약성은 곧 저항을 구성하고 저항 안에 이미 내재한다(Butler, Gambetti & Sabsay, 2016). 이렇듯 "관계적이고 정동적인" 관점에서 이해되는 취약성이란 나, 당신, 다른 그 누구에게라도 적용되는 보편의 원리일 뿐 아니라 급진적인 정치윤리학을 추동한다(Sabsay, 2016).

비슷한 맥락에서 사라 아흐메드는 흥을 깨는 존재인 "킬조이killjoy"나 "우울melancholy" 같은, 일견 부정적으로 보이는 정동 요소가 새로운 삶의 방식을 열어나가는 가능성의 힘으로 전환될 수 있다고 주장한다. 그녀에게 있어 대표적인 킬조이와 우울의 주체는 페미니스트, 이민족, 성소수자로 그려진다. 이들은 일반적으로 찬미되는 세속적인 가치들에 불편과 이질감을 느끼고 세상 역시 이들을 반기지 않는다. 이들이 노상 불평과 불만을 제기하면서 질서와 조화를 깬다고 간주되기 때문이다. 따라서 이렇게 구별되어진 소수자들은 기성의 질서 안에서 자신의 다름을 감추고 침묵하기를 암묵적으로 강요받는다. 그러나 이들이 행동을 하고 말을 시작하여 소수성이 수행될 때, 세계 '일반'이 유지하고자 하는 거짓된 흥, 부당한 즐거움, 헐거운 평화의 허상이 깨지고 새로운 삶의 방식이 생성될 수 있다.

존재의 취약성, 그로부터 빚어지는 고통과 슬픔이 정치윤리적 가치로 생성되고 전환될 수 있다면, 강함과 약함, 능동성과 수동성, 긍정성과 부정성, 기쁨과 슬픔처럼, 마치 대립 관계에 있는 듯이 설정되어 있었던 논리의 축이 흔들리게 된다. 나아가 만약 정동의 역능이 다수적이고 이질적이고 변화적인 것들의 결합과 선택으로서 개진되는 긍정화로의 변환 과정이라면, 이 원리에 따라 취약성 역시 능동의 강도로 고양될 수 있어야 한다. 또한 우리는 버틀러와 아흐메드의 논의에서 취약성과 고통이 오히려 강건하며 공존적인 정치윤리로 전화될 수 있음을 알게 되었다. 따라서 이렇듯 대립성을 초극한 복합성과 변화성 안에서 형성되는 주체란 단일한 주체성이 아니라 늘 움직이고 많은 다른 모양새를 띠며 자-타의 구분이 없어질 정도로 몸과 마음이 섞여 변화하는 그 무엇인가가 된다.

긍정과 부정, 강함과 취약성 같은 언뜻 대립적으로 보이는 원리들의 결합 가능성을 제시한 하나의 시도를 로지 브라이도티(2016)의 논의에서 찾을 수 있다. 구체적으로 브라이도티는 기쁨과 긍정의 축을 검토한 후에, 긍정과 기쁨의 원리 안에 필연적으로 현존할 수밖에 없는 고통과 취약의 문제를 제기한다. 실제 삶의 과정에 결코 부인하거나 피할 수 없이 고통은 존재하며 취약한 주체는 그로부터 상처를 입는다. 그러나 의미심장하게도 이 상처는 "열린 상처"다. 그 상처가 주체에게 어떤 이후의 미래를 가져올지는 미리 알 수도, 정해져 있지도 않는다는 의미에서다. 따라서 브라이도티의 시각에서, 애초에"긍정 대 취약affirmation versus vulnerability"이라고 흔히 대립적으로 이해되어온 짝패는 점차 하나가 다른 하나를 필요로 하며 서로 타협하고 포용하는 상호의존적인 관계에 있는 것으로 재해석된다. 누구든 실존적·구조적으로 부여된 취약함으로부터 완전히 벗어날 수 없다. 오히려 모든 존재가 자신이 처한 고통과 슬픔을 싸안고 견디는 시간을 살아가고 이것이 곧 삶이다. 그렇다면 삶의 긍정화란 취약성의 상황을 겪으며 견디어나가는 인내를 통해 이루어진다. 브라이도티에게 있어 고통과 트라우마가 낳은 수동성을 자각하고 이와 고투하며 초극하려는 자기 변화의 과정이 곧 긍정의 윤리를 이룬다. 이처럼 다기하고 가변적인 자기 형성의 주체에 대해, 브라이도티는 자신의 유명한 개념인 '유목' 개념을 적용하여 '유목적 윤리학' 혹은 '긍정의 유목 윤리affirmative nomadic ethics'라고 부른다(Braidotti, 2006). 여기서 '유목'은 항상 이동하면서 장소성을 스스로 만들어내는 생성적이고 변화적인 주체성을 의미한다. 유목적 주체되기란 '진실한 기다림'을 통한 '생성'과 '그물 같은 연결'을 추구한다. 삶의 과정에서 주체가 대범하게 대하고 겪으며 견뎌나감으로써 변화로 도약하는 자유란 의미에서, 긍정의 유목 윤리는 '근본적인 긍정성fundamental positivity'을 취하며 고통과 취약성으로부터 긍정으로의 이행은 주체 및 사회의 변동을 야기하는 전환의 잠재력을 가진다고 설명된다.

따라서 여기서 긍정화란 여느 누구의 삶에도 불가결하게 현존하는 고통이나 허약성의 문제를 부인하거나 피하려는 수사가 아니다. 고통과 슬픔을 끌어안고 견디는 과정을 통해 비로소 자신의 삶을 보존하기, 그 생기를 몸으로 체현하기, 다른 상태로 변화하며 새로이 태어나기를 의미한다. 취약성을 껴안음으로써, 긍정은 순진한 낙관주의가 아니라 '견딤과 변화'의 내재성을 함축하게 된다(Braidotti, 2006). 이어 궁극적으론 긍정과 취약의 짝패가 반드시 긍정의 승리로 결실 맺어져야 하는 필연적인 이유마저 부정되기에 이른다. 대신에 긍정과 부정이 깔끔하게 단선적으로 분리되는 것인 양 간주하는 대립 구도를 벗어나, 오히려 서로의 불가피한 연관성과 상호형성성을 이해하는 일이 필요해진다. 중요한 점은 '비수동적인 인내'를 가지고 '가능함과 불가능함' 사이의 모호하고 고통스러운 경계 자체에 열정적으로 임하는 것, 혹은 여성주의 관점에서 '취약성의 정치'를 주장하는 아타나시우(2016)의 표현을 빌리면, '취약성을 극복하는 것이 아니라 취약성과 더불어/그 안에서 노력하는 것, 취약성 안에 고착된 불의[6]에 저항하는 것', 그럼으로써 '취약성과 관계맺는 새로운 집합적 방식을 발명'함에 있다(Athanasiou, 2016: 258, 272-274). 긍정과 취약을 분리하는 이분법을 넘어서 취약성의 모든 복합적인 결들을 긍정한 채 "수행적 취약성performative vulnerability"(Athanasiou, 2016: 274)을 실천하는 나는 매순간 이전의 나가 아니며 변한 나이고 많은 나이며 새로운 나이고 다시 다른 내가 될 터이다. 그래서 종국에는 긍정과 취약성이 결합하면서 다수적이고 변화적인 삶을 유지하고 열어나갈 수 있는 잠재력으로, 또 그것을 발휘할 자유로 구현될 수 있다.

여기서 취약성을 품은 주체의 긍정화 가능성에 대해서 지나친 낭만화는 위험하다. 버틀러(2016)의 지적처럼 주체의 수행성은 항상 언어적, 물적인 규범 조건 안에서 시도될 수밖에 없으며 기존의 조건으로부터 완전히 자유로울 수 없기 때문이다. 그럼에도 불구하고, 주체는 자신에게 취약성을 부당하게 부여한 사회에 대해 저항하는 능동적 요소를 동시에 함축하게 된다. 왜냐하면 단지 그 취약하고 비참한 몸의 "드러남" 자체가 사회적 모순을 적나라하게 드러내는 노출 혹은 고발의 효과를 지니기 때문이다. 그렇기 때문에 취약성이 규범에 대한 저항을 발현시키는 정치적 전환이 일어날 수 있는 가능성은 언제나 존재한다. 취약한 몸들이 서로 뭉쳐 지지와 연대를 구성함으로써, 그 자체가 사회적 모순을 온몸으로 드러내는 정치적 저항력을 구성하고 발휘할 수 있기에 그러하다(Athanasiou, 2016; Butler, 2016).

긍정은 단일한 한 겹이 아니며 홀로가 아니다. 트라우마, 고통, 슬픔의 수많은 겹들을 내포하고 그로부터 견딤과 변화의 힘을 내재한 복합적이고 역동적이며 집합적인 가치다(사사키 아타루, 2013). 긍정과 부정, 강함과 약함 등의 각 가치에 대한 새로운 재정의가 이뤄지므로, 가치들이 준거하고 그것을 평가하는 가치의 변화, 즉 니체의 표현을 따른다면

6 유고슬라비아의 여성주의 정치 항쟁의 사례 연구에서 아타나시우가 제시하는 주요한 불의란 민족주의, 신자유주의, 군사주의 등이다(Athanasiou, 2016).

"가치들의 가치 전화轉化"(Nietzsche, 1988)가 일어난다. 가치들의 가치가 변환되면 (기존의 이미 존재하는 좌표 위에서의 이동이 아니라) 좌표들의 구성 원리부터가 새롭게 구축되기에, 좌표 위의 주체에게 있어서도 "급진적 재위치화"(Braidotti, 2006)가 진행된다. 이렇듯 급진적 재위치화는 한편으로는 좌표의 변혁을 유도한다는 점에서 기성 구조에 대한 정치적 비판을 수행한다. 동시에 기성의 규범으로부터 스스로 해방되려는 탈정체화 및 소수되기의 윤리적 기획이기도 하다. 이 정치윤리성은, 성공적 성취는 "보장되지 않지만"[7](Grossberg, McRobbie & Gilroy, 2000), 수난을 가로지르며 움직여가고, 수동성에서 긍정을 생성하고, 기쁨을 느끼기를 희원하고 의지를 발휘하는, 멈출 수 없는 과정 속에 언제나 있다. 이 전환적 운동이 발동될 수 있는 근본적인 필요조건은 행복이라는 윤리적 가치를 받아들일 수 있고 행할 수 있는—주지하듯이 'to be affected and to affect'가 정동의 의미다—주체의 정동적 의지와 역능이다.

행복의 윤리

정동의 하나로서 행복을 이해한다면, 사라 아흐메드(2010)의 문제 제기에서도 나타나듯이, 행복에 대한 문제를 생각함에 있어, "행복이란 무엇인가"라는 형이상학적인 질문보다 "행복에 대한 욕망이 우리에게 어떤 작용을 하는가"라는 질문이 더 적합해 보인다. 이러한 방식의 물음은 행복을 현존하기에 특정한 수단을 동원하여 획득될 수 있는 대상으로 간주하기보다는 정동으로서의 행복이 실제로 수행하는 실제 작용과 생

7 'Without guarantees'는 스튜어트 홀의 유명한 표현이자, 그의 핵심적인 제자인 세 명의 문화연구 학자들이 스승의 학문적 업적을 기념하기 위해 공편한 저서의 제목이기도 하다.

산적 효과에 관해 관심을 지니기 때문에 생겨난다(Ahmed, 2004; 2010).

그렇다면 행복은 우리로 하여금 어디로 이끄는가, 무엇을 하도록 만드는가? 이 질문은 행복의 본질을 정확하게 겨냥한다. 왜냐하면, 행복은 시간성, 우연성, 운동성, 외부성을 지닌 개념이기 때문이다. Happiness라는 단어에서 hap은 happen이나 perhaps에도 포함되어 있는, 기회와 우연이라는 뜻의 명사 hap과 동일한 어원을 지닌다. 즉 우연히 일어날 수 있고 만날 수 있는 "가능성"으로서 행복인 것이다. 따라서 행복은 실제로 있어서 잡을 수 있거나 확실히 보장되어 있는 것이기보다는, 다른 대안성을 상상하고 실현의 가능성을 꿈꾸며 그를 향해 나아가기 위해 능동성을 발휘하는, 지속적인 정동의 운동 과정을 의미한다(Ahmed, 2010). 이 점에서 아흐메드(2010)의 표현처럼, 행복의 실체보다는 오히려 행복에 대한 "약속"이 주체로 하여금 그만의 특이한 방향으로 살아 나아가도록 하는 동인이 된다. 불행의 시간에는 불가능해 보였던 가능성을 향해, 모든 고난과 고통에도 불구하고 나아가기를 멈추지 않는 운동이기에 행복 개념엔 변화와 급진의 의미가 포함된다.

이와 유사하게 바디우에게 행복이란 주체가 진리를 조우하게 되는 무대를 여는 정동적 힘이다. 우선 바디우는 주체를 보편의 "진리"가 "사건"이라는 특이한 지점에서 결정되는 일종의 "매듭"으로 해석한다(바디우, 2016: 52-53). 이 매듭을 통해 애초에 모든 가능성인 보편이, 주체의 결단과 선택에 의해서, 특정한 구체로 실존할 수 있게 된다. 수많은 가능성 속에서 다름 아닌 바로 이 결합, 이"마주침"이 이루어지게 되는 유일한 근거는 그 매듭에서 생성될, 자신의 행복을 추구하고자 하는 주체의 결단에 있다. 행복해지리라는 "필연성이란 실존하지 않으므로", 이러한 보편과 구체의 단속적인 마주침의 과정에서 선택되는 "우연적 결합 contingency"으로서만 행복은 나타날 수 있을 뿐이다(바디우, 2016: 64).

바디우(2016)의 행복론으로부터 행복이 만드는 정동 효과를 깨달을 수 있다. 바디우는 행복이 주체와 세계의 한계를 넘어서도록 이끈다고 주장한다. 왜냐하면 주체는 자신의 경계 바깥을 인식함으로써 개체의 보존이라는 단순한 목표 너머의 무언가를 지향할 수 있기 때문이다.[8] 그는 만일 당신이 "되도록 정해진 무엇 외에 다른 것"이 되기 원한다면, 오로지 "마주침"을 믿으며 "금지된 것"에 충실히 임하고 "불가능"의 길을 고수하라고 제안한다. 그러면, 그 길이 비록 하나의 고통에서 다른 하나의 고통으로 옮겨가고, 하나의 절망에서 다른 희망을 기다리는 '공백'과 같은 시간일지라도 (베케트를 인용하여) "행복을 알아갈" 수 있다(바디우, 1998/2013; 2016: 68). 바디우의 강조처럼 언제나 행복은 불가능한 것의 향유이고, 긍정은 불가능했던 무언가가 이제는 실현될 수 있으리라는 가능성의 약속이다. 따라서 어느 정도의 절망은 행복의 필수 조건이다. 물론 우리는 불가능성의 가능성 그리고 선택과 결단의 의미가 긍정과 통한 행복에 관한 일련의 논의들에서 중요하게 다루어졌음을 상기할 수 있다.

이처럼 행복을 향하는 움직임은 곧 주체로 되어가기와 가능성의 열림이므로 행복은 "주체의 도래"를 뜻한다(바디우, 2016: 87). 보편적인 진리가 구체적인 사건으로 맺어지는 마주침, 알려지지도 않았으며 계산도 불가능한 어떤 가능성에 대한 오로지 이 마주침에서 자신의 행복을 추구하고자 하는 주체의 결정에 따라 고유한 주체-되기의 흐름이 진행되기 때문이다(바디우, 2016: 65). 늘 되어감의 주체이기에, 행복을 향하는 주체는 틀지어진 정체성 안에 머물지 않는다. 그로부터 이탈하는 "내

8 이렇게 볼 때 행복은, 바디우의 유명한 네 개의 유적절차(정치, 과학, 미학, 사랑)와 그에 해당하는 정동(열정, 지복, 쾌락, 기쁨)의 요소인 정치적 열정, 과학적 지복, 미학적 쾌락, 사랑의 기쁨 중 무엇에라도 연결될 수 있다(바디우, 2016).

재적인 예외"이고 세계의 "예외적인 귀결"이다. 그래서 한편으로 행복은 자유다. 동시에 다른 한편으론 불가능의 경계를 넘어 자신을 이행시키기 위해서는 자신이 독자적으로 만든 규율에 엄격하게 임하고 고난을 인내하는 "충실한"(Badiou, 2013) 수행이 요청되기도 한다. 따라서 행복은 자유와 규율의 역설적인 결합이다. 행복이 처절한 수행을 통해 예외의 경계로 넘어서는 과정이라는 맥락에서 바디우는 "만족"과 "행복"을 구분한다. 전자는 현 질서와 가치 체계를 받아들이고 그에 자신을 적용하고자 하는 순응적인 태도다. 개인적 이익이 세계가 제공하는 이익과 합치할 때, 내가 세계에 적절하게 부합할 때 나는 '만족'한다. 이와 달리 행복은, 지금까지 살펴보았듯이, 현재엔 부재하는 것, 불가능한 것, 부인되는 것을 상상하고 추구하며 실현하는 힘이다(바디우, 2016: 91). 결론적으로 행복은 주어진 경계를 넘어 성실하게 행하는 자기 형성의 자유이다.

지금까지의 논의를 바탕으로 행복의 윤리를 다음과 같이 정초할 수 있겠다. 정동은 존재와 행위의 능력으로, 무엇에게 무엇인가를 바라고 지향할 수 있도록 이끄는 힘이다. 그 문자 의미 그대로 정동情動은 고정되거나 획일적인 감정이 아니라 그들의 '움직임'이다. 정동의 선율에서 기쁨은 고양과 강화의 힘이고 슬픔은 저하와 약화의 힘이다(김예란, 2018b). 정동의 관점에서 정초된 행복의 윤리 안에서 행복이란 1)단순한 별개 감정 단위가 아니라 다기한 감정들의 복합체이다. 행복은 단지 '좋다는 느낌' 같은 단일 감정이거나 물질적 풍요로 측정되는 개별 대상이 아니며, 고통과 슬픔의 부정성을 포용하고 긍정화하는 복합적 층위를 띤다. 또한 2)행복은 주체로 하여금 고정되거나 정지하지 않고 지향하여 움직이도록 하는 운동력이다. 3)이 과정에서 행복을 향해 움직이는 주체의 단속적인 생성과 변화가 계속된다. 바꾸어 말하면 행복은 이러한 주체 생성과 변화가 지치지 않고 개진될 수 있도록 이끄는 정동적 힘이다. 4)행복은 기존에 대한 비판성과 이탈적 도전성을 함축한다. 따라서 행복은 취약성의 위치에서 가능한 비판적 해석과 대안적 실천성을 추구한다. 5)신자유주의적이고 자본주의적인 질서에 순응적인 행복장치로 포화된 현 세계에서는 더욱이 그 강고한 경계 너머 외부를 향하고 발명하는 도전적인 행복의 윤리가 요구된다. 이를 위해 지금 고통의 상처에 젖은 불행한 주체들이 다른 삶을 상상하고 추진할 수 있도록 돕는 대안적인 행복장치가 필요하다.

이렇듯 행복은 정동의 휘몰아치는 운동의 흐름을 겪어내고 새로운 가능성을 만드는 우연의 궤적들이다. 때론 기쁘고 때론 슬픈 마주침을 체험, 체현하면서 나는 더 이상 이전의 내가 아니고 다른 나이며 새로운 나로 태어난다, 되어간다, 또 다시 태어난다. 이로써 매순간 더 이상 자신에게 갇히지 않고 자신의 경계를 넘어 새로운 자아와 만나는 사건, 그러한 사건들의 지속을 행복이라고 말할 수 있다. 영원히 회귀하는 과정 속에서 주체에게 부여되었던 취약성이 생성과 차이와 변화를 포괄하는 긍정의 힘으로 전환되면서 행복이 생성된다, 아니 끊임없이 행복이 "약속"(Ahmed, 2010)된다.

행복을 기약하는 주체는 세계를 감각하고 수용하는 '열린 상처' 속에서 자신의 변화를 힘겹게 이끌어내는 정동을 실천한다. 요컨대 행복의 윤리는 고통을 받아들이는 수동성, 나아가 주어진 상황을 긍정하면서도 그에 지치지 않고 또 하나의 도약을 시도하는 용기, 이러한 받아들임과 행함의 반복을 거듭하는 충실한 인내와 격렬한 운동성에 있다. 이렇게 본다면 우리가 살고 있음이라는 이 상태, 이 상태가 지속되도록 하는 온갖 노력, 이 찰나의 사건들은 모두 행복의 가능성에 열려 있다.

3. 몸의 비참 그리고 행복을 향한 전환

행복의 윤리는 현재 우리가 경험하는 실존적 혹은 사회적인 고통과 갈등에 임하고 그것에 개입하는 태도를 모색하고 형성하는 데에 귀중한 통찰을 알려준다. 미투에 대해 부정적이며 가부장적 폭력이 묵인되거나 정당화되는 현 질서에 만족하는 이들은 미투가 공연히 이미 지난 일 혹은 으레 있을 수 있는 일을 들춰 분란을 낳는다고 비난한다. 그러나 누군가의 고통과 슬픔은 결코 완료될 수 없으며, 그녀의 말은 열린 상처를 안고 행복을 향해 새롭게 움직이려는 의지의 발현으로서 존중되고 지지되어야 마땅하다. 비참으로부터 행복으로의 정동적 전환은 고통 아래에서 처절했던 자의 급전이기에 그 의미가 더욱 크며 그 결론이 미정의 것으로 열려 있기에 더욱 자유롭다.

나는 앞에서 미투가 여성들의 정동, 신체, 언어, 관계와 경험이 한데 뒤섞이며 그간에 누적된 고통의 경험이 폭발한 사건이라고 말했다. 이는 미투에 대한 이해와 동감은 원천적으로 '몸'에서 비롯함을 의미한다. 너무나 자명하게도, 미투에서 말해지고 미투를 말하는 것은 바로 몸 그 자체이며 더욱이 그 몸은 폭력과 혐오로 고통 받은 몸이다. 상처 입은 몸들의 발언으로 미투를 이해할 때, 우리는 말과 몸이 상호결합된 차원에서 공통적으로 지니는 취약성과, 나아가 그들이 공통적으로 발하는 전복적인 정치성을 깨달을 수 있다(Butler, 1997). 버틀러의 표현을 빌리면, "육체적 취약성corporeal vulnerability" 자체는 각자의 몸의 본질이다(Butler, 2004, p. 23), 버틀러는 "신체적 자율성bodily autonomy"이라고 흔히 당연시되는 규범에도 불구하고, 실제 몸은 "사회적"이고 "공적인" 차원, 즉 자아의 외부에 존재하는 차원을 지닌다고 지적한다. 이는 몸이 사회로부터 안전하고 보호받는다는 의미로서가 아니라, 외부로부터의 마찰과 폭력에 노출될 수밖에 없으므로 주체가 온전히 통제할 수 없는 취약성을 지님을 뜻한다. 이 점에서 몸은 취약성과 행위성을 모두 지니며 "할 수 있음doing"과 "당함being done to"의 상충적 층위들이 한 몸에 얽혀 있다(Butler, 2004: 21-23). 아울러 주체의 취약성은 말의 차원에 있어서도 작동한다. 우리는 무엇에 대해 말할 뿐 아니라 무엇인가를 말로써 하고, 말은 그 자체가 효과를 발생시킨다. 몸과 말이 서로 구성하고 작용한다는 점에서, "말하기란 그 자체가 육체적 행위"이다(Butler, 1997: 10)

그렇다면 중요한 점은 이처럼 부득이하고 무기력하게 '당하지 않을 수 없는' 몸이, '홀로'로서가 아니라, '함께'로서 무엇을 말하고 행할 수 있는가라는 물음에 있다. 누군가의 폭력에 의해 상처 입은 몸은 다른 상처 입은 몸을 위해 애도하고 연민할 수 있다. 타인을 위한 진실한 "슬픔"은 가장 단단하고 격렬한 지지이며 사랑과 연대를 건설하기 위한 행동으로 강화될 수 있다. 이 같은 "육화된 관계성embodied relations"으로부터 현재의 경계를 넘어서 다른 세계를 꿈꾸고 바라는 대담한 "환상"이 생성될 수 있으며, 그 환상에 집합적이고 현실적인 노력이 더해질 때 사회변혁적인 운동력으로 실체화될 수 있다(Butler, 2004: 28). 지금까지 나의 논의에 유의미하게도 버틀러는 "긍정적affirmative"이란 취약성의 위치에서 "행위agency의 가능성을 여는" 수행성이라고 단언한다(Butler, 1997).

취약한 말과 몸의 집합들이 지니는 정치윤리적 잠재력은 자연스럽게 디지털 페미니즘의 연구자들의 주된 문제의식으로 발전해왔다. 이는 단지 특정한 개별 목적을 성취하기 위한 단발적인 시도로서가 아니라 '페미니스트로서의 삶을 살기'(Ahmed, 2017)라는, 소박하면서도 장대한 삶의 기획으로서 전개되어왔다. 동시에 정동은 '본연적으로 정치적'이라는 시각에서 여성주의적인 정동을 공유하는 여성들의 공동체와 공중의 형성 가능성을 모색하는 노력으로 진행되었다(Papacharissi, 2015). 예컨대 돕슨은 포스트페미니즘과 디지털 문화의 관계에 대한 해석에서, 디지털 테크놀로지에 밝은 젊은 여성들의 활달하고 유능하며 적극적인 자기표현 활동(예컨대 10대 소녀들이 몰두하는 섹스팅이나 얼짱 사이트)이란 실상 그녀들이 현실에서 경험하는 위기와 불안의 또 다른 표현에 불과하다고 지적한다(Dobson, 2015). 포토포울로우 역시 그간 지역 공동체적인 밀착성을 중심으로 성장했던 여성주의 운동이 디지털 네트워크 환경에서 직면하게 된 문제점에 주목하면서 새로운 미디어 환경에 적합한 형태의 여성주의 운동으로 변화해가는 양상을 진단한다. 오늘날 젊은 세대의 여성들은 스마트 앱을 통해서 난자를 기부하고 정자를 기부받으면서 전통적인 가부장적인 생활방식을 극복한 듯한 독립적이고 개인주의적인 삶을 도모한다. 그러나 포토포울로우는 향후의 디지털 테크놀로지의 여성주의적인 발현 가능성 여부는 첨단 테크놀로지에 의해 결정되지 않으며 오로지 서로 다른 세대를 가로질러 존재하는 여성들이 공통적으로 몸담고 있는 현재의 위치성에 근거한다고 주장한다. 그 위치성이란 신자유주의 이데올로기가 팽배하면서 개인주의적이고 소비주의적인 경쟁력이 중시되지만 여전히 자본주의적 사회·경제·정치·문화적 폭력과 차별에 노출되어 있는 여성들의 모순점, 즉 '권능과 취약성의 사이'의 위치성을 가리킨다(Fotopoulou, 2017). 여성의 욕망과 필요를 멋지게 충족시켜주는 듯한 첨단의 테크놀로지 서비스들이지만 이들 대부분은 그에 못지않게 정교하게 발달한 상업화 및 소비주의의 자본력에 흡수되며, 여성의 심신 역시 그러한 디지털 자본주의 체제에 더욱 철저하게 종속되도록 하는 결과를 낳고 있기 때문이다(Elias & Gill, 2017; Gill, 2017).

보다 구체적인 사례들에 주목하면, 코자 물지(2015)는 "해시태그 페미니즘"을 매개로 하여 여성들의 소통과 연대 활동이, 로런 벌런트가 말한 '친밀한 공중'으로 성장할 수 있는 가능성을 전망한다. 코자 물지가 주목한 현상은 나이지리아의 치복 지역에서 보코하람 세력이 저지른 약 300명의 소녀들의 납치 사건에 대해 나이지리아 여성들이 전개한 해시태그 운동이다. '#우리의 소녀들을 되돌려 달라BringBackOurGirls'라는 슬로건으로 알려진 이 운동은, 비록 사건 해결을 위한 실질적인 효과가 컸다고 말할 수는 없지만, 소녀들의 납치에 대한 분노와 그들의 안전을 바라는 간절한 희원 등으로 뭉쳐진 강렬한 정동을 공중들 사이에서 일으켰다. 아울러 식민주의와 제국주의의 역사 속에서 고통을 받아왔던 이슬람 소녀들에 대해 새로운 인식을 촉구하는 요청으로 정치화될 수 있었다(Khoja-Moolji, 2015).

한편 베어는 신자유주의와 디지털 플랫폼이 접합 혹은 탈구하는 현 상황에서 여성들이 전개하는 디지털 행동주의digital activism의 현황을 폭넓게 관찰한다(Baer, 2016). 베어가 지목하는 디지털 행동주의의 목표는, 당장의 여성해방이나 성평등의 실현이 아니라 "페미니즘 다시 하기redoing feminism"다. 베어의 시각에서 디지털 행동주의는 사회의 물리적·상징적 폭력에 무기력하게 노출되어 있던 여성이 자신의 육체를 새롭게 정의하고 발언하려는 욕망을 자유롭게 표출하는 장으로 성장하고 있다. 그러나 다른 한편으론 (디지털 플랫폼이 신자유주의 체제 논리와 공통적으로 지니는 역설로서) 여성 주체로 하여금 자신을 끊임없이 모니터링하면서 그녀 스스로 자신의 육체를 성적 대상화하고 상업화하도록 이끄는 이중성을 지닌다고 지적한다. 디지털 플랫폼에서 여성의 육체는 자기표현의 주체이기도 하지만 신자유주의가 야기하는 "불안정성insecurity"의 도구로 환원될 수 있다. 이를테면 글로벌 자본주의가 나날이 강고해지면서 여성들의 집합적인 저항은 줄곧 사적인 '미시적 반란 microrebellions'으로 축소되고 상품화된다. 베어가 세부적으로 살펴 본 슬럿워크, 페멘, #YesAllWomen 등의 디지털 행동주의의 사례들은 현재 세계 각 지역의 여성 육체들이 종속된 동시에 그에 저항하고자 하는 정치, 문화, 경제, 종교 질서 및 그에 교차적으로 접합된 불평등한 젠더 질서의 모순을 극명히 보여준다. 더불어 여성들이 육체들의 수행성으로 발휘한 고발과 저항이 곧바로 성공으로 이어지기보다는, 복잡한 사회 현실 안에서 장애에 부딪히고 재포획되는 한계를 드러내기도 한다. 그럼에도 베어의 결론은 희망적인데, 여성들이 스스로 펼치는 "페미니즘 다시 하기"는, "여성의 위태로운 육체가 현재 사회 현실의 모순을 드러내 보여주는" 도전 행위로서 끊임없이 실행될 것이기 때문이다(Baer, 2016: 30).

디지털 페미니즘의 논의를 행복의 윤리 관점에서 해석할 수 있는 근거는 그것이 품은 행복의 정동적 효과에 있다. 특히 미투의 사례에서 볼 수 있듯이, 이 지난한 투쟁을 벌이는 주체들은 오래된 상처, 오래된 열린 상처를 안고 있다. 그러나 그녀들은 단순히 항상 같은 시간과 경험을 되풀이하지 않는다. 완전히 망각하거나 처음과 다름없이 비참한 상태를 고수하지 않는다. 부당한 고통을 극복하고 혐오와 폭력에 대한 책임에 대해 성숙하고 냉정하게 판단하는 과정을 거치면서 예전의 피해자와는 다른 자신으로 생존·변화해가기 때문이다. 피해자가 발생한 사건을 잊지 않고 되새기는 지속적인 경험은 일종의 영원한 회귀로서 다수적이고 변이적이며 선택적인 차이를 생성하는 의미 깊은 시간이다. 무엇을 기억하고 무엇을 버려야 할는지, 무엇을 스스로 감당하고 무엇을 비판해야 할는지에 대한 성찰적인 '선택'을 통해, 그녀들의 시간은 처절한 시간에서 주체적인 행동의 시간으로 갱신된다.

이렇듯 변화의 과정 속에서 그녀들의 고통이 기쁨으로 급전했다고 단언하기는 어렵다. 또한 이 과정을 고통을 딛고 일어선 승리의 서사로 단순화하지 않도록 유의해야 한다. 이보다 더욱 근본적으로 지금의 도전 안에 오랫동안 누적된 비참과 고통의 정동이 복합적으로 융해되어 있음을 느껴야 한다. 이들이 내는 고통의 발언은 일종의 "경악"이다(한병철, 2017: 51). 경악은 익숙한 것에 대한 "다름을 폭로하는 고통"으로 "같은 것에 사로잡히는"(한병철, 2017: 51) 상태에서 벗어나고 변화를 상상하는 주장이 될 수 있다. 이전까지 꽉 막힌 현실 안에서는 부재했고 불가능했던 새로운 가치를 향한 발돋움이자 실험이기 때문이다. 이로써 여성 주체는 '당했던' 여성으로부터 '말하는' 여성으로 변화하며 여성의 육체가 남성의 탐욕스럽고 포악한 욕망의 소유물로 여겨지는 것이 당연하게 생각되었던 사회의 가치 체계에 대한 가치 전환을 시도한다. 이로써 "권력에 노출"된 "취약"한 육체가 "정치적 저항을 구성하고 실행"하는 말로서 "긍정화"한다(Butler, 2016: 22).

따라서 중요성은 전환과 고양의 결단 지점에 있다. 그녀들이 슬픔의 침묵 속에 묻혀 있는 대신 자기 발언의 힘으로 스스로 고양하는 전환에서 행복의 윤리가 체현된다. 이러한 전환이 자연스럽거나 쉽게 이루어지는 것은 물론 아니다. 이와 반대로 바디우의 논의에서 살펴보았듯이 행복을 향한 자유는 치열하고 엄격한 자기 노력과 고투 어린 실천을 통해서만이 가능하기 때문이다. 미투에서 발견되는 행복 윤리의 또 다른 중요한 측면은 주체적 전환에 연대하는 사회적 공동체성에서 찾아진다. 어떻게 '그녀'가 '그녀들'로, "'나는' 말한다"가 "'나도' 말한다"로 되는가? 단수로부터 복수로의 집합화는 여성 개인 하나하나가 워낙에 강대하거나 그녀들 사이에 강력한 집결력이 있어서가 아니다. 오히려 그녀들의 유일한 공통성은, 지역, 직업, 연령, 계층적인 차이들에도 불구하고, 서로 다른 자리의 여성의 몸들이 공통적으로 지닌 취약성과 그 몸에 새겨진 상처, 아니 열린 상처에 있다. 하나의 "상처는 타자를 위한 열린 문이 되기"에, 하나의 상처 입은 몸은 몸들로 모이고 커질 수 있다(한병철, 2017, 113쪽). 상처 입은 몸들은 함께, 현재의 왜곡된 폭력 질서에"만족"하지 않고 지금까지 예외였던 대안을 향해 가는 "행복"(Badiou, 2015)을 꿈꾼다. 여기서 버틀러의 제안처럼, 폭력적인 사회적 질서에서 자율성과 독자성을 잃은 취약한 육체가 정치윤리적인 가치의 공유로 이뤄진 연대로 긍정화될 수 있는 가능성이 엿보인다. 행복을 향한 윤리적 결단을 통해, 개인적 차원에서의 비참의 경험이 집합적 차원에서의 능동적이고 실천적인 운동으로 성장하는 것이다.

4. 새로운 행복장치의 발명을 위해

지금까지의 논의를 통해 트윗을 비롯한 디지털 네트워크 미디어가 상처 입은 여성들의 행복장치로 전유되고 있는 의미를 발견할 수 있다. 하나의 주어진 미디어 테크놀로지가 이용자의 의도와 희원에 따라 도전적인 젠더 실천의 장치로 변환된 것이다. 이 변환에는 단지 테크놀로지가 아니라 그에 복잡하게 얽힌 육체와 정동과 언어의 작동들이 주요했으며, 특히 비참을 안은 자들의 행복을 향한 집합적인 의지가 작동했다. 남성의 폭력적인 쾌락 추구 욕망에 의해 도구화되고 착취되었던 그녀들의 육체가 디지털 네트워크를 자신의 행복장치로 탈환하는 전복을 행함으로써, 자신의 삶이 비참으로부터 행복으로 전환할 수 있는 가능성을 열었다. 고통의 정동이 고발의 언어로 전화하고 고발의 언어가 사회 변화의 실천력으로 현실화하는 일련의 다층적 작용들이 행복장치에 대한 예기치 않았던 변모와 효과를 이끌어낸 것이다.

나아가 현재 미투 지형에 내재한 한계와 향후 발전되어야 할 방향성을 생각하지 않을 수 없다. 지금까지 미투는 어느 정도 상징권력을 지녀 공적 공간에 위치한 남성(유명인 등)에 대해서 가해 남성에 비교할 때 약자지만 다른 여성들에 비해 우수한 상징자본을 가진 여성들(검사, 배우 등)이 미투를 수행할 때 사회적 처벌이 가능한 성격이 컸다. 이 구조는 상징권력을 가지지 않거나 매우 약한 정도로 가져서 언어적 전복이 불가능한 남성들이 여성 약자들에게 일상적으로 저지르는 더욱 만연한 폭력에 대해선 그다지 큰 효력을 발휘하지 못한다. 보다 다수의 약자 여성들은 친족이나 소규모 작업장의 상관에 의해 가해진 폭력에 대해서 "미투"라는 저항적 언어를 수행하기가 불가능한 상황에 갇혀 있다(조영관, 2018; JTBC, 2018). 따라서 상징 저항의 시도마저 어려운 다수 약자 여성들이 어떠한 도전과 변화를 추구하며 성취할 수 있을 것인가에 대한 사회 전반의 진지한 고민과 노력이 요구된다. 이를 위한 실질적인 사안으로서, 우리는 열린 상처를 품은 그녀들이 부단히 고투하고 성취할 수 있도록 지지하고 길을 열어 보여주는, 새로운 행복장치의 발명이 절실하게 필요하다.

아울러 이론화에 집중한 본 연구에서 불가피하게 누락된 사안으로서, 현재 미투운동과 관련해서 활발하게 벌어지고 있는 사회현실적인 담론에 대한 섬세하고 정교한 분석 작업이 요구된다. 이렇듯 무수한 갈래로 퍼지고 엉키며 생장하는, 살아 있는 담론들을 이해할 때만이 미투로 표출된 사회적 욕망과 갈등의 복잡성과 모호성의 본질을 깊이 있게 이해할 수 있다. 마지막으로 행복의 윤리는 디지털 페미니즘의 영역을 넘어 우리의 삶에서 다각적으로 탐구되고 실천될 수 있다. 이 연구에서는 행복의 윤리의 관점에서 해석될 수 있는 가장 집약적인 사건으로 미투운동을 생각했지만, 더욱 다양한 크고 작은 행복장치의 국면들에서 행복의 윤리에 대한 사유가 활발하게 개진되고 그것을 실행할 수 있는, 보다 자유롭고 윤리적인 행복장치가 생성될 수 있길 바란다.

참고문헌

김예란 (2010). 감성공론장: 여성 커뮤니티, 느끼고 말하고 행하다. 『언론과 사회』. 10(3): 146-191.

_____ (2017). 인간-기계-동물의 다양체: 과식 먹방 사례로 본 육체적 동영상에서의 감각과 쾌락 정동. 『커뮤니케이션이론』. 13(1): 94-134.

_____ (2018a). 幸せの倫理学. *The annual review of cultural studies*.

_____ (2018b). 우리 시대, 행복의 윤리: #미투운동의 한 기점에서. 『한국언론정보학보』. 통권 90호: 44-73.

김진주 (2018. 2. 10). '문명의 속도'에 저항했던 부탄의 지금은. 〈한국일보〉. URL: http://v.media.daum.net/v/20180210160519382

사사키 아타루 (2013). 『이 치열한 무력을—본디 철학이란 무엇입니까?』. 자음과 모음.

어환희 (2018. 3. 10). "가족관계 망친다" 침묵 강요…미투 사각지대 '친족 성폭력'. JTBC뉴스. URL: http://news.jtbc.joins.com/article/article.aspx?news_id=NB11600987

이승한 (2018. 2. 23). 피해 폭로하면 꽃뱀 취급…미투 비웃는 '여성혐오'. 〈한겨레〉. URL: http://www.hani.co.kr/arti/culture/culture_general/833425.html

조영관 (2018. 3. 4). 이주여성도 함께 "미투". 〈경향신문〉. URL: http://news.khan.co.kr/kh_news/khan_art_view.html?art_id=201803042116005

조인우 (2018. 4. 27). 美인기 코미디언 빌 코스비, 성폭력 유죄 평결…최대 30년 형 전망. 〈중앙일보〉. URL: http://news.joins.com/article/22573547

한국여성커뮤니케이션학회 (2018). 2018 봄철 정기학술대회 『디지털 페미니즘의 윤리를 말하다』 자료집. 인천대학교.

한병철 (2017). 『타자의 추방』. 문학과지성사.

Agamben, G. (2009). *What Is an Apparatus? and Other Essays*. Stanford University Press.

Ahmed, S. (2004). *The cultural politics of emotion*. Routledge.

______ (2010). *The Promise of Happiness*. Duke University Press.

Athanasiou, A. (2016). Nonsovereign agonism (or Beyond affirmation versus vulnerability). In Butler, J., Gambetti, Z. & Sabsay, L. (Eds.), *Vulnerability in resistance*. Duke University Press. 256-277.

Badiou, A. (1995). Beckett, l'increvable désir. Hachette. 서용순 · 임수현 역 (2013). 『베케트에 대하여』. 민음사. 165-243.

______ (2013). *Philosophy and the event*. Polity.

______ (2015). *Metaphysique du bonheur reel*. 박성훈 역 (2016). 『행복의 형이상학』. 민음사.

Baer, H. (2016). Redoing feminism: digital activism, body politics, and neoliberalsim. *Feminist Media Studies,* 16(1): 17-34.

Braidotti, Rosi (2006). Affirmation versus vulnerability: On contemporary ethical Debates. *Symposium: Canadian journal of continental Philosophy, vol. 10, no. 1,* Spring / Printemps. 235-254.

Butler, J. (1997). *Excitable speech: A politics of the performative*. Routledge.

______ (2004). *Undoing gender*. Routledge.

______ (2006). *Precarious life: The powers of mourning and violence.* Verso.

______ (2016). Rethinking vulnerability and resistance. Butler, J., Gambetti,

Z. & Sabsay, L. (Eds.), *Vulnerability in resistance* (12-27). Duke University Press.

Butler, J., Gambetti, Z. & Sabsay, L. (2016). (Eds.) *Vulnerability in resistance*. Duke University Press.

Clough, P. & Halley, J. (2007). *Affective turn: Theorizing the social*. Duke University Press Books.

Deleuze, G. (1986). *Foucault*. Edition of Minuit. translated by Hand, S. (1988). *Foucault*. The University of Minnesota.

Derrida, J. (2000). Performative powerlessness. *Constellations.* 7(4): 466-468.

Desantis, R., Bitette, N. & Dillon, N. (2018. 4. 26). Bill Cosby verdict draws tears of joy, sense of relief from accusers and survivors: 'We're all vindicated.' 〈New York Daily News〉. URL: http://www.nydailynews.com/news/national/bill-cosby-verdict-draws-tears-joy-sense-relief-article-1.3956493

Dobson, A. S. (2015). *Postfeminist digital cultures: Femininity, social media, and self-representation*. Palgrave Macmillan.

Elias, A. & Gill, R. (2017). Beauty surveillance: The digital self-monitoring cultures of neoliberalism. *European Journal of Cultural Studies*, 1-19 (Online first).

Fotopoulou, A. (2016). *Feminist activism and digital networks: Between empowerment and vulnerability*. Palgrave Macmillan.

Foucault, M. (1980). 'The Confession of the Flesh.' In C. Gordon (Ed.), *Power/Knowledge Selected Interviews and Other Writings* . Random House. 194-228.

_____ (1988). *Technologies of the Self: A Seminar with Michel Foucault*. University of Massachusetts Press.

_____ (2005). *The hermeneutics of the subject: Lectures at the Collège de France*

1981-1982. Picador.

_____ (2014). *Wrong-doing, truth-telling: The function of avowal in justice*. University of Chicago Press.

Foucault, M. & Blanchot, M. (1989). *The thought from outside / Michel Foucault as I imagine him.* Zone Books.

Freeman, H. (2018. 4. 28). After six months of #MeToo, the burning question seems to be: how soon can these guys come back? 〈The Guardian〉. URL: https://www.theguardian.com/world/2018/apr/28/six-months-metoo-how-soon-guys-come-back-hadley-freeman

Gill, R. (2017). The affective, cultural and psychic life of postfeminism: A postfeminist sensibility 10 years on. *European Journal of Cultural Studies*, 20(6): 202-626.

Gill, R. and Orgad, S. (2016). The confidence cult(ure). *Australian Feminist Studies*, 30(86): 324-344.

Grossberg, L., McRobbie, A. & Gilroy, P. (2000). *Without guarantee: In honor of Stuart Hall*. Verso.

Hesmondhalgh, D. (2017). Capitalism and the media: moral economy, well-being and capabilities. *Media, Culture & Society, 39(2)*: 202-218.

Hillis, K., Paasonen, S. & Petit, M. (2015). (Eds.), *Networked affect*. MIT Press.

Keller, J., Mendes, K. & Ringrose, J. (2018). Speaking 'unspeakable things': Documenting digital feminist responses to rape culture. *Journal of Gender Studies*, 27(1): 22-36.

Khoja-Moolji, S. (2015). Becoming an "intimate publics": Exploring the affective intensities of Hashtag feminism. *Feminist media studies, 15(2)*: 347-350.

Nietzsche, F. (1901). Der Wille zur Macht. 강수남 역 (1988). 『권력에의 의지』. 청하.

Papacharissi, Z. (2015). *Affective publics: Sentiment, technologies, and politics*. Oxford University Press.

Rose, N. (1999). *Governing the soul*. Free Association Books; 2nd edition.

Sabsay, L. (2016). 'Permeable bodies: vulnerability, affective powers, hegemony'. In Butler, J., Gambetti, Z. & Sabsay, L. (Eds.), *Vulnerability in resistance*. Duke University Press. 278-302.

불안에도 불구하고

백지연

1. 너의 불안은 망상 탓이 아니야

변기에 앉아 볼일을 보다가 불안을 느낀 A. 갑자기 양쪽 팔을 허공으로 뻗어 가운데 손가락을 날린다. 이 사람, 일상생활 가능할까? 정보를 추가해보자. A는 서른 살의 여성으로, 홍대입구역 공중화장실에 들어갔다가 마주 앉은 방향의 문고리 위쪽에서 면봉 머리가 겨우 들어갈 수 있을 크기의 구멍 다섯 개를 발견했다. '저 속에 몰카가 있을지도 몰라'라는 생각에 두리번거리다 고개를 치켜드니 천장에는 용도 모를 전선 한 가닥이 삐죽 튀어나와 있다. 정말 카메라가 있는지, 있다면 어디에 있는지 불안해하던 A는 그 와중에 볼일을 다 봤다. 포기한 심정으로 상상의 시청자를 향해 욕을 하고는 화장실을 빠져나오며 생각한다. '이러다가 나 '홍대역 빽큐녀' 되는 거 아니야?'[1]

1 "친구들이랑 몰카 얘기가 나와서 얘기하다가 한 친구가 자기는 걍 포기하고 양쪽 손 〉〉뻐큐〈〈하고 싼

한국에서 평생을 살아온 여성으로서, 나는 A의 행동이 망상에서 비롯되지 않았음을 안다. 지하철 성범죄가 지난 5년간 두 배가량 증가했다든가(이지영, 2018.7.23), 2006년 517건이었던 불법촬영 건수가 2017년에는 6,470건으로 열 배 이상 늘어났다(이지영, 2018.6.4)는 통계를 알아서가 아니다. 아래와 같은 사진을 찍다가, 쇼핑몰 피팅룸에서 바지를 갈아 입으면서, 혜화역 시위가 궁금해 '홍대몰카'를 검색했다가 의도치 않게 쏟아져나오는 결과들을 볼 때, 나는 A의 것과 비슷한 이야기 구조와 등장인물을 담은 시나리오를 머릿속에 그린다. 나는 A의 불안을 몸소 이해한다.

불안은 인류가 느끼는 보편적 감정으로, 예술 작품부터 종교에 이르는 사회 내의 다양한 측면에서 발견된다고 한다(May, 1950). 하지만, 여성의 보편적 불안에 대해 우리는 지극히 제한된 측면만을 이야기한다.

다는 얘기에 애들 다 빵 터지고 웃겨 뒤지는 줄 알았다ㅜ 근데 친구가 하는 얘기가 야동 사이트에 'oo역 뻐큐녀' 뜨면 자기인 줄 알라고… 이런 웃기면서 화나는 얘기… ㅋ… 증말 몰카 짜증나."라는 내용의 트윗을 바탕으로 재구성했다.

가령 미디어는 '세상은 너희에게 이렇게 무서운 곳'임을 알려주는 정보를 늘어놓으면서도, 동시에 여성이 느끼는 불안을 개인적 사연의 형식을 빌려 소비시킨다. 여성들은 언제나 당하고, 울다가, 사건을 해결하지 못한 채 사라진다. 이런 이야기 구조 내에서 여성의 불안은 사회적인 실체를 가진 사실로 구성될 수 없다.

반면, '시스템'은 남성의 불안 원인을 설명하는 단골 기제다. 예를 들어, 2015년 초반 즈음부터 온라인 공론장의 가장 뜨거운 논쟁거리였던 여성혐오를 다룬 많은 기사들이, 남성이 여성을 혐오하고 차별하는 이유를 신자유주의 탓으로 돌린다(백지연, 2017). 남성의 경제적 불안(문강형준, 2016.1.15), 결혼에 대한 불안(조한혜정, 2016.2.16), 여학생과 경쟁하는 남자 청소년의 불안(백승찬, 2015.8.12), 여성과 마찬가지로 약자인 남성의 불안(박권일, 2014.8.11) 등은 모두 신자유주의 시대의 결과물이라는 것을 기사들은 사실로서 확인해주었다. 이와 같은 결론이 도출되는 과정은 엉성하지만, '여성혐오는 최근에 생겨난 것이다', '여성은 성격적으로 예민하다'는 '문화적 전제(Van Gorp, 2007)'가 그 공백을 메워주면서, '불안'이라고 이름 붙여진 감정을 대하는 사회의 방식에 개입한다.

이런 배경 속에서, 나는 크게 두 가지를 고려해 여성의 불안을 다루려고 한다. 첫째, 인간의 감정적 경험은 그것을 느끼는 주체와 사회의 관계에서 발생하기 때문에 개인이 구조와 맺는 상호작용을 고려해 감정을 개념화해야 한다(Rime, 2009)는 논리를 따를 것이다. 이 글에서는 여성의 사적이고 개별적 차원의 불안이 아닌 사회적 감정으로서의 불안을 살펴볼 것으로, 정확히는 여성 개인의 문제로 보이는 불안이 사실은 사회와 어떻게 연결되어 있는지를 파악하고자 한다. 이 연결은 쌍방향적인 것이므로, 사회가 만들어내는 불안과 더불어 불안을 느끼는 여성들이 사회에 어떠한 영향을 미치고 있는지 설명할 것이다. 이 설명을 돕기 위한 사례로서 여성들이 무슨 일을 '당하는지'가 아닌, 무엇을 '해왔고', '하고 있는지'를 중점적으로 제시하는 것이 이 글의 두 번째 주안점이다. 구체적으로는 디지털 미디어를 매개로 한 온라인 공간에서 최근 몇 년 동안 여성들이 어떤 커뮤니케이션 행위를 해왔는지 살필 것이다.

앞으로 등장할 사례들은 내가 경험적으로 체득한 지식이라는 점을 미리 알린다. 내 특수한 속성들이 나의 경험을 일반화하는 데 방해가 될 수 있음을 잘 알고 있지만, 다른 한편으로는 나의 사적인 이야기가 내가 사는 '지금'과 '여기'를 증명할 가장 확실한 "에비던스[2]"가 될 수 있으리라 생각한다.

2. 불안은 어떤 감정일까?

불안은 인간이 물리적, 심리적 위협을 느낄 때 발생하는 감정이다(Lazarus, 1991). 여기서의 느낌은 현재 내 앞에 있는 대상에 대한 '반응'이 아니라, 상상의 대상에 관한 '예측' 혹은 '기대'에서 비롯한다는 것(McNally, 2018)이 불안이라는 감정의 특징이다. 심리학자들은 인간이 다가올 위협을 예측하고 이를 최대한으로 막아내기 위해 불안을 느끼도록 진화했다고 설명한다(Kagan, 2007). 이를 따르자면, 내가 몸에서 오물을 쏟아내는 광경을 '찍을지도 모르는' 카메라의 존재와 그 안에 담긴 영상을 '볼지도 모르는' 가상의 범죄자에 대한 나의 불안이 휴지로 구멍을 막

2 몇 달 전부터 소위 '넷페미'로 불리는 소셜 미디어의 계정주들이 새우 모양의 이미지를 본인의 아이디 옆에 붙이기 시작했다. 이는 '온라인에서 아무리 떠들어봤자 변하는 것은 하나도 없다', '여성혐오가 도대체 어디에 있냐'는 비아냥에 대해 '내가 바로 그 증거(에비던스)다'를 말하기 위해 사용된 방식으로, 새우의 일본어 발음인 '에비'를 이용한 일종의 언어유희다.

아버리는 행동으로 나를 이끌고, 이를 통해 내가 실제로 카메라에 찍히는 상황을 막아준다는 설명이 가능하다.

벌어지지도 않은 일을 두려워하는 것, 그리고 여기서 나온 행동이 이상하지 않은 이유는, 불안이 유발되는 과정에 항상 예측과 더불어 기억이 관계하기 때문이다(Bolles, 1988). 미래가 주는 불확실성을 줄이고 예측의 정확도를 높이기 위해 인간은 과거와 현재의 경험으로부터 만들어진 정신적인 생각 구성체(Fosnaugh, Geers & Wellman, 2009)를 재료 삼아 앞날을 그린다. 이 구성체에는 직접적인 경험으로부터 만들어진 기억은 물론, 타인의 경험, 문화적 규범, 지식 등과 같이 사회적으로 축적된 기억 또한 포함된다(Wilson & Klaaren, 1992).

감히 확신하건대, 모든 여성은 여성이라는 성별 때문에 겪었던 불안의 기억을 가지고 있다. 이 기억은 개별적인 경험에서 나온 것이기도 하지만, 집단적으로 만들어지기도 한다. 특히 사회적 기억을 만들어내는 주요 에이전트인 미디어(박동숙·이재원·정사강·강혜원·김해원, 2014)는 여성 집단이 불안의 기억을 축적하는 데에 적극적으로 관여한다. 미디어에 노출되는 시간이 늘어날수록 세상을 위험한 곳으로 인식한다는 고전적인 연구 결과(Gerbner & Gross, 1976)부터 미디어가 현실을 비관적으로 인식하게 만든다는 최근의 논의(Pinker, 2018)까지, 연구들은 미디어가 불안의 기억을 구성하는 데 일조하고 있음을 보여준다. 여성과 관련된 뉴스로 범위를 좁혀보면 문제는 더 심각해진다. 기본적으로 남성중심적인 메시지인 뉴스(김훈순, 1997)가 재현하는 한국 여성의 모습은 1990년대 후반 이후 18년 이상의 기간을 거치면서도 양적으로, 질적으로 거의 변하지 않았다(김경희·강혜란, 2016). 반여성주의적 재현 방식이 아닌 뉴스가 전달하는 사실들에만 초점을 두고 보아도, 내가 접할 수 있는 내용은 미투운동의 고발자가 어떻게 꽃뱀으로 몰리고 있는지(구특교, 2018.7.1), 불법촬영을 한 범죄자가 어떠한 '솜방망이' 처벌을 받았는지(선명수, 2018.3.20)와 같은 것들이 주를 이룬다. 지난 5월 홍익대학교에서 남성 누드모델을 불법 촬영하고 사진을 유포한 여성이 '포토 라인'에 서기 전까지, 나는 '몰카'를 찍었다는 이유로 그와 같은 프레시 세례를 받는 장면을 본 적이 없었다.

기억의 구성물을 볼 때, '홍대역 빼큐녀'로 마무리되는 시나리오의 기승전결은 현실적으로 타당하다. 하지만 적절한 예측을 통해 불안 대상을 감지하고 이를 막아냈다는 것은 그저 오늘 찍힐 몰카를 내일로 미룬 것일 뿐. 불안의 근본적 원인을 없애지 않는 이상 두려움의 대상으로부터 발생하는 불안은 일시적으로 사라졌다가 다른 대상을 통해 다시 모습을 드러낸다. '나는 오늘도 우연히 살아남았다'라는 강남역 살인 사건의 추모 문구를 통해 우리는 끊임없이 되살아나는 불안을 몸에 지니고 살아가는 여성의 마음을 들여다볼 수 있다.

그렇다면 불안의 근본적 원인은 무엇인가? 연구에 따르면, 개인이나 집단 간의 권력 차이와 이를 유발하고 유지하는 구조적인 조건이 인간의 사회적 관계에서 발생하는 불안의 주된 원인이다(Ohman, 2008; Barbalet, 2001; Flam, 1993; Kemper, 1978). 여성이 느끼는 불안은 젠더 간 권력차이에서 발생하고, 남성중심적인 사회 구조가 이 원인을 존속시킨다는 뜻이다. 불안은 다양한 강도를 가지고 시간이 지남에 따라 그 정도가 변하며 내면적이거나 환경적인 상황에 의해 구체적인 양상이 달라질 수 있지만(Spielberger, 1966), 남성과 여성의 권력의 차이가 지속적이고 안정화되어 있다면, 이를 고질적인 문제로 이해해야 마땅하다. 구조가 바뀌지 않는 이상, 한국 여성들의 불안은 한국 사회 내에서 필연적으로 발생하고 지속된다.

3. 우리의 일기를 훔쳐볼지도 몰라……

실재하든 상상이든 위협은 인간에게 행위를 요구한다(LeDoux, 2015). 대표적인 행동으로 '피하기'가 있다. 위협 대상으로부터 달아나는 것은 상대적 권력 부족 때문에 불안을 느낀 여성들이 취할 수 있는 가장 기본적이고도 비용이 적게 드는 선택지다. 권력의 결여가 '나'의 무능력 탓으로 생각되어 무력감을 느낄 때(Kemper, 1978), 내가 가진 자원이 부족하여 위기에 맞서 싸울 능력이 없다고 판단할 때(LeDoux, 2015; Barbalet, 2001) 여성들은 도피를 시도한다. 불안 대상을 대면할 기회 자체를 차단하거나 안전한 장소로 도망가면서 불안을 일시적으로 해소하는 것은 그 자체로 매우 큰 보상이 되는 탓에(Bourne, 2010) 불안의 주체들은 도피 행위를 통해 안정된 상태를 유지하려고 한다.

그렇다면 여성들이 숨을 곳은 어디인가? 이 도피처를 사이버 공간에서 찾을 수 있으리라 희망하던 때도 있었다. 김효인(2017)에 따르면, 온라인 공간에 대한 유토피아적인 관점을 가진 연구자들은 가상공간이 현실 세계의 논리를 탈구시킨 가능성의 장소가 되리라 예측했으나(Danet, 1988; Haraway, 1985/2002; Plant, 1995), 가상공간을 실제 사회와 완벽하게 동떨어진 곳으로 정의하는 이분법적인 사고가 가진 문제점이 실증적인 연구들을 통해 점차 드러나기 시작했다. 대신 현실 세계의 관습과 여성에 대한 차별이 온라인 공간에서 마찬가지로 재구성될 것(Harring, 1994/1996; Spender, 1995)이라는 예측은 연구들(Barak, 2005; Bartow, 2009; Citron, 2009b; Franks, 2012; Ritter, 2009)을 통해 사실로 확인됐다. 온라인 공간은 가상적 공간이 아니라, 오프라인 공간의 권력 구조를 반영하고 구성하기도 하는 또 하나의 현실임이 증명된 것이다.

인터넷을 사용하며 이 같은 연구 결과를 직접 체득한 여성들은 그들만의 안전가옥을 만들기도 했다. 여기서의 '안전'은 '남자 없음'을 의미한다. '삼국카페' 중 하나인 '소울드레서', '이화이언'을 비롯한 여대의 온라인 커뮤니티들, 그리고 최근 불법 촬영에 대한 편파 수사 규탄 시위를 조직화한 다음 카페 '불편한 용기' 등의 공간은 모두 일정 수준 이상의 인증 과정을 통과한 사람만을 구성원으로 인정한다. 인증의 공통 목적은 생물학적 남성을 배제하기 위한 것인데, 그럼에도 불구하고 계속되는 남성의 침입이 절차의 강화로 이어지며 여성들의 커뮤니티를 더욱 배타적인 공간으로 만들기도 한다.

남성의 침입이 문제가 되는 이유는 각 커뮤니티가 가진 내부 규칙을 깨버려서가 아니라, 침입을 시도하는 남성들이 대개 여성혐오의 목적을 가지고 있고, 결과적으로 여성들의 자유로운 커뮤니케이션 행위를 방해하기 때문이다. 이화여자대학교의 학생 커뮤니티인 이화이언의 까다로운 인증 절차와 글쓰기 행위를 통해 이를 확인할 수 있다. 이화이언은 2001년에 만들어진 커뮤니티로, 최순실 게이트에 연루된 총장을 사퇴로 이끈 시위를 조직화한 공간이다. 개설 초창기의 인증 시스템은 간단했다. 교내용 포털시스템에 공지된 비밀번호를 입력하면 누구나 게시판에 입장할 수 있었다. 하지만 '이대 현피녀' 사건[3]과 같은 외부인의 침입, 게시글 유출과 왜곡 보도, 성적 대상화 등의 경험이 쌓이면서 절차는 점점 까다로워졌다. 현재 이화이언의 비밀 게시판에 들어가기 위해서는 사이트 가입 여부, 학부 소속 여부, 신청 시기가 현재임을 증명할 수 있는 화면을 한꺼번에 캡처한 뒤 원본 파일을 홈페이지 운영자에게

3 2006년 8월 24일 이화이언에 이대 학생이 연세대학교 학생을 몰카범으로 의심해 폭행했다는 내용을 담은 글이 올라왔고, 이것이 외부로 유출되면서 발생한 일이다. 사건을 정리해놓은 이화이언 홈페이지의 게시글에 의하면, 논란이 된 글은 무단으로 타학교 커뮤니티와 디시인사이드 등으로 퍼져나갔고 수많은 리플이 달리며 이슈가 됐다. 급기야는 각종 포털 사이트의 메인에 실리며 네이버 검색 순위에 '이대 현피녀'가 오르며 비난을 받았다. 하지만 '이대 현피녀' 사건은 존재하지 않는 사건임이 경찰의 확인을 통해 밝혀졌다.

보내 인증을 받아야 한다. 인증받은 이용자는 학교 포털 사이트의 게시판과, 이화이언 홈페이지 팝업창을 통해 확인할 수 있는 비밀번호 두 개를 한꺼번에 조합해야 비밀 게시판에 입장할 수 있다. 비밀번호는 별일이 없는 한, 한 달 정도의 주기로 변경된다.

복잡한 과정을 거쳐 비밀 게시판에 입장한 뒤에도, 민감한 주제에 대한 글은 비공개로 작성할 것을 권고받는다. '비밀글'로 작성된 글을 보기 위해서는 재학 중인 학생들만이 맞출 수 있는 퀴즈를 풀어야 하는데, 이를 맞추지 못할 경우 글에 달린 댓글을 보는 것조차 불가능하다. 더불어 게시판의 전반적인 분위기를 읽어내지 못하거나 그동안 누적된 커뮤니티 언어를 똑바로 사용하지 못하는 글 등에 비공감을 주어 글을 안 보이게 만들거나, 수상한 작성자를 신고해 게시판 이용을 막을 수 있는 장치도 존재한다. 시기에 따라 게시판에서 언급하면 안 되는 소재가 임시적으로 정해지기도 하고, 연예인 뒷이야기나 성적 대상화와 같이 윤리적으로 문제가 될 수 있는 이야기는 누적된 합의를 통해 지속적으로 금지된다. 이와 같이 여성들은 견고한 벽을 쌓은 공간 안에서조차 완전한 안정감을 누리지 못하고, 언젠가는 들킬지 모르는 일기를 쓰는 사람처럼 나와 다른 여성을 검열한다.

이는 온라인 공간에서 혐오의 대상으로 존재하는 여성들이 처한 현실과 더불어 어떠한 장소도 완전한 도피의 공간이 될 수 없음을 보여준다. 여성들은 오프라인은 물론, 온라인 공간에서도 불안을 소재 삼은 다양한 버전의 시나리오와, 여기에 현실성을 더해줄 만한 디테일을 끊임없이 제공받는다. 궁극적으로 도피는 불안을 더욱 증폭시키는 탓에 (Bourne, 2010) 안타깝게도 도망의 결말은 언제나 비슷하다.

4. '싸워볼 만하다'는 생각은 어떻게 만들어질까?

지난 10월 6일까지 총 다섯 차례 진행된 '불법 촬영 편파 수사 규탄' 시위에 모인 인원은 약 20여만 명. '우리는 계란이 아니며 너희는 바위가 아니다' 같은 시위 피켓의 문구를 통해, 불안을 느낀 여성들이 도피가 아닌 '싸우기'를 선택했음이 단적으로 드러난다.

싸우기는 도피와 더불어 불안을 느낀 사람이 택할 수 있는 행동 방식이다(LeDoux, 2015). 피하기와 비교했을 때, 싸우기는 불안의 감정을 근본적으로 제거할 수 있는 잠재력을 내포하며 불안 대상에 대한 비이성적 상상을 멈추게 해준다는 점에서 바람직하지만(Bourne, 2010), 그만큼 더 많은 비용이 들어간다. 개인적, 사회적으로 일정한 조건이 충족되어야 나타날 수 있는 행위인 것이다.

먼저 불안 감정의 주체는 '권력 부족이 나의 무능력에서 비롯되지 않는다는 것'을 알아야 한다(Barbalet, 2001). 내가 모자라거나 취약하기 때문에 힘을 얻지 못하는 것이 아니라, 권력을 불평등하게 배분하는 구조가 나의 취약함을 만들어낸다는 사실을 인식해야 하는 것이다. 이 인식은 많은 경우 분노의 감정을 유발한다(Scherer et al., 2001; Lazarus, 1991). 분노에서 비롯된 행동은 발산적이고 공격적이며 위험의 감수를 포함한다는 점에서, 강한 불안을 느낄 때 나타나는 방어적이고 위축된 행동과 다르다(Valentino, Brader, Groenendyk, Gregorowicz & Hutchings, 2011). 분노는 나에게 해로운 상황을 제거하기 위한 감정적 에너지(Collins, 2014)를 모아 사람을 행동하게 만든다. 사람들의 정치적 행동, 특히 혜화역 시위와 같은 집합행동이 흔히 분노의 감정에서 비롯된 것으로 설명되는 이유다.

더불어 불안의 주체가 위협의 상황을 통제해낼 수 있다는 믿음을 가진다면, 불안의 대상과 맞서 싸울 가능성은 더 높아진다(Bandura, 1977; 1997). 주어진 상황에서 자신이 얼마나 유능할 것인가에 대한 개인의 판단을 의미하는 '자기효능감'이 불안 촉발을 막거나 강도를 줄이는 데 유의한 역할을 하기 때문이다(Mills, Pajares & Herron, 2006). 자기효능감이 높은 감정 주체는 위협의 대상을 잘 통제하여 고통의 경험을 축소하거나 막을 수 있다고 믿는다. 더불어 자기효능감은 행동에 대한 선택뿐만 아니라 행동에 들어가는 노력의 크기, 지속성, 인내, 사고 패턴, 각성 등에 영향을 미치면서(Bandura, 1988), 싸우기 전략의 구체적인 방식을 모양 짓는다.

마지막으로 싸우기 위해서는 감정 주체가 가진 자원의 뒷받침과 활용이 요구된다. 다른 조건이 동일하다면, 대항에 들어가는 자원의 규모는 피하기 행동에 들어가는 자원의 크기에 비해 더 크다(Barberlet, 2001). 이 자원에는 감정 주체가 가진 개인적 자원과 그가 속한 사회의 자원이 포함된다. 때때로 권력의 불평등을 유발하고 유지하는 사회적 구조가, 이를 무너뜨리고자 하는 개인이나 집단에 의해 역으로 이용되기도 한다(Barbalet, 2001).

지금까지 나열된 조건에 비춰볼 때, 피하기 대신 싸우기를 선택한 여성들에 대해 몇 가지 가정을 해볼 수 있다. 여성들은 권력 부족의 원인이 사회적인 구조에서 비롯함을 인식했고, 일정 수준 이상의 자기효능감을 가지고 있으며, 확보한 자원을 활용할 수 있다는 것이다. 그렇다면 여성들은 어떤 과정을 통해 권력 부족의 원인을 인식하는 것일까? 이들의 자기효능감을 키우는 방법은 무엇인가? 그리고 여성이 가진 자원은 무엇이며 이를 어떻게 활용하고 있는가? 이에 대한 대답을 사회적 환경이자 그 자체로 여성들의 주요 자원으로 기능하는 소셜 미디어를 중심으로 풀어나가 보자.

5. 함께 쓰는 일기[4]가 중요한 이유

"무슨 일이 일어나고 있나요?"

트위터가 묻는다.

'지하철 임산부석에 또 남자 앉음'이라고 대답한다. 뉴스는 커녕 라디오 사연으로도 못 나올 내용이다. '내가 이렇게 잘 살고 있다'를 보여줘야 하는 페이스북이나 '내가 이렇게 잘 먹고 다닌다'를 자랑해야 하는 인스타그램에도 올릴 수 없고, 집에 가서 일기를 쓸 때는 아마 기억조차 나지 않을 일들. 트위터의 어포던스affordance는 소소하다 못해 시시한 나의 일상과 감정을 공유하도록 돕는다.

이 사소한 경험의 공유가 여성의 정치적 운동에서 매우 중요한 역할을 한다는 것을 뒷받침하는 연구들이 점점 늘고 있다(김효인, 2017; 박동숙·김해원·이재원·정사강·강혜원·백지연, 2018; Eagle, 2015; Rentschler, 2015; Rodino-Colocino, 2014; Thrift, 2014; Williams, 2015; Shaw, 2012). 정치적 행위에서 소셜 미디어는 단순한 도구가 아니라 일종의 행위자로 기능한다고 말하는 연구도 존재한다(Latour, 2005; Bennett & Segerberg; 2013). '인생의 낭비'라는 오명을 가진 트위터가 대체 무슨 일을 하는 것일까? 불안을 가진 여성을 어떻게 도와주고 있는 걸까?

가장 기초적인 차원에서, 여성들은 사적 불안을 털어놓고 이야기하기 위해 소셜 미디어를 찾는다. '걱정스러운 혼잣말 멈추기'는 불안장애의 치료를 위한 기본적인 처방 중 하나다(Bourne, 2010). 이 혼잣말은 사람을 고립시키고, 비합리적 예측을 반복하게 만들며, 불안 대상에 대한 회피를 지속시키기 때문이다. 따라서 여성들이 자신의 불안 경험을

4 김해원의 2015년 논문 참조.

타인과 공유하며 이야기하는 행위는 그 자체로 불안의 완화를 돕는 치유적 효과를 갖는다(Lee, 1993).

하지만 소셜 미디어는 단순히 자신의 경험을 쏟아내고 함께 울어줄 수 있는 친구를 찾아주기만 하는 공간이 아니다(Brownlie, 2018). 현재 여성들은 소셜 미디어의 어포던스를 이용해 여성주의 운동의 역사에서 가장 오래되고 주요한 과업인 '차별의 경험 말하기'와 이를 통한 '정치적 지각 획득'(Mackinnon, 1989; Rich, 1986)을 달성해나가고 있다. 여성들은 경험 말하기와 감정 공유를 통해 자신이 속한 사회 내의 억압을 이해하고, 개념화하며, 인식의 기본틀을 마련할 수 있다(Gautam, 2012). 이것이 불안의 해결에 있어서 중요한 이유는 억압의 이해, 개념화, 인식의 과정에 '불안 원인에 대한 정확한 지적'이 포함될 수 있기 때문이다. 앞서 살펴본 것처럼 여성으로서의 내가 불안을 느끼는 이유가 나의 취약함 때문이 아니라는 사실을 깨닫는 것, 그리고 진짜 원인이 사회 구조에 있음을 파악하는 것은 여성들을 분노하고 행동하게 만든다.

2016년 5월 17일에 발생한 '강남역 살인 사건'에 대한 여성들의 대응은, 불안의 공유가 해결의 움직임으로 단시간에 이어진 대표적인 사례다. 사건은 한국 사회에서 페미니즘 이슈가 전통 미디어를 통해 본격적으로 가시화된 계기로(이나영, 2018; 이종임·김영은, 2018), 여성들은 '뭔지 모르겠지만 느껴지는 그 무언가'를 객관화된 '실재reality'로 구성해냈다. 여성들의 불안 공유부터 사건을 여성혐오 범죄로 의제화하기까지의 과정에서 트위터를 비롯한 소셜 미디어는 여성들의 정치적 움직임을 뒷받침하는 역할을 했다.

사건이 언론의 단신 기사를 통해 보도된 이후, '강남역 10번 출구'라는 계정이 트위터와 페이스북에 만들어졌다. 이 계정을 중심으로 강남역 10번 출구에 희생자를 추모하는 포스트잇을 붙이자는 의견이 모아졌다. 여성들의 불안은 '나는 오늘도 우연히 살아남았다'는 문구를 비롯해 포스트잇에 적힌 글에서 빈번하게 발견되었고(경향신문 사회부 사건팀, 2016), 트위터에서는 '#살아남았다' '#강남역살인사건' 등의 해시태그를 달고 공유되었다. 여성들은 그동안 느꼈던 불안이 개인적인 것이 아니라 사회적 감정[5]임을, 나아가 젠더화된 감정(Lee, 1993)임을 확인했다.

이 감정은 '여자라서 죽었다'는 전제 없이는 성립할 수 없는 것이었다. 경찰이 '대한민국에는 아직 혐오 범죄가 없고, 강남역 사건은 전형적인 묻지마 범죄'라고 표명하며 여성의 전제를 거짓으로 만들자 여성들은 분노했다. 사건이 '여성혐오' 범죄로 규정되어야 한다는 담론이 형성됐으며, 개인의 사적 고백들에 '#여성혐오범죄' 해시태그가 추가적으로 붙었다. 산발적인 트윗들은 해시태그를 통해 내러티브 구조를 획득하고 아카이빙되면서(Veletsianos & Stewart, 2016; Zappavigna & Martin, 2018) 사회적 가치를 지닌 텍스트(김수아, 2017)가 되어갔다. 해당 사건에 대한 주요 일간지의 보도가 양적으로 늘어났고, 사건을 다룬 거의 모든 기사가 여성혐오 개념을 포함했으며, 여성혐오를 소재로 삼은 기사들 역시 강남역 살인 사건을 빼놓지 않고 언급했다(백지연, 2017).

최소한 여성 관련 이슈에 있어서, 한국의 주류 미디어는 의제 설정의 역할은커녕 역사의 초안을 작성하는 역할조차 수행하지 못한다. 또한 개인의 즉발적인 발화가 동시다발적이며 직접적으로 표출되는 현재의 온라인 환경에서, 개인들은 기존의 언론이 개인의 사적 경험을 공공 담론으로 매개(김예란, 2010)해낸 결과를 수동적으로 수용하지 않는다. 언

5 사회적 감정은 사회적으로 일어난 사건을 통해 발생됐으며, 사회적 성질과 관련된 행동을 하게 하고, 감정을 사회적 집단적으로 경험한다는 것을 의미한다(Buck, 1999).

론을 감시하고 보완하는 '시민 저널리즘'을 넘어, 주류 미디어의 담론을 와해시키기도 하고 새로운 담론을 형성해 역으로 제공하는 역할을 하기도 한다. 이는 소셜 미디어의 어포던스가 정치적 행위 및 담론 투쟁의 과정에서 핵심적인 역할을 하는 의제의 설정, 선점, 확산을 돕기 때문에 가능해졌다. 김수아(2017)는 트위터와 같은 소셜 미디어가 가진 스프레더블 미디어Spreadable media의 성격이 의제 설정과 의제에 따른 연결 행동connective action을 가능하게 만들었다고 설명한다. 이를 통해 여성들은 감정 토로에서 시작된 사적인 내러티브를 공적 의제로 만들어갔다.

여성들은 자신의 불안을 각자의 책상 서랍 구석에서 묵혀두는 대신, 함께 쓰는 일기장에 적고 서로 돌려보면서 불안의 원인을 찾아낸다. 거대하고 견고한 싸움 상대가 모습을 드러낸 마당에 '네 잘못이 아니야'라는 말이 당장 위로가 될 수는 없을 것이다. 하지만 그동안 우리가 무엇 때문에 불안했는지를 알게 됨으로써 나 스스로와의 소모적인 싸움을 멈추는 대신 어디를 조준해야 할지 파악할 수 있게 됐다.

6. 우리는 서로의 용기가 될 거야[6]

미국산 쇠고기 수입을 반대하는 촛불집회가 한창이던 2008년 여름. 초반에 있던 시위에 딱 한 번 참석했던 나는 다시는 집회에 나가지 않겠다고 다짐했다. 처음 참여한 시위에서 (여러 가지 원인 때문에) 느꼈던 당혹감과 공포의 크기에 비해, 나의 머릿수 보태기가 낼 수 있는 효과가

6 문화예술계 내에서 발생한 성폭력 고발과 피해 사실의 고백이 이어지던 2016년 10월 20일경 '베라'라는 아이디를 사용하는 트위터 이용자가 처음 트윗을 한 문구로, 다양한 종류의 페미니즘 관련 논의 및 시위에서 사용되고 있다.

너무도 미미하다고 생각했다. 나는 '촛불 소녀'도 '유모차 부대'도 아닌, 그냥 '여자사람23027'. 집회에 참석하는 대신 광우병과 관련된 자료를 찾아 읽고, 서명도 하고, 적은 액수의 후원금을 보탰지만, '그래서 시위에 갔냐, 안 갔냐'에 대한 대답으로 참여자와 방관자가 구분됐다. 집회를 통해 성취해낸 것이 있는지 없는지 알 수 없었고, 있다고 한들 어차피 내 일이 아니었다.

10년이 지난 지금, 혜화역과 광화문 등에서 '불법 촬영 편파 수사 규탄' 시위가 다섯 차례 열리는 동안, 나는 현장에 한 번도 나가지 않았다. 하지만 나는 관련 사안에 가담하고 있다고 느낀다. 이것은 나의 착각일까? 소셜 미디어를 중심으로 일어나는 연결 행동을 연구한 학자들은 나의 느낌이 스스로 하는 위로 이상의 의미를 갖는다고 말해준다. 네트워크화된 사회 내 정치 행동에서 중요한 것은 개인의 참여 그 자체가 아니라 나의 참여가 유의미하다고 느끼는 개인의 감각으로, 분산된 개인들의 서로 다른 강도와 종류의 참여 행동이 실질적인 성과로 이어지기 때문이다(Bennett & Segerberg, 2013).

최근 몇 년 동안 있었던 여성들의 정치적 움직임은 연결 행동의 범주에 포함된다(박동숙·김해원·이재원·정사강·강혜원·백지연, 2018). 이 경험을 통해 여성들은 나의 직접적인 성취 경험 및 관찰을 통해 얻어지는 대리 경험과 사회적 지지를 중심으로 만들어지는 자기효능감(Bandura, 1988)을 획득한다. '나는 용감하고, 똑똑하며, 탄력적이고, 영리한데다, 재밌는 사람으로서 (여성주의적) 움직임에 용기를 갖고 기꺼이 참여하겠다'는 특권적인 감각을 얻는 것이다(Megarry, 2014). 앞서 살펴본 것처럼, 자기효능감은 불안을 줄이거나 막아주며 사람을 행동하게 만든다.

여성들이 한국 사회의 젠더 불평등이 내 불안의 원인임을 인식했다고 하더라도, 개인의 인식 수준, 인식에서 비롯된 분노를 느끼는 정도,

행위의 여부와 정도를 결정하는 환경적 조건 등이 상이하다(Van coillie & Van Mechelen, 2006). 소셜 미디어는 서로 다른 수준의 관여도를 가진 여성들이 다양한 방식으로 정치적 움직임에 참여할 수 있게 돕는다. 미투 고발자에게 지지 멘션을 보내고 공통의 해시태그를 붙여 나의 이야기를 보태는 것, 클라우드 펀딩을 통해 지원금을 마련하는 것, 청와대 국민 청원에 서명하는 것, 여성혐오적인 언론 보도에 이의를 제기하는 것 등의 작지만 중요한 참여가 소셜 미디어를 통해 이뤄진다. '트윗하기'부터 '총대 메기'까지, 모두가 직접 참여가 될 수 있다. 오프라인 집회 참여, 조직 가입, 지속적인 활동, 다른 참여자들과의 친목 등을 만족시켜야 비로소 참여 여부를 승인받는 과거의 시위 문화에서는 찾아볼 수 없는 일이다.

직접적인 참여는 운동과 관련된 타인의 성취를 나와 연결시키는 데도 도움을 준다. 더 정확히는 소셜 미디어가 해시태그 등의 기능을 통해 사적인 것과 공적인 것의 구분을 흐렸던 것처럼(Papacharissi & Oliveria, 2012) 나의 성취와 타인의 성취 사이의 경계를 흐리는 것이다. 이것은 타인의 노력을 무단으로 갈취하기 때문에 가능한 것이 아니라, 여성들이 연결 행동을 위해 선택한 전략 때문에 가능해진다. 여성들의 움직임에서 발견되는 특이한 점은 소위 시위의 주동자가 드러나지 않는다는 것인데, 이는 시위로 말미암아 발생할 수 있는 위험을 분산시키는 동시에 시위의 성과를 특정인의 것으로 만들지 않는 효과를 갖는다. 주동자 없는 시위는 모든 참여가 직접 참여로 기능할 때 가능해지는데, 앞서 살펴본 다양한 모습과 강도를 가진 여성들의 참여가 소셜 미디어를 통해 타인의 성취와 이어지고, 나아가 집단의 성취와 얽히게 된다.

여성들은 소셜 미디어 공간에서 타인을 관찰하며 행위에 대한 기준을 습득(Zhang, Jiang & Carroll, 2011)할 뿐만 아니라 성취의 주체를 공동의 '우리'로 만든다. '#MeToo' 운동의 세계적 확산에서 볼 수 있듯, 소셜 미디어를 통해 '친밀한 공중(Berlant, 2008)'의 외연이 시공간의 제약을 극복하고 확장되기도 한다.

더불어 여성들은 소셜 미디어 활동을 통해 사회적 지지를 얻는다. 사회적 지지란, 가족, 친구 및 동료 등과 같은 중요한 타인과의 관계를 통해 제공되는 긍정적인 자원을 의미하는 개념으로 사회적 네트워크, 구성원으로부터 부여받는 연대감, 유의미한 타자들과의 만남 등을 통해 구성된다(Cohen & Hoberman, 1983; Mehta & Atreja, 2018). 김예란(2010)은 구성원들의 감성 '분위기'(Brennan, 2004)를 읽고 느끼고 인식하는 활동을 통해 여성 커뮤니티에 소속된 여성들은 나와 같은 생각을 하는 사람들이 있는 것을 확인함으로써 심리적 확신과 안정감을 얻을 수 있다고 설명한다. 이종임과 김영은의 연구(2018)에서도 소셜 미디어를 통해 나와 비슷한 생각을 가진 여성들이 많다는 것에 안도감을 느끼는 여성들의 존재를 확인할 수 있다. 사회적 지지가 자신이 보살핌을 받고 있고, 스스로 가치가 있으며, 상호 의사소통이 가능한 관계망에 소속되어 있다고 믿게 하는 정보를 통해 얻어지는 것인 만큼(Harter, 1985), 호의적 청자에 대한 이미지는 여성들의 사회적 지지를 높일 수 있다.

7. 불안이 만들어준 자원

"여자처럼 말해봐."

김주하 앵커가 그의 전남편에게 들었다는 말이다. 무엇을 어떻게 말하는지에 관계없이 여성의 언어는 언제나 평가의 대상이 되며, 그 기준의 내용은 여성의 성별에 특정될 것(Spender, 1980)이라는 예측은 40년이라는 시간을 넘고 동서양이라는 공간을 가로질러 말하기를 직업으로 삼은 사람을 관통한다. 여성들은 여자처럼 말할 것을 강요받으면서, 동시에 여성성을 지나치게 드러내지 말 것을 요구받는다(Cameron, 1990). 충분히 여성스러우면서 너무 여자 같지는 않은 말? 이것이 정확히 무엇인지 알 수가 없어서, '쌩얼처럼 보이는 화장'이라든가 '지혜롭지만 똑똑하지는 않은 여자' 같은 것을 떠올려본다.

페미니즘의 '잠재적 아군'을 모두 잃게 만든 메갈리아의 '미러링'. 사실 이것이 내가 생각하는 '여자처럼 말하기'의 정수다. 이는 반어적 표현도, 당위의 선언도 아니다. 2015년 미러링이 처음 등장했을 당시 누군가는 '여자들의 드립력이 이렇게 셀 리가 없다'고 말했지만, 미러링은 커뮤니케이션 불안을 가진 여성들의 말하기 방식을 잘 드러내 보이는 사례다.

앞서 우리는 이화여대의 온라인 커뮤니티 사례를 통해 들킬지도 모르는 일기를 쓰는 여성들의 불안을 살펴봤다. 그런데 이 걱정은 하나의 커뮤니티 이용자만이 가진 특성이 아니다. 어떤 여성이, 언제, 무엇을, 어떻게 말해야 하는지(Lakoff, 1975; McLellan, 2010)를 까다롭게 골라주는 남성 중심적인 사회에서, 여성들은 커뮤니케이션 불안에 시달린다. 커뮤니케이션 불안이란 커뮤니케이션을 잘 해낼 수 없을 것이고, 그 때문에 받는 비난이 나에게 망신과 수치를 줄 것이라는 걱정으로, 성별은 커뮤니케이션 불안의 정도를 예측할 수 있는 주요 변수 중 하나다(Abu-Rabia, 2004). 말 한번 잘못했다가 신상이 털리고, 커리어가 중단된 수많은 사례를 지켜보면서 여성들은 '반드시', '당연히'와 같이 불안을 일으키는 비합리적, 당위적 사고(Ellis, 1995)를 학습한다.

지금까지의 이야기를 부르디외(Bourdieu, 1991/2014)의 논의를 빌려 표현해보자면, 여성들은 그동안 언어 시장과 불안의 관계[7]를 맺어왔다고 할 수 있을 것이다. 불안은 언어 시장 내 행위자로서의 여성들이 공유하는 감정 구조로, 이들의 언어 아비투스linguistic habitus 형성에 개입한다. 언어 아비투스는 발화자가 언어 시장과 맺는 가장 중요하고도 오래가는 관계다(Bourdieu, 1991/2014). 내가 '되'와 '돼'를 구분할 줄 아는 것에 얼마나 집착하는지, 왜 성희롱을 듣고도 웃음을 지었는지 등이 모두 언어 아비투스 개념을 통해 설명될 수 있다. 이처럼 부르디외는 주어진 상황에서 적절한 말을 하는 실천적 능력을 언어 아비투스로 지칭했으며, 이를 통해 언어 실천이 단순히 의식적인 계산의 산물이 아니라 전성찰적인 차원에서 경험되는 체화된 인지 도식이라고 보았다(심성재, 2016). 더불어 언어 시장은 특정한 발화자의 말에 제재를 가하는 방식으로 검열을 행사할 수 있는데(이상길, 2013), 술자리 농담에 정색했을 때의 싸해지는 분위기, 예민한 여자라는 반응과 같은 것들이 그 사례다.

'몰라도 될 권력'이라는 말은 언어 아비투스에 대한 부르디외의 관점에서 '참'인 문구다. 그는 언어 아비투스 중 발화자의 언어 생산물이 어떠한 상황에서 보상받거나 제재받는지에 대한 판단력인 '수용가능성에 대한 감각'을 각별히 강조하는데(이상길, 2013) 발화자가 가진 상징자본의 양이 적고 대화 상대와의 권력 차이가 클수록 자신의 말이 어떻게 받아들여질지에 대한 수용 가능성의 감각은 더욱 예민해진다고 설명한다(Bourdieu, 1991/2014). 언어의 사용에는 언어 바깥의 사회 구조인 젠더 간 위치 관계가 배태되어 있다(심성재, 2016). 젠더 간 권력 차이는 수용가능성에 대한 감각을 비롯해 남성과 여성의 언어 아비투스를 서로 다르게 모양 지을 것이라는 의미다. 관객과의 대화 행사나 여성학 학회에

7 부르디외(Bourdieu, 1991/2014)는 편안함, 위축, 긴장, 침묵 등과 더불어 불안을 발화자와 시장이 맺어올 수 있는 관계의 한 형태로 꼽는다.

서 무지를 드러내는 비평을 자신 있게 쏟아내는 비전문가는 왜 항상 남성인지를 조심스레 추측해볼 수 있는 대목이다.

언어 시장은 특정한 발화자의 말에 제재를 가하는 방식으로 검열을 행사할 수 있고, 이에 발화자는 자신의 언어 생산물을 내적으로 교정하고 소극적으로 말하며 불편해하는 반응을 보인다(이상길, 2013). 이처럼 부르디외는 주어진 상황에서 맥락에 적절한 말을 하는 실천적 능력을 언어 아비투스로 지칭했으며, 이를 통해 언어 실천이 단순히 의식적인 계산의 산물이 아니라 전 성찰적인 차원에서 경험되는 체화된 인지 도식이라고 보았다(심성재, 2016).

언어 아비투스에 대한 부르디외의 설명은 권력 부족에 기인하는 불안과 이를 느낀 감정의 주체가 어떠한 인지적 행위를 하는지에 대한 기존의 연구 결과와도 일맥상통한다. 인지 측면에서 불안을 느낀 주체는 불확실성의 제거를 위해 주변 상황에 끊임없는 주의를 기울이고(Marcus, Neuman & MacKuen, 2000), 스스로 정보를 더 많이 찾아 나서는 정보 추구 성향을 보이며, 기존 신념과 불일치하는 정보를 수용하고, 주어지는 정보에 대한 주목도도 높다(Valentino, Brader, Groenendyk, Gregorowicz & Hutchings, 2011).

미러링을 여자처럼 말하기의 정수라고 할 수 있는 이유는, 지금까지 시장과 맺어온 불안의 관계 속에서 여성들이 벼려온 수용 가능성에 대한 감각을 보여주는 사례이기 때문이다. '남성들의 거부감이 이렇게 심한데, 수용 가능성에 대한 감각이 예민하다는 것이 맞는가?'라는 가상의 질문에 미리 대답을 해두자면, 이 질문은 언어 시장의 수요자를 남성 일반으로 한정하는 오류와 더불어 언어 시장의 과반을 차지하는 여성 청자의 존재를 치워버리는 차별적 시선을 담고 있다는 것을 먼저 지적하고 싶다.

더불어 미러링의 발화자들은 자신의 언어가 남성 청자에게 거부감 없이 수용되는 것을 목적으로 하지 않는다는 점을 상기할 필요가 있다. 미러링 전략의 궁극적 목적은 원본이 가진 폭력성을 지적하고, 미러링(만)을 비판하는 사람들의 이중잣대와 이를 만든 차별적 인식을 드러내 보이는 것을 통해 젠더 권력의 차이를 좁히고자 하는 것이다[8]. 따라서 '얼마나 잡음 없이 받아들여졌느냐'는 기준은 미러링의 성공적 수용 여부를 판가름하는 주요 기준이 될 수 없다. 오히려 잡음과 거부감의 유발이 미러링의 목적 달성을 돕는다.

미러링을 통해 표현된 언어의 원본은 '일간베스트' 뿐만 아니라 '디시인사이드', '오늘의 유머', '엠엘비 파크' 등 온라인 공간의 남성 중심의 커뮤니티에서 생산되고 누적되어온 여성혐오 발언과 철저하게 대립쌍을 이루고 있다. 이 대립의 구조는 미러링의 폭력성을 비판하는 순간 그의 원본이 되는 남성들의 여성혐오를 함께 비판하지 않을 수 없도록 짜여진 언어적 전략이다. 못마땅하고 기분이 나쁘지만, 그럼에도 불구하고 미러링을 수용하는 사람의 존재가 그렇지 않은 사람을 성차별주의자로 만드는 구도인 것이다.

여성이기 때문에 할 수 있는 이 발화 방식을 통해 이뤄낸 목적 외의 성과 중 하나는 언어 시장의 청자 일반에 대한 상상적 이미지를 바꾸고 있다는 것이다. 주류 미디어에서는 원본의 폭력성을 지적하기 위해 만들어진 과격한 표현들이 미러링의 전부인 것처럼 재현되지만, '여자가 큰일을 하다보면 실수도 좀 할 수 있지', '역시 큰일은 여자가 해야' 등

8 버틀러(Butler, 1997)는 혐오 표현에 대한 대항으로 되받아쳐 말하기speaking back를 제안하며, 주체에 대한 (혐오적) 호명이 저항을 위한 새로운 가능성을 열어놓을 수 있다고 주장한다. 되받아쳐 말하는 것을 통해 혐오 표현의 존재 근거에 이의를 제기할 수 있고, 피해자의 지위를 역사적으로 유지시키는 낙인들을 잠재적으로 되찾는 것이 가능하다는 것이다. 혐오 표현이 원래 향하던 대상에 의해 되받아쳐 말해지고 전유된다면, 혐오 표현은 그 기원으로부터 일정 수준 벗어날 수 있다(Butler, 1997).

일상에서 오가는 언어를 비튼 표현도 존재한다. 온라인 공간의 여성들 사이에서 광범위하게 공유되고 있는 이런 종류의 표현은 원본의 차별성을 지적하기 위해 만들어졌지만, 그 자체로 여성에게 용기와 위안을 주기도 한다. 우리의 말을 듣는 사람을 누구로 그려내는지에 따라 감정의 공유 정도가 달라진다(Litt & Hargittai, 2016)는 점에서 볼 때, 앞서 살펴본 강남역 살인 사건을 통한 여성들의 불안 공유는, 그 이전에 시작된 미러링 전략과 여기서 비롯된 페미니즘 이슈에 대한 관심의 증폭이 있었기에 가능했던 것일지도 모른다.

미러링의 발화자들은 자신들의 언어 생산물이 '절대로 원본(의 폭력성과 현실성)을 따라갈 수 없다'는 것을 체득하고 있었기에 미러링을 만들 수 있었다. 여성들의 신체적 감각은 의식적인 차원에서 이뤄진 것이라기보다는 누적된 경험의 결과물로, 여성들이 그동안 노출되어왔던 여성혐오적인 게시물의 규모와, 거기서 드러나는 여성에 대한 평가 기준에 얼마나 주목해왔는지를 짐작할 수 있게 해준다. 다음의 트윗은 이를 잘 보여주는 사례다:

"잠깐의 '재미있음' 뒤에 버티고 있는 '괴로움'. 메갈리아에서 처음 미러링이 등장했을 때 자신의 삶을 미러링으로 고백했던 여성 대부분이 느꼈을 감정이다. 작은 유희를 벗어나면 '끔찍한 현실'이라는 원본이 그들을 기다리고 있기에.", "미러링의 유희가 괴로움과 허탈함을 예정하는 '쓴웃음'인 이유는 미러링으로 사회를 고발하는 사람들은 미러링의 원본이 처절한 '현실'이고, 자신이 만든 거울상은 '현실'이 아님을 가장 잘 알고 있는 사람들이기 때문이다."(트위터에서 발췌한 내용을 바꿔쓰기 했음)

미러링 외에도 불안과 관계하는 여성의 언어 아비투스는 최근 몇 년 동안 일어났던 여성들의 시위에서 공통적으로 발견할 수 있었던 커뮤니케이션 방식을 통해 모습을 드러내기도 했다. 오프라인 시위 현장에서 선글라스와 마스크를 이용해 얼굴을 가리는 행위는 1차적으로는 신변과 안전을 보장하기 위해서지만, 그동안 내가 하는 말의 내용이 아닌 여자로서의 내 얼굴이 말의 가치와 진위를 평가하는 기준이 되었던 경험에서 나온 것이기도 하다. 주류 언론과의 개인 인터뷰를 철저하게 통제하는 것 역시 그동안 여성들이 언론과 맺어온 관계에서 비롯한다. 여성들은 자신의 말을 언론이 보태고 자르기를 통해 어떻게 소비시킬 수 있는지를 알고 있으며, 노출된 한 사람에게 위험이 집중될 수 있다는 것 또한 알고 있다. 한때의 '영웅'이 어떻게 '마녀'로 몰려 매장당하는지를 보아온 탓이기도 하다. 더불어 여러 가지 의제가 뒤섞인 사회운동이 그 '배후'와 '순수성'을 묻는 질문 앞에서 대응하지 못하는 것을 지켜본 한국인으로서의 여성은 시위를 하나의 의제를 목적하는 것으로 통제하고, 개인이 아닌 조직의 이름을 내세워 참여하고자 하는 사람을 차단하기도 한다.

불안이 빚어낸 여성들의 언어 아비투스는 운동권도 시위 전문가도 아닌 여성들의 정치적 움직임에 보탬이 되는 전략을 만든다. 권력의 불평등을 유발하고 유지하는 사회적 구조가, 이를 무너뜨리고자 하는 개인이나 집단에 의해 역으로 이용되기도 한다(Barbalet, 2001)는 것을 불안이 빚어낸 여성들의 언어 생산물을 통해 확인할 수 있었다.

8. 우리는 불안에도 불구하고 생각하고, 불안과 함께 말하며, 불안을 없애기 위해 싸운다

지금까지 불안을 느끼는 여성들이 무엇을 '하는지' 살펴보았다. 여성들은 두려움에 얼어붙기만 하는 것이 아니라, 불안에도 불구하고 생각하고, 불안과 함께 말하며, 불안을 없애기 위해 싸우기를 선택했다. 여성의 불안은 젠더 권력의 차이가 사라지지 않는 이상 어디서든 모습을 드러내기 때문에, 여성들의 싸우기는 계속될 것이다.

다음의 사진은 디지털 매체에서 시작된 여성들의 싸움 성과가 가장 전통적인 매체에 의해 재현된 모습이다. 『타임』 지는 2017년 '올해의 인물'로 '침묵을 깬 사람들Silence Breaker'을 선정했다. 표지는 여성들이 지금까지 무엇을 이뤄왔는지를 영광스럽게 재현하면서, 우리가 불안 때문에 무엇을 '못 하고 있는지'를 드러내는 동시에 앞으로 무엇을 해야 하는지에 대한 상징적 기호를 담고 있다. 표지의 오른쪽 아래에 드러난 오른팔의 모습이 그것이다. 얼굴을 드러내지 않은 이 여성은 이미 당한 성폭력에 이어 자신과 가족들이 또 다른 위험에 노출될지 모른다는 불안 때문에 신상을 공개하지 않았다고 한다. 두려움을 이기고 침묵을 깬 공로를 인정받는 상황에서조차 여성은 피해자가 될지도 모른다는 불안에 시달린다. 불안은 해당 사안이 표면적으로 해소된 이후에도 완전히

사라지지 않고 심리의 저변에 일종의 반의식semiconsciousness처럼 살아 있는 것이다(김예란, 2010).

여성들의 불안이 사회적이고 젠더화된 감정인 만큼, 익명의 여성이 느꼈을 불안은 자신이 달성한 성취의 영광을 온전히 누리지 못하는 개인적 차원의 안타까움 이상의 파장을 갖는다. 가령 이화여대의 학생들은 총장 퇴진을 위한 시위가 끝난 뒤, 학교 본관을 점령했던 기간 동안 쌓아왔던 시위 관련 데이터들을 모두 지워버렸다. 여전히 공포의 기억에 시달리는 학생들을 자극하지 않기 위해, 교내의 모니터에는 시위 관련 장면을 띄울 수 없고, 커뮤니티 게시판에서 이야기하는 것도 금기시된다. '시위와 관련된 기억을 모든 세상이 다 잊어줬으면 좋겠다'고 고백하는 학생도 있다. '여성혐오'라는 말이 한국 사회의 공론장에 나오기 전부터 여성혐오의 대표적인 피해자였던 학생들은 끝내 익명성을 선택했다(진명선, 2017.11.13). 이렇게 여전히 내재된 불안이 여성의 성공 경험 명명과 기록을 방해하는 탓에, 우리는 그녀들이 누구이고 무슨 일을 했는지 아직 다 알 수가 없다.

지금까지 살펴보았듯, 불안은 기억이고, 예측이며, 기대다. 나는 불안을 딛고 싸운 여성들의 이야기가 우리의 기억을 점령하고 잡아 삼키기를 바란다. 불안으로 시작해 불안으로 마무리되는 예측의 시나리오가 구닥다리가 됐으면 좋겠다. 이미 너무도 큰 성취를 이룬 그녀들이 자신들의 경험을 큰소리로 떠들어주기를 기대해본다.

참고문헌

구특교 (2018. 7. 16). "부인 등 안희정측 증인들, 김지은 이미지 왜곡시켜". 〈동아일보〉. URL: http//news.donga.com/3/all/20180715/91066631/1

경향신문 사회부 사건팀 (2016). 『강남역 10번 출구, 1004개의 포스트잇—어떤 애도와 싸움의 기록』. 나무연필.

김경희 · 강혜란 (2016). 여성의 과소재현과 상징적 소멸. 『미디어, 젠더 & 문화』. 31권 3호: 53-96.

김수아 (2017). 연결행동(Connective Action)? 아이돌 팬덤의 트위터 해시태그 운동의 명암. 『문화와 사회』. 297-336.

김예란 (2010). 감성공론장. 『언론과 사회』. 18권 3호: 146-191.

김해원 (2015). 『SNS 거주민의 일상과 네트워크 실천: 페이스북 '쓰기' 활동과 '관계' 활동을 중심으로』. 이화여자대학교 박사학위 논문.

김효인 (2017). SNS 해시태그를 통해 본 여성들의 저항 실천. 『미디어, 젠더 & 문화』. 32권 4호: 5-70.

김훈순 (1997). 텔레비전 뉴스 속의 성의 역학. 『한국방송학보』. 9호: 147-178.

문강형준 (2016. 1. 15). 혐오의 이면. 〈한겨레〉. URL: http://www.hani.co.kr/arti/opinion/column/726405.html#csidxe79a9dc685f8442805885f4a5cd229f

박권일 (2014. 8. 11). 증오의 낙수효과. 〈한겨레〉. URL: http://www.hani.co.kr/arti/opinion/column/650684.html

박동숙, 이재원, 정사강, 강혜원, 김해원 (2014). 끝나지 않는 기억전쟁. 『미디어, 젠더 & 문화』. 29권 4호: 43-83.

백승찬 (2015. 2. 22). 소년들의 여성혐오… 소년들은 왜 '페미니즘이 싫다'고 할까. 〈경향신문〉. URL: http://news.khan.co.kr/kh_news/khan_art_view.html?art_id=201502221514491

백지연 (2017). 『여성혐오를 둘러싼 의미투쟁: 5대 일간지의 프레임 분석을 중심으로』. 이화여자대학교 대학원 석사학위 논문.

신명수 (2018. 3. 20) 일상 옥죄는 '몰카 공포'…피해자는 트라우마 시달리는데 처벌은 '솜방망이'. 〈경향신문〉. URL: http//news.khan.co.kr/kh_news/khan_art_view.html\?artid=201803201511011&code=940100

심성재 (2016). 『언어와 상징폭력: 피에르 부르디외의 언어이론을 중심으로』. 서강대학교 대학원 석사학위 논문.

이나영 (2018. 6. 8). 20대 여성들, 성정치혁명으로 세상을 바꾸고 있다. 〈중앙일보〉. URL: http://news.joins.com/article/22695801

이상길 (2013). 피에르 부르디외의 언어관에 대한 비판적 검토. 『문화와 사회』, 14권: 97-145.

이종임 · 김영은 (2018). SNS를 활용한 2030여성 세대의 정치 참여와 미디어 활용 전략. 여성커뮤니케이션학회 이슈앤토크 자료집.

이지영 (2018. 6. 4). 경찰, 3개월 간 불법촬영물 공급 · 유포 · 소비자 전방위 단속. 〈중앙일보〉. URL: http//news.joins.com/article/22683903

_____ (2018. 7. 23). '지하철 성범죄' 5년간 2배 증가…가장 많이 발생한 역은?. URL: https://news.joins.com/article/22825590

조한혜정 (2016. 2. 16). '도시총각' 수난시대. 〈한겨레〉. URL: http://www.hani.co.kr/arti/opinion/column/730674.html

진명선 (2017.11.14). '이대 시위'는 결국 승리했는가. 〈한겨레21〉. URL: http://h21.hani.co.kr/arti/special/special_general/44455.html

Abu-Rabia, S. (2004). Teachers' role, learners' gender differences, and FL anxiety among seventh-grade students studying English as a FL. *Educational Psychology*. 24(5): 711-721.

Bandura, A. (1977). Self-efficacy: Toward a unifying theory of behavioral change. *Psychological Review*. 84(2): 191-215.

_____ (1988). Self-efficacy conception of anxiety. *Anxiety research*. 1(2):

77–98.

_____ (1997). *Self-efficacy: The exercise of control*. Macmillan.

Barbalet, J. M. (2001). *Emotion, social theory, and social structure: A macrosociological approach.* Cambridge University Press.

Bennett, W. L. & Segerberg, A. (2013). T*he logic of connective action: Digital media and the personalization of contentious politics.* Cambridge University Press.

Berlant, L. (2008). *The female complaint: The unfinished business of sentimentality in American culture.* Duke University Press.

Bolles, E. B. (1988). *Remembering and forgetting: An inquiry into the nature of memory.* Walker and Company.

Bourdieu, P. (1991). Language and Symbolic Power. 김현경 역 (2014). 『언어와 상징권력』. 나남.

Bourne, E.J. (2010). *The anxiety and phobia workbook.* New Harbinger Pub.

Brownlie, J. (2018). Looking out for each other online: Digital outreach, emotional surveillance and safe spaces. *Emotion, Space and Society*. 27: 60–67.

Buck, R. (1999). The biological affects: a typology. *Psychological review*. 106(2): 301.

Cameron, D. (1990). De-mythologizing sociolinguistics: Why language does not reflect society. In Joseph and Taylor (eds.), *Ideologies of Language*. Routledge. 79–93.

Cohen. S. & Hoberman. H. M.(1983). Positive events and social supports as buffers of life change stress. *Journal of Applied Social Psychology*. 13: 99–125.

Collins, R. (2014). Interaction ritual chains and collective effervescence. In von Scheve, C. and Salmela, M. (eds) Collective Emotions. Oxford

University Press.

Eagle, R. B. (2015). Loitering, Lingering, and Hashtagging: Women Reclaiming Public Space Via #BoardtheBus, #StopStreetHarassment, and the #EverydaySexism Project. *Feminist Media Studies*. 15(2): 350-353.

Ellis, K. (1995). Apprehension, self-perceived competency, and teacher immediacy in the laboratory-supported public speaking course: Trends and relationships. *Communication Education*. 44(1): 64-78.

Fosnaugh, J., Geers, A. L. & Wellman, J. A. (2009). Giving off a rosy glow: The manipulation of an optimistic orientation. *The Journal of Social Psychology*. 149(3): 349-364.

Gautam, Tanvi (2012.10.17). There's no glass ceiling on twitter. Forbes. Retrieved from: http://www.forbes.com/sites/forbeswomanfiles/2012/10/17/theres-no-glass-ceiling-on-twitter/.

Gerbner, G. & Gross, L. (1976). Living with television: The violence profile. *Journal of Communication*. 26(2): 172-199.

Harter. S. (1982). The Perceived Competence Scale for Children. *Child Development*. 53: 87-97.

Kagan, J. (2007). *An argument for mind*. Yale University Press.

Kemper, T. D. (1978). Toward a sociology of emotions: Some problems and some solutions. *The American Sociologist.* 30-41.

Kuppens, P., Van Mechelen, I., Smits, D. J. & De Boeck, P. (2003). The appraisal basis of anger: Specificity, necessity and sufficiency of components. Emotion. 3(3): 254.

Latour, B. (2005). *Reassembling the social: An introduction to actor-network-theory*. Oxford University Press.

Lakoff, R. (1975). *Language and Woman's Place*. Harper & Row.

Lazarus, R. (1991). *Emotion and adaptation.* Oxford University Press.

LeDoux, J. E. (2015). A*nxious: Using the brain to understand and treat fear and anxiety.* Penguin.

Lee, J. (1997). Women re-authoring their lives through feminist narrative therapy. *Women & Therapy*. 20(3): 1-22.

MacKinnon, C. A. (1989). *Toward a feminist theory of the state*. Harvard University Press.

Marcus, G. E., Neuman, W. R. & MacKuen, M. (2000). *Affective intelligence and political judgment.* University of Chicago Press.

May, R. (1950). *The meaning of anxiety*. Ronald Press Company.

McLellan, J. (2010). Mixed codes or varieties of English. *The Routledge handbook of world Englishes*. 425-441.

McNally, R. J. (2018). Attentional bias for threat: Crisis or opportunity?. *Clinical psychology review.* 4-18.

Megarry, J. (2014). Online incivility or sexual harassment? Conceptualising women's experiences in the digital age. *In Women's Studies International Forum*. 47: 46-55.

Mehta, N. & Atreja, A. (2018). *Online social support networks. In Social Media in Medicine.* Routledge.

Mills, N., Pajares, F. & Herron, C. (2006). A reevaluation of the role of anxiety: Self-efficacy, anxiety, and their relation to reading and listening proficiency. *Foreign language annals*. 39(2): 276-295.

Öhman, A. (2008). Fear and anxiety. In Lewis, Haviland-Jones & Barrett (eds), *Handbook of Emotions*. Guilford Press. 709-729.

Papacharissi, Z. & de Fatima Oliveira, M. (2012). Affective news and networked publics: The rhythms of news storytelling on# Egypt. *Journal of Communication*. 62(2): 266-282.

Pinker, S. (2018). *Enlightenment now: the case for reason, science, humanism, and progress.* Penguin.

Rentschler, C. (2015). # Safetytipsforladies: Feminist Twitter takedowns of victim blaming. *Feminist Media Studies*. 15(2): 353–356.

Rimé, B. (2009). Emotion elicits the social sharing of emotion: Theory and empirical review. *Emotion review*. 1(1): 60–85.

Rodino-Colocino, M. (2014). # YesAllWomen: Intersectional mobilization against sexual assault is radical (again). *Feminist Media Studies*. 14(6): 1113–1115.

Scherer, K. R., Schorr, A. & Johnstone, T. (Eds.). (2001). *Appraisal processes in emotion: Theory, methods, research*. Oxford University Press.

Shaw, F. (2012). "'Hottest 100 Women': Cross-Platform Discursive Activism in Feminist Blogging Networks." *Australian Feminist Studies*. 27(74): 373–387.

Spender, D. (1995). *Nattering on the net: Women, power and cyberspace.* Spinifex Press.

Spielberger, C. D. (1966). *Theory and research on anxiety. Anxiety and behavior*, 1(3).

Thrift, S. C. (2014). "# YesAllWomen as Feminist Meme Event." *Feminist Media Studies*. 14(6): 1090–1092.

Valentino, N. A., Brader, T., Groenendyk, E. W., Gregorowicz, K. & Hutchings, V. L. (2011). Election night's alright for fighting: The role of emotions in political participation. *The Journal of Politics*. 73(1): 156–170.

Van Coillie, H. & Van Mechelen, I. (2006). Expected consequences of anger-related behaviours. *European Journal of Personality*. 20(2): 137–154.

Van Gorp, B. (2007). The constructionist approach to framing: Bringing culture back in. *Journal of communication*. 57(1): 60–78.

Veletsianos, G. & Stewart, B. (2016). Discreet openness: Scholars' selective and intentional self-disclosures online. *Social Media+Society*. 2(3): 15-21.

Weiss, M. (2014). New media, new activism: trends and trajectories in Malaysia, Singapore and Indonesia. *International Development Planning Review*. 36(1): 91-109.

Williams, S. (2015). Digital defense: Black feminists resist violence with hashtag activism. *Feminist Media Studies*. 15(2): 341-344.

Wilson, T. D. & Klaaren, K. J. (1992). Expectation whirls me round: The role of affective expectations on affective experiences. *Review of personality and social psychology*. 14: 1-31.

Zappavigna, M. & Martin, J. R. (2018). # Communing affiliation: Social tagging as a resource for aligning around values in social media. *Discourse, context & media*. 22: 4-12.

Zhang, S., Jiang, H. & Carroll, J. M. (2011). Integrating online and offline community through Facebook. In Collaboration Technologies and Systems (CTS), 2011 International Conference. 569-578.

제2부

소셜 미디어와 젠더

Digital Media and Feminism

ASMR, 디지털 문화 시대의 감각화된 친밀성: 감각, 정동, 젠더/섹슈얼리티

김수정

1. ASMR: 소리가 주는 존재의 쾌감

불과 10여 년 전만 해도 알려지지 않았던 ASMR은 이제 유튜브의 인기 검색어로 자리매김하며 디지털 시대의 새로운 문화로 부상하고 있다. 일명, '자율감각쾌락반응'이라 번역되는 ASMRAutonomous Sensory Meridian Response은 특정 소리 자극에 대해 느끼는, 머리에서 등줄기로 이어지는 기분 좋은 찌릿한tingling 감각 경험을 가리킨다. 속삭임, 귀 파는 소리ear cleaning, 바삭한 음식 씹는 소리, 요리할 때 생기는 소리, 입으로 내는 소리, 손톱으로 무엇을 긁거나 톡톡 치는 소리, 손이나 브러시로 쓰다듬는 소리, 종이 구기는 소리, 사각대는 글 쓰는 소리 등 다양한 미세한 소리들이 팅글[1]을 야기하는 자극물, 즉 트리거trigger가 될 수 있다. 이처럼 콘텐츠의 핵심이 소리라는 점이 다양한 ASMR 콘텐츠

1 이 글에서는 '팅글' 또는 '팅글링' 용어를 번역하지 않고 그대로 사용한다.

를 묶는 공통점이자 여타의 유튜브 영상들과 구별되는 특성이다.

ASMR 콘텐츠가 지난 3-4년 동안 전 세계적으로 급속한 속도로 퍼지며 인기를 얻게 된 까닭은, 비단 팅글 때문만은 아닌 듯하다. 이용자들은 ASMR 영상에서 반복되는 부드러운 작은 소리를 통해 불안, 긴장, 스트레스, 불면 상태를 벗어나거나 편안함을 얻는다고 적극 주장한다. 그리고 이를 뒷받침하듯, 수면 유도나 넓은 의미의 심리적 안정이 ASMR 이용 동기의 가장 높은 비율을 차지한다는 조사 결과(Barratt & Davis, 2015; 육주원·권은아·윤신웅, 2018)도 보고되고 있다. 이러한 점에서 언론과 비평가들(Bjelić, 2016; 헤럴드 경제, 2018. 8. 3)은 ASMR 동영상의 등장과 인기 요인을 흔히 경쟁적 삶에 지친 현대인들의 삶 혹은 욕망과 연결 지어 설명한다.

영미권에서 2010년 이후 ASMR이 알려지기 시작했다면, 한국에서는 2015년 이후에 청년층을 중심으로 회자되며 주류 미디어에 보도되기 시작했다.[2] 한국 ASMR 창작자[3]의 대부분이 2015년 이후 뒤늦게 등장했음에도 불구하고, 일부 ASMR 채널은 올해 구독자 수 기준으로 세계 순위 3위(약 142만 명)에 오를 만큼 글로벌한 인기를 얻고 있다.[4] 이는 유튜브의 ASMR 콘텐츠가 창작자의 국적이나 문화적 경계에 영향 받지 않고 전 세계인에게 쉽게 소구되는 새로운 감각의 문화 형식임을 보여준다.[5]

2 한국에서는 2013년 후반기에 4-5명의 ASMR 창작자들이 등장했으며, '미니유' ASMR이 처음 시작했다고 알려져 있다(헤럴드 경제, 2018.8.3.).

3 ASMR 동영상 크리에이터는 영어권에서는 ASMRist로 주로 표기되며 ASMR creator로도 불린다. ASMR 커뮤니티 내에서는 소리를 섬세하게 다룬다는 점에서 ASMR artist라고도 불린다. 여기에서는 ASMRist을 ASMR 창작자로 부를 것이다.

4 젊은 한국인 여성 창작자가 만드는 'ASMR PPOMO 뽀모' 채널은 현재 323개의 동영상이 게시되어 있으며, 총 조회 수는 3억 410만이며, 개별 동영상 중 최고 조회 수는 1천 410만에 이른다(2018. 8. 5 기준 자체 검색). 7개국의 언어로 자막을 넣고 있다(미디어투데이, 2017. 3. 26). 2017년 3월에 39만 명의 독자수를 지녔던 '뽀모'가 1년 반 만에 구독자가 무려 3.5배 증가한 것은 이례적이다.

5 2016년 10위까지 순위(2016. 3. 15. 구독자 수 기준)에서 1위는 'GentleWhispering' ASMR로 당시 약

그렇다면 ASMR 유튜브 방송의 부상, 이 새로운 문화 형식의 생산과 수용을 우리는 어떻게 이해해야 할까? 이를 위해서 먼저 간단히 ASMR의 특징을 살펴보고 질문들을 좀 더 구체화 할 필요가 있을 것이다. ASMR 영상의 가장 큰 특징은 일상에서 주목하지 못했던 여러 종류의 '미세한' 소리들이 중심이 된다는 점이다. 말이 없이 여러 소리만 들려주는no talking 영상도 다수이며, 인간의 목소리가 포함되어도 속삭임의 형태를 띤다. 따라서 청각 지각이 주축이 된다. 시각 이미지도 청각적 쾌감을 위해 작동하며, 이 과정에서 촉지의 느낌까지 다감각multi-modal sense적 경험이 가능해진다. 특히 양쪽 귀에 소리를 분리해서 전달하는 고감도 바이노럴 마이크BInaural Mic를 사용한 ASMR 영상에서, 시청자들은 헤드폰을 통해서 미세한 소리의 질감뿐 아니라 양쪽 귀의 소리 간의 거리가 주는 입체적인 공간감을 느낄 수 있다. 그렇다면, 테크놀로지에 의해 매개되는 이러한 다양한 소리 창조와 그 청각 쾌감의 문화 형식은 무엇을 의미할까? 더 구체적으로, ASMR 문화 형식은 몸과 테크놀로지, 그리고 세상에 대한 우리의 지각과 이해에 어떤 변화를 요청하는 것일까?

ASMR 방송의 두 번째 두드러진 특징은 ASMR 창작자들이 여러 상황을 설정하고 역할극을 수행하는 동영상들을 흔히 포함한다는 점이다. 이때 선택되는 역할극은 창작자들이 속삭이는 목소리로 시청자를 염려하고 친밀하게 돌보는 서비스 역할이거나, 마사지 숍처럼 편안하고 친

919만 명이었다(Waldron, 2017). 그러나 지난 2년 동안 상당한 변화가 일어났으며, 현재(2018. 8. 5. 기준) 당시 10위 중 4명만 현재의 10위에 포함되고, 새롭게 6명이 진입했는데 이중 3명이 한국인 창작자이다. 현재 1위는 'Satisfying Slime ASMR'(약 222만 명)인데, 이 영상에서는 슬라임을 만지는 손 동작만 나타난다. 얼굴의 일부라도 포함한 경우만 고려한다면, 'ASMR Darling'이 1위(약 186만 명)를, 한국인 창작자 '뽀모'가 2위(142만 명)가 된다. 3위 GentleWhispering(약 141만 명), 4위, Gibi ASMR(약 117만 명), 5위 ASMR SUNA(약 86만 명), 6위 Mpatient13(약 78만명), 7위 FrivolousFox(약 ASMR 72만 명), 8위 MassageASMR(약 69만 명, 남성), 9위 WhispersRed ASMR(약 54만 명), 10위 Latte ASMR(약 53만 명, 한국인)의 순서이다.

밀한 분위기를 연출하여 작은 소리 집중을 통해 긴장을 완화시키는 것들이다. 그렇다면 이런 상황 역할극을 차용해서 창작자가 시청자에게 전달하려는 정동은 어떤 성격의 것일까? 즉, 디지털 네트워크에서 형성되는 이러한 정동은 어떤 의미를 가지는 것일까? 더구나 그 창작자들이 대부분 여성이라는 점은 무엇을 뜻하는가?[6] ASMR 방송은 젠더 권력 관계나 섹슈얼리티 규범과 어떤 관계를 가질까?

이 글에서는 이러한 질문들을 탐색하고 사유하고자 한다. 아직까지 ASMR에 관한 학술 연구는 매우 부족한 편이다. 서구에서는 심리학 분야와 미디어 문화 분야에서 연구가 좀 이뤄진 상황이고, 한국에서는 현재까지 모두 세 편의 학술 논문(김자경·이정기, 2018; 육주원·권은아·윤신웅, 2018; 장세연·박진서·류철균, 2016)이 출간되었다. 이는 ASMR 관련 연구가 매우 초기 단계임을 보여주며, 많은 학문적 탐색과 연구의 필요성을 제기한다. 이러한 맥락에서, 본 연구는 ASMR 영상의 문화 형식을 통해 어떤 사유가 가능해지며 사회 문화적으로 어떤 변화 가능성들이 열리거나 제한되는지, 그와 연관된 조건과 쟁점들은 무엇인지 탐색하고자 한다. 이를 위해 인기 ASMR 채널을 구독하고 여러 ASMR 영상들을 살피지만, 개별 영상들의 텍스트를 분석하는 것이 아니라 필자의 사유를 자유롭게 전개하면서 기존 논의들에 비판적으로 개입하고 쟁점을 도출하는 방식을 취한다. 즉, 이 연구는 어떤 가설 증명이나 효과 검증을 위해 ASMR 콘텐츠의 체계적 분석이나 실증 분석을 수행하는 연구가 아닌, 일종의 문화비평적 시론試論이라 하겠다.

6 2016년 3월 왈드론(Waldron, 2017)의 유튜브 검색 결과에 따르면, 세계 인기 순위 10위에 드는 ASMR 채널 중에서 창작자 10명 중 8명이 여성이었다. 2018년 8월 필자의 유튜브 검색 결과에 따르면(2018. 8. 5 기준), 10위 순위에서 9명이 여성이고, 20위에서는 여성이 15명(75%)으로 나타났다. 국내만 한정해보면, 2017년 2월 육주원 외(2018: 333)의 20위 검색 결과에 따르면, 여성 창작자가 17명(85%)으로 나타났다.

이 글은 다음과 같은 문제의식을 중심으로 구성된다. 첫째, 테크놀로지에 의해 매개되는 다양한 소리 창조와 그 청각적 쾌감의 문화는 기존의 경험과 인식에 어떤 변화를 의미하는가? 둘째, ASMR이 형성하는 정동은 무엇이며, 그것은 어떻게 구성되는가? 셋째, ASMR에서 테크놀로지, 몸, 정동은 어떻게 젠더와 섹슈얼리티와 연관되며, 현재의 젠더/섹슈얼리티의 질서와 관념에 어떤 함의를 던지는가? 이 글은 ASMR 문화의 작동과 의미에 대한 이러한 질문을 비판적으로 사유함으로써 ASMR 문화에 대한 쟁점을 드러내고 이해를 넓히는 데 일조하고자 한다.

2. ASMR을 둘러싼 논의들

본격적인 탐색에 앞서, 이 절에서는 ASMR 관련 기존 논의들에 대한 독자의 이해를 돕기 위해 ASMR 관련 논의의 지형을 간략히 기술하고자 한다. ASMR 관련 논의들을 발화 행위자를 기준으로 본다면 크게 세 부류로 나누어 기술할 수 있다. 첫째는 대중에게 많은 영향력을 미치는 주류 언론의 담론이고, 둘째는 ASMR을 생산하고 소비하는 ASMR 커뮤니티의 담론, 그리고 세 번째는 학술 담론이다.[7]

첫째, 영미권의 주류 언론들은 ASMR을 새롭게 부상하는 일종의 유튜브 문화, 또는 특정 공동체의 하위문화 현상으로 소개한다. 기본적으로 다양한 정보를 제공하면서도, 논의에는 ASMR의 현상을 수상쩍게 보는 의혹의 눈길도 발견된다. 즉, 한편으로 ASMR 창작자들이나 ASMR을 경험해본 칼럼니스트들이 ASMR을 옹호하거나 긍정적으로 설명하는

7 각 영역에서 담론은 ASMR에 대한 행위자 각각의 관점, 경험, 지식, 믿음 체계에 따라 다양할 수밖에 없기에 물론 단일하지 않다. 따라서 여기서의 설명은 지배적인 경향을 가늠하는 수준에 머문다.

기사(Beck, 2013. 12. 16)도 제공된다. 그러나 다른 한편으로, ASMR 영상을 성적 흥분을 위한 것으로 간주하는 사람들의 인터뷰를 싣는데, 이를 통해 '소름끼치는creepy'이나 '이상한weired'이라는 평가(Higham, 2016. 11. 16; BBC, 2015. 12. 06)도 전달된다. 특히 기사 제목에 '뇌 오르가즘brain orgasm'이란 단어를 흔히 제시하여, 실제 기사 내용과 무관하게 ASMR이 포르노그래피와 연관되거나 선정적인 것이라는 인상을 준다. 이런 점 때문에, ASMR 관련 연구자들은 ASMR에 대한 서구 주류 언론의 담론이 전반적으로 부정적이었다고 평가한다(Andersen, 2015).

그러나 2015년 이후, 특히 최근 서구 미디어 보도에는 부정적인 인터뷰들이 거의 사라지고 ASMR에 대한 프레임이 변화하고 있음이 감지된다. 이는 2015년부터 ASMR의 신체적 및 심리적 효과를 뒷받침하는 논문들(Barratt & Davis, 2015; Baratt, Spence & Davis, 2017; del Campo & Kehle, 2016; Fredborg, Clark & Smith, 2017)이 점차 출간되었기 때문으로 보인다. 이후 많은 미디어 보도들이 이 연구들을 부분적으로 인용하기 시작했고, 최근에는 ASMR이 건강에 도움이 될 가능성을 제시하며 ASMR 창작자와 지지자들의 인터뷰(BBC, 2018. 6. 21)에 많은 지면을 할애하고 있다. ASMR에 대한 기사 프레임도 콘텐츠 중심에서 이용자와 경제 중심으로 초점의 이동이 발견된다. 예를 들어, ASMR 이용자의 다양한 경험을 다루고(Beck, 2016.7.12; Castillo, 2017.2.19; Guardian, 2016.1.8), 셀러브리티도 참여하는 대중문화로 소개하거나, ASMR 콘텐츠 사업과 ASMR을 PR과 광고에 활용하여 수익성을 높이는 비즈니스 차원에서 접근하기도 한다(BBC, 2018.6.5; Fowler, 2018.6.8; Mark, 2018.2.15).

그런데 서구 언론과 달리, ASMR에 대한 한국 미디어 보도는 ASMR을 대체로 긍정적인 시선으로 다뤄왔다(육주원·권은아·윤신웅, 2018).

이들 연구자들이 2014년 5월 첫 기사부터 2017년 2월까지 총 58건의 기사를 분석한 결과, 한국 언론들은 수면 촉진이나 힐링의 측면에서 ASMR을 소개하고, 수면 부족과 긴장을 겪는 청소년의 세대 문제, 또는 인터넷 창업 관점에서 기사화하고 있었다. 즉, 애초부터 한국 미디어 담론에서는 ASMR을 성적 콘텐츠로 보는 시선이 발견되지 않았다는 것이다. 그러나 필자가 살펴본 바에 의하면, 최근 들어 ASMR 인기가 치솟으며 '듣는 야동(야한 동영상, 성인물을 일컬음)'이라는 의혹이 제기될 만큼 선정적인 ASMR 방송이 600개 넘게 발견되고 이에 따른 부정적인 논조의 언론 보도(아시아경제, 2018. 8. 27)도 등장하고 있다. 이는 ASMR 영상의 증가와 함께 미디어 담론에 관한 추후 연구의 필요성을 보여준다.

두 번째 담론은 ASMR 커뮤니티 구성원들이 생산하고 유통하는 담론이다. ASMR 문화 형식을 옹호하는 이들은 ASMR이 성적 쾌락과는 무관하다는 대항 담론을 적극적으로 퍼뜨리고자 애썼는데, 이러한 노력은 과학적 이미지를 주는 ASMR의 작명에서도 드러난다(Andersen, 2015; Waldron, 2017). 이들 커뮤니티는 초기에는 ASMR의 팅글링 효과를 비롯해서 수면 효과나 심신 안정 효과 등을 강조했으나, 최근에는 과학적 입증 부담을 피하고자 ASMR을 동양의 명상이나 뉴에이지 운동과 유사한 것으로서 강조한다(Waldron, 2017). ASMR 채널을 온라인 참여 관찰한 한국 연구(육주원·권은아·윤신웅, 2018)도 ASMR 커뮤니티들이 돌봄과 휴식 제공의 성격을 강조하고 그에 부합하는 '개방적이고 포용적인 느슨한 취향공동체'의 양태를 보인다고 설명한다.

세 번째는 ASMR에 관한 학계 담론을 들 수 있는데, 이는 크게 두 방향에서 이뤄지고 있다. 하나는 심리학과 신경학 분야 등에서 서베이나 실험 등으로 ASMR 효과를 다루는 연구들(Barratt & Davis, 2015; Baratt, Spence & Davis, 2017; del Campo & Kehle, 2016; Fredborg, Clark &

Smith, 2017)이다. 또, 학생들의 집중력을 높이기 위해 ASMR을 교육에 활용할 것을 제안하는 연구(Apprich, 2016a, 2016b)들도 여기에 포함시킬 수 있다. 국내 실증 연구로는 ASMR 이용자의 동기(즐거움 추구, 과시/체면, 외로움 극복)를 살펴본 연구(김자경·이정기, 2018)가 있다.

또 다른 방향은 ASMR의 사회 문화적 성격과 그 함의를 천착하는 미디어 문화 연구와 비평이다. 이들은 ASMR 콘텐츠가 '돌봄'의 내용과 친밀감의 정동을 형성하는 것에 공통적으로 주목한다. 그러나 그 초점은 조금씩 차이를 보이는데, 예를 들어, ASMR 영상의 진료 상황극을 중심으로 돌봄의 친밀성에 주목하는 연구와 비평들(Ahuja, 2013; Döveling, Harju & Sommer, 2018; Miljak, 2017), 신자유주의 사회에서 돌봄을 개인화하는 방식으로서 ASMR 문화에 대한 비판 연구(Bjelić, 2016)가 있다. 또한 ASMR이 감각에 기반을 둔 새로운 미학이면서도 소비 자본주의 논리를 구현하는 유튜브의 알고리즘에 주도됨을 주장한 연구(Gellapher, 2016), ASMR 영상에서 생성되는 정동으로서 친밀감이 젠더 수행 및 섹슈얼리티와 갖는 관계를 탐문하는 연구들(Andersen, 2015; Iossifidis, 2017; Waldron, 2016)도 있다. 이들 연구들은 ASMR 현상에 접근할 때, 정동 이론과 주디스 버틀러Judith Butler의 젠더/섹슈얼리티 관점 및 수행성 이론에 직·간접적으로 의존하며 특히 테크놀로지의 매개적 실천에 관심을 보인다. 이러한 관심은 이 글에서도 중요하게 다뤄질 것이다.

국내에서 첫 ASMR 관련 학술 논문은 장세연·박진서·류철균(2016)의 연구로서, 이들은 메를로-퐁티의 몸 현상학에 의존하여 ASMR 방송을 청각 콘텐츠를 통한 '일탈적 실존 공간'으로 볼 것을 제안한다. 이러한 ASMR 방송에 대한 철학적 접근은 통찰을 제시하는 의미 있는 시도로 볼 수 있지만 그 개략적인 설명이 주는 한계로 인해, 충분한 논리와 설명을 제공하는 후속 연구를 기대하게 한다. 이와 달리, 육주원·권은아·윤신웅(2018)의 연구는 ASMR 현상을 '미디어 담론, ASMR 콘텐츠, ASMR 커뮤니티'의 세 차원으로 나누어 체계적으로 실증 분석함으로써, 한국의 ASMR 현상에 대한 유용한 기초 지식을 제공하고 있다. 연구자들은 분석 결과, 국내 ASMR 콘텐츠 역시 '디지털 돌봄과 친밀감'이 핵심임을 주장하며, 서구 선행 연구들과 의견을 같이한다. 이 연구의 많은 장점에도 불구하고, 젠더와 섹슈얼리티와 연관된 깊이 있는 비판적 논의가 이뤄지지 않은 점을 한계로서 지적할 수 있겠다.

다음의 3절에서는 ASMR 문화 형식을 감각, 의미, 테크놀로지와의 측면에서 사유하고 4절에서는 ASMR의 친밀감의 정동 문제를 논의할 것이다. 마지막 5절에서는 젠더/섹슈얼리티 차원에서 ASMR의 성격과 변형 가능성을 다룰 것인데, 이 모든 과정에서 앞서 소개한 미디어 문화 연구들의 주장들을 불러들여 상세히 비판적으로 검토하고 개입하며 논의할 것이다.

3. ASMR 영상에서 청각적 쾌감은 무엇을 의미하는가?

ASMR 테크놀로지와 마셜 맥루한

ASMR을 위한 '소리sound' 생산은, 음악 콘텐츠처럼 악기나 규칙을 요구하지 않기 때문에 도구나 생산 방식의 제한 없이 넓은 창작 영역이 허용되지만, 한 가지 중요한 조건이 요구된다. 그것은 소리의 내용이나 종류 차원이 아닌, 소리의 강세, 즉 작은 소리이다. 소리의 강세는 몸의 움직임뿐 아니라 주목과 정동에 영향을 준다. 발소리를 죽이기 위해 살금살금 걸어본 경험을 떠올려보라. 몸이 접촉을 통해 만드는 소리를 작게 하려면, 몸의 동작은 느려지고 움직임의 크기는 작아져야 한다. 평상시 말할 때와 같은 속도와 크기라면 청자는 '발화자'와 말이 전달하는 '메시지'에 주목한다. 그러나 평소의 수준을 넘는 소리 강세는 사물이든 말소리이든 소음이 되어 청자에게 불쾌의 정동을 일으키기 쉽다. ASMR 쾌감은 ASMR 영상에서 생성되는 작고 부드러운 소리와 그에 수반되는 부드럽고 섬세한 손짓 및 몸짓과 연관된다.

특히 작은 소리는 청취자의 능동적인 주의와 집중을 요구하는데, ASMR의 마이크 장치는 청자의 수고를 덜어준다. 헤드폰을 사용하여 주위의 소리나 세계와 청자를 차단시키고 대신 영상 속 소리를 증폭시켜 평소 주목하지 못했던 다양한 '소리 세계'를 경험하게 된다. 그런데 흥미롭게도 그 소리는 다양하고 찬란한 것이 아니라, 특정의 소리와 리듬이 반복적으로 지속됨으로써 친숙해지고 무감해진다. 따라서 그 소리에 대한 집중 가운데 청취자는 외부 세계와는 분리되어, 의식에서 점차 편안히 멀어지는 상태(몰입, 명상, 수면상태)가 된다. 이런 점에서, 속삭임과 말조차도 내용보다 목소리의 질감과 리듬이 중요하다. 이는 한국인 ASMR 창작자들이 만든 속삭임 동영상이 국제적으로도 큰 인기를 끄는 현상을 설명해준다. 청취자들은 그러한 다양한 질감과 리듬을 지닌 소리에 집중할 때, 조광제(2003: 12)의 표현대로, 몸은 소리 자극에 대한 "감각의 떨판"이 된다. 인간의 목소리 역시 육체의 물질성을 전달하는 또 다른 떨판이다. 그래서 몸은 전율하고, 기쁨과 편안함이 표정과 행동으로 살아 나온다.

고감도 마이크를 통해 포착하는 미세한 소리와 청취자의 집중, 이러한 청각적 감각에 대한 강조는 다른 어떤 미디어 학자보다도 마셜 맥루한을 소환하게 만든다. '미디엄이 메시지'라는 선언을 통해 맥루한

(1964, 2003)은 미디어 테크놀로지가 단지 어떤 메시지를 전달하기 위한 수단이 아니라, 바로 인간 신체와 감각의 확장extension임을 선언했다. 그는 미디어 테크놀로지는 그것이 무엇인가에 따라 인간의 감각 비율을 다르게 조정하고, 세상을 지각하는 방식과 타인과 맺는 관계, 인간 삶의 패턴에 변화를 준다고 주장한다. 예를 들어, 맥루한은 인쇄 미디어 테크놀로지의 발명 이후 근대 인간의 지배적인 지각 방식은 시각 중심이 되어 청각을 비롯한 다른 기타의 감각 작용을 약화시킨다고 설명한다. 그에 따르면, 표음 문자와 책은 인간에게 선형적인 읽기의 감각 패턴 위에서 세상에 대해서도 인과적 사유 방식을 내면화시키고, 인간 행위를 분할하고 구획하여 전문가 중심의 사회 조직으로 변화하는 압력을 가한다. 또한 책이나 신문은 개인이 고립된 공간에서 읽고 사유하는 것을 가능하게 하면서, 서구에서 프라이버시를 중시하는 개인주의와 민주주의의 발달과 밀접한 관계를 지닌다고 설명한다. 이처럼 맥루한은 인간이 자신의 감각 균형을 재편해가면서 미디어와 기술을 사용하게 된다고 말한다.[8]

그렇다면 맥루한의 관점에서 ASMR 영상을 볼 때, 어떤 새로운 이해가 가능할까? 이는 항상 종속적 위치였던 청각을 중심으로 세상을 지각하는 그 경험이 무엇을 의미하는지 사유하는 데서 시작될 것이다. 아마도 그 첫 번째는 시각 중심적인 경험과 사회 구조가 갖는 부정적 효과에 대한 대안적 지각 경험 방식으로서의 의미에 대한 천착일 것이다. 과학 발전을 토대로 17-18세기 서구 근대 이성이 해부학 도해서와 실험 과학의 전시 및 시범demonstration의 발달과 함께 이뤄졌듯이, '시각 이미지'

8 맥루한(McLuhan, 1964/2011: 374)은 신문 테크놀로지가 개인주의적 특성을 지녔지만 '집단적인 태도를 형성하거나 드러내기 위해' 사용되는 모순을 지적 한다. 이는 그가 테크놀로지 결정론과는 거리가 있음을 보여준다.

와 '관찰'은 지식의 특권적인 출처이자 정보원으로서 간주되었다(Alpers, 1983; Snyder, 1980). 예를 들어, 카메라와 같은 시각 테크놀로지가 인간 지각의 주관적이고 가치 평가적 한계를 넘어 객관성을 담보하는 테크놀로지라는 믿음은 현대 사회의 곳곳에 '객관성'의 태도와 담론을 확고히 하는 데 기여했다(김수정 2003). 인쇄 테크놀로지 등 시각 테크놀로지가 가속화한 인과적 사고방식은 사회의 이성 중심주의를 강화하고 다양한 차이들을 평가하고 규율하는 정상화normalization의 기능 역시 수행했다. 미셸 푸코(Foucault, 1975)가 죄수의 몸과 나아가 사회를 규율하는 권력으로서 '감시' 원리를 벤담의 판옵티콘이라는 원형 건물 감시 체제로 비유한 것은 우연이 아니다. 물론 시각 중심주의가 모든 문제들의 단일한 원인이 될 수는 없다. 맥루한이 강조한 것처럼, 그 어떤 미디어도 "독자적인 의미를 갖기보다는 오직 다른 미디어와의 지속적인 교섭의 관계 속에서 존재와 의미를 갖기" 때문에, "미디어의 효과는 개별적으로 따로 고립시켜 파악해서는 안 된다"(McLuhan, 1964: 530, 67).

그동안 미디어 문화 연구 분야에서 소리에 대한 연구는 영화에서 소리, 라디오에서 소리 등등처럼 개별적인 소리 재생 매체 자체에 초점을 두고, 소리의 듣기와 실천 그리고 소리 생산의 사회 문화적 맥락에서 충분히 접근되지 못했다(이희은, 2018: 131). 이제, 청각 중심의 테크놀로지로서 ASMR 방송이 시각 편향적 감각을 중화시키거나 또는 새로운 차원의 감각 경험을 불러올 수 있다는 점을 듣기 실천과 맥락에서 고찰하고 주목할 필요가 있다.

청각은 시각과 비교할 수 없을 만큼 매우 주관적이며, 말소리 이외의 소리는 언어로 재현하기 어렵다. 공간적인 시각과 달리, 시간의 경험 속에서 작동하는 청각은 표상하기도 어렵고 객관적으로 양화시켜 비교하는 것도 어렵다. 따라서 ASMR에서 소리는 청취자 개인에 따라 다르게 느껴지고 따라서 팅글의 경험도 달라지며, 특정 소리 자극에 대한 호불호가 나뉠 만큼 큰 개인차를 지닌다. ASMR에서 영상이라는 시각 요소, 창작자의 터치의 행위는 청각과 결합되어 상상적으로 공감각을 느끼게 하며, 개인에 따른 감각과 의미는 고유의 차이성을 주장한다. 이처럼 감각의 사용 비율과 그에 대한 효과가 개인의 주관성에 상당히 의존한다는 사실이 어떤 의미를 지닐 수 있을까? 이제 대중에게 알려지기 시작한 ASMR 방송을 두고, 이것이 어떤 사회적 관계의 패턴이나 특정한 관념을 발전시키는가를 얘기하는 것은 어쩌면 무리일지도 모른다. 또한 감각 역시 사회 역사적으로 구성되는 산물이라는 지적(이희은, 2018: 131)은 더 복잡한 생각을 요구한다. 그러나 맥루한의 테크놀로지 관점은 ASMR 방송을 인간을 확장하고 인간과 사회에 변화를 가하는 하나의 테크놀로지로서 간주하며, 동시에 소리의 감각이 인간 자체와 사회와 주고받는 작용에 주목하게 한다. 이제 ASMR 방송의 감각작용을 언어적 차원과 연결시켜 살펴보자.

인간과 비인간의 감각 회로로서 ASMR 방송

세계를 이해한다는 것은 그 의미를 이해한다는 것이고, 그 의미는 언어를 통해 획득되는 것이다. 언어학자인 페르디낭 드 소쉬르(Saussure, 1916/1977)는 언어를 청각 이미지인 기표signifier와 머리에 떠오르는 개념으로서 기의signified와의 결합으로 설명하며, 언어의 의미는 한 기표signifier가 다른 기표와의 차이에서 생성되는 일종의 가치value라고 정의한다. 그에 따르면, 구술 언어든, 문자 언어든 우리는 공시적 기호체계 내에서 기호의 발음이나 모양의 변별적 특성을 구분해냄으로써 의미를 파악하고 소통하는 것이다.

그런데 ASMR 방송에서 말소리 이외의 잡다한 소리는 객관화된 차이로서 공시적 음운 체계를 지니지 않기 때문에, 소리의 변별이나 그에 상응하는 의미를 가질 수 없다. 인간의 감각을 통해 주어진 자료를 지각하고, 범주들을 작용시켜 어떤 이해에 이르게 하는 것이 바로 이성의 작용이라는 칸트의 설명에도 불구하고, 이성의 파악과 판단 작용의 결과로서 '이것은 무엇이다'라는 인식은 언어의 작용 없이는 불가능하다. 말이나 글자인 언어는 차이difference의 체계로서 세계를 이해하기 위해 세계를 변별적 차이로 분할시키는 방식이라고 말할 수 있다. 이는 구술 언어가 인간을 확장시키지만 동시에 "인간의 집합적인 의식 혹은 직관적 깨달음을 감소시키고," "인류를 우주의 무의식으로부터 분리"시킨다는 맥루한의 생각과 연결된다(McLuhan, 1964/2011: 164). 이런 점에서 볼 때 ASMR 콘텐츠에서 말 이외에 사물과 인간이 내는 소리란 아직 말speech, language이 아닌 상태로서, 자극 감각의 언어 이전의 질료적 수준이다. ASMR 방송에서는 인간의 속삭이는 말조차도 내용적 의미가 중요한 것이 아니라 인간 목소리의 질감, 톤, 억양 등의 목소리의 물질적 차원이 중시된다. 그래서 유튜브의 ASMR 방송을 통해 ASMR 청취자는 인간의 '실존'을 경험하게 된다는 주장(장세연·박진서·류철균, 2016)도 제기된다. 즉, ASMR 영상에서 사물과 몸이 만들어내는 소리들은 인간 언어의 의미 체계와 이성을 우회해서 몸의 떨판들에 작용한다.

이러한 필자의 사유는 ASMR에 대한 롭 갤러퍼Rob Gallagher(2017)의 주장과 일정 정도 공명한다. 의존하는 문헌은 서로 다르지만, 갤러퍼 역시 ASMR 동영상이 말speech이라는 언어와 이성적 이해를 무력화시키면서 미학적 소음으로서 우리 삶을 재구성하는 코드 역할을 한다고 주장한다. ASMR 콘텐츠에서 발화나 소리가 의미를 전달하지 않는다는 점에서 그는 사이버네틱스 모델에 따라 ASMR에서 발화나 소리를 소음

noise으로 접근한다. 소음은 의미를 지닌 신호signal를 촉진하면서 동시에 왜곡하고 개입하는 일종의 원재료로서, 이를 담은 ASMR 방송은 입력물input이 되고 이것의 산출물output은 몸의 미학적 쾌감과 친밀성의 정동이라는 것이다. 그래서 갤러퍼는 미디어가 무엇을 '의미하는가'보다 우리에게 무엇을 '하는가'do에 초점을 맞춰야 한다고 강조하며, 이는 ASMR 공동체들이 ASMR 콘텐츠를 판단하는 기준이 몸에 주는 특정 효과인 점에서 방증된다고 여긴다.

이런 점에서 ASMR 방송과 접촉해 얻는 몸의 쾌감과 정동, 또는 심신의 긴장 이완은 의미의 세계로부터 벗어나 있기 때문에 갖게 되는 결과로 볼 수 있다. 명상의 상태, 자연에 둘러싸여 있을 때 느끼는 상태, 어떤 재미에 푸욱 빠져서 내가 누구인지를 잊은 몰아沒我와 같은 상태, 심리학자들이 표현하는 전념(mindfulness 또는 flow)의 상태와 ASMR 영상에서 얻는 청취자의 긴장 이완 상태는 유사해 보인다. 학자들은 이를 추구하는 청취자들의 동기를 경쟁 사회가 주는 긴장과 스트레스에서 벗어나려는 것으로 추론한다(Bjelić, 2016; Gallagher, 2017).

그런데 ASMR 방송을 통한 실존의 경험은 현실 사회에서의 기능성의 측면이나 인간 중심적으로 해석하는 것을 넘어 사물의 세계나 인간과의 관계의 측면에서 그 의미를 생각해볼 수 있지 않을까? 만약 시각 중심의 영상 콘텐츠였다면, 시청자들은 영상 속 사물을 보자마자 그것이 무엇인지 기존 지식과 경험에 따라 규정하고 이해한다. 그러나 ASMR 방송에서는 소리만 듣고는 그것이 무슨 소리인지 알지 못한 채 막연히 상상하다가, 영상을 통해 그것이 사물의 몸과 인간 몸의 부딪힘이었다는 새로운 지각을 하게 된다. 평범한 일상의 재료들(예: 담요, 수건, 종이, 비닐 등)과의 접촉에서 생기는 사물의 소리는 인간 몸과의 관계에서, 그 사물의 질감을 새롭게 느끼게 하며 자신의 물질성과 존재를 고감도 마이크를 통해 드러낸다. 현실 세계를 인간들 간의 관계만이 아닌, 인간 중심적인 인식을 넘어서 인간과 비인간으로 구성된 관계로 이해할 수 있는 또 다른 길이 열린다.

사물의 물질성과 개별성을, 그리고 인간과의 관계성을 부각시키는 ASMR 방송의 경험은 사회를 인간과 비인간의 네트워크로서 이해하는 브뤼노 라투르Bruno Latour와 같은 학자들의 '과학기술사회Science Technology and Society, STS' 관점을 떠올리게 한다. 과학자 홍성욱(2016)에 따르면, 라투르는 과학기술Techno-Science 자체를 비본질적으로, 즉 문화적 구성물로 바라보며, 과학기술을 포함해 동물, 사물, 기구, 장치 등의 비인간적 존재들에게도 행위성을 부여하며 '행위자 네트워크' 이론을 제시한다. 이 이론에 의하면, 인간과 비인간의 속성은 어떤 네트워크에 속하여 작동하는가에 따라 달라지며, 생성과 변환을 겪는 비결정적인 존재이다. 따라서 인간중심적 사고를 벗어나 인간과 비인간의 공존과 상호작용을 강조하고, 개별 존재를 네트워크를 구성하는 맥락 속에서 이해하도록 함으로써 개별 존재자들의 특수성에 주목하게 한다. 인간의 목소리를 여러 소리 가운데 특권화시키는 현대 사회에서 ASMR 방송은 그 질서를 새롭게 생각하게 한다.

이런 점에서, 도미니크 페트만Dominique Pettman(2017)은 인간 중심적 시선을 넘어서는 소리정경soundscape을 강조하며, 테크놀로지, 사물, 동물, 자연 등 비인간을 포함한 '세상의 소리'voice of the world라는 개념을 제시한다. 그리고 디지털로 매개된 ASMR 영상의 소리가 한 예시로 제시된다. 하지만 페트만은 소리의 영역들에서 발생할 수 있는 갈등, 모순, 긴장보다 평화로운 공존을 더 강조한다.

ASMR 문화의 부상은 ASMR 콘텐츠의 독특성뿐 아니라, 조회 수가 많은 콘텐츠를 상단에 위치시키고 고객의 검색 기록에 맞춰 제공하는 인터넷 플랫폼의 알고리즘의 영향을 빼놓고 생각할 수 없다. 구글과 같은 기업이 이용자의 편리함과 서비스를 앞세우는 이면에는 빅데이터와 그 운용 알고리즘을 통해 모든 사람들의 정보를 취해 수익을 창출하는 방식이 작동한다. 빅데이터와 알고리즘이 사람들의 접근, 주목, 행위를 일정한 패턴으로 규율화하고 자기 관리를 수행하게 하는 신자유주의적 통치성 장치라는 점은 여러 학자들(김예란, 2013; O'Neil, 2016)에 의해 지적된 바 있다.

이 점에서 ASMR 영상도 예외가 될 수 없다. 갤러퍼(Gallagher, 2017)는 ASMR 콘텐츠에 대한 참여자들의 피드백이 온라인 플랫폼의 광고, 콘텐츠 큐레이션 알고리즘, 데이터 마이닝, 그리고 감성 분석을 거쳐 구글 검색 색인으로 업데이트되며 소비 자본주의를 작동시킨다고 지적한다. 그는 ASMR 영상이 소리와 몸의 경계에서 작동하는 새로운 미학적 장르이지만, ASMR 영상의 하부 구조는 몸과 테크놀로지, '인간과 비인간 행위자'를 새롭게 상호 조응시켜 자본주의를 실행시키는 '디지털 네트워크와 알고리즘'이라고 주장한다.

이렇게 본다면, 유튜브의 ASMR 문화 형식은 고감도 마이크와 카메라에서부터 알고리즘에 이르기까지 다양한 테크놀로지의 매개를 통해서 사물과 인간의 몸 사이, 그리고 창작자와 이용자 사이를 연결하는 다중 감각 회로이며 동시에 디지털 자본주의의 이윤 추구를 위한 회로이기도 하다. 이제 이 회로를 따라 흐르며 움직이는 정동에 대해 좀 더 자세히 살펴보자.

4. ASMR은 어떠한 정동을 형성하는가?

정동 네트워크로서 ASMR

ASMR 콘텐츠 창작자와 수용자 모두 팅글의 쾌감이나 긴장 이완, 친밀감의 정동들을 추구한다.[9] 몸 감각의 쾌락을 강조하며 정동의 생성과 운동을 보여주는 디지털 대중문화로서 ASMR 방송은 한국에서 인기를 끈 인터넷 '먹방(먹는 방송)' 콘텐츠와 많은 유사성을 지닌다. 물론 차이점도 있다. 먹방은 먹는 모습을 '보는,' 시각적 쾌감이 중심이며, 다량의 음식을 먹어대는 과도한excess 먹기라는 점에서 감각의 강도가 매우 높다. 또한 시청자에게 친밀감과 힐링을 줄 수 있지만, 일반적 문화 규범을 기준으로 볼 때는 "자칫 수치심, 혐오, 역겨움을 야기"할 수 있다(김예란, 2017: 112). 반면, ASMR 방송은 '듣는' 청각적 쾌감이 중심이며, 비록 테크놀로지를 통해 증폭되지만, 일상에서는 포착하거나 주목하기 힘든 미세한 소리라는 점에서 그 자극 강도가 낮다(그래서 사람들은 때로 ASMR을 '저자극 영상'이라고 부른다). 따라서 표면적으로도 평온함, 긴장 이완, 힐링의 느낌이 지배적이다.

하지만 먹방과 ASMR 방송은 두 가지 공통점을 지닌다. 첫째는, 두 방송 모두 디지털 테크놀로지의 매개를 통해서 육체적 감각과 그로 인한 다양한 쾌락의 정동을 생성하고 극대화하려는 콘텐츠이다. 두 방송

9 김예란(2018)의 정리에 따르면, 정동affect이란 개별 주체들의 몸에서 체험되는 운동으로서 개별 주체를 존재하고 행위하게 하는 힘이며, 초개체적 차원에서야 온전히 파악될 수 있는, 관계 내에서 진행되는 생성적이고 변이적인 운동이다(52). 정동affective과 감정emotion의 개념 차이에 대해서는 학자들마다 의견이 다르다. 필자는 '정동'을 그 운동성과 변이의 잠재성이 강해서 사회적인 의미가 아직 비결정된 상태를 지칭할 때 사용하며, '감정'은 정동의 체험이 사람들 간에 언어로 소통 가능할 만큼 구체적 의미를 지닐 경우에 사용한다. 즉, 필자는 정동과 감정 간에 본질적인 차이를 가정하지 않으며, '정동'의 운동성과 변이의 잠재성이 약화된 상태를 '감정'으로 간주하기 때문에, 두 용어를 교환적으로 사용한다.

모두 교차적이고 다중적인cross-and multi-modal 감각들을 조정하면서, 먹방에서는 시각이 미각을 일깨우고 ASMR 방송에서는 청각에서 촉각을 느끼게 하는 공감각적synesthetic 환각illusion 체험을 제공한다. 두 번째 공통점은 먹방이나 ASMR 방송 모두 인터넷 동영상 플랫폼에서 디지털 소비 자본주의에서 볼 수 있는 새로운 노동 방식이자 수익 창출 기제라는 점이다.

이는 ASMR 문화가 매우 특별하고 배타적인 문화 형식이기보다 먹방과 함께, 신자유주의의 디지털 자본주의 문화에서 배태된 문화 형식들 중 하나임을 드러낸다. 즉, 테크놀로지의 매개 속에서 몸의 감각 쾌락을 극대화하고 이러한 정동을 토대로 자본과 사회적 관계를 재배치하는 욕망의 장치 중 한 유형으로 볼 수 있다. 그래서 김예란(2017)은 먹방을 힐리스와 그 동료들(Hillis, Paasonen & Petit, 2015)이 제시한 '정동 네트워크'networked affect로 인식한다. 먹방이 신자유주의의 한국 사회에서 경험하게 되는 불안과 생존주의의 발산뿐 아니라, 그 사회적 상황을 비틀고 조롱하며 비판하는 "저항적 쾌락의 적극화되는 양상"이라는 양가성을 김예란(2018: 111)은 통찰력 있게 포착해낸다. 그렇다면 ASMR 문화 또한 먹방의 정동이 지닌 양가성과 어떤 변이의 잠재성을 가질까? 이를 알아보기 위해서는 ASMR 창작자나 연구자들이 한목소리로 강조하는, ASMR 콘텐츠에서 경험되는 정동의 핵심, 즉 '친밀감intimacy'을 자세히 살펴볼 필요가 있다.

친밀감의 정동

ASMR의 신체적 쾌감은 순전히 소리의 감각적 자극에서만 비롯되는 것은 아니다. 그것은 그 쾌감을 제공하고자 하는 창작자의 관심과 노동,

그리고 이를 수용하려는 시청자의 공통의 관심, 서로를 향한 지향성이 형성하는 '친밀감'의 정동에 의해 더욱 활성화되고 극대화된다. 친밀감은 친밀한 관계에서 느껴지는 정동이라고 동어 반복적으로 얘기될 수 있을 만큼, 정동은 언어로 표현하기는 쉽지 않다. 하지만 친밀감의 정동을 발생시키는 다양한 행위와 방식이 존재하며, 그 방식을 통해 해당 관계와 관련 행위자들의 정체성이 구성되기도 한다. 예를 들어, 인터넷 개인 방송의 창작자들은 시청자 팬과의 친밀감을 구축하기 위해 다양한 방식과 수행 전략을 구사하는데, 게임 BJ의 경우 시청자 팬과 '남성 지배적인 저속문화를 공유'하는 방식을 들 수 있다(임명빈·김수정, 2018). 이들 인터넷 방송인들은 친밀성을 형성하고 관리해야 하는 디지털 시대의 감정 노동자라고 할 수 있는데, ASMR 창작자들도 예외가 아니다.

이처럼 친밀감이 자명한 것이 아니고, 일정한 전략과 수행을 통해 구성되는 것이라면, ASMR의 친밀감의 정동은 어떻게 구성되는가? 그것은 속삭임과 돌봄의 두 차원으로 나눠 살펴볼 수 있다. 첫째, 친밀감은 창작자들의 '속삭임'의 방식을 통해 생성되고 작동한다(Andersen, 2016; Bjelić, 2016; Gallagher, 2016; Garro, 2017; Iossifidis, 2017; Miljak, 2017; Waldron, 2016). 한국 ASMR 콘텐츠도 약 70%가 속삭임을 포함하고 있을 만큼(육주원 외, 2018: 330), 속삭임은 ASMR의 특징적인 요소 중 하나이다. 그러나 연구자들은 속삭임을 연인과 같이 친밀한 관계에서 일어나는 행위라고 미리 전제하고 있어서 ASMR 방송에서 친밀감 생성의 구체적인 방식을 살피고 있지 않다.

속삭임이 형성하는 친밀감의 정동을 현상학적으로 추적해보면, 속삭임은 무엇보다도 두 행위자 간의 물리적 근접성과 접촉성을 요구한다. 속삭임은 소리의 강도가 작기 때문에 청자의 귀에 대고 발화하거나, 청자가 화자에게 귀를 갖다 대어야 하는 커뮤니케이션 행위이다. 특히 속삭임은 발성의 힘을 조절해야 하기 때문에 발화 시 공기를 많이 내뿜게 된다. 그래서 청자는 말과 함께 화자의 '숨소리'와 귓가에 닿는 공기의 터치, 목소리의 질감을, 즉 화자의 몸을 직접적으로 체험하면서, 그 관계를 친밀한 것으로 의미화한다. 그래서 ASMR 속삭임은 '친밀한' 사회적 관계 유형에 조응하는 행위로 사회적 의미를 띠게 된다. 즉, 가깝지 않은 타인이 속삭이거나, 또는 친밀한 관계로 발전하길 기대하지 않는 사람이 수행할 경우, 속삭임의 작은 자극이 큰 폭력으로 작동하고 극도의 혐오라는 불쾌의 정동으로 변화된다. 이런 점에서 속삭임의 친밀감의 정동은 청취자의 수용성 여부에 의해 최종 결정된다. 정동이란 "몸들 사이의 마주침"이 형성하는 "관계에 대한 경험이고 지각"이라는 김예란(2018: 52)의 설명은 ASMR 방송에서 친밀감의 정동을 매우 잘 표현해준다.

그런데 물리적인 접촉과 근접성이 없이도 친밀감의 정동이 생성될 수 있는 것은 테크놀로지의 매개 덕분이다. 더구나 바이노럴 마이크와 헤드폰이라는 테크놀로지를 통해서 ASMR 영상에서 속삭임은 청각적으로 더 생생하고 입체적으로 체험될 뿐 아니라, 창작자의 몸짓 등 시각적 자극으로 강화된다. 예를 들어, 화면에 보이는 모형 귀를 만지며 속삭일 때, 시청자에게 다가가듯 카메라에 접근하며 얼굴을 들이밀거나 카메라를 터치하는 행위는 시청자에게 물리적 근접성과 촉감의 착각을 불러일으킨다. 클로즈업된 창작자의 얼굴 표정, 눈 맞춤, 말하는 입술로 인해 더 일대일의 내밀한 관계를 느끼게 하고(장세연 외, 2016; Miljak, 2017) 현실에서는 경험할 수 없는 특별한 친밀감을 환각적으로 체험하게 해준다. 이로써 목소리가 전하는 내용이 아니라 속삭임의 행위를 통해서 감각적 쾌감과 친밀감의 정동이 함께 ASMR의 창작자 몸과 청취자의 몸을 가로지르며 운동한다. 친밀한 관계여서 속삭이는 것이 가능한 것이 아니라, 속삭임의 행위가 화자와 청자의 관계를 친밀한 것으로 지각시키며 그에 상응하는 정동을 발생시킨다. ASMR 창작자들의 의도 이상으로 친밀감은 청취자의 최종 수용성에 의존하며, 청취자에게 권능감을 부여한다. 그래서 청취자는 자신의 통제력을 기대하며, 자신에게 적절한 쾌감을 줄 수 있는 동영상을 찾아다닌다.

둘째, ASMR 동영상에서 친밀감은 ASMR 창작자의 '돌봄'의 발화 수행과 이를 극대화하는 상황극의 내러티브 장치로 구성된다. 창작자는 카메라를 통해 마치 시청자를 잘 아는 것처럼 '오늘 하루 어떻게 보냈는가'라며 청취자의 안부를 묻고, 시청자의 심신의 상태에 관심을 보이며 말을 걸어온다. 치과, 미용실, 강습, 마사지 숍 등과 같은 상황을 설정하는 역할극에서 시청자는 서비스 받는 사람의 위치를 자동적으로 떠맡으며, 창작자의 주목과 돌봄을 한몸에 받는다. 이처럼 창작자와 시청자가 함께 공모하며 '연기하는 놀이performance play'로 친밀감의 정동은 강화된다. 실제 현실에서 이러한 서비스를 받을 수 있는 사람들이 주로 (자본) 권력을 가진 사람들이다. 그러나 ASMR 방송에서 돌봄 받는 감정은 시청자인 '나'를 중심으로 세상이 구성되고 움직인다는 느낌을 줌으로써 돌봄의 수혜자에게 권능감을 부여한다.

그런데 ASMR 방송의 속삭임과 돌봄의 행위에서 경험되는 '디지털 친밀감digital intimacy'(Bjelić, 2016)이 '엄마와 아이'의 관계를 상기시킨다고 ASMR 지지자들은 얘기한다. 엄마의 속삭임과 돌봄에서 느끼는 친밀감과 보호받는 안온감은 꼭 자신의 직접 경험의 상기이기보다는, 드라마 등 미디어에서 엄마의 재현, 수많은 담론에서 구성된 '엄마의 속삭임', 즉 일종의 모성에 대한 사회적 상상에 기초한 것일지 모른다. 사실 모성적 친밀감은 앞서 역할극에서 수행되는 돌봄에서 느끼는 정동보다 더 강력하다. ASMR 방송에서의 서비스는 아무리 친밀해도 타인과의 사회적 거래인 반면, 모성적 속삭임과 돌봄은 무조건적인 이타적 사랑으로 신화화되어 있기 때문이다. 따라서 ASMR에서 친밀성이 쉽게 모성 담론으로 연결되는 것은 과거 경험에 대한 향수나 잊고 있던 정동의 귀환이 아니라, 모성 담론의 재생산이라는 이데올로기적 의미를 띤다. 이제 우리는 테크놀로지, 몸, 정동이 젠더 차원에서 어떤 함의를 지니는지 논의할 때가 되었다.

5. ASMR 콘텐츠는 어떻게 젠더/섹슈얼리티와 연결되는가?

기술과학 철학자인 돈 아이디(Ihde, 2002/2013)에 따르면, 인간의 몸은 지각하고 움직이고 감정을 느끼는 몸의 차원(몸1)과 사회적이고 문화적인 의미를 지닌 몸의 차원(몸2)으로 분석적으로 구분해볼 수 있는데, 테크놀로지는 이 두 차원을 가로지른다고 말한다. 이 절에서는 ASMR 영상에서 사회 문화적으로 의미화되는 몸과 테크놀로지의 관계를 '젠더/섹슈얼리티' 차원에 주목해 고찰해보고자 한다. ASMR 방송에서 젠더/섹슈얼리티 차원에 주목하는 이유 중 하나는 ASMR 창작자들 다수가 여성이라는 점이고, 다른 하나는 ASMR이 형성하는 쾌감과 돌봄의 친밀감이 모성 담론과 같이 여성성의 관념과 연관되기 때문이다. ASMR 방송에서 이러한 측면과 관련된 담론들을 여기서 네 가지 시선으로 나누어 살펴보고자 한다.

시선 1: ASMR은 성적인 콘텐츠 인가?

앞서 논의한 것처럼, ASMR 방송 초창기에 서구 주류 미디어들과 일부 사람들은 ASMR 방송을 포르노그래피를 연상시키는 성적 콘텐츠의 일종으로 간주했다. 이런 시각은 다음과 같은 ASMR 방송의 세 측면에서 지지될 수 있다. 첫째는 창작자의 다수가 여자인 ASMR 동영상에서 성적 자극과 성적 환상을 불러일으킬 법한 여성의 선정적인 행동(예를 들어, 귀모양의 입체음향binaural 마이크를 핥는 모습)과 몸짓, 그리고 여성의 특정 신체 부위(특히 가슴, 목덜미, 입)를 강조하는 모습이다. 더구나 ASMR 창작자의 부드럽고 느린 속삭임, 조심스런 손의 움직임, 애무와 같은 쓰다듬고 어루만짐, 창작자와 시청자 간의 일대일의 친밀감의 강조는 마치 섹스 직전에 '전희를 위한 페티쉬fetishistic'로 간주될 수 있는 여지를 준다(Miljak, 2017). 그러한 부드러운 방식의 쾌감이 기본적으로 남성과 다른, 여성 취향의 '여성 포르노'라고 주장하는 사람(Brand, 2015)도 있다. 물론 폰섹스 등이 자위masturbation를 수반한 쾌락인 반면 ASMR은 팅글과 평안함의 쾌락이라는 점에서 다르지만, 둘 다 여성의 나긋한 목소리의 속삭임 방식이나 '원격의 친밀감'의 공통점이 의혹을 제기하게 만든다(Hudelson, 2012; Andersen, 2015: 695).

둘째, ASMR 영상 창작자나 다수의 옹호자들은 ASMR의 성적인 성격을 적극 부인해도, 실제로 성적인 자극의 목적으로 ASMR 방송을 이용하는 시청자들이 존재하며, 이는 유튜브 댓글에서 확인 가능하다. 더구나 사람마다 ASMR 자극에 대해 상이한 몸의 감각과 쾌감을 경험한다면, ASMR을 포르노그래피처럼 느낀다고 주장하는 사람들의 감상이나 이용이 틀렸다고 부인할 수는 없다.

셋째, ASMR 동영상의 창작 동기가 수익 창출이며 디지털 자본주의에서 그것은 가능한 한 많은 사람의 '주목'을 끄는 일이라는 점을 모두 알고 있다. 따라서 눈길을 끄는 섹스나 선정적인 영상 제작의 유혹이 항상 상존하고 실제 그런 방송이 존재하리라는 것을 예측할 수 있다.

ASMR 콘텐츠를 이처럼 성적인 것으로 보는 시선이 ASMR 방송뿐 아니라 창작자와 이용자에 대한 사회 문화적 편견을 만들기 때문에 ASMR 지지자들은 그러한 시선에 대해 격렬히 저항해왔다(Andersen, 2015; Waldron, 2017).

그런데, 앞서 논의했듯이, ASMR 이용 동기의 다수가 ASMR 방송을 통한 긴장 이완이며, 실제 그 효과가 최근 연구들에 의해 뒷받침되면서 성적인 것으로 보는 시선은 약화되었다. 475명을 대상으로 한 연구(Barratt & Davis, 2015)에 따르면, 성적 자극을 위해 ASMR 미디어를 이용했다는 응답자는 5%에 불과했고, 84%가 넘는 대다수가 그 의견에 반대했다. 한국의 연구 결과(육주원·권은아·윤신웅, 2018)도 다르지 않다. 연구자들이 성적인 몸짓부터 성적인 분위기를 연상시키는 것까지 폭넓게 '성적인 것'을 정의하여 200편의 ASMR 동영상 내용을 분석한 결과, '성적인 것'으로 분류된 것은 놀랍게도 단지 5편(2.5%)에 불과했다. 이들 연구자들은 ASMR 콘텐츠는 돌봄과 휴식 제공과 관련된 것이 지배적이라고 밝혔다. 이러한 결과를 토대로 볼 때, 비록 ASMR 콘텐츠의 재현들이 성적인 것을 연상시키거나 그와 유사해 보이는 요소들을 지닐 수는 있지만, ASMR의 본질적 특성을 성적인 것으로 규정하는 것은 ASMR에 대한 협소하고 피상적인 이해라고 판단할 수 있다. 그렇다면 성적인 의혹과 혐의에서 벗어나고 있는 ASMR은 젠더/ 섹슈얼리티와는 정말 무관한 것일까?

시선 2: ASMR은 '젠더화된 수행'이다.

일부 미디어 문화 연구자들은 ASMR 영상이 '성적인 것'이 아니라고 동의한다고 해도, ASMR 영상에서의 '젠더 수행performance of gender'

을 공통적으로 지적한다. '젠더 수행'이란 무엇을 말하는 것이며, 어떤 점에서 그럴까? 그것은 섹슈얼리티와 어떻게 관계되는가? 연구자들은 여성의 전형적인 역할과 여성성으로 간주되어온 '돌봄과 친밀감'을 ASMR 영상에서 여성 창작자가 반복해 제공하는 것을 '젠더 수행'으로 본다.

하지만 그러한 지적이 기존의 불평등한 젠더 권력 관계를 ASMR 방송이 강화한다는 해석이나 주장으로 나아가는 것은 아니다. 오히려 조슬린 앤더센Joceline Andersen(2015)은 ASMR 방송이, 이성애주의의 특권을 떠받치는 규범주의에 도전하는 새로운 친밀감 양식을 생성한다고 주장한다. 다만, 기존의 성역할 각본에 따른 '젠더 수행'을 통해 다시 규범적 문화에 순응하는 모습도 지닌다는 설명을 덧붙이는 것을 잊지 않는다. 이 절에서는 젠더 수행의 측면을 먼저 논의하고, 앤더센이 주장하는 AMR의 비규범적nonnormative 성격에 대한 주장은 다음 절에서 다루고자 한다.

앤더센은 ASMR 영상은 "여성들이 남성을 향해 연출하는 이형규범적인heteronormative[10] 돌봄과 친밀성을 재생산하며 명백한 젠더 편향성을 보인다"고 지적한다(Andersen, 2015: 692). 이 주장의 근거로서 앤더센은 ASMR 창작자나 이용자들이 ASMR 방송에서 친밀감의 경험을 '엄마와 아이'의 관계와 유사한 것으로 표현하는 점을 제시한다. 즉, ASMR 방송에서 친밀감이 상기시키는 환상, 향수, 기억이 엄마의 돌봄 역할을 의미한다는 점에서 ASMR 창작자들의 젠더 수행을 지적한다. 또한 앤더센은 ASMR 방송이 주로 창작자 자신의 사적 공간인 침대, 욕실 또는 집 안에서 진행되며, 치과 위생 진료, 소매업, 여행, 스파, 화장 교습 등

10 이형규범성 개념은 뒤에 가서 자세히 설명될 것인데, 일단 여기서는 이성애적인 규범으로 이해해도 무방하다.

의 상황극의 역할도 사회에서 주로 여성이 맡는 역할임을 지적한다. 즉 이것들은 사회가 여성에게 할당해온 가내domestic 작업을 반영하며 여성의 전형적인 성역할을 강조한다.

필자도 ASMR 영상이 젠더의 고정된 성역할을 강화하는 젠더 수행이라는 점에는 동의하지만, 현상의 판단과 그 함의에서 일정 정도 다른 의견을 가진다. 첫째, 이성애 특권을 지탱하는 이형규범성의 근거로서, ASMR 방송에서 '여성들이 남성 수용자를 향해 돌봄의 친밀성을 수행한다'는 앤더센의 언급은 경험적 증거가 필요하다. ASMR 창작자들 다수가 여성이라고 해서 그들의 수행이 곧바로 '남성 시청자를 향한 것'이라고 판단하거나, 또 수용자 대부분이 실제로 남성이라고 간주하는 것은, 어쩌면 앤더센 자신이 ASMR 방송을 이성애 규범적 시선 아래 미리 가정한 결과가 아닐까? 아직까지 ASMR의 적극적인 이용자들이 대부분 남성이라는 조사 결과는 없으며, 실제로 ASMR 커뮤니티나 유튜브 코멘트나 피드백을 토대로 살펴도 그런 판단을 내리기는 힘들다.[11]

어떤 여성 ASMR 창작자는 자신의 시청자의 80%가 30세 이하의 여성이며 이들 중 10대 후반의 여성이 압도적이어서 자신이 ASMR에서 '큰언니' 역할을 한다고 설명한다(BBC, 2018. 6. 8). 같은 기사에서 어떤 남성 ASMR 창작자는 자신의 시청자는 거의 다수가 남성인데, 이들을 위해서 소비자 테크놀로지, 비디오 게임, 풋볼, 맥주 등에 대해 속삭인다고 말한다. BBC 기사가 인용한 여성 창작자 사례는 앤더센의 판단과 상충하고, 남성의 사례는 앤더센(Andersen, 2015: 693)도 이미 알고 있는 사항이다. 이러한 사례는 젠더 차원에서 무엇을 시사해주는가? 필자

11 ASMR에 대한 칼럼을 쓴 휘덜센(Hudeson, 2012)의 글에서 한 여성 ASMR 창작자가 자신의 ASMR 수용자 중 70%는 남성이라는 말을 인용했는데, 앤더센이 마치 한 사례를 일반화된 조사 결과인 양 받아들인 것은 아닌가라는 의구심이 든다.

는 바로 이 사례들에서 ASMR 영상이 고정된 성 역할과 이분법적 성 관념을 강화하는 젠더 수행을 발견한다. 그리고 이것이 현재의 불평등한 젠더 위계를 재생산하는 데 기여한다고 보는데, 정작 그의 글에서는 불평등한 젠더 위계를 지적하거나 비판하는 것을 전혀 발견할 수 없다. 앤더센에게 젠더 수행은 ASMR의 친밀성의 쾌락을 이성애 규범에 밀착시키는 효과에서만 의미를 지닌다. 그래서 그는 ASMR에서 비이형규범적non-heteronormative 친밀성을 이용자들이 자유롭게 활용하지 못하고, 자꾸 '젠더 표식'을 찾거나 강화하여 (이성애) 규범적 친밀성에 가까워지는 것만을 유감스러워한다(Andersen, 2015: 693).[12]

여기서 규범적 문화를 강화하는 젠더 표식의 사례로 앤더센은, "남성[창작자]의 속삭임은 소름끼치기creepy 쉽"고, "정동이 쾌락에서 공포fear로 변형된다"는 여성 창작자의 발언을 제시한다(Andersen, 2015). 그런데 이 발언을 어떻게 해석해야 할까? 필자는 고정된 젠더 관념을 드러내는 이 발언이 이성애적 규범을 강화하는 사례이기보다는 사회의 불평등한 젠더 위계의 효과를 보여주는 사례로 읽힌다. '남성의 속삭임'이 오싹하고 공포가 되는 이유는 남성이 해서는 안 된다고 간주되는 여성적 행위를 남성이 수행했기 때문에 나온 정동이기도 하지만, 동시에 남성 지배적인 사회에서 여성적 위치에서 체험하게 되는 정동이라고 보기 때문이다. 한번 반대로 가정해보자. 과연 여성이 남성적이라고 간주되는 방식으로 발화한다고 해서, 사람들이 (특히 남성 청취자가) '오싹하고 두려운' 정동을 경험할까? 아닐 것이다. 이것은 젠더 권력 관계의 문제

12 필자는 섹슈얼리티 차원에서는 앤더센(Andersen, 2015)의 입장을 더 강하게 밀고나가서, ASMR 방송의 잠재성은 비규범적nonnormative인 성격을 넘어서 이성애주의에 대해 분명한 반규범적counter-normative 함의까지 타진해볼 만하다고 생각한다. 왜냐하면, 상기의 인용들에서 드러나듯, 여성들끼리 또는 남성들끼리의 ASMR 커뮤니티에서 경험하는, 몸의 쾌락에 수반되는 친밀성의 정동은 동성애의 잠재성을 지닐 수 있기 때문이다.

와 밀접히 연관되어 있다.

버틀러(Butler, 1990)는 고정된 젠더 이분법이 이성애주의를 비가시화하고 정당화시킨다고 지적하며 섹스/젠더/섹슈얼리티의 범주적 구분을 문제시했다. 하지만, 젠더 범주의 교란이 꼭 이성애 섹슈얼리티 규범의 교란이 되는 것이 아닐 수 있음을 분명히 강조한다. 그리고 이는 그 역도 성립한다. 이성애 섹슈얼리티 규범의 교란이 젠더 범주와 규범을 흔들 수는 있지만, 그 자체가 항상 젠더 위계에 대한 전복이 되는 것은 아니다. 즉, 동성애자라는 사실이 곧바로 남녀 간의 젠더 권력 관계에 위협이 되는 것은 아니다. 이 점을 상기한다면, 앤더센의 ASMR 영상에서 젠더 수행에 대한 해석은 젠더 권력 관계 차원을 생략하고, 이성애주의의 섹슈얼리티 권력만을 비판하고 있는 한계를 노정한다.

이 때문에 앤더센(Andersen, 2015)은 오히려 ASMR 콘텐츠에서 고정된 젠더 규범을 교란시키는 젠더 수행의 측면을 놓치고 있다. 먼저, 남성 창작자가 부드러운 목소리로 속삭이는 ASMR 방송이 주는 효과를 생각해보자. 전통적으로 남성적 발화는 남성적 권위와 신뢰를 강화하는 발화 방식, 즉 크고, 힘차고, 굵고, 절도 있고, 명료하게 발화하도록 기대된다. 그런 점에서 ASMR에서 남성의 속삭임은 기존의 남성성 관념을 불안정하게 만들지 않을까? 앤더센은 ASMR 방송에서 돌봄과 친밀성이 중심이라는 점을 강조하면서, 남성 창작자가 요리와 헤어스타일링 역할극을 하는 모습을 제시한다(Andersen, 2015: 692). 그러나 앤더센은 여기서 남성 창작자가 행하는 배려와 돌봄, 그리고 친밀성의 몸짓들이 기존의 남성성에 도전하며 고정된 젠더 이분법을 불안정하게 하는 효과에 대해서는 언급하지 않는다. 이러한 점에서, 필자는 ASMR 현상의 젠더 수행은 기존의 젠더 권력 관계를 강화하면서도, 균열의 잠재성을 지니고 있다고 본다. 이제, ASMR 방송의 친밀감이 이형규범적 문화를 위반하는 성격을 지닌다는 앤더센(Andersen, 2015)의 주장을 엠마 왈드론 Emma Waldron의 논의와 함께 검토하고자 한다.

시선 3: ASMR은 '이성애 규범을 넘어선 대안적 쾌락'이다.

앤더센(Andersen, 2015)은 젠더 수행 자체보다도 사회 문화적 규범에서 연인 간에 사적으로 허용되는 친밀감이, ASMR 동영상을 통해 '떨어져 있는' 상황에서 타인들 간에 '공개적으로' 경험되는 측면에 주목한다. 그는 자신이 명명한, ASMR 방송의 '원격의 친밀감distant intimacy'이 '이형규범적heteronormative 문화'를 위반하고 단절하는 '비규범적 nonnormative' 성격을 지닌다고 주장한다. 이제 그의 논리와 주장을 검토해보자.

앤더센(Andersen, 2015)은 버란트와 워너(Berlant & Warner, 1998)가 「공개적인 섹스sex in public」라는 논문에서 제기한 개념들과 주장을 자신의 논의의 중요한 전제로 삼는다. 앤더센이 그 개념들을 충분히 설명하지 않고 있기 때문에 간략히 설명해본다면, 버란트와 워너는 이성애주의를 '일관되고 특권적인 것'으로 보이게 만드는 제도, 관념, 실천 지향을 '이형규범성heteronormativity'으로 정의한다(548).[13] 그리고 이성애주의를 교란시키거나 넘어서는 새로운 섹스와 다른 친밀감의 방식들을 모색하고 추구한다. 이들 연구자들은 이성애주의 규범의 섹스와 쾌락은

13 버란트와 워너(Berlant & Warner, 1998)는 이형규범성heteronormativity이 이성애heterosexuality와 유사하지만, 그보다 더 넓은 개념이라고 설명한다. 따라서 버란트와 워너는 '어떤 특정 상황'에서는 남녀 간의 섹스의 형태도 이형규범적이지 않을 수도 있고, 반대로 직접적으로 성적 실천과 관련 없어 보이는 '삶에 관한 내러티브'도 이형규범적일 수 있다고 이야기한다. 또한 이형규범성heteronormativity이 이성애heterosexuality와 구분되는 점은 전자가 어떤 대칭어를 가지지 않는 데 반해 후자는 '동성애'라는 대칭어를 지닌다고 설명한다(548). 필자는 연구자들의 의도를 살리기 위해 '이성애규범성' 대신 '이형규범성'으로 번역했다.

특히 '사적인 친밀성'으로 특징화된다고 보면서, 이를 넘어서는 '공(개)적인' 친밀감의 쾌락을 주장한다. 따라서 앤더센이 테크놀로지에 매개된 유튜브라는 플랫폼에서 (비록 참여자들은 일대일의 사적인 환영을 갖더라도) '공개적인public 방식'으로 타인과 친밀감의 쾌락을 경험하는 ASMR 방송을 왜 '비규범적 성격'으로 주장하는지 이해할 수 있게 된다. 어쩌면 앤더센은 친밀감의 쾌락 정동의 네트워크에서 비독점적인 다자간의 사랑polyamory의 자유로운 열린 관계(박선희, 2017)를 은연중에 생각했을지도 모른다.

하지만 앤더센의 주장을 받아들인다면, ASMR 형식이나 유튜브뿐만 아니라 인터넷 테크놀로지의 매개를 통해 타인과 '공개적으로' 친밀감의 쾌락과 정동을 생성하는 콘텐츠라면 모두 비규범적 문화 실천으로 일반화되게 된다. 앤더센은 정말 이를 주장하는 것일까? 만약 그렇다면, 비규범적 실천이 진정 이성애주의를 특권화하는 규범들에 도전하는 것으로 볼 수 있을까? 그렇다면, '좋아요'의 감정 피드백을 통해 작동하는 디지털 자본주의의 정동의 역학(Gallagher, 2017)이 규범에 대한 도전을 의도치 않게 돕고 있는 것으로 봐야 할까? 이에 동의하기는 어렵다. 왜냐하면, 이는 순수하게 이론적 가정이거나 형식논리학에 그칠 뿐, 어떤 설득력 있는 근거를 제시하고 있지 못하기 때문이다.

엠마 왈드론(Waldron, 2017)은 수행 이론과 정동 이론에 기대어 좀 더 개념적으로 명료하게 앤더센의 주장을 확대한다. 그 역시 ASMR 방송에서 여성성의 수행이 이뤄지지만, 그 친밀감은 근본적으로 이형적 규범을 넘어서는 잠재력을 지녔다는 앤더센(Andersen, 2015)과 의견을 같이한다. 하지만 왈드론의 논리는 앤더센과 좀 다르다. 앤더센에게 '성적 실천'이란 기본적으로 남녀 간의 성행위로 정의되기 때문에, ASMR 방송의 이용이 과연 '성적 실천'인가에 대한 질문에는 분명히 답변할 수 없었다. 그러나 왈드론은 섹스를 '이성애적인,' '두 몸'이 관련된, '성기 중심의 성행위', 그리고 '오르가슴의 쾌락'에 관한 것으로 규정하는 것에 반대한다. 대신 그는 '섹스' 자체를 '쾌락, 친밀감, 돌봄으로 정의되는 육화된 실천의 배열an array of embodied practices'로 재개념화할 것을 주장한다. 그리고 ASMR 동영상에서 소리, 터치, 시각에 의해 생성되는 팅글의 감각들과 신체적 반응들, 매개된 접촉, 상대에 대한 주목은 관능성을 지닌다고 주장한다. 따라서 ASMR 동영상이란 여러 테크놀로지들(고감도 마이크, 카메라, 사운드 편집 소프트웨어, 헤드폰, 높은 정세도의 디지털 비디오 녹화기, 유튜브 플랫폼 등)의 결합체assemblage를 통해 육화된 관능적 촉감과 친밀성의 정동을 경험하게 하는 성적 실천이라는 주장을 펼친다. 다시 말해, 왈드론은 성적 관계sexual relation를 ASMR 생산자와 소비자의 신체를 매개하고 친밀성의 정동 수행을 가능하게 하는 기술적 집합체 간의 배치configuration로 본다. 이로써 그는 ASMR 동영상이 기존의 협소한 도덕 체계와 '섹스' 개념을 넘어 '지배적인 서구 패러다임 밖에 위치하는 대안적 섹슈얼리티'로서의 함의를 지닌다고 주장한다.

왈드론(Waldron, 2017)의 '섹스,' '성관계,' '성적 실천'에 대한 재개념화와 ASMR에 대한 주장은 매우 흥미롭다. 그는 섹스를 새롭게 정의함으로써, ASMR이 '성적인 실천'임을 정면에서 주장하면서도, ASMR 문화 형식이 비정상적인 실천으로 낙인될 위험을 영리하게 피할 수 있게 된다. 즉, 왈드론의 주장은 이성애 규범주의에 대한 직접적인 반격이기보다는 오히려 성 행위나 성 실천의 개념, 또는 몸의 다양한 쾌락을 성 실천sex practice으로 확대함으로써 이성애 규범주의를 탈특권화하는 시도로 평가할 수 있다. 앤더센(Andersen, 2015)과 달리 왈드론은 ASMR 방송이 이성애를 지탱하는 이형규범적 문화에 '위반적'이라고 표현하지 않고, 이성애 규범과 "나란히" 또는 "대안적인" 쾌락의 원천을 제공한다고 표현한다.[14] 이는 분명 인간과 인간만의 결합이 아니라, 인간과 기계 사이에서 가능한 다양한 쾌락과 친밀성의 가능성을 활짝 열어놓는다.

이러한 창의성에도 불구하고 왈드론의 긍정적이고 새로운 ASMR 문화 실천에 대한 주장은 몇 가지 질문을 제기하게 한다. 첫째, 섹스와 섹슈얼리티에 대한 왈드론의 재개념화와 성적 실천으로 파악된 ASMR 방송이 실제로 기존의 섹슈얼리티 관념과 권력 관계를 불안정하게 하거나 해체하는 데 실제적으로 기여할 수 있는가라는 질문이다. 왈드론의 표현대로, 기존의 규범적 섹슈얼리티와 '나란히' 공존할 수 있다는 것은 어쩌면 이성애주의 규범에 어떠한 위협도 되지 않기 때문은 아닐까? ASMR이 성적 실천이라면 이 성적 수행 실천을 통해 형성되는 주체는 어떤 것일까? '대안적'인 것은 지배적인 것의 특권적 지위를 가시화하고 의심하게 되는 효과를 낳기도 하지만, 때론 지배적인 것을 보충하며 그 절대성을 유지하는 데 이용될 수도 있다. 따라서 ASMR의 쾌락이 기존의 섹슈얼리티의 규제에 어떻게 관계되거나 배치되고 있는지에 대한 설명과 연구가 요청된다.

둘째, ASMR을 둘러싼 성의 실천과 관계가 기존의 불평등한 젠더 권력 질서에 대해 어떤 함의를 지니는지 설명되어야 한다. 왈드론(Waldron, 2017)도 ASMR이 젠더화된 정동 수행을 수반한다는 것을 지적하면서도 앤더센(Andersen, 2015)과 마찬가지로 그것이 젠더 권력 구조와 맺는 관계와 작용에 대해서는 깊게 논의하지 않는 점이 의아하다. 그러한 논의 생략이, SMR 동영상의 '내용' 차원이 아니라 테크놀로지가

14 주류 사회에서 부정적인 낙인을 피하고자 ASMR은 '성적인 것이 아니다'라고 주장하거나 'ASMR은 성적 규범에 어긋나지 않는다'는 것을 강조하는 ASMR 커뮤니티들에게는 ASMR이 이형규범적 문화에 '위반적이라는' 앤더센(Andersen, 2015)의 주장이 만족스럽지 않을 수 있다.

매개하는 ASMR 동영상의 '생산과 소비' 과정에 주목하겠다는 왈드론의 선언과 어떤 관련을 가지고 있다고 생각이 든다. 또한, 왈드론과 앤더센 모두 젠더 권력 관계의 문제를 모두 섹슈얼리티 문제로 떠넘기고 있다는 의구심이 든다. 왈드론이 강조하듯, ASMR 방송의 성적 관계가 테크놀로지 장치에 의해 가능해진 친밀감의 쾌락이라면, 테크놀로지가 어떻게 젠더와 관계 맺는지에 대한 설명이 더 요구된다. 섹슈얼리티와 젠더 권력 관계는 상호 규정적으로 작용한다. 따라서 대안적 섹슈얼리티와 테크놀로지의 실천이 젠더 범주와 위계적인 젠더 권력 질서를 어떻게 교란시킬 수 있는가에 대한 질문은 여전히 남아 있다.

시선 4: "ASMR 젠더/섹슈얼리티 수행은 변화될 수 있다"

서로 다른 시선들에도 불구하고 앞서 논의들의 공통점이 있다면 그것은 ASMR 방송이 기존의 섹스/젠더/섹슈얼리티의 권력 관계, 관념, 수행들과 어떤 관계를 갖는지, 또는 어떻게 벗어날 수 있는지를 탐구한다는 점이다. 그리고 이 과정에서 연구자들은 ASMR 방송을 어느 정도 통일되고 안정된 대상이나 현상처럼 취급한다. 테크놀로지로 폭넓게 가능해진 ASMR만의 독특한 특질들, 구체적으로는 다른 소리 감각을 통한 쾌감과 친밀성의 수행을 어떻게 다른 형식과 내용으로 변형할 수 있는지에 대한 실험적 태도와 비전은 결여되어 있다.

필자는 앞선 논의들을 비판적으로 수용하면서 더 나아가 섹스/젠더/섹슈얼리티의 차원에서 ASMR의 실험과 실천이 필요함을 주장한다. 이러한 추구는 예술가이자 ASMR 콘텐츠 창작자인 클레어 톨란Claire Tolan에 의해 효과적으로 대변될 수 있다. 필자는 이를 젠더/섹슈얼리티 차원에서 ASMR 문화 실천에 대한 제 4의 시선으로 간주한다.

클레어 톨란의 수행적 실천과 그 가치는 미란다 아이어시피디스 Miranda Iossifidis에 의해 명료하게 소개되고 있다. 그에 따르면,[15] 톨란은 주디스 버틀러Judith Butler와 도나 해러웨이Donna Haraway의 영향 아래, "자신의 젠더화된 역할 수행을 뒤틀어버리는 욕망"을 ASMR의 소리 예술에서 실천한다(Iossifidis, 2017: 113). 그 방법은 여성화된 feminized 역할이 "여성성의 풍자"로 변화되도록 수행하는 것이다. 이는 젠더 수행이 모방하는 이상적인 젠더 관념은 '가정된 것'이기에 그 자체로 완전히 구현할 수 없으며, 결국 젠더 수행에는 "구성적 실패"가 내재하고 있으며 균열 가능성은 열려 있다는 버틀러(Buterler, 1990: 359)의 지적을 상기시킨다. 톨란의 젠더 실험은 목소리 발화 방식에서도 이뤄진다. 예를 들어, 톨란은 흔히 이상적인 남성적인 목소리로서, 그래서 여성화된 목소리에서는 배제되는, '든든하게 안심시키는'reassuring 톤을 사용함으로써 여성적 소리내기의 변형과 확장을 시도한다. 그 기묘한 친밀감uncanny intimacy은 ASMR 창작자와 청취자 간의 안정적이고 쾌락적일 수 있는 관계를 불안정하게 만들고 젠더에 관한 성찰을 유도한다.

사실 그녀의 실험은 기존의 젠더 관념을 불안정하게 하는 것 이상이다. 그 대표적인 예가 '쉿! 가라오케'라는 공연이다. 여기서 톨란은 진행자의 역할을 맡아서, 무대 위에 여러 구절이 쓰인 스크린을 띄우고, 군중들이 ASMR 영상 특유의 부드럽게 속삭이는 목소리로 그 구절들을 돌아가며 소리 내게 한다. 이때 톨란의 목소리와 다중의 목소리가 함께 어울려, 서로에게 쾌감과 위로를 낳는 친밀감의 정동을 생성하고 교감한다. 이는 아이어시피디스의 표현대로 ASMR의 "생산과 유통의 형식과

15 클레어 톨란의 ASMR 실험적 수행에 대한 설명은 『페미니스트 미디어 연구*Feminist Media Studies*』에 실린 아이어시피디스(Iossifidies, 2017)의 논평에 의존했다.

모델을 바꿔"버리는 수행이 아닐 수 없다(Iossifidis, 2017: 113-114). 여타의 ASMR 방송이 제공하는 창작자와 청취자의 일대일의 환영적인 사적 관계는 공연장이라는 공(개)적인 공간에서 다중이 참여하는 '분산된 distributed' 접촉과 탈중심화 된 관계로 변형된다. 이처럼 돌봄을 집단적으로 분배하고 동시에 협동적으로 창조해냄으로써, 톨란은 친밀한 돌봄의 관념을 집합적으로 재개념화할 뿐 아니라 젠더화된 돌봄과 헌신의 규범을 심문하고 교란한다.

또한 형식만이 아니라 그 내용에도 실험적으로 개입한다. 예를 들어, 속삭임의 목소리로 다양한 위로와 격려의 메시지를("세상에 당신의 아이디어를 줘서 고마워요" 또는 "이 메시지가 당신의 삶을 변화시킬까요?") 담은 모닝 알람 등을 만들기도 한다. 그는 음악 연주회, 미술 갤러리 등 다양한 공간에서, 또 유튜브에서 아이튠즈까지 다양한 테크놀로지를 활용해서 ASMR 작업을 진행한다. 또한 새로운 청각적 자극과 쾌감을 주는 다양한 현장의 실제 소리도 녹음해서 인공지능 핸드폰 벨소리를 대체하기도 한다. 이로써 그는 "청취자와 테크놀로지의 관계를 질문하면서 ASMR의 변형적 잠재력을 작동"시킨다(Iossifidis, 2017: 114). 즉, 톨란은 ASMR의 생산과 유통, 소비 공간을 변화시켜서 생산자와 청취자의 관계 성격을 변화시키고, 대등한 동료와 동료 사이의 돌봄도 탐색한다. 그는 몸, 젠더, 테크놀로지의 접합 방식과 과정을 실천적으로 변형(이동후·김수정·이희은, 2013)함으로써 젠더/섹슈얼리티의 범주를 교란시킨다.

맥루한은 예술가들이야말로 미디어가 메시지이자 마사지massage임을 깨달은 자들로 간주한다. 맥루한은 테크놀로지에 대한 자신의 지식은 모두 예술가들의 통찰에서 얻은 것임을 고백하며, 예술가란 '표현하기를 원했던 것'이 아니라 '표현을 위해 가능한 수단이 무엇인가'를 고민한 사람들이었다고 지적한다(McLuhan & Steines, 2003: 126). 인류의 생존을 지켜주는 예술가의 역할에 대한 맥루한의 강조는 클레어 톨란의 ASMR 작업을 통해 설득력을 얻는다.

아이어시피디스의 훌륭한 논평이 전달하는 톨란의 개입적 실천의 함의는 다음의 두 문장으로 집약해볼 수 있다(Iossifidis, 2017). "톨란은 ASMR 공동체를 조롱하지 않고, 그렇다고 돌봄 작업을 가치절하시키지 않으면서도 젠더화된 돌봄의 관념을 교란시킨다." 그리고 "유튜브를 넘어서 ASMR의 형식, 내용, 유통을 실험함으로써", "동시대 디지털 문화에서 돌봄과 그 표현의 한계에 관해 질문을 제기"하고 있다(Iossifidis, 2017: 113). ASMR 문화 현상을 바라보고 접근해야 하는 비판적 시선들이 어떻게 더 비판적으로 확장되고 실천될 수 있는지에 대한 비전을 톨란의 사례가 미디어 연구자들에게 제공하고 있다.

6. ASMR 문화 형식의 가능성을 향하여

이 글은 유튜브를 중심으로 새로운 대중문화로 부상하고 있는 ASMR 방송을 미디어 문화 연구 관점에서 어떻게 바라볼 수 있으며, 그 사회문화적 의미가 무엇인지 사유하고자 했다. 본문은 먼저 ASMR에 대한 담론 지형을 개략적으로 기술하며 시작했다. 즉, '뇌오르가즘'이라는 용어만큼 초기에 서구 주류 언론들로부터 의혹을 받았던 ASMR 방송이, 비성애적 몸의 쾌감과 다양한 심신의 평안 효과를 강조하는 ASMR 이용자들의 증언과 이를 뒷받침하는 심리학 연구 논문들이 나오면서 그 인식이 변화하고 있음을 설명했다. 그리고 뒤늦게 시작된 한국에서는 ASMR 콘텐츠 등장 초기부터 수면 유도와 같은 심신에 주는 순기능을 위주로 미디어 담론이 형성되었음을 기술했다.

미디어 문화 연구 관점에서 전개된 ASMR에 대한 본격적인 사유는 세 가지 차원에서 이뤄졌다. 첫째는 디지털 테크놀로지로 구현된 ASMR 콘텐츠가 청각 중심의 지각과 몸의 쾌감을 위한 새로운 문화 형식이라는 점에 주목해, 테크놀로지와 인간의 감각 및 지각의 새로운 관계가 인간의 실존적 경험과 사회에 주는 영향은 어떤 것일 수 있는지 탐색했다. 이를 위해, 테크놀로지와 인간의 관계적 측면에서는 마셜 맥루한에 기대어 ASMR 방송을 인간의 감각 비율의 사용의 변화를 일으키는 테크놀로지로서 볼 것을 주문했다. 이로써, 시각 지배적인 테크놀로지에 의존해 발전시켜온 기존의 지배적인 인식 패턴과 사회적 조직에 대해 앞으로 ASMR 방송이 끼칠 영향이라는 좀 더 거시적 차원에서 고찰할 필요성을 제기하고자 했다. 또한 ASMR의 경험이 실존적 차원에서 사물과 인간의 연결성, 그리고 의미를 건너뛰는 물질성에 기초한 새로운 인식을 가능하게 한다는 특이성을 지적했다. 이를 통해 필자는 테크놀로지를 매개로 한 소리 자극과 청각 지각 체험에 대해, 기존의 시각과 언어를 토대로 작동해온 차이체계와 의미 중심주의를 넘어서는 인간 경험과 세계의 확장이라는 가치를 부여하고자 했다.

두 번째 논의는 ASMR의 감각적 경험이 더욱 쾌감적인 이유를 ASMR을 매개로 창작자와 이용자 사이에 형성되는 친밀감의 정동 때문이라고 보고, 이 정동이 어떻게 테크놀로지를 통해 매개되고 작동하는지를 탐구하고자 했다. 즉, 개별적인 '몸의 감각 차원'과, 그 개별성을 넘어서는 '몸의 사회적 차원'을 서로 중첩시키고 연결시키는 것이 바로 '친밀감의 정동'이라고 보았다. 그리고 그 친밀감의 정동이 '속삭임'과 '돌봄'의 구성적 실천을 통해서 형성되고 있음을 강조했다.

ASMR 문화 현상에 대한 세 번째 논의에서는 테크놀로지적 장치를 통해 경험되는 청각 감각과 사회적인 친밀감의 정동이 젠더/섹슈얼리티의 차원에서 어떠한 성격을 지니며 어떠한 한계나 변화 가능성을 제시하고 있는가를 비판적으로 사유하고자 했다. 이 논의는 주로 여성 창작자들이 수행하는 친밀한 터치와 쾌락, 돌봄으로 구성된 ASMR 콘텐츠의 특성이 여성 젠더에 대한 고정 관념, 이미지, 역할을 강화하고 불평등한 젠더 위계를 재생산한다는 의심에서 출발한다. 필자는 ASMR의 젠더화된 수행을 하는 여성과 남성 창작자가 전통적인 성 역할의 각본대로 쾌감과 친밀성을 구축해나간다면, 분명 ASMR 공간은 젠더 이분법과 고정관념에 의해 구조화되며 기존 젠더 질서를 강화하는 측면을 지닌다고 본다. 그러나 동시에, 남성 창작자들이 기존의 여성적 특성으로 여겨진 속삭임, 주목, 돌봄을 반복 수행하는 것은 여성을 돌봄 제공자로 배타적으로 인식하는 젠더 관념에 도전하는 효과를 가질 수 있다고 보았다. 이런 점에서 필자는 ASMR 문화 실천에서 젠더 수행이 부정적 측면과 긍정적 가능성 양자를 내포하고 있다고 본다.

ASMR 방송은 한편으로는 새롭고 다양한 소리로 소리정경soundscape을 넓혀가며 젠더적 실험을 가능하게 한다. 그러나 다른 한편으로는 이윤 창출의 디지털 주목경제 원리 아래 유사한 자극과 내용을 상호 복제하여 일정한 패턴과 양식으로 정형화되어가며 기존의 젠더 상상력과 관습으로 그 새로운 공간을 영토화하는 모습을 현재 노정하고 있다. 따라서 현재 상태에서는 ASMR 문화의 새로운 문화적 가능성과 젠더 정치 차원의 함의를 예단하기에는 이르다.

세 번째 논의에서 오히려 주목할 만한 최근의 주장들은 젠더 권력 관계에 있어서 젠더 수행의 함의가 아니라, ASMR 문화 형식 자체를 이형규범적 문화heteronormative culture에 도전하거나 대안이 되는 '성의 실천'으로 재개념화하려는 시도에 있다. 새로운 성 실천으로서 ASMR을 보는 시선은 기존에 '남녀' 간의 직접적 신체적(특히 성기 중심적인) 결합만을 성적 실천으로 특권화해온 이성애주의 규범을 불안정하게 하고 탈중심화시킨다는 점에서 매우 흥미로운 이론적 개입이라고 평가할 수 있다. 하지만 이 새로운 시선이 현실적 효과를 만들어내려면, 섹슈얼리티 실천과 관계에 개입하는 소비 자본주의 경제의 권력 규제와 이와 연동되는 테크놀로지 활용 및 작동 논리, 그리고 젠더 위계의 문제가 함께 고찰될 필요가 있다.

이 글의 마지막 절에서는 현재의 ASMR 문화 형식을 주어진 것으로 수용하지 않고, 그 자체를 변용시키려는 비전, 그래서 젠더/섹슈얼리티의 규범과 규제를 비트는 비판적 실험과 실천이 필요함을 강조하고자 했다. 이를 위해서 ASMR에 대한 실험적 태도와 프로젝트를 통해서 젠더적 수행을 변화시키고, 헤게모니적 젠더/섹슈얼리티 관념들에 도전하는 클레어 톨란의 작업을 소개했다. ASMR 문화의 정치적 가능성은 ASMR 방송을 우리의 수행 실천을 통해서 구성되는 문화 형식이자 테크놀로지로 인식하는 데서 시작될 수 있다. ASMR 문화 현상을 구성하는 테크놀로지 감각, 정동, 그리고 젠더/섹슈얼리티의 관계에 대한 이 글이 부족하나마, 다른 사유를 어떤 측면에서든 자극할 수 있기를 바랄 뿐이다. ASMR 방송에 대한 많은 경험적 비교 분석들이 이뤄지고, 그에 대한 논의들이 활발해지길 기대한다.

참고문헌

김수정 (2003). 뉴스객관성의 영상화: 한국과 미국의 환경뉴스 사례의 비교연구. 『한국언론학보』. 47(5): 363-384.

김예란 (2013). 빅데이터의 문화론적 비판: 미셸 푸코의 생정치 개념을 중심으로. 『커뮤니케이션 이론』. 9(3): 166-202.

______ (2017). 인간-기계-동물의 다양체: 과식 먹방 사례로 본 육체적 동영상에서의 감각과 쾌락 정동. 『커뮤니케이션 이론』. 13(1): 94-133.

______ (2018). 우리 시대, 행복의 윤리: #미투운동의 한 기점에서. 『한국언론정보학보』. 90: 44-73.

김자경·이정기 (2018). 20대 대학생들의 무자극 영상 콘텐츠 지속적 이용의도 결정요인 연구. 『사회과학연구』. 34(2) : 29-52.

미디어투데이 (2017. 3. 26). 귀 청소하는 소리와 심장박동을 들려주는 사람이 있다. 〈미디어투데이〉. URL: http://www.mediatoday.co.kr/?mod=news&act=articleView&idxno=135775#csidx8e287b7ce2dcac4a2e0362a7de5a797

박선희 (2017). 인간과 디지털 존재의 관계: 관계의 물질성, 비소유성, 개체성. 『한국언론정보학보』. 86: 42-68.

아시아경제 (2018. 8. 27). 듣는 야동?…성인 사이트 빰치는 19금 ASMR 청소년 무방비 노출. 〈아시아경제〉. URL: http://view.asiae.co.kr/news/view.htm?idxno=2018082604164362119

이동후·김수정·이희은 (2013). 여성, 몸, 테크놀로지의 관계 짓기. 『한국인론징보학보』. 62: 30-50.

이희은 (2018). AI는 왜 여성의 목소리인가: 음성인식장치 테크놀로지와 젠더화된 목소리. 『한국언론정보학보』. 90: 126-153.

임명빈·김수정 (2018). 인터넷 개인방송 BJ의 셀프 브랜딩 실천과 친밀성의 구성. 『사회과학연구』. 29(3): 105-130.

육주원·권은아·윤신웅 (2018) 디지털 돌봄과 친밀함: 한국 ASMR의 콘텐츠 특성과 커뮤니티 사례 연구. 『인문콘텐츠』. 48: 315-353.

장세연·박진서·류철균 (2016). ASMR 방송의 실존적 공간 연구. 『글로벌문화콘텐츠』. 24: 269-287.

조광제 (2003). 『주름진 작은 몸들로 된 몸』. 철학과 현실사.

헤럴드 경제 (2018. 8. 3). [What the ASMR] 스트레스 사회, 일상에 파고든 ASMR. 〈헤럴드 경제〉. URL: http://biz.heraldcorp.com/culture/view.php?ud=201808030415367579696_1

홍성욱 (2016). 『홍성욱의 STS, 과학을 경청하다』. 동아시아.

Ahuja, N. K. (2013). 'It feels good to be measured': Clinical role-play, Walker Percy, and the tingles. *Perspectives in Biology and Medicine*. 56(3): 442-451.

Alpers, S. (1983). *The Art of Describing*. Univ. of Chicago.

Andersen, J. (2015). Now You've Got the Shivers: Affect, Intimacy, and the ASMR Whisper Community. *Television & New Media*. 16(8): 683-700.

Apprich, F. (2016). The Impact of ASMR on Social Media Generation. (in) Kofi Gokah, (ed.) *Visualising Mass Media from a Macro Perspective*. 17-26.

______ (2016). The benefits of ASMR education, *Journal of Research & Method in Education*. 6(5): 113-118.

Barratt, E. L. & Davis, N. J. (2015). Autonomous sensory meridian response(ASMR): A flow-like mental state. 〈PeerJ〉. URL: https://peerj.com/articles/851/

Barratt, E. L., Spence, C. & Davis, N. (2017. 10. 6). Sensory determinants of the autonomous sensory meridian response (ASMR): understanding the triggers. 〈PeerJ〉. URL: https://peerj.com/articles/3846/

BBC (2018. 6. 21). ASMR videos 'may have health benefits', study finds. URL: https://www.bbc.com/news/uk-england-south-yorkshire-44533297

______ (2018. 6. 5). The weird whispering videos that brans want to cash in on. URL: http://www.bbc.com/capital/story/20180605-the-weird-whispering-videos-that-brands-want-to-cash-in-on

Beck, J. (2013. 12. 16)"How to have a 'brain orgasm,'" 〈Atlantic〉. URL: http://www.theatlantic.com/health/archive/2013/12/how-to-have-a-brain-orgasm/282356/.

Berlant, L. & Werner, M. (1998). Sex in public. *Critical Inquiry*, 24(2): 547-566.

Bjelić, T. (2016). Digital Care. *Women & Performance: a journal of feminist theory,* 26(1): 101-104,

Brand, R. (2015). Is ASMR just female porn? URL:http://www.youtube.com/watch?v=0wUFCyjsNGk.

Butler, J. (1990). *Gender Trouble*. 조현준 역 (2006). 『젠더 트러블: 페미니즘과 정체성의 전복』, 문학동네.

______ (1993). *Bodies that matter: On the discursive limits of 'sex'.* 김윤상 역 (2003). 『의미를 체현하는 육체』. 인간사랑.

del Campo, M. A. & Kehle, T. J. (2016). Autonomous sensory meridian response (ASMR) and frisson: Mindfully induced sensory phenomena that promote happiness, *International Journal of School & Educational Psychology*, 4(2): 99-105.

Döveling, K. Harju, A. & Sommer, D. (2018). From mediatized emotion to digital affect cultures: New technologies and global flows of emotion, *Social Media & Society*. Jan-Mar. 1-11.

Foucault, M. (1975). *Discipline and punish: The birth of the prison.* 오생근 역 (2003). 『감시와 처벌: 감옥의 탄생』. 나남.

Fowler, D. (2018. 6. 8), "ASMR: Big Business of Making Super Soft Sounds." 〈New York Times〉. URL: https://www.nytimes.com/2018/02/15/nyregion/tingling-sensation-of-asmr-stimulation.html

Fredborg, B., Clark, J. & Smith, S. (2017). An Examination of Personality Traits Associated with Autonomous Sensory Meridian Response (ASMR).

Frontiers in Psychology.

Gallagher, R. (2016). Eliciting Euphoria Online: The Aesthetics of "ASMR" Video Culture. 〈Film Criticism〉. 40(2). URL: http://dx.doi.org/10.3998/fc.13761232.0040.202

Garro, D. (2017). ASMR: From Internet Subculture to Audiovisual Therapy. Proceedings of *Electronic Visualisation and the Arts* (EVA 2017) London, UK, 11-13 July 2017. URL: http://dx.doi.org/10.14236/ewic/EVA2017.79 URL: https://ewic.bcs.org/upload/pdf/ewic_eva17_ia_paper2.pdf

Hillis, K., Paasonen, S. & Petit, P. (eds.) (2015). *Networked affect*. MIT Press.

Hudelson, J. (2012). Listening to whisperers: Performance, ASMR community and fetish on YouTube. 〈Sounding Out!〉. URL: http://soundstudiesblog.com/ 2012/12/10/whisper-community/

Ihde, D. (2002). *Bodies in Technology*. 이희은 역 (2013). 『테크놀로지의 몸』. 텍스트.

Iossifidis, J.M. M. (2017). ASMR and the "reassuring female voice" in the sound art practice of Claire Tolan, *Feminist Media Studies*, 17(1): 112-115.

Lévi-Strauss, C. (1987). *Introduction to the Work of Marcel Mauss.* Routledge.

Marks, A. (2018. 2. 15). Tingling makers, open for Business. 〈New York Times〉. URL: https://www.nytimes.com/2018/02/15/nyregion/tingling-sensation-of-asmr-stimulation.html

McLuhan, M. (1964). *Understanding media: The extension of man*. 김상호 역 (2011). 『미디어의 이해: 인간의 확장』. 커뮤니케이션북스.

McLuhan, S. & Steines, D. (eds.) (2003). *Understanding me: Lectures and Interviews.* 김정태 역. (2007). 『매클루언의 이해: 그의 강연과 대담』. 커뮤니케이션북스.

Miljak, A. (2017. 12. 4). Whispered Approximations: ASMR and The Conceit of Intimacy. 〈Medium〉. URL: https://medium.com/@anamiljak/whispered-approximations-asmr-and-the-conceit-of-intimacy-e0a61bc37564

O'Neil, C (2016), *Weapons of Math Destruction.* 김정혜 역 (2017). 『대량살상수학무기 - 어떻게 빅데이터는 불평등을 확산하고 민주주의를 위협하는가』. 흐름출판.

Pettman, D. (2017). *Sonic intimacy: Voice, species, technics (or, how to listen to the world)*. Stanford University Press.

Saussure, de F.(1916). *Cours de linguistique generale.* 최승언 역 (2006). 『일반언어학 강의』. 민음사.

Snyder, J. (1980). Picturing vision. *Critical Inquiry.* 6(3): 499–526.

Waldron. E. L. (2017). "This FEELS SO REAL!" Sense and sexuality in ASMR videos. 〈First Monday〉. 22(1-2). URL: http://firstmonday.org/ojs/index.php/fm/article/view/7282/5804

웹툰의 드라마로의 재매개, 그리고 서사와 여성 재현

김은영

1. 웹툰, 드라마가 되다

본격적인 논의에 앞서 다음 단어의 공통점을 생각해보자(가나다 순).

- 고백부부
- 김비서가 왜 그럴까
- 내 ID는 강남미인
- 당신의 하우스헬퍼
- 동네변호사 조들호
- 마음의 소리
- 미생
- 부암동 복수자들
- 송곳

- 운빨로맨스
- 이웃집 꽃미남
- 일단 뜨겁게 청소하라
- 치즈인더트랩
- 호구의 사랑

텔레비전을 즐겨 보는 이들은 위에 나열된 단어들이 드라마 제목임을 어렵지 않게 알아차렸을 것이다. 그런데 한 가지 더 공통점을 찾아본다면 무엇일까? 수백, 수천 편이 넘는 드라마 가운데 왜 이들 드라마를 선택했을까? 그렇다. 이들에게는 웹툰 원작 드라마라는 공통점이 있다.

이처럼 웹툰을 원작으로 하는 드라마의 활성화는 미디어와 채널이 급증하고 미디어 시장을 둘러싼 경쟁이 치열해지는 미디어의 시장 환경과 관련된다. 즉 미디어의 경쟁력을 좌우하는 양질의 콘텐츠 제작을 위해 이미 성공한 경험이 있는 콘텐츠를 원작으로 하여 새로운 콘텐츠를 만들어 성공 가능성을 높이기 위한 전략이라 볼 수 있다. 이처럼 이미 성공했던 콘텐츠를 새로운 미디어에 적합한 콘텐츠로 재제작하는 미디어 간 콘텐츠의 전환을 '미디어 콘텐츠 재매개'라고 일컬을 수 있다. 특히 웹툰은 드라마와 영화의 원소스one-source로 그 가치를 인정받으면서 지속적으로 재매개가 이루어지고 있다.

위에 제시된 웹툰 원작 드라마와 관련하여 추가로 다음의 질문에 답해보길 바란다. 웹툰 원작 드라마 가운데 웹툰과 드라마를 모두 본 경험이 있는가? 만약 그렇다면, 웹툰과 드라마를 비교했을 때, 그들은 똑같은가? 아니면 차이가 있는가? 만약 차이가 있다면 어떤 점들이 다르게 나타났는가? 아마 많은 이들이 구체적으로 답하지는 못할지라도, 원작과 드라마가 다른 점이 많다고 답할 것이다. 일반적으로 원작을 바탕으로 재제작되는 콘텐츠는 원작과 다른 콘텐츠로 재탄생되는 경우가 대다수이기 때문이다.

그렇다면 왜 원작은 많은 변화를 수반한 채 재매개되는 것일까? 여기에는 원 미디어와 재매개된 미디어의 특성이 서로 다르다는 요인이 작용함을 그 원인으로 짐작할 수 있을 것이다. 더 나아가 우리 사회에 작동하는 주요한 가치와 규범들이 미디어에 영향을 미치기 때문이다. 특히 표현의 자유의 범위가 넓은 웹 미디어에서, 가장 대중적이기에 가장 보수적인 미디어로 평가받는 텔레비전으로 재매개되는 과정에 기존 질서, 이를 테면 남성 중심의 가부장제를 지지하는 변화를 보일 가능성이 크다. 더욱이 드라마 장르는 여성들의 장르로 폄하되기도 하지만, 재현의 방식을 통해 우리의 현실을 구성하는 역할을 한다는 점에서, 웹툰에서 드라마로 제작될 때 변화하는 지점들을 확인해본다면, 우리 사회가 여성들에게 어떠한 역할을 요구하는지, 어떠한 규범을 강제하는지를 찾아낼 수 있다.

이 글은 미디어의 지형을 이해하는 틀로 재매개의 개념과 현상을 설명하는 것에서 출발한다. 그리고 웹툰을 재매개한 드라마의 사례를 중심으로 웹툰과 드라마의 공통점과 차이점을 제시했다. 이러한 분석을 바탕으로 원작과 재매개된 드라마의 차이가 미디어의 특성과 가부장제의 시각과 어떻게 관련되었는지를 논의했다. 이를 통해 미디어 발달의 이면에 남성 중심의 가부장 질서가 여전히 작동하고 있음을 드러내어, 향후 미디어의 발전 방향이 성평등을 지향하도록 하는 데 기여하고자 한다.

2. 재매개의 개념과 미디어 콘텐츠의 재매개

미디어 간 경쟁과 인정의 과정, 재매개

볼터와 그루신(Bolter & Grusin, 1999/2006)은 영상미디어의 발전사를 원근법 회화부터, 사진, 영화, 텔레비전에 이르기까지 각 미디어들이 서로를 인정하고 경쟁을 벌이면서 그 문화적 의미를 획득하는 재매개 remediation의 과정을 통해 설명한다. 이때 재매개는 '한 미디어를 다른 미디어에서 표상하는 것'을 의미한다. 즉 '하나의 미디어가 내용과 형식 차원에서 다른 미디어의 테크놀로지, 표현양식, 사회적 관습 등을 답습하거나 개선improve, 개조remedy하여 자신의 것으로 만드는 현상'이다. 이러한 재매개 개념은 올드미디어와 뉴미디어를 비롯하여, 미디어들 간의 전방위적인 콘텐츠 전환 현상을 살펴볼 수 있다는 점에서 포괄적이다. 결국 공존과 상호작용이라는 큰 틀에서 미디어의 관계와 발달을 파악하는 미디어 재매개의 개념은 미디어의 본질과 역사에 대한 가장 야심찬 주장이라 평가할 수 있다(Ryan, 2004/2014).

한편 재매개는 몇 가지 특징을 갖는데, 첫째 재매개는 단어 그대로 '매개의 매개mediation of mediation'라는 특징을 지닌다. 이는 매개 자체가 중요하며, 매개되는 과정에서 미디어는 끊임없이 서로에 대해 평가 comment, 대체replace, 재생산reproduce 과정을 통해 완성된다는 것이다. 둘째, 재매개 과정에서 미디어는 미디어를 생산하고 이용하는 현실 속에서 존재하며 그 결과물이 된다는 점에서 현실과 떨어질 수 없는 '현실과 매개의 불가분성'이라는 특징을 가진다. 셋째, 재매개는 '개혁 reform'적 성격을 지니는데, 이는 재매개가 기존 미디어에 결여된 부분을 개선, 개조하는 방향으로 진행되기 때문이다. 이때 미디어 재매개의 목적은 수용자들이 미디어의 존재 자체를 잊고 전혀 매개되지 않은 듯한 경험을 제공하는 비매개성immediacy을 증진하는 것이다[1].

하지만 미디어 간 재매개가 이루어지는 과정에는 단순히 기술적인 차원만이 아니라, 다양한 사회문화적 요인들이 작동한다. 즉 기존 사회질서나 사회구성원들이 긍정적으로 여기는 가치관들이 개입된 상태로 변화되는 과정이라 볼 수 있다. 미디어 재매개가 사회구성원들에게 배척된다면 그 미디어는 기술적으로 아무리 뛰어날지라도 외면 받게 되고 미디어의 존재 가치가 사라지기 때문이다. 결국 미디어의 재매개는 사회구성원들의 합의로 나타난 문화라고 이해할 수 있다. 또한 기존 미디어의 결핍된 부분을 개조하거나 재건하는 과정 역시 현실 개혁의 과정이라 이해할 수 있다(Bolter & Grusin, 1999/2006: 66-67). 이러한 재매개의 개념은 미디어 간의 상호관계에 초점을 맞춰 미디어의 역동성을 이해하는 데 유용하다.

재매개 콘텐츠에 대한 관심, 미디어 콘텐츠의 재매개

미디어를 상호 관계적 맥락에서 이해하는 재매개 연구는 형식적 측면과 내용적 측면이 함께 제시되었지만, 미디어의 형태form인 형식에 대한 연구가 논의의 대부분을 차지하게 되었다. 즉, 미디어의 하드웨어 hard-wear 측면에 국한한 기술 중심의 논의로 흘러가게 되었다. 이는 자연스럽게 미디어 간 콘텐츠가 재매개되는 내용적 차원에 있어서의 재매개 연구의 소외라는 결과를 가져왔다. 기술적 차원에서의 미디어의 재매개에 대한 논의는 미디어의 발달사를 살펴본다는 점에서 매우 중요하

1 볼터와 그루신은 미디어 자체의 존재를 드러내어 미디어에 대한 매혹fascination을 불러일으키는 하이퍼매개hypermediacy 역시 재매개의 작동 원리로 제시한다.

다. 하지만 제작 및 유통 수단으로 각광받는 콘텐츠가 재매개되는 내용적 차원의 재매개에 대한 논의 역시, 새로운 미디어에 맞게 콘텐츠가 개선/개조되는 과정에 영향을 미치는 미디어적 특성과 지배질서의 영향력을 살펴본다는 점에서 의미가 있다.

특히, 미디어 환경의 경쟁이 심화되면서 성공한 콘텐츠를 재제작하는 사례가 빈번해지는 현상은 내용적 측면의 재매개 연구가 필요함을 보여준다. 즉, 미디어와 장르의 경계를 넘어 선행 미디어의 콘텐츠를 다른 미디어의 콘텐츠로 전환하는 과정과 결과가 내포한 의미를 살펴봐야 하는 것이다.

사실 콘텐츠의 미디어 간 재매개는 새로운 것은 아니다. 과거부터 베스트셀러 소설을 중심으로 성공한 문학 작품의 드라마화나 영화화가 각색adaptation되곤 했다. 하지만 최근 미디어 간의 콘텐츠 재매개는 다양한 미디어와 원천 소스를 아우르면서 각색이라는 문학적 용어로 한정짓기 어려운 상황이 되었다. 이는 디지털 미디어를 비롯한 새로운 미디어가 등장하면서 콘텐츠의 전환 과정에서 미디어 간의 상호작용 역시 고려되어야 하기 때문이다.

많은 학자들이 저마다의 용어로 미디어 간 콘텐츠 전환 현상을 칭하면서 현재 학계에는 여러 개념이 혼재되어 있다(김미라, 2015). 하지만 각 개념은 콘텐츠의 미디어 간 재매개 현상에 대한 특정 면모를 부각한다는 점에서 그 의미가 조금씩 상이하다. 우선 초창기부터 사용된 'OSMU'는 산업적인 차원에서 성공한 원천소스one-source의 다양한 창구 전환multi-use을 위한 성공과 실패라는 전략적 차원에서 한정된 논의가 많다. 이와 달리 스토리텔링 즉 이야기 방식에 관심을 둔 '크로스미디어 스토리텔링cross-media storytelling'과 '트랜스미디어 스토리텔링trans-media storytelling'도 많이 사용되고 있다. 하지만 이들 역시 스토리텔링의 특정 방식을 강조하고 있다(서성은, 2015). 먼저 크로스미디어 스토리텔링은 원작을 새로운 미디어에 적합하게 각색하여 다채널로 확장하는 이야기 방식에 한정되어 논의되고 있다. 반면 트랜스미디어 스토리텔링은 개별 미디어 속 이야기가 저마다 다르게 구성되지만, 각각의 개별 콘텐츠가 공통된 이야기 세계를 공유함으로써 모든 이야기가 연결되고, 이를 통해 수용자들이 적극적으로 미디어를 이용하는 현상을 설명한다(Jenkins, 2006/2008). 결국 OSMU, 크로스미디어스토리텔링, 트랜스미디어스토리텔링은 미디어 간의 콘텐츠가 재제작되는 현상을 설명하지만 그 강조점들은 저마다 차이가 있다. 더구나 각 개념들은 특정 조건에 부합한 경우에 한정되어 사용될 수 있다는 점에서 여러 현상에 개념을 적용하는 데 한계가 드러난다. 이처럼 특정 현상에 초점을 둔 용어들은 콘텐츠가 다른 미디어로 전환되는 현상에 대한 심도 있는 연구를 촉진하지만, 반면 새로운 형태의 콘텐츠 전환 현상이 발생할 때마다 새로운 용어가 등장하게 되면서 다양한 개념이 복잡하게 나열되는 상황을 초래할 뿐이다.

선행 미디어에 의해 매개된 콘텐츠를 후속 미디어의 콘텐츠로 다시 매개한다는 의미를 지닌 '재매개'라는 개념은 그 적용 범위와 대상에 있어 유연함과 포괄성을 지닌다는 점에서 다양한 현상들을 하나의 개념으로 일원화하여 볼 수 있는 장점을 지닌다. 이러한 점에서 미디어의 특성과 진화를 고려한 볼터와 그루신(Bolter & Grusin, 1999/2006)이 제기한 '재매개remediation'라는 개념은 의미가 있다. 따라서 상호작용적인 관점에서 미디어의 등장과 공존을 바라보는 재매개의 시각을(김은영, 2016) 콘텐츠에 적용하면, 미디어 간의 특성을 나타내는 다양하고 다원화된 콘텐츠 전환 현상을 설명할 수 있게 된다.

3. 웹툰, 미디어 콘텐츠 재매개의 선두주자

'웹(인터넷)에 게재할 목적으로 웹의 속성에 맞게 창작된 만화'(박석환, 2009; 한혜원·김유나, 2013; 류철균·이지영, 2013)를 일컫는 웹툰은, 영화, 드라마, 뮤지컬, 연극, 애니메이션, 소설, 만화 등 다양한 미디어의 콘텐츠로 재매개되면서 최고의 부가가치를 창출하는 장르로 각광받고 있다(이문행, 2014).

다양한 미디어로 재매개되는 웹툰의 현황을 영화와 드라마로 재매개된 최근의 사례만 정리하면 다음과 같다. 우선 영화로의 재매개가 지속적으로 이루어지고 있다. 〈패션왕〉(2014), 〈고양이 장례식〉(2013), 〈더 파이브〉(2013), 〈전설의 주먹〉(2013)을 비롯한 많은 웹툰이 영화화되었다. 특히 강풀·윤태호와 같은 특정 인기 작가의 작품들이 영화화된 사례가 많은데, 강풀의 작품으로는 〈아파트〉(2006), 〈순정만화〉(2008), 〈그대를 사랑합니다〉(2010), 〈이웃사람〉(2012), 〈26년〉(2012)이 영화화되었으며, 윤태호의 작품으로는 〈이끼〉(2010)와 〈은밀하게 위대하게〉(2013), 〈내부자들〉(2015)이 있다. 최근 주정민의 〈신과 함께-죄와 벌〉(2017)과 〈신과 함께-인과 연〉(2018)이 연속 천만 관객을 동원하는 큰 성공을 거둠으로써 웹툰의 영화화 바람은 지속될 전망이다. 영화로의 재매개 과정에서 원작의 내용은 각색과 차용을 거쳐 2시간여의 상영 시간에 적합한 영화적 스토리로 변형이 된다(이승진, 2013).

최근 지상파 방송과 케이블 TV에서 웹툰을 원작으로 한 드라마가 더욱 활발하게 진행되고 있다. 특히 이러한 현상은 〈미생〉(2015)의 대성공을 계기로 더욱 활성화되었는데, 〈김비서가 왜 그럴까〉(2018), 〈내 ID는 강남미인〉(2018), 〈당신의 하우스헬퍼〉(2018), 〈부암동 복수자들〉(2017), 〈고백부부〉(2017, 〈마음의 소리〉(2017), 〈운빨로맨스〉(2016),

〈동네변호사 조들호〉(2016), 〈치즈인더트랩〉(2016), 〈송곳〉(2015), 〈밤을 걷는 선비〉(2015), 〈오렌지마멀레이드〉(2015), 〈냄새를 보는 소녀〉(2015), 〈호구의 사랑〉(2015), 〈닥터 프로스트〉(2015) 등이 성공한 예라고 할 수 있다. 〈미생〉의 성공으로 드라마로 재매개되는 웹툰이 늘어났지만, 소위 원작의 주인공과 드라마 주인공의 싱크로율과 치밀하지 못한 극적 전개에 대한 비판이 커지면서, 웹툰의 성공적인 재매개화의 가능성이 점차 낮아지고 웹툰의 재매개화에 대한 비관적 기류가 형성되기도 했다. 그러나 최근 원작 팬과 드라마 팬 모두를 사로잡은 〈김비서가 왜 그럴까〉(2018)의 성공은 웹툰의 텔레비전 드라마로의 재매개의 활성화를 촉진할 전망이다.

이처럼 웹툰을 원작으로 한 영화나 드라마로의 재매개는 탄탄한 원작을 바탕으로 한 양질의 콘텐츠를 제작하고, 원작의 인기를 바탕으로 홍보 효과를 거둘 수 있는 등 산업적, 경제적 차원에서 많은 이점을 제공한다. 하지만 시청자의 입장에서는 원작과 드라마가 각각 미디어적 특성에 맞게 이야기를 변형하는 과정에서 나타나는 다양한 시각을 접목하여 콘텐츠를 재해석하고 새로운 즐거움을 느낄 수 있는 기회를 제공하며 미디어 콘텐츠의 경험의 폭과 깊이를 확장하는 방식이라는 점에서 의미가 있다.

미디어 연구자들도 웹툰의 영상매체로의 재매개가 활성화되면서 매체의 특성과 서사의 관계를 분석한 연구들을 진행했다. 특히 웹툰의 드라마로의 재매개 사례 가운데 큰 성공을 거둔 〈미생〉에 대한 연구들이 다수 이루어졌다. 웹툰의 텔레비전 드라마로의 재매개에 대한 논의를 간략하게 살펴보면, 우선 TV드라마로 재매개된 〈그대를 사랑합니다〉는 드라마가 배경, 인물, 갈등을 확대한 것으로 나타났다(이경숙, 2012). 또한 웹툰의 드라마로의 재매개 성공 사례인 〈미생〉에 대한 다수의 연구들을 살펴보면, 우선 드라마는 웹툰에 비해 대중적 서사를 강화한 '확장' 전략이 사용되었고, 극적 재미를 위해서 등장인물의 명확한 선악 구분을 통해 갈등을 고조시켰으며 휴머니즘과 희극성이 강화되었다(김미라, 2015). 그리고 텔레비전 드라마는 고화질의 대형 스크린 사용, 시리즈물 형식의 에피소드 확대, 복합 장르와 멀티 플롯, 주제의 입체화 그리고 명확한 인물 설정과 복잡한 인물 관계, 극적 대립 구도, 충실한 시공간 재현, 스펙터클한 배경을 통한 복잡하고 확장된 이야기로 변화된 것으로 확인되었다(김은영, 2016). 또한 〈미생〉은 웹툰에서 패러디 드라마까지 이어지는 과정에서 캐릭터 중심의 이야기 전개가 나타나면서, 웹툰 서사의 반복과 연장, 확장, 치환 전략이 활용된 것으로 나타났다(서성은, 2015). 이처럼 웹툰이 TV드라마로 재매개가 될 경우에는 배경, 인물, 갈등이 확대되는 방향으로 이야기가 변형됨을 알 수 있다(이경숙, 2012). 이와 같은 연구들은 콘텐츠가 재매개되는 과정에서 서사와 미디어의 특성이 강하게 연관되어 있음을 보여준다는 점에서, 원 미디어와 후속 미디어의 특성에 대한 논의가 필요함을 제시한다.

4. 웹툰과 텔레비전 드라마, 그 미디어적 특성

국내에서 웹web과 카툰cartoon의 합성어로 웹툰webtoon이라 불리는 웹 기반의 만화는 디지털 만화의 대표적인 유형이다(한창완·이승진, 2010; 전경란·박성대, 2013). 보통 웹툰은 세로로 긴 이미지로 구성되어 한국에서 유독 활성화되었다는 점에서 한국적인 특수한 현상으로 칭해진다(류철균·이지영, 2013). 미디어와 관련하여 웹툰의 특징을 살펴보면, 웹툰을 주로 이용하는 컴퓨터 스크린과 모바일은 고화질이긴 하지만, 텔레비전 화면에 비해 상대적으로 작은 스크린으로 구독해야 하기 때문에 몰입을 강화하는 클로즈업 위주의 화면 구성이 이루어진다. 또한 디지털 미디어에 게재되지만 여전히 시각 중심의 콘텐츠이다. 그리고 웹툰은 포털 사이트가 제작하는 웹사이트를 통해 무료로 배포되고 있다. 유료로의 전환은 해당 웹툰이 완결되고 일정 기간이 지나야만 이루어지는 경우가 대다수이다. 이에 무료 콘텐츠라는 인식이 널리 퍼져 있다. 또한 포털에서 웹툰의 인기는 조회수와 추천수, 그리고 평점에 의해 평가되고, 이것이 작가들에게 지급되는 고료와 연계된다(한국만화진흥원, 2014). 이와 같은 웹툰의 수익 구조의 불안정성은 웹툰 작가들이 웹의 주 이용자인 10~20대가 선호하는 주제로의 작품 기획을 하도록 만들고, 다른 미디어의 원작이 되어 부가 수입을 창출하는 데 긍정적인 자세를 보이는 데 영향을 미친다(홍석경, 2015; 한국만화진흥원, 2014: 21-22). 또한 웹툰은 컴퓨터 모니터나 휴대폰, 태블릿 PC 등의 모바일 기기로 접속하기 때문에 수용자가 원하는 시간과 장소에서 혼자서 즐길 수 있는 개인화된 콘텐츠인 동시에, 출퇴근 시간과 같은 짧은 틈새 시간에 이용하는 스낵컬처snack culture라는 특성을 지닌다. 이는 개방적이고 소음이 심한 상황에서 웹툰을 보는 경우가 많다는 것을 뜻한다. 이에 클로즈업과 시선을 모을 수 있는 소재와 표현이 중요하게 고려된다. 웹툰의 소재와 표현 방식은 기존의 만화에 비해 자유로운데, 이는 포털사이트의 담당자들이 콘텐츠에 가하는 압력이 적기 때문이다(한국만화진흥원, 2014). 하지만 웹툰이라고 해도 무한한 자유를 누리는 것은 아니다. 누구나 웹에서 접근이 가능하기 때문에 사회적 통념을 위반하지 않는 범위 내에서 소재 선정과 표현이 이루어져야 한다. 웹툰은 만화와 같은 '칸' 중심의 공간 연출이 이루어졌던 초기를 지나, 웹에 적합한 세로로 긴 스크롤 방식, 페이드인/아웃과 같은 영상미디어의 연출 방식의 적용, 장면과 내레이션을 활용한 시간 표현 등 웹툰만의 연출이 이루어지고 있다(전경란·박성대, 2013; 한창완·이승진, 2010).

텔레비전 드라마는 텔레비전이라는 미디어가 갖는 사회적 시청의 맥락과 대표적인 재현의 미디어로서의 위치를 가진다(Fisk & Hartely, 1994/1997). 그만큼 텔레비전은 가족이나 공동체의 가치를 실현하는 역할을 한다(임종수, 2012). 이에 텔레비전 드라마는 가능한 한 많은 시청자를 확보하기 위해 사회의 지배적인 가치들을 담아내는 보수적인 미디어라 이해할 수 있다. 하지만 사회 변화의 목소리 역시 외면할 수 없기 때문에 새로운 이슈와 가치를 양념처럼 버무려 그럴듯한 콘텐츠를 만든다. 최근 드라마들은 과거와 달리, 보편적인 수용자를 대상으로 하는 드라마를 제작하는 동시에, 장르물 등의 제작을 통해 목표 시청자에 적합한 좀더 세분화된 드라마 제작에 나서기도 한다. 이를 위해 기존 드라마 작가진에서 벗어나, 웹툰을 비롯한 참신한 발상을 가진 원작을 찾아내어 이를 드라마로 제작하는 데 적극적이다. 이에 과거보다 다양한 소재와 장르, 실험적인 영상 기법이 선보이는 등 다양한 시도가 지속적으로 이루어지고 있다.

이처럼 웹툰과 텔레비전 드라마의 미디어 특성은 개별 콘텐츠에 영향력을 행사하여 콘텐츠의 서사를 변화시킨다. 따라서 웹툰에서 텔레비전 드라마로 재매개된 콘텐츠의 서사의 변형을 통해 미디어가 지닌 특성들을 이해할 수 있다.

그런데 미디어 콘텐츠의 재매개 과정에서 재매개된 콘텐츠는 여성에 대한 지배사회의 가치관에 적합한 서사로 변형된다. 일례로 무협추리물인 만화 〈조선여형사 다모〉의 드라마와 영화로의 재매개 과정에서 여주인공의 캐릭터 변화가 극명하게 나타난다. 만화 속 여주인공의 선머슴 같은 외모와 일을 중시하는 능동적이며 강인한 성격, 특성은 드라마와 영화에서는 적을 사랑하는 여성스러움과 우유부단한 성격으로 변형되었다. 이는 만화가 상대적으로 특정 독자를 염두에 둔 것인 데 반해, TV와 영화는 보다 많은 수용자를 대상으로 제작이 이루어진 것과 관련된다. 즉 대중의 취향이 반영되면서 로맨스가 부상하고 그 영향으로 지배질서인 가부장제가 용인하는 사랑스럽고 유약한 여성이 여주인공으로 설정된 것이라 해석할 수 있다(김은영·김훈순, 2012).

이와 유사하게 동일한 소설이 서로 다른 나라에서 영화로 만들어지는 과정에서 여주인공은 스웨덴 영화에서는 독립적인 행위 주체로 재현되지만, 미국에서는 의존적인 행위 객체 혹은 조력자의 이미지로 구성된다. 또한 여성주인공은 애정 관계라는 서브플롯에 묶이는데, 이러한 여성주인공의 설정 변화는 재매개 과정에서 해당 사회가 지닌 가부장적 이데올로기가 영화의 서사 변형에 영향을 미쳤음을 보여준다(오원환·오종환, 2013).

5. 콘텐츠의 재매개화와 서사

이번 절에서는 웹툰을 재매개한 텔레비전 드라마에서 서사 변형이 이루어진 방식을 정리했다. 이를 바탕으로 재매개되는 과정에서 여성의 재현 방식과, 여성의 사회적 의미가 구축되는 방식을 살펴보고, 여기에 작동하는 지배적 이데올로기에 대해 논의한다. 이를 위해 수많은 웹툰 원작의 텔레비전 드라마가 존재하지만, 그동안 상대적으로 소외되었던 주부가 주인공인 재매개 텍스트를 검토했다. 그 대상으로 웹툰 〈한번 더 해요〉를 원작으로 한 〈고백부부〉와 〈부암동 복수자 소셜 클럽〉을 원작으로 한 〈부암동 복수자들〉을 살펴보았다.

분석 대상 메인 포스트

웹툰 〈한번 더 해요〉

드라마 〈고백부부〉

웹툰 〈부암동 복수자 소설 클럽〉

드라마 〈부암동 복수자들〉

웹툰 원작과 재매개 드라마 비교

	웹툰 〈한번 더 해요〉	드라마 〈고백부부〉	웹툰 〈부암동복수자 소설 클럽〉	드라마 〈부암동 복수자들〉
연재/ 방영 기간	2016.03.03.~ 2018.03.27.	2017.10.13.~ 2017.11.18	2014.09.02.~ 2016.12.27	2017.10.11.~ 2017.11.16
연재/ 방영 횟수	100화	12부작	96화	12부작
작가/연출	글 미티/그림 구구	연출 하병훈/ 극본 권혜주	사자토끼	연출 권석장 외/ 극본 김이지 외
채널	네이버 웹툰	KBS2	다음웹툰	tvN
장르	판타지/가족/청춘	판타지/가족/ 청춘/예능	가족/복수	가족/복수/코믹
특이사항	만 18세 이상 이용가 성인 웹툰 완결 전 드라마화	15세 이상	전체 이용가	15세 이상

웹툰 원작과 재매개된 드라마를 개괄적으로 소개하면 다음과 같다.

앞의 페이지의 표를 보면, 원작인 웹툰들은 각각 2년(96화) 혹은 2년 6개월(100화)이라는 오랜 기간에 걸쳐 연재된 작품들인 반면, 재매개된 드라마는 모두 12부작인 상대적으로 짧은 미니시리즈 드라마였음을 알 수 있다. 또한 웹과 텔레비전이라는 미디어와 장르, 수용 대상이 다르다는 것을 확인할 수 있다. 이러한 차이점들은 원작이 재매개 과정에서 많은 변화가 불가피했음을 알려준다. 하지만 원작의 모든 것이 변하지 않는다는 점에서 재매개 과정에서 무엇이 유지되고 어떤 점이 변했는지에 대한 비교가 이루어져야 한다. 이를 위해 표면적으로 모든 것에서 차이가 나는 웹툰과 드라마의 공통점과 차이점을 비교하기 위해 각 텍스트의 서사 관습을 분석했다. 모든 미디어들은 이익의 극대화를 위해 다수의 수용자를 확보하기 위한 이야기를 만들어내야 한다. 이때 수용자들에게 친숙한 서사 관습이 활용되면서 서사는 보편성을 갖게 된다. 따라서 서사는 문학부터 최근의 디지털 미디어까지 적용된다는 점에서 재매개 텍스트를 비교하는 데 유용한 분석 도구라 할 수 있다.

구체적으로 서사 분석은 원작과 재매개 텍스트가 어떻게 구조화되었는지, 또한 이것이 어떤 의미를 창출하는지를 밝히는 것이다(Chatman, 1978/2003). '누구에게 무엇이 일어났는가'라는 이야기 구조를 중심으로 서사 관습을 비교했다. 먼저 사건들이 배열되는 방식인 통합체 분석을 통해 주요 사건의 구성 방식과 에피소드들이 어떻게 삽입 혹은 생략되었는지를 확인했다. 다음으로 계열체 분석에서는 등장인물과 인물들 간의 상호 관계를 살펴보았다.

한편, 보편적인 서사 관습의 의미는 결국 사회의 주류적 이상과 맞닿아 있다고 이해할 수 있다. 결과적으로 서사 관습은 이야기 전개 과정에서 나타난 갈등을 해피엔딩으로 봉합하면서 기존 질서 유지에 기여하는 보수성을 비판받는다. 이는 반대로, 원작 웹툰과 재매개된 드라마의 서사 관습을 비교하여, 변화를 겪은 서사 관습을 통해 우리 사회가 요구하고 추구하는 지배적인 가치관을 밝혀낸다는 점에서 의미가 있다.

재매개 과정에서 변하지 않는 서사 관습들

기발한 상상력 차용

모두 원작이 가진 기발한 상상력, 즉 설정은 그대로 유지되고 있었다. 〈한번 더 해요〉와 〈고백부부〉는 공통적으로 사이가 나빠진 부부가 그들의 대학 시절인 과거로 타임슬립한 후 현재로 돌아오기 위한 과정에서 겪는 갈등과 화해를 담았다. 원작의 설정이 그대로 드라마에 적용된 것이다. 웹툰 〈부암동 복수자 소셜 클럽〉에서 각자 다른 배경을 가진 주부들이 클럽을 결성하여 법에 저촉되지 않는 작고 소소한 복수를 수행한다는 설정은 드라마 〈부암동 복수자들〉에서도 동일하게 반복된다. 이러한 원작의 설정이 드라마로 재매개되는 과정에서 동일하게 차용된다는 점은 원작 자체가 가진 신선한 발상이 드라마로의 재매개 이유임을 유추토록 한다. 이를 미디어 특성과 연결지어 논의하면, 웹이라는 비교적 자유로운 미디어, 작가로서의 진입 장벽이 낮은 웹툰의 제작 환경은 상대적으로 창의적인 발상이 가능한 토대를 제공하고, 이는 웹툰이 재매개의 원천으로서 가치를 갖게 하는 배경이라 볼 수 있다.

주인공의 기본 설정 유지

재매개 과정에서 주인공에 대한 기본적인 설정은 원작과 유사하게 유지된다. 〈한번 더 해요〉와 〈고백 부부〉의 주인공은 대학 시절 잘나가던 킹카/퀸카였지만 첫눈에 반해 연애를 하다가 졸업과 동시에 이른 결혼을 한 커플들이다. 결혼 후 삶이 주는 무거운 무게로 인해 사랑하는 마음이 식고 갈등이 깊어져 결혼을 후회하는 이들이다. 또한 〈부암동 복수자 소셜 클럽〉과 〈부암동 복수자들〉은 정혜, 도희, 미숙, 그리고 수겸까지 4명이 주인공이라는 점을 그대로 유지한다. 이는 구심점이 되는 인물을 동일하게 설정함으로써 원작의 기조를 재매개 콘텐츠에서 유지하는 동시에 원활하게 이야기를 진행하기 위한 의도로 이해할 수 있다.

주제 의식의 공유

원작 웹툰과 재매개 콘텐츠인 드라마는 '자존감과 자아정체성 회복'이라는 동일한 주제 의식을 공유한다. 살펴본 원작과 드라마 속 주인공들은 저마다 불만족한 현재를 살아가는 인물들이다. 〈한번 더 해요〉, 〈고백부부〉 속 주인공들은 결혼과 삶의 무게에 찌들어 외모와 젊음만으로 자신감 넘치는 삶을 살았던 대학 시절로 돌아가 행복한 새로운 삶을 살아간다. 〈부암동 복수자 소셜 클럽〉과 〈부암동 복수자들〉에서는 돈과 남편의 부재로 어려움을 겪던 도희가, 남편의 폭력으로 불행한 결혼 생활을 하는 미숙이, 남편과 가족에게 무시 받아 무기력한 삶을 살아간 정혜가 자신들에게 불행을 제공한 상대방들에게 복수를 펼치는 과정에서 서로 위로를 주고받으며 자존감을 회복하고 주체적인 삶을 살아간다. 이처럼 외부 요인에 의해 상처 입었던 자존감을 치유하여 주체적인 인물로 자아정체성을 회복한 이들의 모습을 보여줌으로써, 웹툰과 드라마는 '자존감과 자아정체성 회복'이라는 주제 의식을 전달한다. 이는 원작이 인기를 얻은 것은 결국 많은 사람들에게 공감을 얻고 감동을 주었다는 의미라는 점에서 공감과 감동의 원천인 주제 의식은 재매개 과정에서 유지되었다고 볼 수 있다.

이렇듯 원작이 가진 기발한 설정과 주인공, 주제의식은 드라마로 재매개되는 과정에서 변하지 않고 그대로 유지되었다. 비록 세부적인 것들이 변화를 겪더라도 원작이 구현한 큰 그림은 재매개 과정에서 남아있다는 것을 보여준다. 이는 이미 인기를 얻어 어느 정도 흥행이 보장되는 원작의 공감과 인기 요인들을 재매개 콘텐츠가 차용하는 것이다. 웹툰이라는 콘텐츠가 가진 창작과 수용의 상대적인 자유로움에서 오는 장점들이 웹툰의 힘임을 보여준다.

재매개 과정에서 변형되는 서사 관습들

에피소드의 변형과 추가

웹툰의 에피소드가 드라마에서는 변형되거나 없던 에피소드가 추가되었다. 우선 〈한번 더 해요〉의 경우에는 19금이라는 성인 웹툰이기 때문에 등장하는 에피소드들도 섹스와 관련된 것들이 많이 등장한다. 웹툰에는 과거로 돌아간 이들에게 적용되는 규칙이 있는데, 이는 '규칙 1. 성관계를 하고 다니면 그때마다 원래 인생의 추억이 하나씩 지워진다', '규칙 2. 다시 돌아온 과거에서 행복하면 원래 인생의 추억이 하나씩 지워진다'는 것이다. 이로 인해 웹툰에서는 섹스와 관련한 장면과 에피소드가 자주 등장한다. 하지만 드라마 〈고백부부〉에서 주인공들은 타임슬립에 대한 정보나 단서가 전혀 주어지지 않은 상황에서 과거로 어떻게 왔으며, 어떻게 가야 하는지를 찾아나서는 모습을 보인다. 또한 섹스가 강조되던 웹툰과 반대되는 순수하고 풋풋했던 대학 1학년의 첫사랑과 관련한 에피소드들이 다수 등장한다. 웹툰의 에피소드들도 드라마에 적합하게 변형되어 나타난 것이다. 일례로, 웹툰에서 대광이 계획한 커플맺기 여행이, 드라마에서는 젊은 대학 시절에 친구들과 훌쩍 떠나는 즉

웹툰과 드라마의 주요 에피소드

〈한번 더 해요〉	〈고백부부〉	〈부암동 복수자 소셜 클럽〉	〈부암동 복수자들〉
• 대학 동창회에서의 부부 싸움 • 13년전 2003년, 대학 시절로 타임 슬립 • 대광과 이성여대와의 미팅 • 커플 여행 • 남자 친구에게 버림받은 나희의 사연 • 속옷 모델로 데뷔한 선영 • 불륜 남편으로 괴로웠던 민혜의 과거 • 선영의 일로 폭행당하는 대광 • 신혼여행지에서 선영과 대광의 만남 • 현재로 돌아옴 • 아동복 디자이너로 성공한 선영과 전업주부가 된 대광	• 이혼과 18년전으로 타임 슬립 • 진주와 반도의 소개팅과 첫 사랑과의 만남 • 나이트 클럽에서의 박원장, 반도, 진주의 만남 • 진주의 학과 공포체험과 남길 선배의 도움 • 첫 사랑과의 만남, 반도와 서영/ 진주와 남길 • 학교 축제, 학과 대표로 메이퀸 대회에 참여하는 진주 • 박원장에 대한 복수 • 학교 휴학한 설의 학업 지속을 설득하는 진주 • 친구들과의 즉흥여행 • 반도의 교통사고 • 현재로 돌아옴, 이혼을 취소한 진주와 반도.	• 학교 폭력 가해자된 희수 • 부암동 복수자 소셜 클럽 결성 • 도희 가게에 부부 사기단 등장 • 도희의 집에서 복수자 소셜 클럽 모임 • 복수자 소셜 클럽에 수겸 합류 • 부암제일고에서의 교육감 후보자 발표회 개최와 복수 • 남편과의 이혼을 선언하는 정혜 • 가족보다 나은 남이 된 정혜와 수겸, 외곽에서 남편/서연과 새 삶을 시작하는 미숙, 가족과 행복한 생일을 맞는 도희	• 학교 폭력 가해자된 희수 • 카페 아르바이트생을 괴롭히는 진상남 응징 • 고교 교장의 희경 성추행 사건과 복수 • 교육감 후보인 미숙 남편 망신주기 • 성차별 당하는 희경과 희경의 저항 • 한약 바꿔치기로 미숙 남편에게 복수, 원조 교제 의심받는 수겸과 정혜 • 폭력 교사 누명을 쓴 희경, 가구목수와 도희의 첫만남. • 미숙 남편과 정혜 남편의 협공에 위기에 처한 복수자 클럽 • 미숙 남편의 비리 자료 확보, 남편에게 이혼 요구하는 정혜 • 백영표와 이병수의 비리 커넥션 언론에 폭로, 미숙과 정혜의 이혼과 행복 찾기, 도희와 가구목수의 연애.

흥 여행으로 변형되어 나타난다. 더욱이 드라마에서의 여행지는 반도와 진주가 행복했던 한때를 보냈던 장소이자, 진주에 대한 마음을 적극적으로 드러내는 남길과 그에 대한 반도의 견제가 코믹하게 그려지는 곳이다.

웹툰 〈한번 더 해요〉에서 이른 결혼과 출산으로 모델이 되는 꿈이 좌절되어 평범하게 살아가던 선영이 타임슬립한 이후 성공한 속옷 모델이 되어 자신감을 되찾는 에피소드 역시 드라마에서 변화를 보인다. 섹슈얼리티가 강조된 웹툰의 속옷 모델이 아니라, 드라마에서 진주의 자존감을 회복시키는 계기는 학과 대표로 메이퀸선발대회에 참여하여 매력을 발산하고 인정을 받는 에피소드로 변형되었다.

또한 웹툰에서 수영을 싫어하는 여주인공 선영을 구하고 의식을 잃었던 대광의 에피소드와, 자전거를 타던 아들을 교통사고 위기에서 건져낸 대광의 에피소드가 합쳐져, 드라마 〈고백부부〉에서는 교통사고 위기에 처한 진주를 대신해 교통사고를 당한 반도의 에피소드로 변형되어 나타났다. 웹툰에서 대광이 아르바이트로 만난 거래처 관계자에 대한 접대는 드라마에서 반도가 거래하는 병원의 원장인 박현석이라는 인물에 대한 반도의 접대 관련 에피소드로 바뀌어졌다. 이처럼 드라마에서 에피소드가 변형된 것은 주인공들의 사랑과 현실 속에서의 어려운 삶을 강조하기 위해 에피소드가 더욱 극적으로 변형되어 나타난 것으로 이해할 수 있다.

〈부암동 복수자 소셜 클럽〉의 경우에는 웹툰 초기에 도희의 생선 가게에 등장하여 상한 고등어를 팔았다며 사기를 치려 한 사기 부부단 사건이 드라마에서 도희에게 복수하기 위해 홍성만 교장이 의도적으로 고등어가 상했다고 신고한 후 아는 경찰을 이용해 영업정지를 시키는 것으로 변형되어 나타났다.

이외에도 재매개된 드라마들은 웹툰에 없는 새로운 에피소드들을 추가하는 형태로 이야기를 풍부하게 만들고 있다. 〈고백부부〉에서는 실제 돌아가신 장모/엄마를 만나 정을 느끼는 반도와 진주의 에피소드, 친구인 설의 학교 휴학, 보름과 재우의 이별과 재회, 독재의 군대 에피소드

등이 추가되었다. 또한 드라마 〈부암동 복수자들〉 역시 웹툰에서 잠깐 등장하는 도희의 딸인 희경이 기간제 교사로 새빛고등학교에 부임하여 교장으로부터 겪는 성희롱과 성차별적인 에피소드가 추가되었다. 이에 웹툰에 전혀 등장하지 않았던 인물인 교장이 복수자 클럽의 주요 복수의 대상이 된다. 또한 도희의 복수의 대상이 되는 주길연은 약점을 잡혀 주인공들을 대신해 홍성만 교장의 비리 증거를 담는 데 활약하는 에피소드가 추가되었다.

이렇듯 원작의 에피소드는 드라마에서 많이 변형되어 나타나는데, 여러 에피소드가 하나의 에피소드가 되거나, 비슷한 상황이지만 다르게 활용되는 에피소드가 있기도 하고, 전혀 없던 에피소드가 추가되기도 한다. 재매개 과정에서 에피소드의 변형은 미디어 특성에 따른 불가피한 면이 있다. 우선 대중적인 이야기로 보편성을 확보해야 하는 텔레비전 드라마는 만 19세 이상만이 구독할 수 있는 웹툰의 성적인 부분이 15세 이상 시청가인 드라마가 되면서 삭제될 수밖에 없다. 따라서 드라마 〈고백부부〉는 텔레비전 드라마로서 과거의 순수한 시절에 대한 그리움과 찬사라는 전혀 다른 에피소드로 채워지는 것으로 변모할 수밖에 없다. 또한 웹툰이 오랜 기간 연재되긴 하지만, 영상미디어인 텔레비전 드라마의 빠른 전개 속도와 회당 60분 정도의 방송 시간을 웹툰의 에피소드만 가지고 채우는 것은 역부족이다. 이에 새로운 에피소드를 추가하면서 더욱 흥미로운 이야기 전개를 만들어낸다고 볼 수 있다.

주제의 입체화와 일반화

웹툰은 〈고백부부〉로 재매개되면서 모성을 전면에 내세운다. 웹툰에서도 현재로 돌아가는 이유가 아들인 준수 때문으로 설정되고, 아이를 그리워하는 선영과 대광의 에피소드가 곳곳에 삽입되었다. 선영은 아이에 대한 그리움으로 과거에 집착하면서 기억의 혼란이 와 정신병을 앓고, 옆집 아이의 울음소리에 자신도 모르게 밤마다 오열하는 인물로 그려진다. 대광 역시 준수를 잊는 것이 두려워 극화창작실의 친구에게 아들의 그림을 그려달라고 부탁하고 남몰래 아들의 그림을 보는 모습이 등장한다. 하지만 이러한 모성 혹은 부성과 관련한 에피소드는 웹툰 전체 이야기에서 적은 부분을 차지한다. 오히려 과거로 돌아와 다른 삶을 살아가는 주인공의 삶에 초점을 둔 이야기가 전개된다. 이와 달리 드라마의 경우 반도가 아들인 서진이를 그리워하는 모습에서 부성애가 동일하게 그려지나, 모성은 더욱 강화되고 일반화되어 나타난다. 드라마에는 진주가 아들인 서진이를 그리워 오열하는 장면이 거의 매회 등장한다. 다리에서 같은 이름을 가진 아이를 봤을 때, 버스 창문에 아이 발바닥 모양을 그린 후에, 밤마다 서진이의 이름을 부르며 우는 모습이 자주 등장한다. 아이를 남겨두고 과거로 돌아와 대학생이 되었지만 아이 생각에 마냥 행복하지 않은 진주의 모습이 자주 등장한다.

그런데 웹툰에서는 모성이 여주인공인 선영에 의해 전달된다면, 드라마는 진주와 진주 엄마의 관계를 통해 모성을 담아낸다. 극에서 진주 엄마는 서진이가 태어나기 전인 2009년 세상을 떠난 인물이지만 과거로 돌아와 진주는 엄마를 다시 재회한다. 진주는 다시 볼 수 없을 거라 생각했던 엄마를 만나 애틋함이 지극하다. 진주 엄마는 어딘가 변한 딸을 따듯하게 보듬어주는 변함없이 사랑을 주는 존재로 그려진다. 더욱이 극 말미에 진주의 일기를 통해 아이를 두고 과거로 온 사실을 알았을 때 진주에게 '네 새끼에게 가'라고 하면서, 자식을 잊고 살 수 없는 모성, 그리고 딸의 행복을 원하는 엄마의 마음을 명확하게 보여준다. 또한 진주의 친구인 천설이 어려운 가정환경 때문에 휴학하고 돈을 벌고자 잠적했을 때, 진주와 설의 엄마는 자식을 위해 희생하는 게 당연하고 그

것이 부모의 행복이라고 알려준다. 결국 엄마의 희생과 사랑을 느낀 설은 학업을 계속하게 된다. 이처럼 드라마 〈고백부부〉는 부성애의 모습이 반도를 통해 등장하기는 하지만 모성이라는 주제를 진주와 진주 엄마, 설 엄마와의 관계를 통해 입체화하면서 강조하는 모습을 보인다.

이러한 입체적인 주제 드러내기는 드라마 〈부암동 복수자들〉에서도 나타난다. 즉 불합리한 세상에 대한 작지만 정의로운 복수라는 인과응보의 주제를 더욱 명확하게 드러낸다. 특히 웹툰과 비교할 때 드라마는 여성으로서 겪는 사회의 부조리한 면을 한층 다양하게 보여주면서 정의 실현을 구현한다. 일례로 〈부암동 복수자 소셜 클럽〉에서 복수의 대상은 도희의 복수 대상인 주길연과 정욱, 정혜와 수겸의 복수 대상인 이병수, 미숙의 남편 백영표이다. 드라마에서도 이들 복수 대상은 그대로 유지된다. 하지만 드라마에서는 웹툰과 달리, 홍성만 교장이 복수 대상으로 새롭게 추가된다. 홍성만 교장은 도희의 복수 대상이 되는데, 이는 희경이 기간제 교사로 일하는 과정에서 교장으로부터 당한 성추행과 성희롱, 그리고 성차별에 대한 복수이다. 더욱이 주길연에게 뇌물을 받고 희경을 더욱 궁지로 몰아넣는 인물이기도 하다. 결국 홍성만 교장은 성차별적 언사와 행동을 하는 악인으로 묘사되며, 결국 주인공들의 계략에 의해 교장에서 해임되고 구속되는 인물이다. 이외에도 드라마에서는 복수자 클럽을 결성한 직후, 카페에서 일하는 여직원에게 주문을 잘못 받았다며 모욕을 주는 남성 고객이 들어간 화장실에 걸레를 빤 지저분한 물을 뿌리는 에피소드를 추가하여 자신의 위치를 이용하여 갑질을 일삼는 사람들에 대한 복수자 클럽의 분노와 정의 실현의 모습을 보여준다.

이처럼 웹툰을 재매개하는 과정에서 드라마는 기본적 주제 의식은 공유하지만 다양한 인물과 사건을 통해 주제를 입체적으로 부각시키면서, 누구에게나 공감 가능한 주제로 일반화시키는 것을 확인할 수 있다. 이는 웹툰이 엄마인 여성에게만 해당되는 모성을, 드라마가 딸/엄마/친구로, 또한 학교와 가정 폭력의 피해자에서 사회에서 부당한 처사를 당한 적인 있는 모든 이들로 공감의 범위를 넓힌 것이다. 이런 변화는 웹툰보다 보편성을 추구하여 정서적 친밀감을 느끼는 다수의 시청자를 유입하기 위한 텔레비전 드라마의 특성과 연관된 것이라 이해할 수 있다.

희극성과 로맨스 강화

웹툰이 드라마로 재매개되면서 더욱 많은 장르가 혼합되는 양상이 나타난다. 웹툰 〈한번 더 해요〉는 과거로 돌아가는 판타지 드라마이며, 갈등하는 부부가 사랑을 회복하는 가족 드라마이자, 청춘의 성장통을 다룬 청춘 드라마이다. 드라마 〈고백부부〉 역시 원작의 큰 틀을 유지하기 때문에 앞서 제시된 판타지/가족/청춘물이라는 장르가 얽혀 있다. 하지만 반도의 첫사랑인 민서영과의 에피소드, 진주를 짝사랑하는 정남길이 등장하면서 대학 시절의 로맨스 요소가 강조되었다. 또한 반도의 친구인 독재와 재우의 상반된 성격과 좌충우돌하는 대학 신입생들의 다양한 에피소드들이 희극성을 강화하면서 코믹 장르의 면모가 부가되었다.

원작인 〈부암동 복수자 소셜 클럽〉이 가족을 위해, 혹은 가족에 대한 복수를 다룬 가족 복수극이라면, 드라마 〈부암동 복수자들〉은 가족 복수극인 동시에 로맨스 장르가 새롭게 추가되었다. 이러한 로맨스는 복수자 클럽의 맏언니인 도희를 통해 나타난다. 도희는 웹툰과 드라마에서 남편과 일찍 사별한 이후 생선 가게를 하며 억척스럽게 자녀를 키우며 희생하는 전형적인 엄마로 그려졌다. 이러한 설정은 웹툰에서 변함없이 완결 시점까지 그대로 유지된다. 하지만 드라마 속에서는 위기에 처한 자신을 구하는 가구목수와의 거듭되는 우연한 만남과 이에 설레는 도희의 모습이 그려진다. 결국 마지막회에서는 연상/연하 커플로의 모습을 보여주면서 로맨스적 요소가 강화되었다.

한편 드라마 속 복수 대상이 되는 이병수, 백영표, 홍성만은 복수를 해야 하는 악의 축으로 설정하지만, 이들의 허술한 모습이 부각되면서 희극적인 요소 역시 강화되었다. 일례로 이병수는 후계자가 되겠다는 야심은 있지만 가볍고 지적인 면모가 부족한 인물로 그려진다. 대표적으로 중국의 바이어를 만나야 하는 상황에서 복수자 클럽의 계략으로 옷도 제대로 갖춰 입지 못하고, 오역된 중국어로 바이어의 화를 돋우는 장면을 들 수 있다. 또 다른 복수 대상인 백영표는 미숙에게 가정 폭력을 행사하는 나쁜 남편이지만, 미숙의 작전으로 남성성과 화를 누그러뜨리는 한약을 먹으면서 자연 다큐를 보며 오열하고, 도희와의 닭싸움에서 처절하게 지는 장면들을 통해 코믹적인 상황을 담아낸다. 희경에게 갑질을 일삼는 홍성만 교장은 복수자 클럽이 복수를 위해 설사약을 먹이고 의자에 접착제를 붙인 까닭에 바지와 의자가 달라붙은 채 화장실로 달려가고, 술 먹고 버스 정류장에 '동남아(동네에 남아도는 아저씨)'라는 종이를 붙인 채 누워 있는 모습이 SNS로 퍼져 망신을 당하는 모습이 웃음을 짓게 한다. 이처럼 드라마는 웹툰을 재매개하는 과정에서 다양한 시청자에게 어필하기 위해 웹툰보다 희극적/로맨스적인 요소를 추가하는 것을 알 수 있었다.

등장인물의 변형과 추가

웹툰에서 드라마로의 재매개 과정에서 원작에 있던 인물이 사라지기도 하고, 없던 인물들이 드라마에 새롭게 등장하기도 한다. 〈한번 더 해요〉와 〈고백부부〉의 경우 웹툰에서는 주인공 부부 이외에 과거로 온 인물들이 등장한다. 선영과 대광의 엇갈림을 주도한 민혜민, 대광을 좋아하는 나희, 선영을 좋아하는 병진과 운재, 그리고 과거로 돌아온 인물이자 선영을 좋아하는 영진이 등장한다. 하지만 드라마에서는 주인공 부부만 과거로 온 것으로 설정되었으며, 웹툰과 드라마 속 주변인물들은 일치하지 않는다. 오히려 드라마는 진주의 친한 친구로 보름과 설이, 반도의 친구로 재우와 독재가 등장한다. 그리고 진주를 좋아하는 완벽한 인기남으로 남길이, 반도의 첫사랑인 민서영이 등장한다. 이러한 변화는 웹툰이 과거로 돌아간 주인공들이 못다 이룬 꿈을 이루며 새로운 삶을 살아가는 모습에 초점을 둔 것과 달리, 드라마는 대학교 1학년들의 풋풋한 청춘의 모습을 보여주는 데 많은 부분을 할애하기 때문이다.

한편 웹툰 〈부암동 복수자 소셜 클럽〉에 등장하진 않지만, 드라마에서 중요한 인물로 활약하는 인물로 홍성만 교장을 꼽을 수 있다. 홍성만 교장은 고등학교 교사였던 과거에 정혜를 비롯한 여학생들을 성추행했던 전력이 있던 문제 있는 인물이다. 현재 새빛고등학교 교장이 된 후에도 여전히 기간제 교사라는 지위를 약점 잡고 성추행과 성희롱을 일삼는 인물로 그려진다. 또한 교육감 후보의 학교 방문 시에 신입 여교사에게 짧은 치마를 입고 꽃다발 전달을 시키는 구시대적인 성차별 인식을 가진 인물이다. 또한 학부모들을 '동남아' 즉, 동네에 남아도는 아줌마라고 부르는 것을 서슴치 않는 인물로 그려진다. 이러한 홍성만 교장은 자신의 잘못으로 복수자 클럽의 응징 대상이 되고 결국 이들에 의해 그동안의 만행이 폭로되어 교장에서 해임되고 구속된다.

웹툰에 등장한 인물이 변형되고 없던 인물이 새롭게 추가되는 것은 이야기의 주제를 더욱 명확히 드러내는 동시에, 극적 재미를 더하기 위한 변형이라 볼 수 있다. 특히 첫사랑이 등장하여 진주와 반도가 서로 사랑하고 있음을 깨닫게 하고, 다양한 문제를 일으키는 인물이 투입되어 복수자 클럽 멤버들이 똘똘 뭉쳐 위기를 극복하는 계기를 마련하는 등 중요한 역할을 한다. 이들은 극 전개의 긴장감을 높여 시청자의 몰입을 극대화하는 역할을 수행하는 것이다.

밋밋함을 벗어던진 극적인 인물로의 변화

웹툰과 드라마의 주인공들은 결혼을 후회하는 부부와 복수를 수행하는 복수자 클럽 멤버로 재매개되는 과정에서 핵심적인 설정은 변하지 않았다. 하지만 주인공에 대한 세세한 설정은 변형되었다.

먼저 〈고백부부〉에서 주인공 부부는 웹툰에서는 결혼 후 바로 출산을 한 것으로 나왔지만, 드라마에서는 결혼한 지 10년 만에 어렵게 아이를 얻은 것으로 그려진다. 또한 진주의 엄마는 2009년에 돌아가신 것으로 그려지면서 애틋함을 더욱 배가한다. 최반도는 제약사 영업 사원으로 영업 거래를 위해 의사들의 내연녀까지 관리하는 험난한 일상을 사는 것으로 묘사된다. 진주를 짝사랑하는 정남길은 학교 이사장 아들이지만, 어릴 때 부모님이 이혼하고 새엄마와 살고 있는 인물로, 엄마의 부재로 외롭고 고통스런 나날을 보낸 인물로 설정되었다.

웹툰에서 정혜가 단지 언니에 대한 열등감으로 낮은 자존감을 지닌 사모님으로 그려졌던 것과 달리, 드라마 속 정혜는 혼외자로 어린 시절부터 이복형제들에 의해 무시당하며 살아온 인물로 그려진다. 또한 미숙의 경우에도 웹툰에서는 아들이 교통사고로 죽은 것으로 나왔지만, 드라마에서는 과학고를 떨어진 후 아빠에 의해 강제로 해외유학을 가서 자살한 것으로 설정되었다. 또한 도희의 딸인 희경의 경우에는 웹툰에서는 잠깐 등장하는 인물에 불과했지만 드라마에서는 홍성만 교장에게 불합리한 일을 당하면서 복수자 클럽의 복수를 이끌어내는 인물인 동시에, 홍성만 교장의 부당한 언행에 대해 당당하게 대처하는 기간제 체육 교사로 그려진다.

웹툰에서 자세한 설명이 생략되었던, 혹은 없던 구체적인 인물에 대한 설명이 드라마에 삽입되는 내용들을 살펴보면, 재매개 과정에서 드라마 속 인물이 웹툰 속 다소 밋밋한 인물에 비해 극적인 요소들이 추가/강화된 것을 알 수 있다. 드라마 〈고백부부〉에서의 어렵게 얻은 서진의 존재는 진주의 모성애를 더욱 크게 자극하고, 〈부암동 복수자들〉에서 정혜와 미숙은 낮은 자존감과 불행의 원인을 명확히 드러내고, 희경은 사회 정의를 실현하는 복수자 클럽의 가치를 부각시키는 데 활용되었다. 웹툰과 달리, 재매개 과정에서 인물에 대한 없던 배경과 사건을 제시하는 것은 극적 긴장감을 높이는 동시에, 인물에 대한 이해를 도와주면서 자연스러운 감정 이입을 이끌어낸다.

등장인물 간 관계의 친밀성 강화와 균형적인 대립 구도

웹툰에 있던 인물이 변형되고 없던 인물이 등장하면서 드라마 속 등장인물들의 관계는 더욱 복잡해지는 양상을 보인다. 하지만 흥미로운 점은 드라마로 재제작되면서 인물 간 대립 관계가 명확해지는데, 흥미로운 점은 웹툰에서는 대립하는 인물들이 서로 연결고리가 느슨한 반면, 드라마 속 인물들은 끈끈한 유대감을 갖춘 그룹을 형성한다는 것이다.

〈한번 더 해요〉와 〈고백부부〉의 경우에는 주인공을 중심으로 선영을 짝사랑하는 인물들인 병진, 운재, 영진이 있으며, 반대편에 대광을 짝사랑하는 나희와, 선영과 대광의 일에 개입하는 민혜가 등장한다. 대광, 병진, 운재가 극 초반에는 선영을 두고 대립 관계를 형성하지만, 후반에는 친밀한 관계로 변한다. 또한 웹툰의 등장인물들은 독립적인 면모들이 부각된다. 즉 나름대로 본인들의 삶의 모습과 자신만의 스토리가 있는 인물로 그려진다. 반면, 드라마에서는 주인공 부부를 중심으로, 진주의 사학과 친구인 보름과 설, 반도의 토목과 친구인 독재와 재우로 이루어진 대립 관계를 보여준다. 한편, 여기에 진주를 짝사랑하는 정남길, 반도의 첫사랑인 민서영이 등장하여 전반적인 인물 간의 관계가 균형적인 대립을 이루는 것을 보인다.

〈부암동 복수자 소셜 클럽〉과 〈부암동 복수자들〉의 경우에도, 웹툰이 정혜, 미숙, 도희, 수겸을 주축으로, 이들의 복수 대상인 이병수(정혜 남편), 백영표(미숙 남편), 주길연(정욱 엄마)과 대립 구도를 보이는 반면, 드라마에서는 복수 대상으로 홍성만 교장이 추가되면서 4:4로 균형을 이룬다. 더욱이 웹툰에서는 이병수가 후계자가 되기 위한 조건을 충족하기 위해 백영표를 후원하는 관계로 나오는 데 그치지만, 드라마에서는 이병수, 백영표, 홍성만을 고교 선후배로 설정하고 매우 친밀한 관계를 맺는 것으로 그리고 있다. 이러한 구도는 복수자 클럽과 대립되는 남자들의 모임을 돈독한 관계를 만듦으로써 대립 구도를 명확하게 보여준다.

6. 콘텐츠 재매개화와 여성

현재 미디어 시장에서는 '하나의 미디어가 내용과 형식의 차원에서 다른 미디어의 테크놀로지, 표현 양식, 사회적 관습 등을 개선, 개조하여 자신의 것으로 만드는' 미디어 재매개 현상이 활발하게 이루어지고 있다. 다양한 미디어의 등장과 공존, 그리고 미디어 시장의 치열함이 미디어 콘텐츠 재매개 현상의 활성화를 가져온 것이다(Dueze, 2006). 미디어 간 콘텐츠 재매개의 배경에는 양질의 콘텐츠를 제공하여 많은 수용자들을 끌어들이기 위한 미디어 기업의 생존 전략이 있다. 또한 이미

성공한 콘텐츠이기에 저렴하고 용이한 마케팅을 통해 산업적, 경제적으로 이득을 보기 위한 이유 역시 존재한다. 그럼에도 이러한 미디어 콘텐츠의 재매개 과정에서 원작과 재매개된 콘텐츠를 모두 접한 수용자들이 느끼는 콘텐츠의 다시 읽기를 통한 즐거움 역시 간과되지 말아야 할 점이다.

이에 웹툰을 원작으로 하여 드라마로 재매개된 콘텐츠를 서사 분석한 결과, 원작의 기발한 상상력, 주인공 설정, 주제 의식은 재매개 과정에서 변함없이 유지되는 것을 볼 수 있었다. 이는 웹툰이 지닌 자유로움과 창의성, 그리고 인기의 요인이었던 주인공과 주제 의식은 재매개 콘텐츠의 성공을 위해 그대로 차용되는 것으로 이해할 수 있다. 하지만 이를 제외한 많은 서사 관습들이 변화를 겪었음을 알 수 있었다. 에피소드가 변형되거나 추가되고, 드라마의 주제가 다양한 사건과 인물을 통해 입체적으로 드러나고 일반화되고 있었다. 또한 희극적인 요소와 로맨스 요소가 추가되었으며, 기존 등장인물의 설정이 변형되고 새롭게 등장하기도 하고, 주요 등장인물들의 설정에 극적인 요소가 강화되어 나타나고 있었다. 마지막으로 웹툰에서는 연대가 느슨했던 등장인물 간의 관계가 친밀한 관계로 변화되고, 이야기의 균형적인 전개를 위해서 수적 균형을 맞춘 대립 구도로의 변형이 나타났다. 이러한 서사의 변화는 웹툰이 상대적으로 창작과 접근이 자유롭고 젊은층이 소비하는 특징을 가진 반면, 텔레비전 드라마가 각종 규제를 받으면서 소재와 표현에 상대적으로 제약이 크다는 미디어적 특성의 차이에 기인한다. 또한 12부작이라는 긴 호흡을 가진 드라마로의 변화는 웹툰에 없던 인물의 등장과 대립 구도의 강화를 통해 빠른 이야기 전개와 극적 긴장감의 고양을 촉발한다.

그런데 우리가 주목할 점은, 이러한 미디어 특성의 차이가 콘텐츠의 재매개 과정에 영향을 미쳐 서사 관습이 변형되는 방향에 대한 논의이다. 앞서 언급했듯이 텔레비전 드라마는 재현을 통해 주류적 가치관의 유지에 기여하는 미디어이다. 이러한 지배적인 시각은 재매개 과정에서도 영향력을 발휘한다. 여기서는 가부장적 지배 이데올로기 역시 재매개 과정에서 작동하는 것을 파악할 수 있다. 우리는 그동안 미니시리즈에서 주변화되었던 주부가 재현되는 방식을 통해 가부장 중심의 사회가 여성에게 부과하는 올바른 역할과 가치관을 읽어낼 수 있다.

재매개 과정에서 여주인공은 다른 어떤 역할일 때보다 엄마의 역할을 잘 수행하는 것이 올바른 것이라는 점이 강조된다. 드라마 〈고백부부〉에서 진주는 대학교 1학년으로 돌아갔지만, 엄마였던 경험을 되살려 아픔을 간직한 남길을 보듬어주고, 친구 설을 설득하여 학교를 계속 다니도록 만든다. 이는 상처받은 이들에게 위로와 안식을 제공하는 엄마 역할이 지닌 긍정적인 모습을 부각하는 에피소드들이다. 〈부암동 복수자들〉에서도 엄마인 도희와 미숙이 복수자 클럽에 가입하는 이유가 자식들을 위해서임이 강조되어 나타난다. 또한 불임인 정혜가 복수자 클럽에 가입하는 것 역시 엄마가 되고 싶은 마음을 무시한 남편 때문이다. 이렇듯 드라마로 재매개되면서 한층 더 여주인공들에게 엄마로서의 역할이 강조되어 나타났다. 이는 '모성의 수행자=여성'이라는 가부장적 지배 이데올로기가 작동한 결과라 볼 수 있다.

반면 드라마는 엄마로서만이 아닌, 낭만적 사랑을 받는 존재로서의 여성의 모습을 부각하여 드러낸다. 웹툰 〈한번 더 해요〉 속 선영이 본래의 퀸카로서의 미모와 자신감을 회복한 후 속옷 모델로서, 그리고 디자이너로서 성공하는 모습을 그리는 데 반해, 〈고백부부〉의 진주는 학교 메이퀸 선발대회에 나가 순수한 매력을 드러내고 이를 지켜본 남자들에게 관심과 사랑을 받는 존재로 거듭난다. 또한 드라마 〈부암동 복수자들>은 웹툰에서 엄마로서만 그려진 도희에게 연하인 애인을 만들어준다. 우연한 만남과 도움 속에 당차고 거칠 게 없어 보이는 외면에도 불구하고, 한 남자의 돌봄과 사랑을 받는 존재로 도희를 그린다. 이처럼 드라마로 재매개되는 과정에서 여성은 누군가의 사랑을 받는 존재로 그려진다. 이는 여성이라면 누구나 겉보기엔 아닐 수 있지만 감춰진 여성성이 있다는 것이며, 여성은 사랑의 주체이기보다 낭만적 사랑의 대상으로 남아야 한다는 남성 중심의 가치관을 보여준다.

그럼에도 재매개된 콘텐츠에서는 인물 간의 관계 변화를 통해 진주와 보름, 설, 그리고 정혜, 미숙, 도희가 서로 의지하면서 문제를 해결하는 연대의 모습을 보여준다는 점에서 여자의 적이 여자라는 그릇된 인식에서 벗어난 자매애의 가치를 보여줬다는 점에서 기존 드라마와 차별성을 지닌다.

앞으로도 다양한 미디어의 출현과 치열한 미디어 시장의 경쟁은 미디어 콘텐츠의 재매개를 더욱 활발하게 만들 것이다. 이 과정에서 미디어의 특성에 적합한 서사의 변형은 반드시 필요하다. 하지만 우리가 주목해야 할 점은 재매개 과정에서 단순히 무엇이 그대로이고 변하지 않았는지를 알아보는 것이 아니다. 여기서 한 걸음 더 나아가 재매개가 이루어진 과정에 영향력을 행사하는 가부장적 지배 이데올로기를 파악하는 것이다. 이를 통해 주류 사회가 여성에게 요구하는 성차별적인 가치관이 무엇인지를 파헤치고 이를 극복하고 성평등을 지향하는 방향으로의 재매개가 이루어지도록 감시해야 할 필요가 있다.

참고문헌

김미라 (2015). 크로스미디어스토리텔링 사례 연구: 웹툰『미생』의 드라마『미생』으로의 재매개. 『한국콘텐츠학회논문지』. 15권 8호: 130-140.

김은영 (2016). 웹툰『미생』의 재매개 과정에서 나타난 디지털 서사의 분석, 『미디어, 젠더 & 문화』. 31권 2호: 45-80.

김은영·김훈순 (2012). 미디어 텍스트의 재매개 연구: 만화『조선여형사 다모』의 재매개, 『언론과학연구』. 12권 2호: 247-273.

류철균·이지영 (2013). 자기재현적 웹툰의 주제의식. 『대중서사연구』. 19권 2호: 117-147.

서성은 (2015). 트랜스미디어 스토리텔링으로서『미생』의 가능성과 한계. 『어문학』. 128호: 277-308.

오원환·오종환 (2013). 소설『밀레니엄』의 영화로의 재매개 현상 분석. 『미디어, 젠더 & 문화』. 26호: 71-106.

이경숙 (2012). 『그대를 사랑합니다』의 서사적 재매개와 노년의 재현 관습. 『드라마연구』. 38권: 141-168.

이문행 (2014). 국내 미디어 콘텐츠의 장르 간 스토리 이동에 관한 연구, 『방송과 커뮤니케이션』. 15권 1호: 51-81.

임종수 (2012). 디지털TV 다이제스트③ 디지털TV 시청하기 혹은 이용하기. 『방송문화』.

전경란·박성대 (2013). 디지털 만화에 대한 학술연구의 동향과 함의. 『만화애니메이션연구』. 32호: 159-187.

한국만화영상진흥원 편 (2014).『한국만화를 말하다』. 한국만화영상진흥원.

한창완·이승진 (2010). 디지털 플랫폼에 따른 맞춤만화 모델링 연구. 『애니메이션연구』. 6권 4호: 124-139.

홍석경 (2015). 모바일 TV와 웹콘텐츠, 새로운 시너지의 시대. 『방송작가』. 2015년 1월호: 32-35.

Bolter, D. & Grusine, R. (1999). *Remediation: Understanding new media*. 이재현 역 (2006).『재매개: 뉴미디어의 계보학』. 커뮤니케이션북스.

Chatman, S. (1978). *Story and discourse: Narrative structure in fiction and film*. 한용환 역 (2003).『이야기와 담론 : 영화와 소설의 서사구조』. 푸른사상.

Deuze, M. (2006). Participation, remediation, bricolage: Considering principal components of a digital culture. *The Information Society*. vol.22. 63-75.

Fisk, J. & Fisk & Hartely, J. (1994). *Reading television.* London: Routledge. 이익성·이은호 역 (1997).『TV 읽기』. 현대미학사.

Jenkins, H. (2006). *Convergence culture: Where old and new collide.* 김정희원·김동신 역 (2008).『컨버전스 컬처』. 비즈앤비즈.

Marie-Laure, Ryan. (2004). *Narrative across Media: The Languages of Storytelling*, 조애리 역 (2014).『스토리텔링의 이론, 영화와 디지털을 만나다』. 한울아카데미.

'#맘스타그램'에서 읽어내는 SNS 시대의 모성 실천 풍경[1]

강혜원

1. SNS 시대의 '엄마' 되기 경험

지난 봄에 첫 딸을 출산한 P는 6개월째 수면 족에 시달리고 있다. 시도 때도 없이 울어대는 아기 덕택에 낮밤 없는 생활이 지속되면서, 익숙지 않은 집안일과 신생아 돌봄에만 매달리다 보면 어느새 하루가 저물고, 매일 직장으로 출근하던 출산 전의 기억은 점점 가물가물해지기만 한다. 집 안에 발이 묶인 P에게 스마트폰은 어느 때보다 요긴하게 쓰인다. 출근한 남편이나 가족들과 영상통화하며 아기 모습을 보여주고, 아기가 낮잠을 자는 사이 메신저로 친구들과 밀린 수다를 떨기도 한다. 철마다 새롭게 필요해지는 육아 용품 정보나 주변에 아기를 데리고 외출할 만한 장소를 검색하는 데에는 인스타그램을 이용한다. 수십 만의 팔로워를 거

1 이 글은 『한국방송학보』 32권 5호에 게재된 "소비문화의 전시와 자기서사 쓰기 사이의 줄타기: '맘스타그램'을 통해 본 SNS 시대 모성 실천의 함의" 논문을 단행본용으로 재구성한 것임을 밝힌다.

느린 인플루언서들의 일상 사진이나 여행 사진을 보면서 쇼핑 목록을 엿보거나, #초기이유식, #모유수유와 같은 해시태그를 달아 '육아 꿀팁'을 공유하면서 '좋아요'를 누르며 말을 걸어오는 다른 엄마들과 새롭게 친구를 맺기도 한다.

시각적 정보에 초점을 맞춘 소셜 미디어로서 패션, 뷰티, 식음료 분야에서 마케팅 수단으로 각광받는 인스타그램이 한때의 '파워블로거'들의 지위를 대체한 라이프 스타일 교과서로 기능하고 있다. P가 숨가쁜 하루를 보내는 가운데 일상을 공유할 수 있는 것은 인스타그램이 사진 촬영과 편집에 용이한 SNS이기 때문이다. 수년 전 인기를 끌었던 블로그가 게시물을 업로드하기 위해서는 장문의 텍스트를 작성하고, 사진을 컴퓨터로 편집해야 했다면, 인스타그램의 어포던스(affordance, 행위유도성)는 이미지를 스마트폰에서 바로 촬영, 편집, 보정해서 올릴 수 있게 함으로써, 실시간으로 사진이나 동영상을 올리는데 용이한 사용자 경험UX을 제공한다. 텍스트보다는 시각적 요소를 강조하고, 데스크탑 환경이 아닌 모바일 환경에서만 게시물을 업로드할 수 있기 때문에, 자신이 방문한 장소, 먹은 음식, 구입한 물건, 즐기는 행위 등을 즉각적으로 태깅하여 공유하는 문화가 만들어지고 있다. 인스타그램은 2012년 12월 한국어 서비스를 시작한 이래, 약 5년 만인 2017년 7월 기준 월 1회 이상 실제로 접속해 활동하는 사용자 수를 뜻하는 월활동사용자(MAU) 수가 1천만 명을 넘어섰다. 인스타그램의 타임라인에는 실시간으로 사진과 메시지를 공유할 수 있는 인터페이스를 바탕으로 사용자들이 자발적으로 공유하는 일상 의례의 단면들이 흘러넘친다.

문자 기반의 트위터나, 관계 기반의 페이스북에 비해 인스타그램 이용자들은 이용자 개인의 일상 생활에 근거하여 자신이 현재 먹고 있는

인스타그램 모바일 APP UI. 사진 촬영, 보정과 편집까지 가능하다.

것(케익 한 조각), 마시고 있는 것(커피 한 잔), 보고 있는 것(풍경), 자신의 몸("눈바디[2]") 등을 게시한다. 즉 SNS 중에서도 가장 개인화된 플랫폼이라 할 수 있을 것이다. 자신의 일상을 거리낌없이 드러내는 데에는 엄마들도 예외가 아니다. 임신한 시점부터 자녀를 출산한 직후의 신생아 모습, 목욕하는 모습, 잠자는 모습, 모빌을 보는 모습, 신생아와 엄마 아빠의 모습, 먹는 모습, 첫 발을 떼는 모습, 30일, 50일, 100일, 돌 등 각종 의례 모습이 그야말로 스펙터클하게 펼쳐지며, 현대의 육아일기를 구현하고 있다.

이 글은 SNS 이용이 보편화되면서 유자녀 여성들의 자녀 돌봄은 더 이상 '오프라인'에서만 구성되는 것이 아니며, 스마트폰을 이용해 수시로 '온라인'에 접속하면서 스스로의 경험과 타인들의 경험을 비교하고, 공유하는 가운데 새롭게 조직되고 있다는 문제의식에서 출발한다. 감정

2 눈+인바디의 합성어. 체중계 상의 몸무게가 아닌 육안으로 관찰되는 신체의 변화에 초점을 맞춘다는 취지에서 다이어트 업계에서 활용되는 용어이다.

사회학자인 앨리 러셀 혹실드(Hochschild, 2013/2016)는 현대 사회에서 시장의 영역과 무급 노동의 경계가 허물어지면서 오늘날 엄마들이 새로운 딜레마를 맞닥뜨리게 되었다고 설명한다. 사생활의 상업화가 확대되면서 '돈을 써서 해결하는' 영역과 '개인적인 일' 사이의 경계가 허물어졌고, 과거 스스럼없이 직접 행하던 일들이 점차 아웃소싱 상품으로 재편되면서 자녀의 생일을 위한 파티플래너, 가족사진 정리, 속옷 서랍 정리, 강아지 산책과 같은 서비스들이 가정과 시장의 경계를 계속해서 모호하게 만들면서 매순간 죄책감이나 불안감 속에서 친밀함이 결부된 개인적인 일과 개인적이지 않은(아웃소싱을 할 수 있는) 일들을 구별해야하는 것이 주부들의 일상의 일부가 되어버렸다는 것이다.

문제는 사생활의 상품화로 인해 기존의 책무를 시장을 통해 손쉽게 해결할 수 있는 길이 열렸다는 것이 여성의 해방을 의미하지 않는다는 점이다. 집안 꾸밈이나 가족 식사 준비, 자녀 교육의 면면에 요구되는 완성도가 높아지면서, 스스로 해결하던 가사의 기준이 상향되고, 가계를 위해 스스로 '상품처럼 완벽한' 일상 의례를 셀프로 해내면서 스스로의 능력을 입증해야 한다는 새로운 책무가 생겨나고 있다. 손쉽게 디지털 공간에서 서로의 일상을 공유할 수 있는 기술적 환경이 마련된 것은 고립된 엄마들의 일상에서 사회적 소통을 할 수 있는 새로운 조건인 동시에, 서로의 일상을 비교하면서 경쟁하게 되는 또 다른 사회적 압력으로 작용하고 있다.

따라서, 오늘날 일상 의례가 공유되는 새로운 디지털 공간인 인스타그램에서 공유되는 유자녀 여성들의 일상에서 SNS 시대에 새롭게 나타나고 있는 모성 실천의 풍경을 읽어내고자 한다. 인스타그램의 행동유도성과 해시태그 문화 속에서 유자녀 여성들이 어떻게 자신의 일상의 일부를 선택하여 공유하면서 '엄마'로서의 자신을 표현하고 있는지, 또

서로의 일상을 모니터링하면서 '엄마'의 일과 정체성을 어떻게 정의해 나가는지를 살펴보려는 것이다.

더불어 오늘날 새롭게 나타난 것으로 보이는 모성 실천의 양상이 과거와 완전히 단절된 것이 아니라, 과거로부터 축적된 한국 사회의 모성 실천 이데올로기 속에서 변형되고 변주되고 있다는 문제의식 하에 기존 문헌 연구를 통해 한국 사회의 지배적인 모성 담론이 형성되어온 과정을 살펴봄으로써, 오늘날 유자녀 여성들이 수행하는 #맘스타그램이 담지하는 의미를 두텁게 읽어내고자 한다.

2. 왜 해시태그(#)에 주목하는가?

인스타그램 어포던스의 특징

인스타그램은 '세계의 순간들을 포착해서 공유한다'는 모토 아래 사진과 동영상을 이용한 '시각적 커뮤니케이션'에 초점을 맞춘 서비스이다(NewYorker, 2013.6.20). 콘텐츠 업로드에서 필수적인 것은 시각 이미지이다. 스마트폰에 탑재된 카메라 기능을 사용하여 사진을 촬영한 후, 제공되는 필터와 사진 수정 기능을 활용하여 사진을 편집한다. 사진과 함께 보여질 문구를 작성하고, 적절한 해시태그를 달아 업로드한다. 설명문이나 해시태그는 생략할 수 있지만, 이미지는

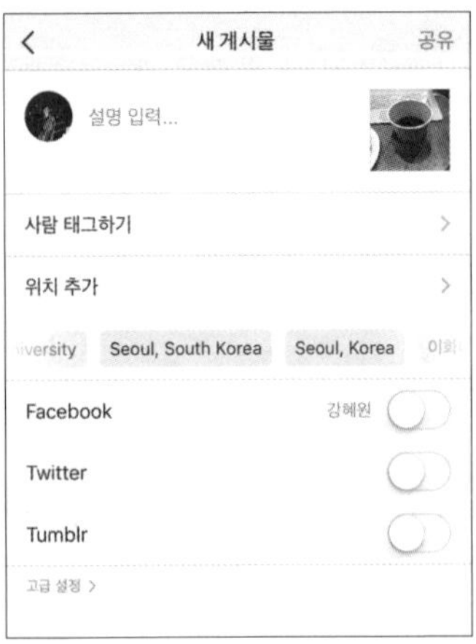

생략할 수 없다는 점에서 시각 중심의 매체이며, 촬영된 사진에 다른 사용자나 장소를 태그tag할 수 있다는 점에서 사용자 간의 상호작용과 장소성을 드러내는 것을 유도하는 어포던스를 특징으로 한다고 볼 수 있다.

일반적으로 해시태그(#)는 인터넷 정보의 검색을 용이하게 해주는 메타데이터 태그metadata tag의 일종이다. 트위터, 페이스북, 인스타그램 등 SNS는 사용자가 직접 정보에 태깅을 하도록 유도함으로써 콘텐츠들을 분류하고, 손쉽게 연관된 콘텐츠를 열람할 수 있도록 하는 데 활용한다. 많은 이용자들과 친구를 맺지 않더라도, 본인의 관심사에 따라서 특정한 여행지 이름을 포함한 해시태그를 검색하거나, 계절, 먹거리나 맛집 명칭, 애완동물이나 인테리어와 같은 다양한 해시태그 검색을 통해서 원하는 게시물들에 손쉽게 접근할 수 있다.

인스타그램의 어포던스는 함께 사진을 찍은 다른 이용자의 ID를 이미지에 태그하거나, 방문한 장소를 태그하는 기능을 제공하는 한편, 해시태그를 이용해 게시물의 노출 빈도를 높일 수 있는 방향으로 개선되어왔다. 인스타그램에서 구체적인 해시태그의 내용은 제작자가 관여하지 않으며, 이용자들은 자발적으로 해시태그를 지정하고, 검색을 통해서 해당 해시태그를 사용한 게시물을 모아볼 수 있고, 비슷한 유목 중에서 활발하게 사용되는 해시태그를 한눈에 볼 수 있다. 자신의 게시물이 더 많은 이용자에게 공개되거나, 같은 해시태그 묶음 속에 포함되기 위해, 이용자들은 유사한 해시태그 중에서 활발하게 사용되는 키워드를 확인하고 수정할 수 있다. 이용자에 따라서 오히려 다른 이용자들이 쓰지 않는 표현을 해시태그로 이용하여, 검색되지 않도록 하거나, 자기만의 해시태그를 창안하는 데 관심을 갖는 이들도 있다.

인스타그램 이용자는 자신의 콘텐츠를 업로드하거나, 자신이 팔로우following하는 사용자의 콘텐츠를 열람할 수 있다. 인스타그램 이용자는 다른 이용자와 친구맺기를 통해 관계를 맺는다. 로그인을 해서 인스타그램에 접속하면 친구를 맺은 이용자들이 업로드한 게시물을 자신의 피드feeds에서 순차적으로 확인할 수 있다. 인스타그램에서 다른 유저들의 게시물을 확인하는 또 다른 방법은 특정 해시태그를 열람하거나 구독하는 것이다.

해시태그 에스노그래피의 부상

보닐라와 로자(Bonilla & Rosa, 2015)는 퍼거슨Ferguson 사태에 대한 트위터 에스노그래피를 통해 해시태그가 특정 주제에 관한 정보를 정렬하고 빠르게 검색할 수 있는 기능으로 활용되는 것을 확인했다. 이용자들은 진행 중인 사건에 관한 새로운 뉴스를 찾는 이용자들이 빠르게 검색할 수 있도록 하기 위해 자발적으로 #Ferguson이라는 해시태그를 활용해 정보를 올렸다. 해시태그는 정보를 파일링하는 기능 외에도, 기호론적semiotic 기능도 수행했다. 예컨대, '수십년 동안의 인종적 긴장과 교외지역의 빈곤이 표면으로 떠올랐다'라는 텍스트에 #Ferguson을 덧붙이면, 특정 발언에 관한 해석적 프레임이 부여되는 것이다. 즉, 해시태그 사용은 도서관의 사서가 번호를 붙이는 행위와 비슷한 의미를 갖게 된다. 텍스트를 특정한 화제 속에 위치시키고, 특정한 주제에 관한 이야기라는 점을 표시하는 역할을 해시태그가 수행하고 있는 것이다.

최근 2-3년 사이에 국내에서도 #나는_페미니스트입니다 #00_계_성폭력_고발 사건 등에서 해시태그를 매개로 사회적 실천이 조직되는 사례들이 관찰되고 있다(Kim, 2017; 김효인, 2017). #ferguson 사태에서처럼 온라인 공간에서의 이용자 간의 교류가 오프라인에서의 집단적 저항

검색창에 '육아', '생후' 등 키워드를 입력하면 유사한 해시태그 목록과 기존의 게시물 중 해당 키워드를 활용한 게시물의 숫자를 확인할 수 있어 보다 보편적으로 활용되는 해시태그가 무엇인지 확인할 수 있다.

운동으로 이어지거나(Bonilla & Rosa, 2015), 해시태그를 통해 일상의 경험을 나누고 언어를 공유하면서 같은 환경과 사회적 집단 내에서 동질감을 느끼며 정체화를 하면서 페미니즘 운동에 참여하게 되는 등(Dixon, 2014) 흔히 물리적 실체가 없다고 여겨지거나 오프라인 공간과 분리된 것으로 여겨지는 소셜 미디어 이용이 희미한 집단의식을 가진 현대인들에게 있어 사회적 '공유 인식'(Shirky, 2011)을 체감할 수 있는 계기를 제공하고 있다는 인식이 이뤄지고 있다.

선행 연구들은 해시태그의 용례가 사안의 특성에 따라 달라진다고 설명한다. 또한, 특정 주제에 관한 논의가 항상 단일한 해시태그 아래 이뤄지는 것도 아니다. 따라서, 김진숙(Kim, 2017)은 특정한 주제에서

#아들스타그램, #딸스타그램 등 해시태그의 다양한 변주가 이루어진다.

상징적인 해시태그를 일컫는 용어로서 '마더태그mother Tag'라는 표현을 제안했다. 지난 2015년 전후로 한국 사회에서 전개된 온라인 페미니즘 운동의 특성을 살펴보기 위해 '#나는페미니스트입니다'라는 해시태그를 '마더태그'로 보고, 여기에서 파생되는 해시태그들을 추적하면서 논의의 전개 양상을 살펴본 것이다.

중층적인 경험을 담고 있는 모성 경험의 특성을 살펴보기 위해서 이 글에서도 "#맘스타그램[3]"을 '마더태그'이자 분석의 출발점으로 삼고자 했다. 약 5년간 인스타그램 이용 경험을 바탕으로, 2018년 1월부터 7월까지 참여관찰을 수행했다. 초기 검색 결과, 대표적인 육아 관련 해시태

3 '맘스타그램'이라는 표현은 유자녀 여성들의 인스타그램 이용을 일컫는 보통명사처럼 일상에서 활용될 정도로 일반화되었다. 본 연구에서 '#맘스타그램'은 특정한 해시태그를 지칭하며, 유자녀 여성들의 인스타그램 이용을 통칭하는 뜻에서 용어를 활용할 때는 '맘스타그램'으로 표기했다.

그로는 #맘스타그램(7,965,827)[4], #육아스타그램(12,575,314개), #주부스타그램(1,373,781개) 등이 있었다. 육아스타그램의 숫자가 더 많지만 #맘스타그램을 마더태그로 보는 이유는 육아스타그램과 달리, 맘스타그램은 주체가 여성으로 특정되기 때문에 가장 직접적으로 모성 실천과 연결된다고 판단했다.

#맘스타그램에서 출발하여 인스타그램에서 자동으로 추천해주는 관련 해시태그 혹은 #맘스타그램을 활용한 게시물에서 함께 사용된 해시태그들을 선별하는 방식 등을 통해 30여 개의 해시태그를 선별했다. 그 이후 해시태그가 담지하는 의미들을 기준으로 해시태그 활용 양상[5]을 유목화했다.

3. 모성 실천 양식의 사회적 변화

한국 사회에서의 모성 담론 변천사[6]

오늘날 페미니즘 연구는 점차 주체성을 사회와 문화의 산물이라 보고, '여성'이라는 기표에 내재된 갈등적 의미와 시대별 의미 변화를 분석하고 여성의 경험을 재해석하는 것에 초점을 맞추고 있다(Weedon, 1987/1997). 모성이 여성의 출산과 모유 수유 등 여성의 신체적 능력과 밀접하게 연관되어 있지만, 사회적으로는 신체적 차원을 넘어서 제도

4 관찰을 시작한 2018년 2월 796만 개에서, 5개월 사이에 1,082만 개로 약 200만 개의 게시물이 늘어났다.

5 예를 들어, 자녀를 일컫는 해시태그만 하더라도 본문 사진 자료의 #아들스타그램, #딸스타그램 외에도 #원숭이띠아기(2,283,865개), #딸램구(딸의 애칭, 788,033개, #내아들(341,640개) 등 다양한 변주 용례를 관찰할 수 있었다.

6 이 부분은 저자의 박사논문(강혜원, 2018) 2장의 일부를 바탕으로 재구성 · 보완한 것이다.

적, 상징적, 이데올로기적 의미를 지니기 때문이다(Lerner,1993/2006). 첫째, 어머니의 역할이나 권리, 의무는 사회적으로 법, 경제적, 제도적 수단을 통해 규정되기 때문에, 시간과 장소, 민족이나 인종에 따라 '모성의 제도'는 다른 형태로 존재할 수 있다. 둘째, 모성의 의미는 특별한 시기나 환경에서 '모성의 이데올로기'를 통해 상징적으로 정의된다(Lerner,1993/2006). 문화권마다 모성에 요구되는 책무나 이상적인 어머니의 모습은 다르게 나타나며, 한 사회 안에서도 시기별로 다른 형태의 모성 이데올로기가 존재한다.

모성 실천 이데올로기가 사회적으로 구성된다는 문제의식을 통해 모성 담론을 둘러싸고 경합하는 경제, 젠더, 인종 등의 다양한 축의 존재를 인식해야 할 필요성이 대두되었고(Lerner,1993/2006; 이정선, 2013; 문소정, 1999), 여러 세대나 계급, 인종의 여성들의 경험을 통해 모성 실천에 결부되는 역사적 혹은 사회적 배경, 그리고 그 안에서 이뤄지는 다층적이고 모순되는 복잡한 경험을 설명해내려는 시도가 축적되었다(Beck-Gernsheim, 2006/2014; 우에노 치즈코, 1994/2009; 이연정, 1999; 윤택림, 2001).

한국 사회에서 모성에 요구되는 책무는 여성의 지위, 가족 제도나 자녀에 대한 사회적 인식이나 성평등 의식 변화와 영향을 주고받아왔으며, 구체적인 모성의 책무나 이상적인 모성상은 시기별로 모습을 달리해왔다. 특히 한국 사회의 모성 담론은 근대적 가족 제도의 확립 및 핵가족과 같은 가족 구조 변동과 밀접하게 관련을 맺으며 구축되어왔다. 예컨대, 가문의 대를 잇는다는 명목으로 관습적으로 중혼이 용인되던 전통 한국 사회와 달리, 식민 지배 시절에 혼인 제도에 근거한 일부일처제가 법제화되면서, 가문의 대를 잇고 '봉제사 접빈객'을 하는 것에서, 내조와 자녀 양육에 힘을 쏟는 '주부' 역할로 여성의 책무가 한 차례 조정되었다(김지혜, 2015; 신경아, 1998; 이정선, 2013; 김은경, 2007).

일제 강점기에는 '근대적 주부'[7]의 정체성을 효율적으로 수행할 수 있도록 여성에게도 교육의 기회가 주어졌으며, 국가 발전을 위해 가정을 근대화하는 책무가 여성에게 주어졌다(문소정, 1999). 1920년대 후반에서 30년대에 이르는 동안 가사 노동의 전문화, 과학화가 추진되면서 당대의 여성 잡지와 같은 미디어는 식모를 교육시키거나 신식 가사 상품을 활용하여 세탁, 요리, 양육에서 위생과 효율을 확보하고 가정 경제를 운용하는 것을 이상적인 주부의 모습으로 재현했다(김혜경, 2006).

산업화가 전개된 1960년대에서 70년대 사이에는 '주부'의 개념이 보다 다양한 계층에서 일반화되었다. 산아 제한 정책의 영향, 산업화, 도시화로 인해 핵가족화가 급격하게 전개되었고, 공업화를 통해 가족 임금 제도가 구축되면서, 남성은 소득 노동에 종사하고 여성이 전업 주부로서 가사 노동과 육아 등을 전담하는 핵가족이 이상적인 가족 형태로 제시되었다(김혜경, 2015; 배은경, 2008). 한편, 도시화가 전개되는 과정에서, 여성들은 이농으로 인한 농촌 지역의 노동력 공백을 메꾸는 한편, 친족 관계 안에서 육아나 가사 노동을 분담하며 해결했다. 하지만, 가족 구성원의 규모가 작아지면서 도시 가구의 가사와 육아의 책무가 '주부' 개인에게 집중되었고, 당시 '식모'라 불리운 지방에서 상경한 10대 소녀들이 과중한 가사 노동을 분담했다(신경아, 2007).

1980년대에서 90년대 들어 여성의 사회 진출이 늘어났으나 기존의 성별 분업 이데올로기에 대한 반성이나 성찰이 수반되지 않아 점차 여성들의 모성을 둘러싼 역할 갈등이 심화되었다. 전업 주부의 모성 실천

7 '주부'라는 용어는 일본에서 유래한 것으로 사전적 의미는 '집안의 여주인'이나, 산업화로 인해 기존에 가정 내에서 이뤄지던 생산 노동과 가사 노동 사이에 새로이 경계가 만들어지면서 도시화로 나타난 핵가족 중 유일한 성인 여성 구성원이자 임금 노동과 구분되는 '가사 노동'을 전담하는 가사 전업자라는 새로운 의미를 획득했다(우에노 치즈코, 1994/2009).

양식이 표준적인 것으로 여겨짐에 따라 취업 주부들은 이중 부담에 시달리면서도 죄책감을 토로하게 되었다(신경아, 2007). 성차별적 사회 분위기 속에서 전업 주부를 이상적인 모성상으로 간주하면서도, 무급으로 이뤄지는 가사 노동이나 자녀 양육에 수반되는 돌봄 노동의 가치가 폄하되는 이중적 차별이 계속되었다. 따라서 여권 운동이 본격화된 90년대에는 주부의 가치를 평가절하해온 가부장적 사회 질서에 대한 저항 운동이 활발하게 전개되었다. 모성 지원책을 마련해 여성의 노동권을 보장하며, 가정에서 수행하는 여성의 가사와 돌봄 노동의 가치를 사회적으로 가시화[8]하고자 한 것이다(김경희, 2002; 양현아, 2002; 박혜경, 2010).

여권 신장을 위한 노력에도 불구하고 외환 위기를 거쳐 신자유주의 담론의 영향력이 본격화되었고, 주부 스스로 권력과 자신감을 되찾고자 하는 여성 운동계의 대안 담론은 중산층 주부들의 구매력과 가사 관리자로서의 전문성을 가진 기혼 여성들을 호명하는 '미시족' 혹은 '신新현모양처' 담론과 경합하게 되었다. 주부들이 수행해온 가사나 돌봄의 가치를 재발견하는 방식이 아니라, 재테크나 부동산 투자/투기로 자산을 증식시키고 합리적인 소비자로서의 권능을 누리는 중산층 전업 주부를 이상화하는 담론이 횡행함에 따라 취업한 기혼 여성의 위치가 격하되면서 성별 분업이 다시금 강화되었다(박혜경, 2010).

'아줌마'라는 호칭에는 점차 탈성화된 멸칭의 의미가 덧씌워졌고, '미시족'으로 불리기 위해서는 기존의 책무를 완벽하게 수행하면서도 성적 매력까지 유지해야 하는 새로운 책임이 요구되었다. 결국 어머니

8 대표적인 것이 전업 주부의 재산 형성 기여를 법률적으로 인정받는 것이었다. 여성 단체들의 조직적 지원하에 1991년 최초로 전업 주부의 재산 형성 기여도를 절반으로 인정한 판결이 이뤄졌다(경향신문, 1991.6.15).

노릇은 계속해서 '비대화'되었고, 자아실현과 어머니 노릇을 모두 완벽하게 수행하는 '슈퍼우먼'이라는 새로운 모성 신화가 탄생했다(윤택림, 2001). 산업화 시기 태동하게 된 양육·교육 산업이 팽창하고, 자녀 교육에 요구되는 요건이 강화된 것 역시 모성 실천의 책무를 강화하는 중요한 요인으로 작용했다.

한국 사회에서 어린이나 성장기 자녀에게 어른과 다른 돌봄과 교육이 필요하다는 사고방식은 산업화 시기를 거쳐가면서 대중적으로 확산되었다. 김혜경·오숙희·신현옥(1992)은 80년대에 접어들어서야 한국 사회에서 '아동기childhood'가 폭넓은 계층에서 성립되었다고 보았다. 이는 어머니 노릇에 있어서 자녀 양육의 중요성을 높이는 계기가 되었다. 자녀관이 노동력의 원천에서 교육과 투자의 대상으로 변화하면서 이유식이나 종이 기저귀 등의 양육 수단과 유아기 지능 개발 교구부터 기업화된 학습 교육 프로그램 등의 초기 교육 수단 상품화가 가속화되었다. 내구재 보급률이 높아지고 표준화된 상품 소비가 가능해지면서, 가사 노동에서 오는 육체적 부담은 경감되었으나, 양육과 교육에 관한 가정의 책임이 높아지면서 주부의 책무는 정교화되었다(김혜경·오숙희·신현옥, 1992).

90년대 이후 자녀 돌봄은 지속적으로 과학화, 상품화되었다. 양육은 물론이고 출산 후 산후 조리나 신생아 돌봄 교육 역시 시장의 영역에 포섭되었다. 〈엄마의 탄생〉에서는 1996년에 최초로 개설된 산후조리원이 실제 초기 모성 수행 과정에 어떠한 역할을 담당하게 되는지를 참여 관찰을 통해 분석했다. 오늘날 유자녀 여성들은 산업화, 도시화, 핵가족화로 인해 초기 양육을 지켜보거나 참여해본 경험이 없이 엄마가 되고, 기초적인 돌봄에도 서툰 상태에서 육아 상품 마케터와 다름없는 소위 '교육 강사'들과 산후조리사들과 의존적 관계를 맺고 있었다. 이들을 통해서 모유 수유법 등 신생아를 돌보는 데 필요한 지식을 습득하게 되기 때문에, 상업 기관인 산후조리원이 어머니의 정체성을 학습하는 사회화 기관으로 기능하고 있었다(김보성·김향수·안미선, 2014: 34).

이처럼 서비스 산업이 발달하게 되면서 교육 산업뿐 아니라 수많은 전통 의례가 상업화되었지만, 기존에 여성이 수행하던 책무를 대체하는 것이 아니라 오히려 강화하는 방향으로 변화가 이루어졌다. 결혼식, 장례식과 같은 기본 의례가 광범위하게 상품화되는 과정에서 가부장적 가족 이데올로기에 대한 성찰이 수반되지 않음에 따라, 기존의 성별 분업 이데올로기 또한 비판 없이 고착화된 것이다(이재경, 2004). 자녀 양육이 어머니 개인의 책임으로 여겨지는 상황에서, 자녀의 욕구를 최대한 충족시킨다는 모호한 목표 하에 양육 관련 서비스나 상품을 동원한 물질적 보상이 안정적인 정서적 관계 구축보다도 높게 평가되는 육아 풍조가 강화되었다(윤택림, 2001). 전통적 통과의례인 돌잔치 준비나 진행을 전문업체 서비스가 대체하는 과정에서 만삭 사진, 50일 기념 사진, 성장 앨범과 같은 상업 의례들이 자녀에 대한 사랑과 관심이란 명목으로 새로운 관습으로 자리 잡으면서, 새로운 사회적 압력으로 작용하는 동시에 상업 의례를 현명하게 비교해서 소비하는 것이 새로운 어머니의 책무로 여겨지게 되었다(김향수, 2014).

결국 양육 서비스의 발달은 육아에 투입되는 경제적 비용뿐 아니라 대부분 여성이 수행하는 주 양육자의 부가적 노동력 투입을 요구하는 방향으로 전개되었다. 결과적으로 여성의 사회활동이 증가했음에도 불구하고, 좋은 어머니가 되기 위해서는 전문가의 지식을 활용하면서도 1차적 양육자로서 어머니 노릇을 강조하는 집약적 모성 실천intensive mothering 이데올로기가 부상하며, 여성의 정서적, 경제적 노동을 집약적으로 투입해야 한다는 사회적 압박은 계속해서 증가하고 있다(Hays,

1996). 집약적 모성 실천 이데올로기란 주 양육자의 책무가 지속적으로 강화되었음에도 불구하고, 자녀 돌봄을 시장 가치로 환산할 수 없는 '순수한 영역'으로 간주하여, 자녀의 행복을 위해 물리적, 정서적 자원을 총동원하는 상황을 이상적인 모성 실천으로 간주하는 경향을 일컫는다(Hays, 1996).

그 결과 오늘날 '좋은 어머니good mother'란 집약적 모성 실천 이데올로기를 내면화한 채로, 이를 희생이라고 느끼는 것이 아니라 고강도의 어머니 경험 자체에서 충만감과 만족감을 느끼고, 스스로의 (경제적) 자유나 관계 추구, 지적 욕망을 박탈당하는 데 대한 상실감을 느끼지 않는 존재를 일컫게 되었다(Green, 2004; Feasey, 2013 재인용). 피지(Feasey, 2013)는 자녀의 양육을 총책임지면서도, 보상을 기대하지 않은 채로 현명한 소비자 역할을 수행하는 여성을 이상적인 어머니로 상정하는 것은 결국 전통적 성역할 이데올로기를 바탕으로 한 가부장적 사회의 이익에 복무하는 것으로 여성의 사회 진출과 경제적 독립을 성취해 온 페미니즘 운동에 대한 반격backlash이라 해석했다.

디지털 미디어와 현대의 모성 실천

어머니 노릇을 구성하는 요건들은 변화해왔지만, 여성이 주양육자로 자녀를 돌보는 상황은 그대로 유지되는 상황에서, 디지털 미디어 이용이 늘어나면서, 인터넷 이용이 여성의 삶, 보다 구체적으로는 모성 실천에 어떠한 변화를 가져오게 되는지를 분석해야 할 필요성이 대두되고 있다. 국내에서는 디지털 미디어와 관련하여 젠더 차이에 따라 이용 형태나 정체성 형성이 어떻게 달라지는지에 관한 연구가 다양하게 이루어진 바 있으나, 직접적으로 모성 경험이 어떻게 달라지는지에 집중한 연구는 희소한 상황이다. 특히 영유아 자녀를 둔 초기 모성 실천과 디지털 미디어와의 관계에 대한 연구가 희소한 것은, 스마트폰 보급 이전, PC를 이용해서만 인터넷 접속이 가능했던 시기에 물리적으로 영유아 자녀를 둔 여성들이 디지털 미디어를 이용하기 어려웠다는 데 기인한 것으로 보인다.

영유아 자녀를 기르는 어머니와의 심층 인터뷰를 실시한 노영주(2000)는 이 시기 여성들이 자녀의 빠른 성장을 지켜보는 과정에서 충만한 애정 관계를 경험하게 되고, 모성과 자녀 양육을 둘러싼 사회문화적 의미를 학습하게 되며, 서로 배경이 다른 여성들과 모성 경험을 나누면서 공감하고 이해의 폭을 넓혀가게 되는 등 복합적인 경험을 하게 된다고 설명한다. 영유아 양육에 결부되는 모성 수행의 특성은 여러 가지 노동이 집약된 형태로 이뤄진다는 점이었다. 자녀가 어느 정도 성장할 때까지 동시 다발적이고 단순 반복적인 노동이자, 24시간 대기해야 하는 상황으로 인해 행동 반경에 극심한 제약이 수반된다는 것은 이 시기에 여성들이 집중적으로 경험하게 되는 특징적인 형상이라 할 수 있다. 이처럼 초기 모성 수행에 수반되는 신체적 고통과 정신적 압박에도 불구하고, 이 같은 어려움이 사회적으로 적절하게 공론화되고 있지 않기 때문에 무능력감, 외로움, 자기비하에 시달리게 되는 경향도 나타났다(노영주, 2000).

어머니 노릇을 구성하는 요건들은 변화해왔지만, 여성이 주양육자로 자녀를 돌보는 상황은 그대로 유지되는 환경에서, 온라인 커뮤니티가 활성화되고 스마트폰 보급률이 늘어나면서, 여성들의 고립감을 해소하고 어머니 경험을 공유할 수 있는 새로운 창구로서의 가능성을 제공하게 되었다. 인터넷 접속이 주로 PC를 통해 이루어지던 시기에는 물리적으로 컴퓨터를 이용할 시간이 부족하고, 디지털 테크놀로지에 대한 두려움과 기술적 장벽이 있기 때문에 30대 중후반에서 50대의 주부들이 인터넷 사용이나 SNS에서의 관계 맺기에서 소외되는 현상이 나타났다(김경희, 2014).

하지만 2010년대에 접어들고 스마트폰 보급률이 지속적으로 증가하면서, 스마트폰 환경에 익숙한 20대 후반~30대 초중반의 유자녀 여성[9]들은 출산 이전의 사회적 관계로부터 물리적으로 고립되는 현상을 극복하고 사회적 욕구를 해소하는 데 스마트폰을 적극적으로 활용하게 되었다. 어린 자녀를 돌보기 위해 극심한 시간 부족에 시달리고, 물리적으로 외부와 고립되는 상황에서 PC에 비해 상대적으로 접근이 편리한 스마트폰은 물리적 이동 없이 짧은 시간 안에 인터넷에 접속할 수 있다는 장점 덕에 어머니들이 사회적 욕구를 해소하고 정보를 습득하는 데 있어 중요한 창구로 활용되고 있다. 예컨대, 스마트폰을 통해 감상할 수 있는 다양한 시청각 매체는 직접적으로 자녀 교육의 수단이 되기도 하고, 육아 정보를 습득할 뿐 아니라 짧은 시간 안에 효율적으로 사회적으로 연결감을 부여받고, 고립감을 해소하는 역할을 하게 되는 것이다(홍남희, 2012).

블로그나 기타 SNS에 비해서 인스타그램에서 #맘스타그램으로 대표되는 영유아 자녀를 둔 어머니들의 활동이 두드러지는 것에는 스마트폰 이용에 익숙한 세대적 차이뿐 아니라, 게시물 업로드 자체를 단순화하고, 텍스트보다 이미지에 초점을 맞추어 즉각적인 업로드를 가능케 한 인스타그램의 행위유도성Affordance이 갖는 특성도 영향을 미쳤을 것으로 추측된다. 앞서 파워블로거의 영향력이 극대화되었던 2010년대 초

9 현재의 30~40대 여성은 '00녀' 등의 부정적 여성 호명을 통한 '조리돌림' 등 사이버불링(cyber-bulling)이 횡행한 온라인 커뮤니티 문화 속에서 여성의 외모, 연애, 도덕적 의무(ex.'개념녀') 등에 관한 여성혐오적 언술을 일상적으로 접하면서 자기 검열을 해온 세대(황슬하 · 강진숙, 2014)이자, 팬덤이나 여초 커뮤니티 활동 등을 통해서 디지털 미디어 이용에 효능감을 갖고, 높은 미디어 리터러시를 보여주는 세대이다. 이들이 인스타그램에서 맘스타그램 게시물을 주로 생산하고 있다고 볼 수 있다.

반에 이루어진 이동후(2013)의 연구에서는, 여성들의 요리 블로그가 비가시적 노동이었던 요리의 새로운 의미를 찾아주고, 자기표현의 수단이자 가사 노동의 가치를 재발견해주는 역할을 하여, 가사 노동의 주변성을 극복할 수 있는 가능성을 가진 공간으로 작동함을 논의했다.

4. 맘스타그램에서 읽어낸 모성 실천 풍경

주요 해시태그를 통해서 맘스타그램의 특징을 관찰한 결과, 수많은 익명의 이용자들의 게시물 속에서 다음과 같은 경향을 읽어낼 수 있었다. 이용자들은 해시태그를 통해 밀접하게 상호작용하면서 세밀한 일상을 기록하고 있었다. 일반인의 참여가 강조되는 블로그에서는 창작자와 구독자의 경계가 엄연히 존재하지만, 인스타그램에서는 그야말로 창작자와 수용자의 경계가 모호했다. 인플루언서와 일반인의 경계, 창작자와 구독자의 경계, 광고와 콘텐츠의 경계가 모호한 가운데, 눈에 띈 것은 개개인의 기념 의례가 서비스업체들의 영향으로 획일화되고 있는 풍경이었다. 뿐만 아니라, 스마트폰에 탑재된 카메라의 성능이 좋아지면서 패션 매거진에 등장할 법한 고화질의 세련된 연출 사진을 누구나 찍을 수 있게 되면서, 자녀의 일거수 일투족은 고화질의 연출된 사진과 동영상으로 촘촘하게 공유되고 있었다.

세밀하게 기록되는 집약적 모성 실천

성장 의례 전시하기

#성장앨범(22.3만 개, 18.07.24)

#돌잔치(108만 개, 18.07.25)
#첫돌(25.9만 개, 18.07.25)
#백일상차림(8.3만 개, 18.07.25)

인스타그램에서는 자녀 돌봄, 요리나 집안 꾸밈과 같이 오늘날 한국 사회의 모성 실천의 풍경을 함축한 게시물들이 활발하게 게시되고 있었으며, 이를 통해 오늘날 양육 문화를 간접적으로 조망할 수 있었다. 특히 자녀의 탄생부터 100일, 첫돌 등 성장 의례를 기록하는 것은 맘스타그램의 가장 흔한 소재 중 하나이다. 이미지를 전시하는 인스타그램의 인터페이스 안에서 성장 의례는 리얼한 '현실' 공간보다는 양식화된 상업 공간에서의 이미지로 재현되고 있다.

과거 사진을 촬영하고 직접 앨범을 만들면서 이루어졌던, 성장 앨범 만들기는 전문업체를 통해 촬영 및 사진 편집까지 전 과정을 상품으로 구매하는 것으로 대체되었다. 상업 공간에서 아기들은 마치 연예인처럼 의상, 장식을 착용하고, 그에 맞는 포즈를 취한다. 부모들이 업로드한 백일상 차림이나 돌잔치 사진은 또 다른 이용자들에게는 자녀들의 의례를 준비하기 위해 중요한 레퍼런스로서 활용된다. 본인이 이용한 사진 촬영업체의 상호를 바로 태그할 수 있기 때문에, 게시물을 열람하면서 스타일을 참조할 뿐 아니라 제시된(링크된) 상업 공간으로 바로 이동하여 서비스를 구매할 수도 있다. 사진 촬영뿐 아니라 백일잔치나 돌잔치 역시 레스토랑이나 이벤트 업체의 조력하에 이루어진다. 돌잡이와 같은 전통 의례 역시 양식화된 서비스 형태로 제공되며, 돌상차림이나 손님들에게 제공할 답례품 또한 세밀하게 양식화를 거쳐 상품으로 거래된다.

핵가족 문화 속에서 성장 의례의 내용을 정하는 것은 가족 간에 자연스럽게 전수되는 것이 아니라, 서비스업체 혹은 온라인에서 익명의 개인들이 제공하는 정보에 의해 학습된다. 수익을 최대화하려는 서비스업체들은 관습적인 100일 사진이나 돌사진 외에도 출산 직후 신생아 사진, 50일 사진, 300일 사진이나 성장 앨범 등을 패키지 서비스로 제공하면서 추가적인 소비를 유도한다. 서비스업체들이 단순하게 기존의 의례를 대리로 수행하는 데서 그치지 않고 새로운 의례들을 직접 창안하는 현상(김보성·김향수·안미선, 2014)이 보편화된 것이다.

'전문적인' 양육 노하우 공유하기

#셀프백일상(23.9만 개, 18.07.25)
#이유식(55.1만 개, 18.04.09)
#초기이유식(14.5만 개 18.04.09)
#중기이유식(13만 개, 18.04.09)
#촉감놀이(21.2만 개, 18.07.25)

상업 의례가 보편화되면서 전반적으로 양육에 요구되는 노동의 양이 증가했다는 점을 단적으로 보여주는 것은 '셀프 의례'의 전문화이다. 전문가들에 의해 수행되는 상업적 의례의 유행으로 기존에 가정에서 치러지던 것들에 비해 보다 전문적인 수준으로 가정 의례에 요구되는 기준이 높아진 것이다. 상업 의례의 경우 고비용이 소요되기 때문에, 결혼식이나 웨딩 촬영에서 스몰 웨딩이나 셀프 촬영이 유행하는 것처럼 영유아의 성장 의례에 있어서도 백일상을 대여하거나 직접 처음부터 엄마가 이를 꾸미는 DIY문화의 유행을 관찰할 수 있었다. 이는 자칫 상업적 문화에 대응하는 저항적 문화로 보이기도 하지만, 결국 추가적인 노동을 요구하는 활동이기 때문에 '집약적 모성 실천'의 강도를 높이는 또다른

성장 의례를 기록하는 해시태그들 #성장앨범, #백일상차림, #돌잔치

규율로서 작용하고 있는 것으로 보인다. 셀프 의례는 경제적이면서도 엄마의 감각을 보여줄 수 있는 창구로 여겨진다(김보성·김향수·안미선, 2014). #셀프백일상, #셀프성장앨범과 같은 기록 의례의 차원뿐 아니라, 일상적으로 엄마들이 직접 수행하는 돌봄 노동에 있어서도 보다 세밀한 기준과 규범이 등장했다. 자녀들의 이유식은 초기, 중기, 후기로 나뉘어 단계별로 매뉴얼과 규범이 존재하고, 엄마들은 전문적인 영양학적 지식을 동원하여 자녀들이 골고루 영양소를 섭취할 수 있는 식단을 개발하고 공유한다. 또한 #엄마표홈스쿨(1.3만 개 18.07.24) #홈스쿨(5.9만 개 18.07.24)과 같이 자녀의 교육에 있어서도 가정에서 직접 엄마의 지식을 활용하여 수행하는 교육 활동들이 양식화되고 체계화됨으로써 새로운 유행으로 자리 잡았다.

0세부터 촘촘하게 이뤄지는 자녀 교육 기록하기

#문센룩(107만 개, 18.07.25)

#키즈카페(73.4만 개, 18.07.24)

#문센데이(49.5만 개, 18.07.25)

#문센(55.5만 개, 18.07.25)

#체험학습(8.8만 개, 18.07.25)

자녀 교육이 세분화되면서 취학 연령 이전의 아동들에게 실시할 수 있는 교육 활동도 신체적 발달뿐 아니라, 정서적 발달과 '오감 발달' 등 다층적인 면에서 이뤄지고 있었다. '문센'은 '문화센터'의 줄임말로서, 0~3개월부터 베이비 마사지와 같은 신체 활동부터, 청각이나 촉각 등 '오감'을 고루 자극하는 활동들, 언어 감각을 일깨워줄 수 있는 활동 등이 일반화되었다. 각 지역마다 개설된 '문화센터'에도 만 6개월 내외의 영아를 대상으로 한 프로그램들이 활발하게 개설되고 있다. 이 같은 문화센터 이용이 대중화되면서 가정에서도 이 같은 활동에서 활용되는 교육법이 일상적으로 활용되고 있었다.

국수, 과일, 곡식, 미역 등 식재료를 활용해서 가정에서 실행할 수 있는 '촉감놀이' 인증샷은 이 같은 문화가 대중화되었음을 보여준다. 체험 활동은 3~7세의 유아들을 대상으로 주로 이루어진다. '체험 농장'에서는 직접 동물에게 먹이를 주면서 교감할 수 있고, 나무나 흙을 만지고 자연을 느끼는 활동은 '숲체험'을 이용해서 이루어진다. 먹거리가 만들어지는 과정을 학습하는 체험 활동은 딸기, 귤, 블루베리 등을 재배하는 과일 농장에서 마련된 어린이 전용 프로그램을 통해 이뤄진다. 테마파크형 '직업 체험소'를 방문하여 소방관이나 경찰관, 의사 등 다양한 직업 활동을 체험하고, 정서적 자극을 하는 동시에 자녀들의 편식 습관을 교정한다는 명목으로 '베이킹 키즈카페'나 '쿠킹카페'에서는 간단한 요리를 직접 해보기도 한다. 이 같은 영유아를 대상으로 하는 교육 상품의

#중기이유식, #생후000일, 일상 의례의 기록

소비는 일견 엄마들의 노동을 경감해주는 측면이 있지만 결국 자녀 교육이나 여가에 수반되는 활동을 보다 세분화함으로써 육아에 관련된 상업적 활동들을 필수적인 것으로 여기게끔 하는 효과를 가져오고 있었다. 맘스타그램과 다양한 해시태그들이 결국 다양한 교육 마케팅의 영역으로 포섭되어 잠재적인 수요자들에게 새로운 부담감을 주는 빌미가 될 수 있다는 점을 고민해봐야 할 것이다.

육아하는 '나'의 이야기 기록하기

개인적 미디어로서 인스타그램에서 이뤄지는 육아에 대한 기록에는 육아를 직접 경험하고 있는 '나'의 감정이나 신체 변화, 엄마로서 성장해가는 과정의 단면들이 모성을 실천하고 있는 당사자의 시점에서 촘촘하게 기록된다. 자녀에게서 시선을 뗄 수 없는 일상 속에서 틈틈이 얻게 되는 깨달음이나 상념, 그리고 생생한 체험담은 맘스타그램을 구성하는 중요한 요소였다.

육아의 시작: 임신 중 신체 변화 기록하기

#예비맘(158만 개, 18.07.24)

#태교여행(31.2만 개, 18.07.24)

#만삭사진(21.7만 개, 18.07.24)

#아기그램(19.8만 개, 18.0726

#입체초음파(6만 개, 18.07.24)

#임산부일상(35.4만 개, 2018.07.25)

엄마로서의 체험을 기록하는 것은 임신 여부를 확인한 순간부터 시작된다. 임신 테스트기의 양성 반응을 확인하는 순간부터 #임테기(3,473개, 18.07.26), 첫 초음파검사를 통해서 착상 사실을 확인하는 것, 그리고 임신을 통한 신체의 변화들은 과거 어느 때보다 촘촘하게 기록되고 온라인 공간에서 공개된다. 임신 초기와 중기, 후기의 신체적인 변화나 심리적인 변화는 일주일을 단위로 한 #주수사진 (4.2만 개, 17.07.24) 해시태그를 통해 기록된다. 임신 중인 신체의 '만삭사진', 수유 장면 등을 촬영해 공유하는 것 등 다양한 양상으로 임신 기간에 대한 기록과 공유가 이루어지고 있었다.

"첫번째 가족사진" #만삭사진

"우리 이번주에 만난대. 조금만 고생하자 짱무섭"

임신한 여성의 신체를 기록하는 행위는 자녀의 일상에 대한 기록 의례와 마찬가지로, 스튜디오를 방문하여 양식화된 포즈 안에서 촬영하는 경우와, 침실 등 사적인 공간에서 거울을 보고 혼자서 촬영한 #셀프만삭 (7.1만 개, 18.07.25) 사진들로 나눌 수 있다. 양식화된 기념 사진들은 대체로 매혹적으로 임신한 여성의 신체를 연출함으로써, 임신 중에도 아름다워야 하는 관리 대상으로서의 신체를 전시한다. 출산 후의 사진에 붙는 #다이어트와 같은 해시태그에는 유자녀 여성들에게 가해지는 외모 관리의 압박이 녹아 있다.

#다이어트 "엄마이기 전에 여자니깐 관리해야지요"
#임신 8개월차 "8개월차가 되니 더디게 늘어나던 몸무게는 갑자기
훅훅 늘어나고 배도 점점 커지고 살도 점점 늘어나서 몸이 무거워지니
00낳고 임신 전처럼 운동도 하고 식단조절도 해서 기필코 다이어트에
성공하겠다는 의욕 활활, 막걸리 한 사발 먹고 싶은 의욕도 활활"
"벌써 9개월. 숨막히는 날씨에 배불러 밤잠까지 설치니 컨디션 제로에
만사 귀차니즘. 나좀 살려죠오 ㅜㅜ
#임산부일상 #여름 #임신9개월 #황금개띠맘 #32주"

임신에 관련된 해시태그에는 흔히 사회적으로 숭고한 경험으로서 단편적으로 이해되는 임신 경험에 대한 매일매일의 세밀한 기록이 모여, 엄마들의 관점에서 생생하게 기록된 임신 과정의 신체적인 불편함, 혹은 다양한 신체적 질환들의 증세도 담겨진다[10]. #임신소양증 (1,508개, 18.07.25)과 같은 신체 질환의 증세나 치료 방법을 나누는 등의 실질적인 정보를 교환하거나, 임신의 다층적 경험이 녹아 있는 해시태그를 검색하여 비슷한 주수의 임산부들의 일상을 찾아보고, 댓글로 자신이 경

10 임신 기간에 대한 기록은 #4주, #32주 등 주수별 해시태그를 통해 다양하게 이뤄진다.

험한 어려움을 나누고, 서로의 건강을 염려하면서 소통하는 일들을 가능케 하고 있었다.

반전스토리텔링으로 피로 씻어내기

#워킹맘 (325만 개, 18.07.24)
#육아일기(317만 개, 18.07.25)
#어린이집적응기 (3만 개, 18.07.24)
#어린이집적응기간 (1.3만 개, 18.07.24)

자녀들의 사랑스러운 순간을 올리면서, 즐거웠던 시간을 다시 되새기며 뿌듯함을 느끼는 것도 엄마로서의 일상 기록에서 빠질 수 없는 부분이다. 밥 먹이기, 목욕 시키기, 계절의 변화 (눈싸움, 꽃구경, 물놀이) 등 일상 의례가 풍부하게 담겨 있어 육아 정보를 기록하고 습득하는 데서 나아가 온라인 육아 일기장으로 기능하는 모습이 엿보였다. 바쁜 일상 가운데도 손쉽게 인스타그램에 접속하여 소중한 순간을 기록하는 창구로서 기능하는 것이다. 자녀들의 성장 기록은 일정한 주기를 넘어서 하루하루 기록하고 변화를 담아내는 것으로 세분화되고 있었다. 자녀의 이름을 넣은 해시태그를 고정적으로 활용하면서, 육아 일기가 축적될 수 있도록 활용하거나, 하루 중 기억하고 싶은 모습 아래 당시의 감정을 기록하거나, 색다른 해석을 덧붙이면서 스스로의 양육 과정을 소재로 스토리텔링을 시도하는 모습은 맘스타그램의 특성 중 주목해보아야 할 부분이다. 주체적으로 스스로가 경험하는 양육의 순간 순간에 대한 기록을 남기고, #도치맘(927만 개, 18.07.24) 등 애정 어린 해시태그 속에서 육아가 가져다주는 희열을 기록하고 공유했다.

다양한 방식의 스토리텔링이 시도되는 과정에서 맘스타그램에서는 모성 실천에 결부되는 시행착오들도 가시화된다. 매끄럽게 재현되는 미디어에서의 완벽한 엄마의 모습이 아닌, 하루하루 예상치 못하게 나타나는 돌발 상황을 수습하며, '웃픈(우스우면서도 슬픈)' 경험들을 자조적으로 포스팅한다. 해시태그를 검색을 염두에 둔 원래 목적이 아니라, 내용을 강조하거나 '반전 스토리텔링'을 담아내는 용도로 활용하는 것은 한국에서 주로 나타나는 독특한 현상이다. 특정한 이미지 아래 여러 개의 해시태그를 달면서 다층적인 감정을 녹여내는 경향이 관찰되었다. 자녀와 함께하는 일상 속에서 생겨나는 서로 상충되는 복합적인 감정들을 표현하는 창구로 활용하는 것이다. 자조적인 내용을 담아내거나 피로감, 당혹스러움과 같은 감정을 해시태그 안에 녹여 배설하는 현상이라 할 수 있다.

#너만좋다면, #나는괜찮아 #니가좋으면나도좋아 #정말너무피곤하다
쇼핑센터로 피서다녀왔다(생략) #늙은애비애미 #짐꾼아부지#가마꾼어무이
#너만좋다면 #괜찮소

양육 현실에 대한 비판적 목소리를 내는 창구로서 해시태그를 활용하는 사례도 관찰되었다. 어린이집에 보내기 위해서 자녀와 실랑이하는 워킹맘의 이야기나, 반찬 투정이나 가벼운 병치레와 같이 모성 실천에 관한 추상적인 차원의 어려움이나 숭고함이 아닌 매일 매일 일상에서 일어나는 일들을 세밀하게 기록함으로써 자녀 양육의 현실을 가감없이 드러내고 있었다.

신나는 등원길이었는데 얼집 선생님들과 마주친 순간 무언가 이상했던지
아니야 아니야 엄마 아니야를 외치다 안녕 #어린이집적응기간

#다시처음부터
입구에서 안 가겠다고 울지만..그래도 나름 잘 적응중~ D+560
아들아 더 굳건해지거라! 엄마는 단단해지고 있다! #힘내자아들 #어린이집
적응기 #잘할수있어 #엄마없이도 씩씩하게 #사랑해

특히 #독박육아(131만 개, 18.07.24)에는 보다 직접적으로 육아에 수반되는 어려움이 녹아난다. "독박육아"란 표현은 2010년대 중반 등장했다. 이는 여성에게 양육에 수반되는 노동이 집중된 상황을 꼬집는 신조어다. 육아가 여성의 책임으로 여겨진 것은 최근의 일이 아닌 고착된 불평등이지만, '독박육아'라는 표현은 이 같은 상황을 함축하는 용어로서 최근 3-4년간 빠르게 일상 용어로 자리 잡았다. '독박육아'란 표현을 통해, 돌봄 노동이 당연하게 어머니의 몫으로만 여겨지는 상황을 비판할 언어가 생긴 것이다. '독박육아'라는 표현은 부정적으로만 활용되는 것이 아니다. '독박육아'라는 표현을 통해 비슷한 어려움을 경험한 여성들 간의 공감을 이끌어내고, 감정을 나누면서 육아가 갖는 의미를 되새기고 서로를 격려하고 북돋아주는 모습이 관찰되었다.

다르게 생각해보면, 딱 지금만 서연이와 할 수 있는 것들이다. 늘 웃을수만은 없는 육아, 나를 완전히 내려놓아야 하는 육아, 그래도 내새끼 웃는거 보면 또 웃게 되는 육아, 오늘도 모든 #육아맘 #독박육아 화이팅

#전투육아 (19.5만 개, 18.07.24) 혹은 '육아로부터의 퇴근'을 뜻하는 #육퇴(25.2만 개, 18.07.25) 등의 해시태그 역시 육아에 결부되는 육체적 정신적 피로를 강조하는 데 활용되었다. 자녀의 잠든 얼굴, '혼술'을 위한 차림 사진을 촬영하여 공유하면서 '육퇴'의 기쁨을 나누고 휴식을 만

끽하는 그 순간을 기록하는 것이다.

5. 소비문화 전시와 자기서사 쓰기 사이의 줄타기

이 글은 맘스타그램 현상을 통해 익명의 유자녀 여성들의 공유된 경험들이 교차되면서 한국 사회의 '엄마 되기' 규범이 만들어지는 양상을 관찰하고자 하는 목적으로 쓰여졌다. 이를 위해 우선 문헌 연구를 통해 한국 사회의 모성 이데올로기가 담지하는 특징을 살펴보았고, 이를 바탕으로 시각 요소를 강조하는 인스타그램의 어포던스affordance 안에서 이뤄지는 유자녀 여성들의 자기서사 쓰기와 과시적 소비문화의 힘겨루기 가운데 빚어지는 욕망의 함의를 분석해보고자 했다. 참여관찰 결과 인스타그램을 이용하는 유자녀 여성들은 자녀 돌봄에 필요한 지식의 소비자이자 생산자로서 #맘스타그램 안에서 정보와 감정을 활발하게 교환하고 있었다.

모성 실천의 창구로서 인스타그램의 특징은 육아 지식 생산자와 습득자의 경계, 정보와 광고 사이의 경계, 기록과 전시의 경계가 모호하다는 점이었다. 또한 개별 이용자가 쓰는 즉시 공유되는 단편적인 경험들이 1차적으로 팔로워들의 '좋아요'와 댓글 속에서 의미가 보태지고, 2차적으로는 다양한 해시태그를 통해 여러 이용자들에게 연결되는 공간이었다. 다만, 개인에 따라서는 양육에 결부되는 다양한 경험을 실시간으로 공유하는 과정에서 사회적으로 획일적으로 부여되는 모성의 정체성에서 거리를 둔 채 성찰적으로 육아 경험을 되돌아보면서 주체적으로 모성 정체성을 구축해나갈 수 있는 창구로 활용하는 측면도 발견되었지만, 관성적으로 소비적 의례만 수동적으로 재생산하는 한계도 관찰되었다.

보닐라와 로자(Bonilla & Rosa, 2015)는 해시태그를 통한 온라인 에스노그래피 작업이 특정한 주제에 대한 연구의 출발점 혹은 엿보기의 창구로서 의의를 갖는다는 점을 분명히 했다. 특정한 문화 현상을 해시태그를 통해 관찰하는 것의 근본적인 한계는 해시태그를 사용하지는 않았지만 해당 주제를 언급한 글들을 분석할 수 없으며, 개별 구독자들을 구독하여 관찰하지 않는 이상 게시물의 맥락을 충분하게 파악하기 어렵다는 데 있다고 지적했다. 실제 관찰 과정에서도 그 밖에 본 연구에서 대상으로 삼은 여성 이용자들의 경우, 자녀 사진을 의식적으로 올리지 않거나, 신상공개를 우려해 계정을 비공개로 운영하는 경우가 많았다. 그 밖에 비공개 계정으로 소수의 계정을 구독하는 용도로만 인스타그램을 사용하거나, 스스로 브랜드를 운영하며 홍보 도구로 인스타그램을 활용하는 사례까지 실제 개인별 이용 행태에는 편차가 클 것으로 예상되었다.

SNS에서의 교류가 활성화된 오늘날, 개인의 정체성 형성이나 관계 맺기의 특성에 있어 온라인과 오프라인에서의 활동을 분리해서 논하기는 어렵다. 대체로 20대~30대인 맘스타그래머들은 디지털 공간에 익숙한 세대로서 온라인 공간에서의 자기표현에 능숙하다. 단순히 육아 경험을 온라인 공간에 기록으로 남기는 차원을 넘어서, 실질적으로 필요한 정보를 탐색하고, 또래의 유자녀 여성들과 관계를 맺고 생각을 나누는 것은 이미 삶의 일부로서, '엄마'로서의 정체성을 만들어나가는 과정에서 SNS 이용이 대면 커뮤니케이션 못지않게 중요한 역할을 하게 되었음을 부정하기 어려운 시대가 도래했다고 볼 수 있다.

SNS를 통해 인플루언서들을 비롯한 다양한 개인들의 일상의 이미지가 공유되면서, 개인들은 고성능의 스마트폰이 제공하는 기술적 기반을 활용하는 동시에 서로의 이미지를 상호 참조하면서 점차 획일화된 방식으로 일상 의례를 공유하고 있었다. 좋은 엄마가 되기 위한 정보를 탐색하는 과정에서 다양한 기업들이 창안해내는 상업적 의례 가운데 옥석을 가려내고, 적절한 선에서 합리적 소비를 해야 한다는 것은 과거의 어머니들이 경험하지 못했던 새로운 종류의 현실적 압박으로 작용하고 있었다. 하지만, 개인들의 때로 자조적이고 성찰적인 기록이 축적되면서 #독박육아나 #육아퇴근과 같은 키워드를 통해 매스미디어가 제공하는 획일화된 모성의 이미지에 파열을 낼 수 있는 가능성도 제시되고 있었다. 해시태그 검색을 통해서 육아 경험을 통해 다른 여성들과 연결되는 경험이 가능해지면서 '엄마 되기'에 수반되는 고단함을 무조건 인내하기보다 헌신적이고, 희생적인 어머니상에서 벗어난 재해석을 시도하고 있는 것이다. 많은 유자녀 여성들이 비슷한 고민을 갖고 있는 맘스타그래머의 존재를 통해 자신의 어려움이 공통의 경험임을 자각하고 있었다. 경험을 공유하는 것을 통해 서로의 상황에 이해와 공감을 표시하고, '독박육아'와 같은 새로운 해석적 프레임 안에서 헌신적이고 무조건적인 희생을 해야 한다는 집약적 모성이데올로기를 비판적으로 바라볼 수 있는 계기를 마련하고 있는 것이다.

서구에서는 공공장소에서 수유하는 것을 외설적으로 보고 금지하는 움직임에 반발하여, 인스타그램에 '수유 셀피'를 올리는 저항운동이 SNS 네트워크에서 이루어진 새로운 사회적 실천으로서 주목받은 바 있다. 오프라인에 모여 동시에 수유를 하는 운동뿐 아니라, 온라인에서 수유하는 모습을 직접 공적인 영역인 소셜 미디어에 전시하는 행위 또한 공적 장소에서의 수유에 대한 사회적 낙인을 없애고자 한 운동으로서 집단적인 호응을 이끌어냈다. 이는 여성의 가슴을 성애적으로 대상화하여 소비하는 풍토를 비판하고, 여성의 신체에 관한 자결권을 되찾고자 하는 사회적 운동으로서 시도되었는데, 수유하는 모습을 찍은 사진이

다양한 해시태그를 통해 여성 간의 연결을 조직하면서, 자전적인 기록으로서의 가치뿐 아니라 수유에 관한 사회문화적 의미를 재규정할 수 있는 가능성을 보여준 사례로 볼 수 있다(Locatelli, 2017).

결론적으로, 맘스타그램에 참여하고 있는 개인들은 해시태그를 통해 서로의 양육 경험을 나누면서 느슨한 엄마들의 네트워크를 형성하고 있었다. 때로는 상업적 의례의 소비자로서, 소비문화를 향유하는 스스로의 모습을 전시하기도 하고, 때로는 여성의 주체적 시선에서 모성 실천에 수반되는 다양한 경험을 자기서사 쓰기를 통해 새롭게 해석하는 경향도 관찰되었다. 이 글에서 발견된 맘스타그램이 갖는 양가적인 특성과, 온라인상에서 새롭게 주조되는 모성 담론의 함의에 대해서는 다양한 여성들의 경험에 관한 풍부한 후속 논의를 통해 계속해서 의미를 탐색해볼 필요성을 제기하는 바이다.

참고문헌

김보성·김향수·안미선 (2014). 『엄마의 탄생』. 오월의봄.

김은경 (2007). 1950년대 여학교 교육을 통해 본 '현모양처'론의 특징. 『한국가정과교육학회지』. 19(4): 137-151.

김지혜 (2015). 근대 광고 이미지에 나타난 주부의 표상. 『미술사학보』. 45: 83-106.

김효인. (2017). SNS 해시태그를 통해 본 여성들의 저항 실천. 『미디어, 젠더 & 문화』. 32(4): 5-70.

김혜경·오숙희·신현옥 (1992). 자본주의적 산업화와 한국가족의 역할 변화. 『여성과 사회』. 3권: 278-314.

김혜경 (2006). 『식민지하 근대 가족의 형성과 젠더』. 창작과 비평사.

______ (2015). "논쟁의 장으로서 '가족': '박정희 체제'하 핵가족 담론과 성별규범의 재구성". 『조국 근대화'의 젠더정치』. 아르케.

노영주 (2000). 초기 모성경험에 관한 질적 연구. 『한국가정관리학회지』. 18(3): 71-83.

박혜경 (2009). 한국 중산층의 자녀교육 경쟁과 '전업 어머니' 정체성. 『한국여성학』. 25(3): 5-33.

______ (2010). "신자유주의적 주부 주체화 담론의 계보학". 『한국여성학』. 26(2): 127-158.

배은경 (2008). 구술생애사를 통해 본 산업화 시기 한국 어머니의 모성 경험-경제적 기여와 돌봄노동, 친족관계 관리의 결합. 『페미니즘연구』. 8권: 69-123.

신경아 (1998). 희생의 화신에서 욕구를 가진 인간으로. 『여성과 사회』. (9): 159-180.

______ (2007). 산업화 이후 일-가족 문제의 담론적 지형과 변화. 『한국여성학』. 23(2): 5-45.

조주은 (2013). 『기획된 가족』. 서해문집.

이동후 (2013). 와이프로거의 "조금 다른 궤도": 요리, 젠더, 그리고 블로그. 『지금, 여기, 여성적 삶과 문화』. 이화여자대학교출판부.

홍남희 (2012). 초기 모성수행기 여성들의 스마트폰 이용. 『미디어, 젠더 & 문화』. (21): 135-164.

홍지인 (2017. 8. 10). 인스타그램, 국내 사용자 1천만 돌파…17개월 만에 400만↑ 〈연합뉴스〉. URL: http://www.yonhapnews.co.kr/bulletin/2017/08/09/0200000000AKR20170809158200033.HTML

Beck-Gernsheim. (1996). *Die Kinderfrage: Frauen zwischen Kinderwunsch und Unabhangigkeit.* Berlin: medimops. 이재원 역 (2014). 『모성애의 발명—'엄마'라는 딜레마와 모성애의 부담에서 벗어나기』. 알마.

Bonilla, Y. & Rosa, J. (2015). # Ferguson: Digital protest, hashtag ethnography, and the racial politics of social media in the United States. *American Ethnologist*, 42(1): 4-17.

Buchanan, Matt (2013. 6. 20). Instagram and the Impulse to Capture Every. Moment. 〈New Yorker〉. URL: https://www.newyorker.com/tech/elements/instagram-and-the-impulse-to-capture-every-moment

Dixon, K. (2014). Feminist online identity: Analyzing the presence of hashtag feminism. *Journal of Arts and Humanities*. 3(7): 34-40.

Fraser, N. (1994), "After the Family Wage: A Postindustrial Thought Experiment", in *Fortunes of Feminism: From State-Managed Capitalism to Neoliberal Crisis* (2013). Verso.

Hochschild (2013). *So How's the Family?: And Other Essays.* Univ of California Press. 이계순 역 (2016). 『가족은 잘 지내나요?: 현대 가족의 일과 삶과 사랑의 공감 지도 그리기』. 이매진.

Kim, Jinsook (2017). #iamafeminist as the "mother tag": feminist identification and activism against misogyny on Twitter in South Korea, *Feminist Media Studies*. 17: 5, 804-820.

Lerner. (1986). *The Creation of Patriarchy.* Oxford University Press. 강세영 역 (2004). 『가부장제의 창조』. 당대.

Shirky, C. (2011). The political power of social media: Technology, the public sphere, and political change. *Foreign affairs*: 28-41.

픽토리얼 푸드:
먹스타그램 현상과 음식 이미지의 역사

강보라

1. 먹스타그램의 등장

#장면 1

2013년 12월에 발행된 프랑스 미식잡지 '프리꼬뜨Fricôte'는 당시 파리의 거의 모든 레스토랑 테이블에서 벌어지는 장면을 커버로 내세웠다. 작가 장 줄리앙이 그린 일러스트에는 테이블에 둘러앉아 자신이 주문한 음식 사진을 찍는 데 집중하는 세 명의 사람이 등장한다. 커버 관련 기사에 따르면 파리지앵은 음식이 나오자마자 사진부터 찍는 행위를 두고 '푸드 스내핑food snapping'이라는 자조 섞인 신조어를 만들어냈다고 한다. 물론 모든 프랑스인이 이와 같은 음식 사진 찍기에 열광한 것은 아니다. 어떤 셰프들은 자신의 레스토랑에서 음식 사진을 아예 금지하기도 했다.

#장면 2

2016년 여름, IKEA가 내놓은 "Let's relax"라는 제목의 광고에는 18세기 유럽의 한 부르주아 가족이 등장한다. 식사 준비가 끝났지만, 아버지로 보이는 남자는 다른 가족들에게 기다리라고 명한 후 화가를 불러들인다. 하인들은 그 가족의 저녁식탁을 담은 그림을 들고 온 동네를 돌아다니며 사람들이 그림에 대해 어떤 평가를 내리는지 살핀다. 시간이 한참 흐른 후, 하인들은 부르주아 가족에게로 돌아와 엄지를 치켜들며 사람들이 그림에 대해 '좋은 평가'를 내렸음을 알린다. 그제야 가족들은 식사를 시작하는데 화면에는 "이것은 식사다. 경쟁이 아니다. It's a meal. Not a competition."라는 문구가 등장하고, 그 위로 현재의 시점에서 식사 전에 스마트폰으로 열심히 사진을 찍는 한 가족의 아버지가 오버랩된다.

#장면 3

2017년 10월 26일, 'kevinfreshwater'라는 아이디를 가진 인스타그램 이용자는 자신의 계정에 1분 안팎의 짧은 동영상을 업로드했다. 해당 동영상에는 이용자의 지인으로 보이는 여러 명의 사람들이 등장하는데, 이들은 모두 음식을 앞에 두고 스마트폰으로 사진을 찍으려고 했다. 그러나 사진을 찍는 순간 음식은 포크로 짓이겨졌고, 영상 안에는 이들의 놀라거나 화난 표정이 고스란히 담겼다. 이 동영상은 '인스타그램 사진을 망치는 방법How to ruin people's Instagram pics'이란 설명과 함께 현재까지 인스타그램 내에서만 60만 회 이상 조회되었다.

지난 몇 년간 일상의 미디어 풍경 내에서 펼쳐졌던 이 장면들은 현대인에게 식탁에 앉기 전에 반드시 치르는 새로운 의식이 생겨났음을 알려준다. 이제 식탁 앞의 우리는 음식을 준비한 누군가에게 감사를 표하거나 맛있게 음식을 즐기라는 인사를 전하는 대신 음식 이미지를 찍어 소셜 미디어에 공유한다. 음식 이미지의 생은 여기서 그치지 않는다. 소셜 미디어를 이용하는 다른 사람들의 사랑을 받기도 하고, 때로는 질투의 대상이 되기도 한다. 한 번 만들어진 음식 이미지는 그렇게 돌고 돌아 또 다른 음식 이미지를 만들어내는 데 다다른다. 소셜 미디어 공간이 음식 이미지로 포화 상태에 이르더라도, 심지어 생존하는 인류의 수보다 더 많아지는 상태에 이르더라도 음식 이미지의 생산은 계속될 것처럼 보인다.

이러한 상황 가운데 먹스타그램은 소셜 미디어상의 음식 이미지를 대표하는 이름으로 떠올랐다. '먹다'와 '인스타그램'의 합성어인 먹스타그램은 국내 인스타그램 이용자들이 음식 이미지를 공유하면서 주로 첨가했던 해시태그로 음식 이미지의 분류 및 검색에 이용되고 있다. 인스타그램이 이미지 공유 어플리케이션으로 론칭한 이후 이용자들은 다양한 이미지를 생산했다. 그중에서도 먹스타그램이 국내에서 괄목할만한 성장세를 이룬 배경에는 여러 요소가 작용한 것으로 보인다.

우선 인스타그램이라는 특정 플랫폼을 이용하는 이용자가 급증했음을 언급할 수 있다. 최근 개인 정보 이용 등의 내부 이슈나 소셜 미디어 시장의 포화 등의 외부 상황 때문에 페이스북을 위시한 소셜 미디어의 성장이 주춤하는 가운데, 인스타그램 이용은 갈수록 확대되는 양상이다. 지난 6월 인스타그램은 한 달 동안 인스타그램을 활발하게 이용하는 이용자active user 수가 10억 명에 달한다고 발표했다. 이는 전년 대비 약 10배에 가까운 성장세로 페이스북이나 스냅챗 등의 타 소셜 미디어 플랫폼과 비교해보더라도 주목할 만한 대목이다(Etherington, 2017; Hartmans & Price, 2018). 소셜 미디어 모니터링 전문회사인 브랜드워치Brandwatch의 2017년 발표에 따르면 인스타그램 이용자 중 90퍼센트가 35세 이하로 비교적 젊은 층에서 주로 이용되고 있었고(Smith, 2017), 2018년도에 들어서는 기존의 페이스북 이용자 가운데 10대를 중심으로 이미지 기반의 인스타그램이나 스냅챗으로의 이탈이 증가하고 있는 것으로 집계되었다(Leswing, 2018).

한국에서도 인스타그램의 성장세가 두드러진다. KT 그룹의 디지털 미디어랩 나스미디어는 '2018 인터넷 이용자 조사'에서 전체 소셜 미디어 중에서 인스타그램 이용률은 51.3%로 67.8%를 기록한 페이스북에 이어 가장 높았고, 다른 소셜 미디어가 모두 전년 대비 이용률이 하락한 데 반해 인스타그램만 이용률이 전년(36.4%)보다 14.9%p 늘어났다고 밝혔다. 이와 같은 인스타그램의 성장세에는 20~30대 여성 이용자의 증가가 영향을 끼쳤다는 분석이 있으며, 실제 '2018 인터넷 이용자 조사' 결과에 따르면 여성 이용자들은 페이스북보다 인스타그램을 더 많이 사용하는 것으로 나타났다(김수연, 2018).[1] 이처럼 먹스타그램이 급성장할 수 있었던 데에는 소셜 미디어의 전반적인 확장과 함께 인스타그램이 무엇보다 이미지 중심적 커뮤니케이션을 전면에 내세운 점이 유리하게 작용했다. 이에 더해 모바일 카메라 기술이 소셜 미디어에 발맞춰 발전한 부분도 먹스타그램의 부흥에 기여했다고 할 수 있다.

인스타그램 자체의 성장과 더불어 음식에 관한 대중의 관심이 한국 사회에 꾸준히 존재했던 것도 먹스타그램의 성장을 뒷받침하는 배경이 된다. 맛집을 중심으로 하는 소비문화(박형신, 2011), 새로운 맛을 찾고자 하는 미식경험(Johnston & Baumann, 2010; Naccarato & Lebesco, 2012), 먹방 또는 쿡방과 같은 음식 관련 콘텐츠(Evans, 2015; Hu, 2015; 김형우, 2015; 홍석경·박소정, 2016; 문영은·심지수·박동숙, 2017)가 한데

1 퓨리서치센터의 조사 결과에 따르면 외국에서도 2016년 인스타그램 이용자 중 남성보다는 여성이 더 많은 것으로 나타났다(Duggan, 2016).

어우러지면서 한국 사회는 그 어느 때보다 음식에 경도되어 있는 것처럼 보인다. 앞서 살펴보았던 사례와 같이 이제 식사는 단순히 음식을 섭취하고 음미하는 데서 그치지 않고, 이를 이미지로 기록하고 소셜 미디어를 통해 다른 이들과 공유하는 과정을 포괄하게 되었다.

소셜 미디어에서 음식 이미지가 끊임없이 만들어지는 현상에 대한 궁금증에서 출발한 이 글은 따라서 미디어·커뮤니케이션의 관점과 더불어 시각문화 연구와 음식 연구food studies의 논의를 참조하고자 한다. 먹스타그램의 의미를 파악하기 위해서 인스타그램이 갖는 미디어·커뮤니케이션적 요소를 살피는 것뿐 아니라, 이미지라는 시각적 대상으로서 함의하는 바와 이미지가 대상화하고 있는 음식이라는 소재가 내포하는 의미를 복합적으로 판단하는 과정이 필요하다. 특히 필자는 이 글에서 이미지화된 음식을 '픽토리얼 푸드pictorial food'라 칭하고, 음식 이미지의 역사에서 먹스타그램 현상을 어떻게 설명할 수 있는지 고민해 보고자 한다.

구체적으로는 음식과 시각문화의 결합을 살펴보기 위한 시도로써 회화와 사진이 어떻게 음식을 대상으로 다루어왔는지를 기술한다. 이어 TV와 같은 레거시 미디어가 음식 이미지를 활용한 방식을 검토하며, 미디어 속 음식 이미지가 파생시킨 문화적 경향에 대해 언급할 것이다. 인터넷 시대 이후 미디어 콘텐츠로서 음식이 등장한 대표적인 사례를 살핀 후에는 이와 같은 시각문화-미디어 속의 음식 이미지의 연장선상에서 먹스타그램이 내포하는 의미를 분석하고자 한다.

2. 시각 문화와 음식 이미지

회화 속 음식 이미지

서양 미술에서 음식은 종종 회화의 소재로 등장했다. 회화에서의 음식은 당대의 지식과 관련을 맺었는데, 특히 종교적·과학적 지식과의 관련성이 두드러졌다. 종교적 지식-주로 성경에 등장하는 내용을 시각적으로 풀어내기 위한 소재로 음식이 선택되곤 했다. 그중에서도 선악과에서부터 출발한 과일 이미지는 교회의 영향력 아래 인간의 원죄나 매혹 등을 상기시키기 위한 도상학적 기호로 확대·재생산되었다. 과일 이미지가 종교적 상징으로서 갖는 위력이 약해지기 시작한 15세기 이후에도 과일은 회화의 소재로 각광받았다. 일례로 과일은 생김새 자체로 시각적 흥미를 불러일으키는 것으로 간주되었다. 17세기 들어 카라바지오Caravaggio가 여러 종류의 과일이 담긴 바구니를 그린 이후, 과일을 소재로 삼은 정물화가 폭발적으로 늘어났다. 흥미로운 것은 당시 서구의 식생활에서 과일 자체가 크게 주목받는 식자재는 아니었다는 점이다. 그러나 예술가의 관점에서 과일이 지닌 색채와 질감이 미학적으로 표현된 그림이 대중화됨에 따라 과일을 담은 바구니를 집안에 비치하는 가구가 늘어난 것으로 알려졌다(Riley, 2014). 네덜란드 정물에 이르기까지 과일을 소재로 한 이미지는 확고한 예술적 전통으로 자리 잡았으나 음식이 소재를 넘어 예술의 주제로 채택되는 경우는 드물었다. 음식을 작품의 주제로 삼기에는 그것이 가진 친숙함 때문에 예술이 추구하는 형이상학적인 가치에 도달하기 어려운 것으로 여겨졌다. 전통적인 미술사조에서 소재로만 기능하던 음식은 포스트모더니즘 미술 안에서는 오히려 보편적인 성질 덕분에 유머 코드를 겸비한 주제로 표현되기도 했다(Bendiner, 2004: 22).

다른 한편, 회화 속의 음식 이미지는 당대인들의 일상과 의례, 그리고 취향에 관한 기록으로 볼 수 있다. 회화는 음식과 함께 카페와 레스토랑, 시장과 같이 장소 특징적인 일상을 묘사하거나 축하연이나 소풍과 같은 이벤트에서의 의례를 담았다. 이 가운데서도 식사는 음식을 대하는 시대 정신을 관찰할 수 있다는 점에서 중요한 의미를 갖는다. 식사 장면이 담긴 회화의 음식 종류 또한 길거리 음식에서부터 정찬에 이르기까지 다양하다. 여기서 알 수 있는 것은 어떤 음식을 먹었는지 뿐 아니라, 식사에 참여한 사람들이 누구이고, 무엇보다 식사가 이루어지는 장소가 어디인지에 관한 부분이다. 회화 속의 식사 장면에 드러나는 장소는 집과 같은 일상적인 장소뿐 아니라, 병상, 자동차, 보트, 선상의 레스토랑 등 비일상적인 장소 또한 포괄한다(Malaguzzi, 2008). 독특한 지점은 식사 장면을 담은 회화가 많긴 하지만, 입을 벌려 음식을 먹는 것과 같이 먹는 행위가 직접적으로 드러나는 장면은 매우 제한적으로 사용되었다는 것이다. 부득이하게 입을 벌리고 음식을 먹는 적나라한 행위가 드러난 그림의 경우, 그림 안의 인물의 탐욕을 풍자하거나 인물을 희화화하는 등의 의도가 숨어 있는 것으로 간주되었다(Bendiner, 2004: 23). 또한 서양의 의례적 감각에 비추어봤을 때, 입 속의 음식물이 보인다는 것은 매너에 어긋나는 것이기도 했고, 먹는 행위 이후의 소화 과정이 연상될 가능성이 있다는 점 때문에 먹는 모습이 담긴 장면을 상세히 묘사하지는 않는 것으로 보인다.

회화에서의 음식이 종교적 소재 또는 일상의 기록으로 사용된 용례 이외에도 음식 이미지가 담고 있는 사상적 배경이 음식을 소재로 한 회화 생산을 독려했음을 알 수 있다. 회화 속의 음식은 자연의 일부이자 그 자체로 인간의 통제하에 있는 것으로 묘사된다. 동식물의 식재료가 회화 속에서 다듬어지고 조리되어 인간의 생존과 미각을 위해 복무하는 식이다. 자연 상태에서는 인간의 식재료를 얻기 위한 노력이 허사가 되기도 하지만, 그림 안에 담기는 순간 음식은 얼마든지 복제 가능한 것으로 철저히 인간의 통제하에 놓이게 된다(Bendiner, 2004: 28-29). 이는 나아가 자연을 재구성할 수 있는 정복자이자 강한 생존력을 지닌 만물의 영장으로서 인간을 중심에 두는 인본주의적 사고로 발전한다. 그러나 여기서의 인본주의적 사고는 일면 남성 중심의, 젠더불평등한 시각에 기울어져 있다고도 할 수 있다. 대표적인 예로 많은 회화에서 오브제로 사용된 굴은 미식의 소재인 한편 남성의 시각이 투영된 성적 욕망을 뜻한다. 여러 텍스트에 걸쳐 굴은 여성의 섹슈얼리티로, 남성의 성적 방탕함과 무절제로 은유되었고, 남성은 식기를 사용하지 않고 굴을 먹는 모습을 통해 남성성을 인정받고자 했다(Cheney, 1987). 어떤 면에서는 이 같은 관습적 의미가 확대되어 굴이 남성의 성적 능력을 강화하는 데 탁월한 음식으로 알려진 배경과도 연관이 있어 보인다. 이를 통해 회화가 음식을 표상해왔던 전통이 오늘날 우리가 음식을 재현하는 방식에 있어서뿐 아니라, 음식에 관한 특정한 정보를 관련짓도록 이끌어왔음을 확인할 수 있다.

사진 속 음식 이미지

회화와 마찬가지로 사진 속 음식 이미지, 즉 음식 사진은 음식 그 자체를 보여주기도 하지만, 음식과 관련한 소비나 전통, 욕망 또는 즐거움을 일깨워주는 역할을 이행하기도 했다. 사진이 등장하고 난 이후, 대중에게 놀라움을 안겨주었던 건 사진이 음식을 묘사하는 사실성에 있지 않았다. 회화를 통해 음식 이미지를 접하는 것이 익숙했던 만큼 사실적 묘사 자체보다는 사진을 통해 음식이 얼마나 자주, 그리고 다양한 방식으로 복제될 수 있는지의 여부가 회화와 사진의 차이를 자아내는 지점이었다.

초기의 음식 사진은 크게 두 가지 차원에서 활용되었다. 하나는 정물화나 풍속화의 전통을 이어 음식 사진을 예술 작품의 범주에서 창작하는 것이었다. 예술 작품으로서 초기의 음식 사진은 창작자의 미디어(도구)가 바뀌었을 뿐, 회화가 음식을 그려온 양식이나 관습에서 크게 벗어나지 못했다. 이 외에도 초기의 음식 사진은 글로만 채워졌던 요리책의 시각적 자료로서 활용되기 시작했다. 최초의 요리책이 등장한 지 2세기가 지난 후인 17세기에 들어 전문 셰프를 위한 레시피와 이미지를 담은 요리책이 처음 등장했다.[2] 회화 대신 사진을 자료로 삽입하기 시작한 요리책 또한 예술 작품과 다르지 않게 음식 이미지 안에 함축적이고 상징적인 의미를 투사했다(Bright, 2017: 8-9). 주로 정찬을 완벽하게 세팅한 테이블 사진이 사용되다가 이후 그릇에 담긴 음식 위주의 사진이 활용되면서 정찬 테이블 사진은 점차 줄어들었다(Ashley et al., 2004: 154). 음식 사진이 첨부된 초기의 요리책들은 남성 셰프를 대상으로 전문적인 요리 지식을 바탕으로 공적인 영역을 다루는 인상을 준 반면, 20세기부터 대중화되기 시작한 가정 요리책의 경우 격식에 얽매이지 않는 스타일의 음식 사진과 가정이라는 사적 영역에 국한된 여성을 대상으로 한 쉬운 설명을 특징으로 삼았다. 가정 요리책은 결혼한 여성을 가정의 수호자이자 요리를 포함한 집안을 담당하는 주체로 호명했고, 젊고 아름다운 여성이 음식을 준비하는 모습을 음식과 함께 사진 안에 담음으로

2 기록으로 남아 있는 최초의 요리책은 1458년 독일 뉘른베르크에서 발간된 『부엌 정복기Küchenmeisterei』다. 16세기 중반 즈음에는 여러 종류의 요리책이 불어와 독어 등 서유럽의 대표 언어로 발간되었다. (Mennell, 1996: 65).

써 가정 요리와 여성을 한데 묶는 이데올로기적 효과를 발휘했다(Horner, 2000; Neuhas, 2001).

음식 사진이 음식을 대상으로 삼은 회화와 달랐던 점은 복제 가능성에만 있지 않았다. 음식 사진과 전통 회화의 결정적인 차이는 음식 이미지가 상업적인 목적을 띠느냐의 여부에 있었다. 1940년대 서구의 음식 재료 브랜드와 주방 용품 브랜드는 요리 소책자cook booklet를 발간하는 방식으로 광고 효과를 누렸다. 식물성 기름을 만드는 브랜드에서 도넛 이미지를 담은 레시피를 제공하거나 젤라틴을 생산하는 브랜드에서 푸딩을 만드는 과정을 사진으로 알려주는 식의 내용이었다. 1950년에 출판된 『베티 크로커의 사진 요리책*Betty Crocker's Picture Cookbook*』은 식자재 브랜드인 '베티 크로커'가 동일한 이름을 가진 가상의 여성 캐릭터를 내세워 당시 상업적으로 큰 성공을 거둔 사례라 할 수 있다. 또 다른 미국의 식자재 브랜드인 '녹스*Knox*'는 흑백 사진에서 컬러 사진으로 넘어가는 기술적 변화를 상업적으로 잘 활용한 경우로 꼽힌다. '녹스'에서 발간한 요리책은 요리 과정을 담은 사진을 흑백으로 표현하고 완성된 요리 사진을 컬러로 표현함으로써 시각적 효과를 극대화했다. 또한 이 요리책은 요리 쇼를 진행하는 TV 스튜디오를 배경으로 삼아 요리된 음식을 한층 더 '리얼한' 것으로 보이도록 만들었다. 이때부터 요리책과 TV 광고, 요리 프로그램 간의 연계성이 두드러지기 시작했다(Bright, 2017: 86–91, 118–123). 오늘날에 이르러 이 같은 경향성은 한층 강화된 것으로 보인다. 현재 외국뿐 아니라 한국의 출판 시장에서도 요리책은 음식 사진과 디자인 등 시각적 측면에서 대중에게 소구력을 가져야 한다. 특기할 만한 사항은 요리책 자체의 판매가 중요하다기보다 요리책을 기반으로 TV 프로그램 등 각종 미디어 산업과의 연계성을 제공할 수 있느냐가 주요한 고려 사항이 된다는 점이다.

앞서 언급한 '녹스'의 예처럼 20세기에 등장한 컬러 사진은 요리책과 음식 잡지뿐 아니라 음식 자체에 대한 상상을 바꾸어놓았다. 전통 회화에서 과일을 통해 시각적 흥미를 유도했던 것처럼 컬러 사진은 먹음직스러운 디저트를 통해 잠재적인 소비자를 공략하게 되었다. 흑백에서 컬러로의 이행은 시각적으로 상당한 차이를 느끼도록 만들었는데, 흑백 사진이었을 때는 맛없게 보이던 음식도 색 보정, 조명, 클로즈업 등에 의해 매력적인 음식으로 재탄생했다. 오늘날의 음식 사진을 담은 출판물들이 보여주는 새로운 효과는 음식의 시각적 아름다움이 우리의 입맛을 자극할 수 있다는 사실이다. 이 자극은 보는 이의 배고픔이나 미각에서 발전한 결과라기보다 재현되는 음식이 유발하는 페티시즘과 관련이 있다(Bendiner, 2004: 223).

이처럼 넓은 범주에서 동일한 시각 문화에 속한다고 할 수 있지만, 회화와 사진이 음식을 다루어온 방식은 상당한 차이를 갖는다. 무엇보다도 음식 사진은 회화 속 음식이 지녔던 상징성에서 벗어나 현실성과 실용성을 강조한다. 나아가 사진의 복제 가능성은 회화보다 넓은 층위의 대중에게 접근할 수 있는 기회를 만들었고, 그에 따라 다수에게 호소력을 가질 수 있도록 일상의 내러티브 안에 음식을 배치하는 방식을 강화했다. 음식 사진의 이러한 특성은 한편으로 음식 이미지가 매스 커뮤니케이션의 기능을 획득하게 된 필연적 배경을 보여준다.[3] 다른 한편으로 음식 사진이 상업적으로 활용될 수 있는 가능성이 확대된 가운데 음식 이미지가 급속도로 증가함에 따라 이미지 자체가 갖는 진정성에 관한 의문이 제기되었다. 그리고 음식 이미지를 둘러싼 담론은 텔레비전

3 루소(Rousseau, 2012: 22)는 커뮤니케이션이 '대상을 평범한 것으로 만드는 과정'이라고 정의하면서 요리책이 대중에게 음식을 특별한 것이 아닌 평범한 것으로 받아들이도록 이끄는 커뮤니케이션적 특성을 포함한다고 보았다.

과 인터넷을 만나면서 한층 복잡한 양상을 띠게 되었다.

3. 미디어와 음식 이미지

TV 프로그램의 음식 이미지

회화에서 음식을 표현했던 방식 중 대부분은 음식 사진의 생산에도 변함없이 영향을 끼쳤지만, 음식을 바라보는 사진만의 고유한 시각적 문법이 새롭게 제시되기도 했다. 대표적인 예로 사진은 음식을 단순한 오브제objet로 사용하는 것을 넘어 서사적 요소로 활용하기 시작했다. 회화에서의 음식은 상징적인 의미를 가졌기 때문에 보는 이가 각각의 음식이 가진 의미를 개별적으로 읽어내도록 유도한 반면, 사진에서의 음식은 서사 또는 이야기의 요소로서 각각의 요소 간에 어떤 관계를 맺고 있으며 이 요소들을 연결할 때 어떤 이야기가 완성될 수 있는지를 상상해보도록 만드는 총체적인 이미지 읽기를 요구한다. 예를 들어 서사적인 요소를 지닌 음식 이미지로서 사진은 요리 과정 중에 있는 장면을 포착하거나 서로 연관성이 없어 보이는 식재료를 함께 배치한다. 그럼으로써 보는 이에게 현재 보고 있는 이미지의 다음 이미지를 기대하게끔 만드는 등 이미지의 연속성을 부여하고, 이미지상에 따로 떨어져 있는 시각적 요소들 간의 연결고리를 찾도록 이끄는 등 이미지의 관계성을 부각한다. 음식 이미지가 서사적 의미를 띠는 경향은 사진보다는 움직이는 사진, 즉 영화나 TV 프로그램에서 한층 극명하게 두드러진다. 영화와 TV 프로그램 모두 단일한 이미지인 숏shot에만 의존하는 것이 아니라, 시간, 행동, 장소의 연속성을 지닌 장면scene과 장면들이 모여

하나의 이야기를 이루는 시퀀스sequence의 개념에 근거해 만들어지기 때문이다. 따라서 음식을 다룬 영화와 TV 프로그램에서는 음식이 주제로 다뤄지는 한편, 일종의 '캐릭터'로 등장해 이야기 플롯을 이끄는 중요한 요소로 사용되기도 한다(Batty, 2016).

여기서 우리는 음식 이미지가 기존의 시각문화의 관습적 전통뿐 아니라, 이미지를 생산하는 미디어 자체의 속성에도 영향을 받고 있음을 알 수 있다. 특히 회화에서의 음식 이미지가 예술로서 한정된 집단에 의해 향유되었던 것에 반해 예술적 목적뿐만 아니라 상업적 목적도 띨 수 있는 사진-영화-TV 프로그램 안에 담긴 음식 이미지는 대단위의 대중을 대상으로 하는 미디어의 힘을 업고 그 영향력을 강화할 수 있었다.

순수예술로서 음식 사진이 회화와 좀 더 강력한 관계 안에 놓여 있었다면 광고나 요리책 등 상업적 목적을 가진 음식 사진은 TV 프로그램과 밀접한 연관성 안에서 독자적인 영역을 확장해나갔다. TV 프로그램에서 다루는 음식은 그 자체가 주제이자 프로그램의 서사를 만들어가는 주요한 요소로 기능했다. (동)영상이라는 미디어적 특성 덕에 TV 프로그램의 음식 이미지는 한층 구체적 맥락 하에 위치하게 되었다. 스틸 이미지인 회화와 사진은 이미지 생산 전후의 과정이 생략된 채 함축된 텍스트로서 음식이 포착된 경우지만, 움직이는 이미지로서 TV 프로그램은 이미지 안에 담기는 소재가 연속적인 선상에서 재현되기 때문에 명시적인 성격을 띤다. 그 결과 TV 프로그램상의 음식 이미지는 음식 자체를 지시하는 것을 넘어 음식을 요리하는 사람, 음식을 요리하는 데 사용되는 식재료나 조리 도구, 나아가 음식이 조리되는 공간과 분위기까지도 시청자가 모방할 수 있는 것이자 구매할 수 있는 것으로 만들었다.

사진이 있는 요리책의 성공은 종종 동일한 컨셉의 TV 요리 프로그램으로 발전했다. 스튜디오 촬영으로 제작 비용이 적을뿐더러 시리즈나 단일 에피소드 등 다양한 형태로 제작이 가능한 덕에 제작자의 관점에서 요리 프로그램은 각광받을 수밖에 없었다. 서구의 TV 프로그램이 음식을 본격적으로 다루기 시작한 것은 약 80년 전으로 거슬러 올라간다. 1930~50년대 영미권에서는 요리 강습 프로그램이 급속도로 늘어나면서 여성 시청자들에게 주부로서의 정체성을 강조하는 동시에 그 정체성을 인정받을 수 있는 창조적 공간으로서의 주방을 부각시켰다. 말하자면 당시의 요리 강습 프로그램의 음식 이미지는 가정주부인 여성의 전유물로 가정하고, 여성의 역할을 요리사이자 돌봄 제공자로서 제한하는 데 이용되었다(Ashley et al., 2004: 171-172).

90년대 초에 라이프스타일 전문 채널과 '푸드 네트워크Food Network'와 같은 음식 전문 채널이 탄생하면서 요리 강습 프로그램은 가정에 헌신하는 전업주부를 대상으로 삼았던 그동안의 기획에서 벗어나 '현대적인modern' 감각의 시청자 층에 다가가고자 한다. '현대적인' 감각에 호소하는 음식 전문 채널의 프로그램들은 여전히 기혼 여성들을 주 시청자층으로 삼았지만, 이들의 요리 행위를 당연시하지 않고 사회적으로 인정받아야 할 가사 노동의 일환으로 바라본다는 점에서 이전의 요리 강습 프로그램의 인식과 차이를 지닌다. 또한 '현대적인' 음식 프로그램에서는 시청자를 사회 계급에 따라 세분화하고, 요리에 투자할 수 있는 시간·경제적 재원에 부합한 맞춤형 콘텐츠를 제공함으로써 음식과 관련한 요소들을 문화 자본의 관점에서 소비하도록 이끌었다. TV 음식 프로그램에서 '건강'을 강조하기 시작한 것도 90년대 이후에 드러난 경향으로 음식에 있어 중요하게 고려해야 할 기준으로 맛뿐 아니라, 영양소가 함께 부각되었다(Nacacarato & Lebesco, 2012: 43-44).

TV 음식 프로그램의 대중화에는 음식의 소비가 라이프스타일의 영역으로 확장된 부분이 주효하게 작용했다. 음식이 관습적인 여성성 안에 묶여 개인적이고 사적이며 일상적인 성격만을 가진 것이 아니라, 여행과 게임 등 여가와 구별되는 삶의 방식을 위한 이정표가 될 수 있음을 확인한 것이다. 오늘날까지도 TV 음식 프로그램은 구체적인 라이프스타일을 제안하는 역할을 이행하면서 기존의 관찰 다큐멘터리나 게임 쇼 등과 결합하며 혼종적인 장르로 발전해나가고 있다(Ashley et al., 2004: 172-173; Rousseau, 2012).

한편 1993년 일본에서 처음 만들어진 이후 2005년 미국에서 리메이크된 '아이언 셰프Iron Chef'와 같은 서바이벌 요리 쇼는 여성 출연자와 여성 시청자를 중심으로 이루어졌던 음식 TV 프로그램 지형에 새로운 변화를 가져왔다. 기존의 음식 프로그램이 배우자이자 엄마 그리고 안주인으로서의 전통적 여성상에 호소했던 것에 비해 서바이벌 요리 쇼는 음식에 경쟁적인 요소를 주입함으로써 힘이나 권위와 같은 남성적 특성들을 드러낸다. 또한 남성을 프로그램의 진행자와 패널로 등장시킴으로써 남성 시청자가 음식의 영역에 개입할 수 있는 가능성을 열어주었다. 흥미로운 점은 서바이벌 요리 쇼와 같은 TV 프로그램 형식이 경쟁을 강조함으로써 여성 출연자들에게도 '여성적 남성성female masculinity'을 부여한다는 데 있다. 전통적으로 경쟁이 남성성의 헤게모니를 확장하는 데 있어 주요한 장치로 사용되어왔지만, 여성이 가정을 벗어나 공적인 영역에서 요리함으로써 유동적인 젠더적 특성을 획득한 것으로 볼 수 있다(Nacacarato & Lebesco, 2012: 45-47).

아이러니한 결과는 이와 같은 TV 음식 프로그램의 확산이 대중을 음식을 직접 만들도록 이끌기보다 더 많은 음식 이미지를 소비하도록 부추겼다는 사실이다. 로슨(Lawson, 1998)은 TV 프로그램을 통해 음식과 요리가 일종의 '관중 스포츠spectator sport'가 되었다고 표현했는데, 이는 미디어로서 TV가 음식 이미지의 스펙터클을 끊임없이 생산하면 대중이 이를 경쟁적으로 수용하는 양상과 다름 아니다. 바로 이 지점에서 미디어를 통한 이미지의 과잉 생산이 이미지의 집착적 소비와 맞물린 순환적인 관계를 형성하면서 음식 이미지가 점점 음식으로부터 소외되기 시작했다고 볼 수 있다.

새로운 경향들

TV 음식 프로그램은 음식 이미지에 있어 새로운 경향을 촉발했다. 구체적으로는 음식 이미지에 관한 탐미주의적 관점의 발전과 주요한 음식 이미지 생산자의 전면적 등장을 언급할 수 있다.

음식 잡지나 광고 등에서 사용된 음식 사진이 TV 프로그램으로 옮겨가면서 음식 이미지는 한층 노골적으로 수용자의 감각을 자극하는 데 성공했다. 스틸 이미지에 비해 움직이는 영상 이미지는 음식의 변화나 먹는 과정 등을 연속적으로 전달할 수 있고, 좀 더 오랜 시간 동안 음식 이미지를 전달할 수 있기 때문이다. 탐미주의적 관점에서 음식 이미지를 극대화하고 소비하는 현상은 '푸드 포르노food porn'에서 두드러지게 나타난다(Taylor & Keating, 2018). "음식을 대단히 감각적으로 표현하는 것"을 의미하는 푸드 포르노의 기원은 1977년에 등장한 '미식 포르노gastro-porn'에서 찾을 수 있다(Spence, 2017/2018: 108). 전통적인 음식 이미지도 보는 이의 식욕을 충분히 자극하지만, 푸드 포르노로 지칭되는 음식 이미지는 마치 먹음직스러운 외양의 최대치를 끌어 모은 듯한 인상을 준다. 예컨대 푸드 포르노의 유형으로 그릇이나 테이블 등 음식 이외의 요소는 최대한 배제하고, 음식 자체를 줌인zoom-in하여 음식의 질감이 가진 생생함을 전달하는 데 심혈을 기울인 이미지를 떠올릴 수 있다(McDonnell, 2016). 근대 이후의 개념인 '포르노그래피'와 음식의 합성어로 푸드 포르노가 현대 들어 사용되기 시작했지만, 인류학적으로 봤을 때, 먹는다는 행위는 줄곧 섹슈얼리티와 관련이 있었다(Counihan, 1999). 특히 입속에서 음식을 느끼는 감각이 에로틱한 욕망과 밀접하게 연결되어 있다는 점에서 음식은 오랫동안 '포르노'적인 속성을 가진 것으로 볼 수 있다(Lupton, 1996/2015: 38). 오늘날 푸드 포르노가 자주 언급되는 배경은 음식과 섹슈얼리티 사이의 연관성에 더해 이미지 복제 시대에 음식을 대상화하는 시각적 방식과도 관련이 있다. 푸드 포르노에서 음식은 성적으로 사물화objectification되기도 하고, 대중의 시선을 내면화한 결과로서 재현되기도 한다. 푸드 포르노에서 제기되는 문제는 음식이 우리와 맺는 관계를 허위의 것으로 만든다는 데 있다. 푸드 포르노는 보는 이에게 시각적 식욕을 불러일으키고 가상의 포만감을 안겨줄 뿐, 먹기라는 육체적인 경험과는 연관이 없을 가능성이 높기 때문이다(Lavis, 2015; Spence et al., 2016).

TV 음식 프로그램의 증가와 함께 등장한 주요한 음식 이미지 생산자에는 셀러브리티 셰프와 '푸디foodie'가 있다. 앞서 살펴보았던 요리 강습 프로그램과 시비이벌 요리 쇼 등을 통해 대중에게 알려진 셰프들은 유명세를 이용해 스스로를 브랜드화해나갔다. 1960년대 후반에 성행한 프랑스의 '누벨 퀴진nouvelle cuisine' 스타일은 음식을 조금씩 보기 좋게 내놓는 것을 지칭하는데, '누벨 퀴진' 이후 서구의 식문화에서는 시각적으로 미학적인 요소를 갖춘 음식에 대한 강조가 생겨났다. 누벨 퀴진의 유행은 셰프를 단순한 기능인이 아니라 자신만의 독특한 스타일을 구가하는 예술가로 바라보는 시각을 동반했다. 셰프가 예술가로 인식되면서 셰프가 갖고 있는 '음식 문화자본culinary cultural capital'에 관한 사회적 인정도 한층 높아졌다. 또한 셀러브리티 셰프가 TV 음식 프로그램의 전면에 나서면서 음식이 갖는 '감각적이고 쾌락적인' 성격이 한층 강조되었고, 이는 동시에 음식을 표현함에 있어 시각적 미학이 얼마나 중요한지를 역설하는 결과를 낳았다(Ashley et al., 2004: 176-179). 음식 전문 채널의 등장으로 셀러브리티 셰프가 되는 등용문은 한층 넓어졌으며 식문화와 대중을 잇는 '문화적 매개자'로서 셀러브리티 셰프는 소수계층에게만 가능했던 미식문화를 민주화하는 데 큰 역할을 이행했다(Johnston & Baumann, 2010: 47).

셀러브리티 셰프에 열광적으로 호응했던 '푸디' 또한 일상적인 차원에서 음식 이미지를 생산하는 주체로 주목할 필요가 있다. 음식 애호가 또는 미식가라는 의미를 지닌 푸디는 귀족적인 취향을 향유하는 전통적인 미식가gourmet와는 차별점을 가진다. 전통적인 미식가가 고정불변한 사회적 계층성을 전제로 하는 것에 반해 푸디는 사회적 계급으로부터 독립된 정체성을 갖는다. 루소(Rousseau, 2012)는 푸디의 등장이 전 지구화와 관련이 있다고 보고, 전 지구화 이후 여러 경계와 제한에 갇혀 있던 세계 음식에 누구나 접근할 수 있다는 환상이 커졌다고 해석했다. 전 지구화의 영향으로 음식 선택에 있어서도 이전보다 훨씬 넓은 다양성이 담보되었을 뿐 아니라, 음식의 민주화가 이루어지기도 했다는 것이다. 결과적으로 계급적 조건과 관련 없이 푸디는 유기농 식재료를 찾거나 이국적인 맛을 탐닉하며 장인이 만든 특별한 음식을 쫓는 등의 문화적 실천을 통해 스스로를 음식 애호가이자 미식가로 정체화한다. 이 같은 정체성을 근간으로 푸디는 블로그나 소셜 미디어 등의 디지털 공간에서 음식 이미지를 생산하고 공유하는 데 적극적으로 가담하게 된다.

인터넷 시대의 음식 이미지

인터넷 시대에 들어선 이후, 한국에서는 음식 이미지 생산과 관련한 독자적인 움직임이 포착되었다. 2008~2009년 사이에 인터넷 방송 플랫폼인 아프리카Afreeca TV에서 BJ broadcasting jockey가 먹는 모습을 방송한 후, 먹는 방송, 즉 '먹방'이 하나의 콘텐츠이자 장르로 주목받기 시작한 것이다(이소라, 2015). 생산자의 관점에서 봤을 때 제작비 부담이 상대적으로 적다는 점은 먹방이 급속도로 성장할 수 있었던 바탕이 되었다. 먹방은 음식과 카메라만 있다면 얼마든지 제작할 수 있었던 데다 음식 먹기가 대중에게 두루 어필할 수 있는 보편적인 주제라는 점이 주효하게 작용했다. 실제 먹방 초기에는 BJ 경험이 없는 이들 중에서도 여성들이 적극적으로 제작에 뛰어들었고, 한꺼번에 많은 음식을 먹는 여성의 모습이 대중의 눈길을 끌었다(김형우, 2015). 먹방의 양적인 성장이 이루어지자 영국과 미국 등 해외 언론에서도 한국의 먹방 사례를 소개하며 먹방을 'moekbang' 혹은 'mukbang'과 같이 고유명사로 사용했다(Cha, 2014; Evans, 2015).[4]

회화나 사진, TV 프로그램의 음식 이미지와 먹방의 이미지가 다른 점은 음식 자체보다 음식을 먹는 것에 더 집중한다는 데 있다. 회화의 음식 이미지에 관한 논의에서도 살펴보았듯이 '음식을 먹는 입'이 가진 성적인 은유와 남이 먹는 모습을 쳐다보지 않는 서구의 의례 때문에 먹는 장면은 음식 이미지의 역사에서 크게 조명받지 못했다. 그런 점에서 먹방은 기존의 음식 이미지가 쌓아온 계보와는 조금 다른 결을 지닌다고 할 수 있다. 특히 음식 이미지라는 테두리 내에서 인터넷 먹방과 시차가 가장 적은 TV 음식 프로그램과 비교해보더라도 먹방은 기존의 맥락을 비껴나간다. TV 음식 프로그램의 제작 목적이 방송이 갖는 공적

4 영미권에 먹방이 개념적으로 알려지기 시작한 것은 2013~2014년경이고(Donna, 2017), 영어로 된 먹방 동영상이 처음 소개된 것은 2015년에 미국 파인 브라더스 엔터테인먼트Fine Brothers Entertainment가 제작한 한국 먹방에 관한 리액션 비디오를 통해서다. 그로부터 몇 주 후인 2015년 4월 말부터 트리샤 페이타스Trisha Paytas라는 유튜버가 영어권 시청자를 대상으로 먹방을 시작했다(McCarthy, 2017).

서비스로서의 기능에 부합해 '시청자에게 정보를 주고, 교육시키며, 즐거움을 주기 위한' 데에 놓인 것(Ashley et al., 2004: 173)과 반대로 먹방은 개별적인 행위자의 먹(고자 하)는 욕구에 초점을 맞춘다. 더군다나 유명인이 아닌 일반인이 스스로 카메라 앞에 서서 줄곧 먹기만 하는 장면으로 가득 찬 영상은 어디서도 찾아볼 수 없었던 종류의 것이었다. 그러나 인터넷 문화, 그중에서도 인터넷 방송 문화가 주제의 선택이나 제작 형식 등에서 방송이나 영화와 같은 레거시 미디어 문화와 완전히 다른 방식으로 형성되었음을 고려할 때, 먹방이란 특수한 음식 이미지의 등장은 이해 가능한 것이기도 하다.

먹방의 등장을 한국 사회의 사회문화적 배경과 연관지어 보는 시각도 있다. 대표적으로는 먹방을 소비함으로써 신자유주의 체제 내에서 생존해야 한다는 불안감을 표출하고, 모순적인 삶의 조건에 저항하는 즐거움을 추구한다는 해석이 있다(김예란, 2017). 다른 한편으로는 먹방을 인터넷 하위문화의 세례 속에서 탄생한 것으로 보고, 이를 향유하는 청년층이 먹방을 통해 한국의 전통적 밥상 문화와 건강 담론을 전복하는 것으로 본다(홍석경·박소정, 2016). 평소 신체의 규율에 있어 사회적 억압에 시달리는 여성 먹방 소비자의 경우에는 먹방이 역할 전이를 제공함으로써 먹방 생산자가 사회적 억압에 대리적 저항을 수행하고 그에 대한 통제권을 먹방 소비자가 획득하는 등 정신적 위안을 주는 것으로 나타났다(문영은·심지수·박동숙, 2017). 이와 같이 현실 전복적이고 해방적인 속성 덕에 먹방은 인터넷 하위문화에서 벗어나 레거시 미디어 문화에도 영향을 끼침으로써 저변을 확대해나가고 있다(나은경, 2015).

먹방은 그것의 소비와 생산이 순환적인 구도를 형성한다는 점에서 주목할 만하다. 먹방을 소비하는 입장에서는 먹방이라는 대상을 바라보는 시선을 노골화·고착화하게 되고, 그럴수록 생산하는 관점에서 먹방의 이미지는 과장·과잉된다.

먹방의 소비자는 가상의, 관음적인 시선을 유지한다. 이는 인터넷 방송이 갖는 특징과도 일정 부분 관계가 있다. TV 음식 프로그램에 비해 먹방은 화상 채팅과 같이 면대면의 대화와 유사한 성격을 갖고, 계획된 진행에 의존하기보다는 즉흥적인 상호작용을 활용하며, 동시에 다수의 사람들과 연결되어 있다.[5] 때때로 먹방 소비자는 공동체적인 성격을 띠고 상호 간에 '심정적인 유대관계'를 형성하기도 한다(안진·최영, 2016). 서로 이질적인 존재들이 동일한 대상을 함께 본다는 점에서 '보기의 일원화'가 일어난다고도 할 수 있다. 따라서 먹방의 소비자는 가상이라 상정되지만, 필요시 자신의 존재감을 먹방 주체에게 드러낼 수 있다는 점에서 가시성을 띤다. 먹방 소비자의 이러한 특징은 이들이 갖는 시선의 관음적인 속성을 더욱 강화한다. 먹방을 지켜보는 누군가가 있다는 사실이 가시성을 통해 드러나기도 하지만, 반대로 비가시적 가상성을 통해 숨겨지기도 하기 때문이다.

먹방 소비자의 시선을 붙잡아두기 위한 전략의 일환으로 먹방의 이미지는 일반적인 음식 먹기보다 과장된 방식으로 생산된다. 구체적으로 살펴보자면 푸드 파이터food fighter와 같이 많은 양의 음식을 제한된 시간 안에 먹거나 음식을 먹는 관습적인 방식을 변형하거나 상이한 음식을 재조합하여 먹는 이미지를 지속적으로 만들어내는 방식을 취한다. 지속적인 먹방 소비를 유도하는 차원에서 먹방 생산자는 소비자들과 적

5 맥카시(McCarthy, 2017)는 한국의 먹방과 미국의 먹방이 다른 점이 방송 중에 말을 많이 하느냐의 여부에 있다고 말했다. 그에 따르면 한국 먹방은 먹기 자체에 집중해 말을 많이 하지 않는 반면, 미국의 먹방은 친구나 가족 등과 함께 밥을 먹는 것처럼 설정해 말을 많이 한다고 한다. 예를 들어 미국의 먹방에서는 유튜버가 먹으며 느끼는 모든 감정을 언어로 표현하는 등 한국의 먹방에 비해 대화적 특징이 두드러지게 나타난다는 주장이다. 그러나 한국 먹방 중에서도 방송을 시청하는 사람들과 말을 많이 나누는 경우도 있어 단정하기는 어렵다.

극적으로 상호작용하고, 소비자들이 원하는 방식의 이미지를 생산하기도 한다. 그럼으로써 음식 이미지 생산과 소비 간의 경계를 흐릿하게 만드는 결과를 낳는다. 다른 관점에서 보자면 먹방에서의 음식 이미지 생산은 소비자 의존적인 요소를 지니기 때문에 소비자의 시선이 갖는 권력과 비대칭적인 관계를 이룰 가능성도 존재한다.

4. 이미지로서 먹스타그램

먹방과 함께 인터넷 시대의 음식 이미지가 분수령을 이룰 수 있도록 이끈 것은 다름 아닌 소셜 미디어다. 그중에서도 사진 공유 어플리케이션인 '인스타그램'의 등장은 소셜 미디어의 중심축이 문자에서 이미지 중심의 커뮤니케이션으로 이동하는 데 주요한 기점이 되었다.

먹스타그램의 이미지는 두 가지 점에서 기존의 음식 이미지와 다른 시각적 효과를 갖는다. 첫 번째 차이는 먹스타그램 이미지의 시점에 있다. 이미지의 시점은 카메라의 앵글과 깊은 관련이 있는 것으로 사진을 찍는 순간에 결정된다. 다수의 먹스타그램 이미지는 전문 사진가가 아닌 일반 이용자들이 모바일 카메라를 이용해 찍은 것으로 피사체의 입체감을 표현하기에는 부족하다고 할 수 있다. 이들 사진은 대부분 카메라의 줌인zoom-in 기능을 사용하거나 모바일 카메라를 피사체에 가까이 대는 방식으로 타이트 샷을 찍는 방식을 택하게 된다. 피사체의 입체감을 극복하기 위한 또 다른 방법으로는 부감high angle을 이용한 '항공샷'이 있다. 항공 샷은 테이블 위에 놓인 피사체를 잘 보여주기 위해 테이블과 모바일 카메라를 수평하게 띄워놓은 후 촬영하는 구도로 모바일 카메라와 소셜 미디어가 보편화되면서 일반 이용자들이 주로 사용하는 촬영 기법으로 자리 잡았다.[6] 먹스타그램 이미지는 되도록 많은 양의 음식을 보여주기 위해, 또한 모바일 카메라 렌즈가 가진 표현감의 한계와 피사체를 정면에 놓고 찍었을 때 거슬릴 수 있는 배경의 문제를 한꺼번에 해결해주기 때문에 항공 샷을 채택한다.

기존의 음식 이미지와 다른 두 번째 지점은 먹스타그램 이미지가 내포하는 시각적 정보에 있다. 이미지의 시각적 정보는 사진을 찍는 순간에 결정되는 부분도 있지만, 이후의 편집에서 수정될 수도 있다. 이용자가 사진을 찍을 때 시각적 정보의 경계를 결정하는 프레이밍은 카메라 앵글 안에 어떤 요소를 담고 어떤 요소를 배제할 것인지를 정하는 행위를 지칭한다. 인스타그램은 서비스를 시작할 때부터 정사각형 모양을 주된 이미지의 프레임으로 제공했고, 먹스타그램 이미지 또한 정사각의 프레임 안에 전체가 아닌 부분의 시각적 정보를 효율적으로 담는 방식을 고안해냈다. 정사각형 프레임은 직사각형 프레임에 비해 피사체 양옆에 놓인 요소의 시각적 정보를 제한하는 한편, 프레임 안에 시선을 집중할 수 있도록 유도한다. 따라서 먹스타그램과 같이 음식이라는 단일한 피사체를 조명하는 이미지의 경우에 음식을 더욱 부각시킬 수 있는 프레이밍 방식이 된다. 이 외에도 먹스타그램은 사진을 찍고 난 이후 편집 과정을 거치는데, 그 과정에서 이미지의 색감과 질감이나 깊이감 등이 개선될 수 있다. 색감과 질감의 개선을 통해 먹스타그램 안의 음식은 본래보다 훨씬 먹음직스러운 외형을 띨 수 있게 되고, 사진 속 배경을 흐리게 만듦으로써 전면에 배치된 음식을 한층 부각시킬 수 있다.

구성적 양식에 있어 먹스타그램이 갖는 특징은 그것이 드러내는 소

6 피사체를 병렬로 배치하고knolling 사진을 찍는 기법은 패션잡지에서 스타일링을 제안할 때 주로 사용하는 방식이었다. 패션지의 스타일링 이미지는 상하의뿐 아니라, 신발과 액세서리까지 포함하기 때문에 여러 개의 요소를 한꺼번에 보여주는 방식을 고안하게 되었다(Willet, 2015).

재나 주제, 그리고 미학에 있다고 할 수 있다. 대다수의 먹스타그램 이미지는 소재가 뚜렷한 반면 주제가 모호하다는 특징을 보인다. 사람이 음식과 함께 등장하는 소수의 경우를 제외하고 대부분의 먹스타그램 이미지는 음식이라는 단일 소재를 중심으로 구성된다. 음식 이외에 먹스타그램에서 주요한 구성 요소가 된 것은 음식이 놓여 있는 장소다. 특히 집 밖에서 음식을 먹는 경우 음식과 함께 장소적 특징이 이미지 안에 담긴다. 음식 이미지의 배경으로 사용되거나 해시태그, 또는 위치 공유 기능을 사용하는 등 먹스타그램의 장소적 특징을 표현하는 방식은 조금씩 다르지만, 이를 통해 먹스타그램이 음식을 먹는 경험의 일부가 되었음을 확인할 수 있다. 반면에 이미지들이 말하고자 하는 특정한 주제의식을 읽어내는 데는 어려움이 있다. 음식을 통해 전달되는 감각적 자극을 주려고 하거나 음식과 관계된 순간을 기록하는 것 모두 먹스타그램의 소재주의적 특성과 더 관련이 있다고 할 수 있다.

먹스타그램의 양식적 미학은 '인스타그램 스타일'이라고까지 할 수 있는 단계에 이르렀다. 마노비치(Manovich, 2017)는 인스타그램만의 독특한 미학적 스타일을 '인스타그래미즘Instagramism'이라고 명명했다. 그는 2000년대의 미학 스타일에 가장 크게 영향을 준 요소로 미니멀리즘과 같은 현대 디자인의 경향성과 킨포크Kinfolk가 제안한 라이프스타일 콘텐츠를 꼽았다. 이렇듯 '인스타그래미즘' 또는 한국에서 '인스타 감성'이라 불리는 독특한 스타일은 인스타그램의 미디어 형식, 디자인적 시각과 콘텐츠가 만나 상호텍스트성을 발휘한 결과라 할 수 있다. 먹스타그램 이미지 또한 '인스타그램 스타일'에서 크게 벗어나지 않는다. 특히 실내에서 스타일링된 음식 이미지의 대부분은 흰 색의 배경에 최소한의 음식을 배치하고 음식 주변에 장식적인 요소를 부분적으로 배치하곤 한다. 먹스타그램 이미지는 공통적으로 프레임 안의 시각적 요소를 극도로 통제한 뒤 '가장 아름답다고 여겨질 만한 것'만을 남긴 것으로 해석된다. 이와 같은 '인스타그램 스타일'은 이용자들 간의 상호작용을 통해 자연스럽게 학습된 것으로 먹스타그램 이용자들 간에 미학적 평준화가 이루어진 동시에 음식 이미지에 있어서의 탐미주의가 지속되고 있음을 암시한다.

그렇다면 과연 기술적으로, 그리고 구성적으로 음식 이미지에 새로운 양식을 부여하는 먹스타그램은 사회적인 맥락에서 어떤 시각적 의미를 담아낸다고 볼 수 있을까? 무엇보다 우리는 먹스타그램이 급격히 팽창한, 가히 이미지의 전쟁이라 불릴 수 있을 만한 흐름 가운에 놓여있다는 사실을 상기해야 한다. 현대 사회의 시각적 일상은 주의를 끌기 위한 온갖 기술적 효과와 그에 따른 충격으로 이루어져 있고, 시각에 대한 강조는 '외양이 전부appearance is everything'가 될 수 있음을 천명해왔다(Jeffes, 1998). 이미지의 '산만함distraction 속에서도 무언가를 지각'하기 위해 씨름하는 우리의 눈을 기준으로 음식은 주변에 "늘 있던 것이나 소홀히 여겨지던 것"이었기에 인스타그램을 통해 새로운 조명을 받는 기회를 얻게 된다(서동진, 2018: 116, 124). '흔하고 하찮은 것'일수록 일상 전복적인 전환점을 맞이할 수 있는 가능성이 높다는 점에서 이 기회는 그리 비관적이지 않다.

여성주의적 관점에서 해석할 수 있는 가능성이 존재한다는 점도 먹스타그램의 의미를 긍정하도록 만든다. 음식을 준비하고 만드는 데 생의 많은 부분을 할애하면서도 사회적으로 기대되는 몸을 갖추기 위해 음식과 끊임없이 교섭해야 했던 여성의 역사 때문에 음식과 먹기는 육체화된, 여성적인 경험으로 간주되어왔다(Lupton, 1996/2015: 10). 실질적인 음식 소비에 있어서 여성의 경험은 크게 달라진 것 같지 않지만, 음식 이미지를 생산하는 관점에서 바라본 여성의 경험에는 작은 변화가 생긴 것으로 보인다. 일례로 먹방과 유사한 선상에서 먹스타그램은 일시적이나마 여성들이 현실에서 고정화된 젠더 담론으로부터 탈주할 수 있는 기회를 제공한다(문영은·심지수·박동숙, 2017). 많은 여성 이용자들은 먹스타그램을 생산함으로써 억압되어왔던 식욕을 해소하는데, 여기서 먹스타그램이 자기 통제가 내면화된 몸에 대한 상상을 해체하는 데 도움을 주는 것으로 볼 수 있다. 물론 이와 반대로 먹스타그램의 소비가 단순한 대리만족에 머무르거나 오히려 여성의 식욕 억제를 강화하는 쪽으로 발전하는 경우도 존재한다. 그러나 소셜 미디어가 제공하는 가상의 공간이 현실을 보조하는 수준에 머무르지 않고, 현실을 대체하거나 때때로 현실보다 더 중요한 의미를 갖게 된 오늘날의 상황을 감안한다면 소셜 미디어 공간에서 가상의 자아가 음식 이미지를 통해 욕구를 해소하는 절충적인 해방구를 찾은 것만으로도 충분히 희망적이라 할 수 있지 않을까?

다만 우려되는 점은 먹스타그램이 주목 경제attention economy의 볼모로 포섭될 가능성이 있다는 것이다. 인스타그램을 위시한 이미지 공유 소셜 미디어는 개인 이용자들이 주목을 끌기 위해 스스로의 에이전시를 강화하도록 부추겨왔고, 지금까지도 많은 이용자들은 매일의 인정투쟁을 벌이는 중이다. 먹스타그램이 무한대로 확장하도록 추동하는 주목 경제의 맹점은 끊임없이 주목하도록 만들 뿐, 왜 그에 주목해야 하는지, 또 그에 주목한다는 것이 무슨 의미인지 깨닫지 못하도록 한다는 데 있다. 더불어 주목 경제의 테두리 안에서 발생하는 과잉가시성excessive visibility, 즉 실제 음식의 가시성이 지나치게 확대, 재생산되는 것은 먹스타그램을 본래의 시각성에서 소외시키는 결과를 낳을 수 있다는 점에서 경계할 필요가 있다.

5. 음식, 시각문화, 미디어: 먹스타그램 되돌아보기

음식은 인류 보편적인 매개로 문화와 역사를 초월해 삶을 연결한다. 음식 이미지는 그런 음식을 향한 사람들의 다양한 욕망을 표현한 것으로 여러 은유와 상징을 만들어낸다(Bright, 2017, p. 22). 이런 맥락 하에 부호화된 음식 이미지를 읽어내고 이미지의 생산을 둘러싼 사회문화적 배경을 탐색하는 시도는 곧 동시대라는 역사적 시간과 그 안에서 살아가는 사람들을 이해하는 창구가 될 수 있다.

2010년 이후부터 최근에 이르기까지 소셜 미디어를 중심으로 음식 이미지가 지속적으로 생산되는 현상에 대한 물음에서 시작된 이 글은 음식 연구와 시각문화 연구 그리고 미디어 연구의 다층적인 층위를 넘나들었다. 구체적으로 인스타그램상의 음식 이미지를 지칭하는 '먹스타그램'의 의미를 파악하기 위해 이것이 갖는 미디어·커뮤니케이션적인 요소를 살필 뿐 아니라, 시각적 대상으로서 이미지가 함의하는 바와 음식이라는 소재가 내포하는 의미를 종합적으로 판단하는 과정을 거치고자 했다. 그에 따라 회화와 사진 등의 시각문화 내에서의 음식 이미지를 검토하고, TV와 인터넷 등 미디어의 변화에 따라 음식 이미지에 어떤 변화가 있었는지 살펴보았다. 이후 먹스타그램 이미지의 기술적, 구성적 양식과 사회적 의미를 분석했다.

오늘날의 '픽토리얼 푸드'라 할 수 있는 먹스타그램에 관한 고찰은 음식 이미지에 관한 두 가지의 새로운 물음을 낳았다. 첫 번째는 먹스타그램에 관한 낙관적 전망이 얼마나 유효할 수 있는지에 관한 의문이다. 먹스타그램은 웹상의 많은 부분을 이용자가 창조하기user-generated 시작한 이후, 자발적이고도 집단적으로 생산한 대표적인 이미지 중 하나가 되었다. 먹스타그램을 통해 증명된 이용자-대중의 생성력은 음식-미디어-이미지의 민주주의를 달성했다는 점에서 의미의 생산 구조가 근본적으로 변화하고 있음을 알려준다. 이제 음식-미디어-이미지는 소수의 세력에 의해 결정되는 것이 아니라, 다중에 의해 끊임없이 생산되고 해체, 또는 재생산되는 생애 주기를 맞이하게 되었다. 그러나 사회적 생성력의 민주화를 환영하는 와중에도 먹스타그램이 생산되고 소멸되는 공간과 실제 음식과 그것을 먹는 몸이 생산되고 소멸되는 공간 간의 불안한 관계성을 염려하게 된다. 만약 먹스타그램의 성장이 현실 사회의 불평등을 정서적으로나마 극복하려고 하는 몸부림과 비례한 결과라고 한다면 어떨까? 먹스타그램이 심화한 시각적 의존성으로 인해 음식과 먹기가 시각적 경험과 불일치하게 된다면? 음식과 먹기에서 시각화되지 못한 것들은 과연 어디에, 어떤 방식으로 존재할 수 있을까? 먹스타그램 이미지를 둘러싼 의미가 인스타그램 안과 밖에서 달라질 때, 이용자-대중이 느낄 소외감을 어떻게 받아들여야 할지 언뜻 상상하기 어려워진다.

두 번째 질문은 먹스타그램의 연결성, 그 이후의 변화를 향한다. 소셜 미디어는 유례없는 연결사회를 만듦으로써, 그저 '무슨 일이 일어나는지 보기watching what happens'만 해도 '포모(FOMO, Fear Of Missing Out의 약자)' 증후군으로부터 벗어날 수 있는 마법을 부려왔다(van Dijck, 2015). 연결성이 곧 동시대성의 체현과 다름 아닌 것이 되면서 시간에 대한 감각에도 변화가 생겼다. 먹스타그램은 소셜 미디어의 속도와 즉각성을 포괄하기 때문에 일시적으로 의미화하는데, 이와 같은 특성은 현재 시점에 치중하는 경향presentism을 강화한다(Hand, 2017: 220). 먹스타그램의 일시성은 다른 한편으로 이미지의 타임라인을 공간적으로 펼친 후 관람할 수 있는 대상으로 만들어 '시간의 박물관화'를 촉진하기도 한다(서동진, 2018: 16). 즉, 시간의 '새로 고침'이 가능한 것마냥 매순간의 현재 시점에 매달리는 한편, 소셜 미디어 공간 안에 전시한 형태로만 현재가 아닌 시간들을 소비하면서 아슬아슬한 연결 상태를 유지한다.

10년 전만 해도 음식 이미지의 운명이 화려한 전성기를 맞이할 것이라고 상상하지 못했던 것처럼, 10년 후의 모습이 어떠하리라고는 감히 예측할 자신이 없다. 그러나 분명한 건, 회화에서 사진으로, 사진에서 먹스타그램으로 넘어오면서 유지되었던 음식의 이미지화에 대한 인류의 욕구가 쉽게 사그라지지 않으리란 점이다. 아직 갈 길이 먼 것도 사실이다. 시각적으로 아름다운 것들만 존재하는 미래, 노이즈를 차단하고(東浩紀, 2014/2016), 이질적인 것들을 내쫓는 미래(Han, 2016/2017)가 밝을 리 없다. 가상의 연결점을 표류하는 먹스타그램에 더 많은 반동과 부침이 절실한 시점이다.

참고문헌

김수연 (2018. 3. 15). 이용률 줄어든 SNS…인스타그램은 여성이용자 덕에 '나홀로 성장'. 〈디지털타임스〉. URL: http://www.dt.co.kr/contents.html?article_no=2018031602101131102001

김예란 (2017). 인간-기계-동물의 다양체: 과식 먹방 사례로 본 육체적 동영상에서의 감각과 쾌락 정동. 『커뮤니케이션이론』. 13(1): 94-134.

김형우 (2015). 1인 가구와 방송 트렌드 변화—먹방, 쿡방을 중심으로. 『미디어와 교육』. 5(1): 152-171.

나은경 (2015). '먹는 방송'과 '요리하는 방송' 음식 미디어에 대한 커뮤니케이션학적 탐색. 『사회과학연구』. 28(1): 183-215.

문영은·심지수·박동숙 (2017). "내가 좋아하는 먹방 BJ는요"—먹방 시청 경험에 대한 해석적 연구. 『언론과 사회』. 25(2): 58-101.

박형신 (2011). 맛집 열풍의 감정동학과 사회동학. 『사회와 이론』. 18(18): 283-314.

서동진 (2018). 『동시대 이후: 시간-경험-이미지』. 현실문화연구.

안진·최영 (2016). 인터넷 개인방송 시청공동체 특성에 관한 탐색적 연구. 『한국방송학보』. 30(2): 5-53.

이소라 (2015. 5. 13). 우리나라 최초의 '먹방'을 아세요? 〈한국일보〉. URL: http://www.hankookilbo.com/v/46f6ed0fa3e14bd8920443a542920e4d

홍석경·박소정 (2016). 미디어 문화 속 먹방과 헤게모니 과정. 『언론과 사회』. 24(1): 105-150.

東浩紀 (2001). 弱いつながり 検索ワードを探す旅. 안천 역 (2014). 『약한 연결』. 북노마드.

Ashley, B., Hollows, J., Jones, S. & Taylor, B. (2004). *Food and Cultural Studies*. Routledge.

Batty, C. (2016). You Are What You Eat: Film Narratives and the Transformational Function of Food. Bradley, P. (Eds.). In: *Food, Media and Contemporary Culture*. Palgrave Macmillan. 27-43.

Bendiner, K. (2004). *Food in Painting*. Reaktion Books.

Bright, S. (2017). *Feast for the Eyes: The Story of Food in Photography*. Aperture.

Cha, F. (2014. 2. 3). South Korea's Online Trend: Paying to Watch a Pretty Girl Eat. 〈CNN〉. URL: https://edition.cnn.com/2014/01/29/world/asia/korea-eating-room/

Counihan, C. (1999). *The Anthropology of Food and Body*. Psychology Press.

Cheney, L. D. G. (1987). The Oyster in Dutch Genre Paintings: Moral or Erotic Symbolism. *Artibus et Historiae*. 9(15): 135-158.

Donna, G. (2017). 'Food Porn' or Intimate Sociality: Committed Celebrity and Cultural Performances of Overeating in Meokbang. *Celebrity Studies*. 8(1): 122-127.

Duggan, M (2016). Mobile Messaging and Social Media 2016. Pew Research Center. URL: http://www.pewinternet.org/2016/11/11/social-media-update-2016/

Etherington, D. (2017. 9. 26). Instagram Now has 800 Million Monthly and 500 Million Daily Active Users. 〈Techcrunch〉. URL: https://techcrunch.com/2017/09/25/instagram-now-has-800-million-monthly-and-500-million-daily-active-users/

Evans, S. (2015. 2. 5). The Koreans Who Televise Themselves Eating Dinner. 〈BBC News〉. URL: https://www.bbc.com/news/magazine-31130947

Han, B. (2016). *Die Austreibung des Anderen: Gesellschaft, Wahrnehmung und Kommunikation heute*. 이재영 역 (2017). 『타자의 추방』. 문학과지성사.

Hand, M. (2017). "Visuality in Social Media." Sloan, L. & Quan-Haase, A. (Eds.), In: *The SAGE Handbook of Social Media Research Method*. SAGE. 215-231.

Hartmans, A. & Price, R. (2018. 6. 20). Instagram Just Reached 1 Billion Users. 〈Business Insider〉. URL: http://www.businessinsider.com/instagram-monthly-active-users-1-billion-2018-6

Horner, J. R. (2000). Betty Crocker's Picture Cookbook: A Gendered Ritual Response to Social Crises of the Postwar Era. *Journal of Communication Inquiry*. 24(3): 332-345.

Hu, E. (2015. 3. 24). Koreans Have An Insatiable Appetite For Watching Strangers Binge Eat. 〈NPR〉. URL: https://www.npr.org/sections/thesalt/2015/03/24/392430233/koreans-have-an-insatiable-appetite-for-watching-strangers-binge-eat

Jeffes, S. (1998). *Appearance is Everything*. Sterling House Publishers.

Johnston, J. & Baumann, S. (2010). *Foodies: Democracy and Distinction in the Gourmet Foodscape*. Routledge.

Lavis, A. (2015). Food Porn, Pro-Anorexia and the Viscerality of Virtual Affect: Exploring Eating in Cyberspace. *Geoforum*. 84: 198-205.

Lawson, N. (1998. 10. 13). 'Can't Cook, Don't Want to'. 〈The Guardian〉. URL: https://www.theguardian.com/books/1998/oct/13/houseandgarden

Leswing, K. (2018. 4. 10). Instagram is gaining on Snapchat in One Critical Area: teenagers. 〈Business Insider〉. URL: http://www.businessinsider.com/instagram-is-gaining-on-snapchat-in-one-critical-area-teenagers-2018-4

Lupton, D. (1996). *Food, Body and the Self*. 박형신 역 (2015). 『음식과 먹기의 사회학』. 한울아카데미.

Malaguzzi, S. (2008). *Food and Feasting in Art*. Getty Publication.

Manovich, L. (2017). *Instagram and Contemporary Image*. Creative Commons license.

McCarthy, A. (2017. 4. 19). This Korean Food Phenomenon Is Changing the Internet. 〈Eaters〉. URL: https://www.eater.com/2017/4/19/15349568/mukbang-videos-korean-youtube

McDonnell, E. M. (2016). "Food Porn: The Conspicious Consumption of Food in the Age of Digital Reproduction." Bradley, P. (Eds.). In: *Food, Media and Contemporary Culture*. Palgrave Macmillan. 239-265.

Mennell, S. (1996). *All Manners of Food: Eating and Taste in England and France from the Middle Ages to the Present*. University of Illinois Press.

Naccarato, P. & Lebesco, K. (2012). *Culinary Capital*. Berg.

Neuhas, J. (2001). Women and Cooking in Marital Sex Manuals, 1920-1963. S. Inness (ed.). In: *Kitchen Culture in America: Popular Representations of*

Food, Gender, and Race. University of Pennsylvania Press. 95–118.

Riley, G. (2014). *Food in Art: From Prehistory to the Renaissance*. Reaktion Books.

Rousseau, S. (2012). *Food and Media: Celebrity Chefs and the Politics of Everyday Interference.* Berg.

Smith, K. (2017. 11. 6). 41 Incredible Instagram Statistics. 〈Brandwatch Blog〉. URL: https://www.brandwatch.com/blog/instagram-stats/

Spence, C., Okajima, K., Cheok, AD, Petit, O. & Michel, C. (2016). Eating with Our Eyes: From Visual Hunger to Digital Satiation. *Brain and Cognition*. 110: 53–63.

Spence, C. (2017). *Gastrophysics: The New Science of Eating*. 윤신영 역 (2018). 『왜 맛있을까』. 어크로스.

Taylor, N. & Keating, M. (2018). Contemporary Food Imaginary. *Communication Research and Practice*. 4(3): 307–323.

Willet, M. (2015. 5. 14). Everyone's Obsessed with 'Knolling' Their Stuff and Putting the Photos on Instagram. 〈Business Insider〉. URL: https://www.businessinsider.com/instagram-flat-lay-trend-knolling-2015-5

제3부

디지털 미디어 산업, 노동, 여성

창조산업의 핑크게토와 여성 크리에이터의 성별화된 창의성 | 김애라

여성 게임 개발자로 살아간다는 것 | 이종임

사이버 성폭력에 맞서 싸우기: 불법 촬영물을 중심으로 | 한희정

Digital Media and Feminism

창조산업의 핑크게토[1]와 여성 크리에이터[2]의 성별화된 창의성

김애라

1. 디지털 콘텐츠의 핑크칼라게토

1인 미디어 시대의 '꽃'으로 통하는 콘텐츠 크리에이터는 좋아하는 일을 하면서 1년에 몇십억쯤은 거뜬히 벌 수 있는 꿈의 직업으로 초등학생들의 장래 희망 1순위를 꿰찬 지 오래다.[3] '키즈 크리에이터'[4]들이

1 핑크게토라는 개념이 오히려 여성화되어 있는 노동 분야 혹은 공간의 젠더 분할에 낙인 효과를 가진다는 논의도 존재한다. 하지만 이 글에서 다루는 주제와 문제제기 자체가 핑크게토라는 개념이 내포하는 양가적 의미와 그 효과를 잘 표현하고 있다는 점에서 '핑크게토' 개념을 사용하고자 한다. 무엇보다 인터넷 공간과 인터넷 공간에서 분명하게 드러나고 있는 지식, 정보에서의 젠더 분리 현상과 그 공간, 생산자, 수용자의 분할을 보다 문제적으로 제기하기 위해 이 글에서는 핑크게토라는 표현을 사용한다. 또한 이는 본 글을 젠더화된 공간 분할과 노동 분업에 관한 선행 논의 속에 위치시키기 위함이기도 하다.

2 유튜브의 등장은 개인 콘텐츠 창작자인 '유튜브 크리에이터YouTube Creator'라는 직업을 형성했다. 이전까지 '크리에이터'는 창작자를 일컫는 일반적인 용어로 사용되었지만 유튜브를 기반으로 영상 콘텐츠를 제작하는 개인 창작자들의 인기와 이들의 소비자에 대한 영향력이 증가하면서 최근 크리에이터란 명칭은 곧 유튜브 크리에이터를 의미하기도 한다. 2014년 8월 미국의 엔터테인먼트 잡지인 『버라이어티Variety』에서 13세부터 18세 사이의 청소년들을 대상으로 영향력 있는 스타에 대해 설문조사를 실시한 결과 5위 내 인물들은 모두 유튜브 크리에이터들이었다.

3 "초등학생 장래 희망 1순위 '크리에이터'", http://www.viva100.com/main/view.php?key=

등장하여 유명세를 얻고 크리에이터를 꿈꾸는 10대들에 대한 여러 기업들의 교육 및 양성 프로그램들은 콘텐츠 크리에이터가 여타 직업과 마찬가지로 충분히 꿈꿀 수 있는 직업이 되었음을 알려준다.[5] 국가 정책으로도 콘텐츠 크리에이터는 창조경제 가치와 청년 일자리 중심의 정책 방향에 부합하는 새로운 직업으로 꼽히기도 했다.

콘텐츠 크리에이터의 영역은 그야말로 방대하다. 대표적으로 게임, 먹방, 뷰티, 키즈 콘텐츠는 물론, 연애, 쇼핑, 예능, 여행, 그리고 '일상'이라는 카테고리로 이야기하는 각종 일상 경험 제반에 관한 내용 등, 그 어떤 내용도 콘텐츠가 될 수 있다. 콘텐츠들마다의 특수성들이 있지만 공통점 역시 있다. 그것은 주로 자신의 관심 분야를 쉽고 재밌게 풀어내 대중과 공유하는 경우가 많다는 것이다. 개인의 관심 분야와 이를 미디어 콘텐츠로 잘 풀어내는 기획력만 있다면 누구나 크리에이터가 될 수 있다는 의미이다. 이에 콘텐츠 크리에이터는 학력, 나이, 성별 등 제한 요소가 전혀 없으며 참신한 아이디어와 기획력, 재기발랄함이 더 중요하다고 여겨진다. 그리고 그러한 재능이 바로 오늘날 이야기되는 창의성이다.

이때 개개인의 각기 다른 조건과 흥미, 즉 '차이'는 기존 노동 시장에서처럼 장애물이 아니라 오히려 가능성으로 여겨진다. 남들이 가지지 않은 재능, 관심, 경험이 바로 성공의 지름길이기 때문이다. 그런데 창의성이 개인의 경험과 세계관으로부터 만들어진다는 점은 오히려 성별, 나이, 학력 등 제한 요소 없는 영역이라는 주장에 대해서 더 심도 있게

20180418010006887

4 "어리다고 놀리지 말아요, 키즈 크리에이터 전성시대", http://www.ytn.co.kr/_ln/0106_20170715 0739292147

5 "네이버, 뷰티 크리에이터 꿈꾸는 10대 위한 '틴-뷰스타 캠프' 개최", http://gamefocus.co.kr/detail.php?number=72394

고민해봐야 할 필요성을 제기한다. 창의성이 한 개인의 세계관으로부터 만들어진다면, 당연히 누가 어떤 콘텐츠를 '크리에이트'할 수 있는가의 문제는 그 사람의 성별, 학력, 연령과 무관하지 않다.

이 글은 콘텐츠 생산에서의 성별에 주목한다. 왜 특정 성별에 따라 특정 콘텐츠가 더 많이, 더 잘 만들어지고 또 수용되는가. 그리고 그것은 어떤 사회적, 정치적, 문화적 의미를 가지는가가 이 글에서 탐구할 주제이다.

지금 한국에서 알려진 콘텐츠 크리에이터들 가운데 구독자수, 연간 수입액 등을 합산해 매기는 순위를 보면, 이 중 탑 랭커를 차지하는 콘텐츠 종류는 크게 게임, 먹방, 뷰티, 키즈 이 네 가지로 추려진다. 그리고 흥미롭게도 이 중 게임과 먹방은 주로 남성 크리에이터들이, 뷰티와 키즈 콘텐츠는 여성 크리에이터들이 두각을 나타내고 있다. 물론 게임과 먹방에도 유명한 여성 크리에이터들이 있고 뷰티나 키즈 콘텐츠 분야에도 역시 남성 크리에이터들이 존재하지만 성별에 따른 콘텐츠 분리의 경향은 다소 분명하게 관찰할 수 있다.

이를테면 콘텐츠 크리에이터 영역에서도 핑크칼라게토[6]가 형성되고 있다. 핑크게토는 원래 젠더화된 노동 분업으로 인한 젠더화된 공간을 나타내는 지리학적 개념으로 출발했다. 이후 노동 시장 여초 직군이나 특정 문화, 사회 등에서 여초 현상을 가리키는 포괄적 의미로 사용되고 있으며 이 같은 현상에 내재한 성별 위계와 분업에 대한 비판적인 시각을 나타낸다. 미디어 산업에서의 핑크게토는 여성 크리에이터들이 유독 많이 분포하고 있는 특정 분야 콘텐츠들을 통해 관찰되고 있다.

6 최근 미디어 산업에 관한 비판적 연구들에서도 핑크게토라는 표현은 종종 사용되는데, 대표적으로 Brooke Erin Duffy(2017)와 같은 연구자는 미디어 산업에서 개발자와 관리자는 남성들이 다수인 데 반해 실제 대인 업무를 하게 되는 소셜 미디어에서의 PR, 마케팅 업무에서는 주로 여성들이 저임의 계약직으로 일하고 있다는 점에서 핑크게토 개념을 사용한다.

대표적으로 뷰티 콘텐츠와 같은 분야에서는 씬님, 이사배, 포니, 다또아, 라뮤끄, 써니, 윤짜미 등 여성 크리에이터들이 우세를 보이고 있다. 2018년 현재, 키즈 콘텐츠의 경우에는 초등학생들의 대통령이라고 불리는 도티와 잠뜰, 대도서관 등의 남성 크리에이터들이 있긴 하지만 이들은 공통적으로 게임을 주 소재로 하고 있을 뿐 키즈를 주 수용자로 타겟팅하고 있다고는 볼 수 없다. 유아를 포괄하여 그야말로 '아이와 놀아주는' 콘텐츠는 헤이지니, 캐리언니 등 여성 크리에이터, 혹은 여성 캐릭터들에 의해 만들어지고 있다. 또 의류뿐 아니라 침구, 식기, 영양제 혹은 직구 정보 등 각종 쇼핑이나 인테리어, 리폼, 먹방이 아닌 쿡방 등도 여성 크리에이터들이 두각을 나타내는 분야다. 운동 분야에서도 젠더에 따라 몸매 관리와 보디빌딩으로 다소 다른 종류의 콘텐츠들이 만들어진다.

이 글에서 주목하고 있는 콘텐츠 크리에이터의 핑크게토화는 여성들이 디지털 콘텐츠 영역에서 '쉽게' 진입을 생각하거나 두각을 나타내고 있는 일이 주로 전통적으로 '여성의 영역'으로 여겨져온 쇼핑, 미용, 돌봄 등의 영역과 연계되어 있으며, 콘텐츠 생산이 성별에 따라 분할되어 있다는 점에서 분명히 가시적이다. 지금 여성들의 디지털 노동의 장에서 보여지는 성별화된 정체성의 적극적 전시와 이를 매개로 하는 상품 정보의 수집과 교환, 그리고 이로부터 탄생한 새로운 노동 전망은 단지 특정한 여성 개인 차원에서의 문제가 아니라 경제적이고 문화적인 디지털 공간의 주체로서의 역할과 관계 속에서 봐야 할 필요가 있다. 디지털 콘텐츠 생산과 소비에는 성별이 주요하게 매개되고 있다. 성별에 따른 관심사와 경험이 디지털 콘텐츠 생산과 소비의 자원이 되고 있다. 이는 중립적으로 보이는 디지털 콘텐츠의 생산과 소비가 성별화되어 있음을 보여준다. 이 글은 이 같은 문제의식에 기반하여 지금 소셜 마케팅 업계의 가장 가시적인 크리에이터들과 그들의 콘텐츠 생산에 관해 살펴본다. 젠더적 측면에서 여성 크리에이터들의 콘텐츠들을 통해 디지털 미디어 산업과 창조성의 성별성에 대해 논하고자 한다.

2. 창조산업과 서비스 노동 영역의 크리에이터들

정보와 상징적 가치를 생산하는 노동이야말로 새로운 경제의 핵심적인 노동이 될 것이라는 지식 기반 경제 담론이나 창의 노동creative work, 문화 노동cultural labor, 미디어 노동media work 등의 용어들은 이제 흔하게 사용하는 말이 되었다. 대표적으로 지식 경제, 창조경제 등에 관한 낙관적 관점을 제시, 옹호한 피터 드러커(Drucker, 1959; 2012)나 리처드 플로리다(Florida, 2002) 같은 학자들에 따르면, 오늘날 생산 수단은 더 이상 자본이나 자연 자원, 혹은 노동이 아니라 지식이다.[7] 그리고 이 지식은 바로 창조성의 산물로서, 오늘날 창조성은 정치, 경제, 문화, 사회 영역 전반의 변화를 주도하는 것으로 여겨진다.

특히 유튜브와 구글, 페이스북 등 1인 미디어 플랫폼의 약진과 미디어 산업의 확장, 그리고 이로부터의 사회, 문화, 경제, 정치적 변화는 창조성의 중요성을 더욱 강화하는 방식으로 이해되고 있다. 여전히 창조산업이 가리키는 대상이 무엇인지는 막연하고 불확실하지만 보통은 영화나 드라마, 예능 프로그램 제작자, 소프트웨어 개발자, 광고 기획 및 제작자, 패션디자이너, 잡지편집인, 포토그래퍼, 그리고 소셜 미디어를

7 이들 논의에 대한 비판적 논의는 데이비스 헤스몬달프, 사라베이커(2016)를 참고하기 바란다. 본 글 역시 창의성에 관한 비판적 논의를 시도하고자 하며, 특히 젠더적 측면에 주목한다.

매개로 하는 각종 온라인 미디어 콘텐츠 제작자 등을 가리킨다.[8]

이와 같이 문화적 생산물을 만들어야 하는 창조산업에서 핵심적인 업무는 새로운 내용과 형식 등을 만드는 데 있다. 이때 새로운 어떤 것을 만든다는 의미에서 창조산업에서 핵심적인 업무를 하는 사람을 일컫는 '크리에이터'라는 신조어가 등장했다. 개인이 기획, 제작, 유통까지를 하는 1인 미디어와 이용자 생산 콘텐츠UCC, User Created Contents의 대중화와 함께 '크리에이터'라는 단어는 주로 1인 미디어 콘텐츠를 만들고 운영하는 사람을 가리키는 것으로 자리 잡았다.

오늘날 한국에서 '크리에이터'는 당연히 더 이상 생소한 단어가 아니다. 하지만 한국에서 이 단어가 등장한 것은 불과 30년이 채 안 되었다. 1980년대 말부터 광고 산업을 중심으로 '크리에이터'라는 이름이 본격적으로 등장한 것으로 보인다. 물론 1970년대에 일본 경제 성장과 관련하여 '4차 산업', '지식 산업의 성장'에 관한 기사[9]에서 광고 회사의 업무 중 하나로 '크리에이터'라는 표현을 가져와 보도하고 있긴 하지만, 이는 아직 한국에서는 사용하지 않는 표현이었다. 한국적 맥락에서 이 단어가 사용되기 시작한 때는 70년대 중반으로, 광고 업무를 위해 필요한 자질로서 크리에이터 업무에 대해 보도한 신문사설이 게재된 바 있다.[10] 80년대 후반이 되면 언론 등에서 점차 '크리에이터'라는 단어 사용

8 문화 산업은 기업이 문화 상품이나 서비스를 문화의 발전보다는 경제적인 목표를 달성하려는 전략에 입각하여, 생산, 재생산, 저장, 혹은 배포하는 활동을 지칭한다. 창조산업은 문화산업을 정치적으로 새롭게 브랜드화한 것으로, '개인의 창의성(기술, 재능)을 이용하여 지적재산권을 설정, 활용하여 부와 고용을 창출할 수 있는 산업'으로 정의된다(DCMS, 1998). 창조산업은 유형의 산출물뿐 아니라 콘텐츠, 경제 가치 등을 포함한 무형의 지식과 예술 서비스를 포함하는, 즉 문화산업에서 창조성을 확대하여 상업 활동의 잠재력을 가진 예술과 서비스 분야로 넓힌 것이다. 영국 문화미디어체육부(DCMS)의 보고서에 따르면, 창조산업을 '광고, 건축, 미술품과 골동품, 공예, 디자인, 패션, 영화 및 비디오, 양방향 오락 소프트웨어, 음악, 공연 예술, 출판, 소프트웨어 및 컴퓨터 게임, 텔레비전 및 라디오'의 13개 분야로 설명하고 있다.

9 日本(일본)의 廣告産業(광고산업) 小林太三郎(소림태삼랑) 1970.4.4 〈매일경제〉 4면 경제 기사.

10 提言(제언) 消費者(소비자)를 위한 廣告(광고) 1974.3.21 〈매일경제〉 5면 경제 기사(칼럼/논단).

이 증가하기 시작하여, 광고 산업뿐 아니라 '패션 크리에이터', '디자인 크리에이터'라는 표현이 패션 디자인 분야에서 사용되었다. 하지만 아직 완전히 대중화된 단어는 아니었는데, 적어도 신문지상에서는 87년부터 89년까지 총 9회 등장할 뿐이었다.

95년에는 처음으로 일반인을 대상으로 하는 '크리에이터' 모집 광고가 게시되었는데, 그레이스 백화점에서 대학생을 대상으로 패션 디자인 공모에서 사용했다.[11] 90년대 후반이 되면 광고나, 패션 디자인 영역을 넘어서 '자기계발'이라는 표현과 함께 금융, 건설, 웹 개발, 게임, 공연, 미용사, 메이크업 등으로 확대되어 사용된다. 특히 서비스 노동의 영역에서는 뷰티 영역에서 먼저 '크리에이터'라는 표현이 사용되었는데, '비달 사순'이라는 헤어 디자이너에 대한 소개와 함께 '모발은 예술적 작품 소재, 난 사업가 아닌 크리에이터'[12], "메이크업 크리에이터 스테판 마레"[13]라는 기사가 게재되었다.

크리에이터라는 단어는 이후 2000년대 접어들어서는 지금 우리에게 익숙한 방식으로 사용되기 시작했다. 이때가 되면 본격적으로 일반 대중 모두에게 '자기계발'이라는 구호와 함께 '크리에이터'가 되기를 촉구하는 분위기가 형성되기 시작한다. 예컨대, 2000년 출간된 『처음부터 기발한 놈 없다』라는 책을 소개하는 한 기사에서는, "디지털 시대가 요구하는 창의력을 자신의 자산으로 일궈내기 위한 창의력 워크북. 저자는 제목처럼 기발한 사람이 따로 있는 것이 아니라고 강조한다. 창의력은 이미 자신 속에 있다. 관건은 어떻게 끄집어내는가이다. 이제부터 창의력 연습을 하자. 꾸준히 연습하고 생각의 습관에 빠져들기 시작하면 어

11 백화점 "신세대 감각을 살려라" 1995.6.15 〈동아일보〉 기사.

12 비달 사순 인터뷰 "모발은 예술적 작품 소재, 난 사업가 아닌 크리에이터" 1999.12.23 〈매일경제〉 44면 경제 기사.

13 1999.12.23 〈매일경제〉 46면.

느새 크리에이터로 우뚝 선 자신을 만날 수 있다고 저자는 힘주어 말한다. 자신감을 북돋워주는 책이다[14]"라고 이야기한다.

즉, 한국에서 창조성이라는 것이 당대 모든 사람들에게 필요한 자질로서 대중화되기 시작한 것은 1990년대 말이다. 이 시기, 미용, 쇼핑, 패션 분야에 '크리에이티브'라는 수사가 붙기 시작하여, 2000년대가 되면 본격적으로 창조적 노동으로 여겨지기 시작한다. 2010년대가 되면서부터는 특히 온라인 미디어를 중심으로 주목을 받기 시작하여 현재 k-뷰티 콘텐츠와 같이 한류를 대표하는 온라인 미디어 콘텐츠로 당당히 자리매김하고, 다수의 여성 크리에이터가 이 분야에서 활동하기에 이르렀다.

창의성은 19세기부터 예술, 철학, 학문에 접목되어왔지만 오늘날과 같은 경제, 정책적 영역에서 본격화되기 시작한 것은 1980년대 이후이다. 이때부터 창의성은 경영, 경제적 접근 방식 속에서 대중화하기 시작했다. 예컨대 경영 분석가들은 기업 혁신과 조직 활동을 위한 동기 부여 방법을 모색하고 이를 통해 기업 경쟁 우위의 원천을 확장하기 위해 창의성 이론을 수용했고, 경제학자들은 인간의 창의성을 기업 성장을 향한 지치지 않는 동력으로 여기고 노동자의 아이디어 생성 능력과 창의력, 지식의 역할에 중점을 두었다. 창의성에 대한 이와 같은 접근은 많은 국가들이 국가 경영에 기업 경영 논리를 대입하기 시작하면서 본격화되었고 창조산업은 국가경제에서 서서히 쇠퇴해가는 제조업의 역할을 대체하기 위한 일종의 이니셔티브로 작동했다. 또한 정보사회와 지식사회 등의 정책 기조 아래 고용 및 교육 등 분야 정책에 바탕이 되었다(Hesmondhalg & Baker, 2011).

창의성이 고용과 교육, 경영 정책의 핵심 이론이 되고 사회 전반에서

14 [다이제스트] '처음부터 기발한 놈 없다' 기사입력 2000-09-06.

그 중요성과 필요성이 증대되면서 이전에는 창의성과 같은 요소와는 거의 연관관계가 없다고 여겨지던 노동 분야에까지도 창의성이 중요한 요건으로 거론되기 시작했다. '창조계급'이라는 개념을 주창한 플로리다(Florida, 2002)는 창의적 성격을 띠는 서비스업에 대해서는 새롭게 평가해야 한다는 의견을 제시한 바 있다. 그는 창조계급의 부상과 더불어 이 바쁘고 독특한 사람들의 일상을 조력하는 서비스업 종사자도 대단히 증가했는데, 이 서비스 계급의 노동은 기본적으로 하찮고 시시하지만 이들 중 창의적 성격을 띠는 분야가 존재한다는 것이다. 그 대표적인 사례로 플로리다는 인테리어 등에 도움을 주는 가사도우미나 오늘날 점차 중시되는 개인 스타일 형성에 도움을 줄 수 있는 헤어디자이너 등을 꼽는다. 더욱이 스타일, 디자인 등 개인의 정체성을 표현하는 수단으로 소비자본주의적 문화 속에서 외모 가꾸기가 중요하게 고려되기 시작하면서 대표적으로 서비스 노동, 그 가운데서도 미용, 패션 등 여성들이 주로 고용된 소비 영역에서의 대인 서비스 노동은 창의성을 필요로 하는 동시에 창의성을 마음껏 발휘할 수 있는 노동의 장으로 여겨지기 시작했다.

다른 노동 분야와 비교하여, 90년대 문화산업과 지금 창조산업이 여성 친화적이라는 평가를 받게 된 것은 창조산업이 요구하는 노동자 정체성이 전통적으로 대인 서비스직에 요구되는 여성적 특성으로 여겨지는 속성의 상당 부분을 공유하고 있기 때문이다. 서비스 노동과 정서적 요소나 소통의 요소를 가진 창조산업적 맥락의 노동에서 공통적으로 개인의 태도나 감정 상태는 공감 능력, 사교성과 함께 결정적인 능력으로 여겨진다(Weeks, 2011). 즉 창조산업에서 노동 주체의 이미지는 다분히 여성적 특수성, 여성적 주체의 이미지와 겹쳐진다. 예컨대 오늘날 창조산업에서 요구되는 노동의 특수성은 유연함, 이동성, 이미지와 미학에의 강조, 다양한 주체적 수행들로 대표된다. 특히 광고, 미디어, 디자인 혹은 컨설턴트 영역에서 두드러진다. 이 노동에서의 특수성은 유연하며 커뮤니케이션의 중요성이 강조되고, 비공식적 지식들을 적극적으로 노동에 활용하는 것이다. 그리고 이때 강조되는 듣기, 조력하기, 돕기, 보살피기, 독려하기 등과 같은 일종의 대인 기술들은 전통적으로 여성성에 부여된 속성이다(Gray, 2003).

90년대 후반, 문화산업이 여성과의 친화력을 바탕으로, 여성의 진출이 가장 활발한 분야로 관심을 받아온 이후로 오늘날 여성들의 서비스 노동은 창의 산업에 더 빠르게 접합하고 있다. 서비스 노동은 대표적인 핑크칼라 노동으로 실상 창조산업의 정의에 부합하는 영역은 아니다. 화장품이나 의류 판매원, 카페나 레스토랑 웨이트리스 등의 서비스 노동자들은 오히려 '창의계급' 이미지의 노동자로부터 멀리 있다. 하지만 창조산업 담론과 소셜 미디어 플랫폼을 매개로 미용, 쇼핑, 패션 분야의 핑크칼라 일부 영역들은 지금 온라인 미디어 콘텐츠의 형태로 진화하고 있으며 마케팅과 컨설팅의 영역으로 보다 분명하게 이동하고 있다.

3. 1인 미디어와 지식 범주의 변화, 여성적 경험의 콘텐츠화

지식 혹은 정보, 창의성과의 연계성은 거의 거론되지 않았던 미용사, 피부관리사, 화장품 및 의류 판매원, 여행 가이드 등의 서비스직 상당수는 지금 뷰티/라이프/패션과 관련한 콘텐츠 크리에이터, 헤어 디자이너, 메이크업 아티스트 등과 같이 근사한 이름으로 재탄생했다. 이 근사한 이름과 함께 핑크칼라 노동은 오늘날 과거와는 사뭇 다른 평가를 받기 시작한 것처럼 보인다. 서비스 노동은 주로 계층, 학력 수준이나 노동 시장 성차별과의 관계 속에서 이해되어왔으며, 서비스 노동에 대한 대중적 인식 또한 크게 다르지 않았다. 하지만 오늘날 서비스 노동의 영역들 가운데 일부는 특히 디지털 미디어 산업, 창조산업의 확장 속에서 특히 청년 세대 여성들을 중심으로 한 쇼핑몰 창업, 각종 크리에이터라는 이름을 딴 1인 미디어 기업가들의 콘텐츠 영역으로 이동하고 있다. 그리고 이들 중 일부의 성공은 미용, 패션 등의 영역이 단지 소비 영역이 아닌 여성들이 자신 있게 뛰어들 만한 창조산업의 성공 가능성이 높은 매력적인 노동의 영역임을 알려준다. 소비 영역의 서비스노동은 핑크칼라 노동에 짙게 배어 있는 저임, 비전문, 비숙련 노동의 이미지를 완전히 탈피하고 매력적인 직업적 영역, 뿐만 아니라 빠르게 성공할 수도 있는 직업으로 여겨지고 있는 것이다.

1인 미디어의 부상과 이에 기반한 미디어 산업은 창조산업의 핵심으로 여겨진다. SNS는 인터넷 출현 이후, 인터넷 서비스 이용자들이 만들어내는 정보와 관계 등 이용자 참여를 기반으로 한다. 이 같은 변화는 개인의 고유성, 개인의 경험을 인터넷에서 가장 중요한 요소로 끌어올렸다. SNS 이용자들은 자신만의 경험을 더 많이 공유함으로써 타 이용자들과의 관계 속에서 자신을 정체화하고 대중성을 획득하고 있다. 각 이용자들이 공유하고 있는 갖가지 경험들은 또 다른 이용자들에게 유용한 정보, 지식으로 활용되고, 이는 이용자들 간의 소통을 활성화시키고 관계를 맺는 요소로 작동한다. SNS를 통해 만들어진 관계들 중 많은 경우는 정보, 경험을 기반으로 하기 때문에, 더 많은, 더 '유익한' 경험과 정보를 공유하는 사람은 더 많은 독자들, 더 많은 인기를 얻게 된다. 이는 문화학자 Graeme Turner(2010)가 명명한 바, '일반 사람들'의 가시성이 증가하는 '민주적 전환demotic turn'이다.

동시에 점차 웹진이나 블로그에서 반자본주의적 에토스는 사라지고 상업주의가 득세하기 시작했다. 지금 '크리에이터'라고 불리는 사람들의 전신이기도 한 마이크로셀러브리티들에 대한 연구에서 앨리스 마윅은(Marwick, 2013) 인터넷 초기 풍부했던 페미니스트 에토스는 블로그 문화에서는 주변화하기 시작하여 웹2.0에서는 거의 사라졌다고 평가한다. 가장 유명한 여성 블로거들이 다루는 주제는 음식, 패션, 양육의 영역이 되었고, 웹 초기 매거진 문화와 해커의 DIY 문화에서 흔히 찾아볼 수 있었던 빅미디어에 대항한 반자본주의적 목소리는 웹2.0에서는 찾아보기 힘들어졌다는 것이다.

동시에 1인 미디어의 등장과 함께 '사적인', 혹은 '여성적인' 영역으로 여겨져온 것들, 예컨대, 쇼핑, 육아, 외모 관리 등은 인터넷상의 주요한 콘텐츠로 부상하기 시작했다. 이전에는 단순히 소비나 가정의 영역이라고 여겨졌던 것들이 '정보', '데이터'라는 지위를 가지기 시작했다. 이러한 변화는 2000년대 중반의 인터넷 플랫폼의 웹2.0 혁명과 스마트폰이라는 모바일 미디어가 대중화되면서 사람들이 인터넷에 본격적으로 자신의 삶을 생중계하고 이를 기반으로 타인과 관계 맺기를 시작하면서부터로 볼 수 있다. 또한 이를 통해, 개인들이 생산하는 다종다양한 내용들은 인터넷상에 방대한 데이터와 새로운 관계들을 구축하면서 인터넷이라는 공간을 넘어 정치, 경제, 사회 전반에 영향을 미치기 시작했다.

익명성이 강점으로 여겨졌던 인터넷 공간은 이제 거꾸로 사적 정보의 공유, 정체성의 전시가 중요한 공간으로 바뀌고 있다. 특정 이슈에 대한 개인의 생각이나 상품에 대한 정보 등 뿐만 아니라 자신이 입는 옷과 화장법, 음식과 인테리어 정보, 연애와 학업 외 각종 고민 등 매우 사적이라고 여겨지는 감정과 정보들이 공개, 공유되는 이전과는 전혀 다른 공간으로 탈바꿈했다. 인터넷상에 개인의 신상에 관한 내용을 공개하는 것은 사생활 침해 우려가 있는 위험한 행동이라고 인식되기보다 자신을 알리고, 타인과의 관계 형성을 위한 적극적인 노력으로 여겨지고 있다. 인터넷에서의 개인 정보 공개는 프라이버시를 잃는 게 아니라 대중성과 공공성을 얻는 것이다(Calvert, 2004; boyd, 2007; Marwick, 2013).

공사 분리의 역사 속에서 사적 영역, 구체적으로는 밥 먹고, 씻고, 누군가를 돌보고 살림하고 소비하는 것은 여성의 영역으로 여겨져왔다. 특히 이 같은 행위는 "날마다 반복되는 생활"로서, '매일 반복된다'는 바로 그 지점에서 중요하게 여겨지지도 않는 영역이었고, 다른 사람에게 소개하고 공유하는 영역도 아니었다. 그러나 공사 영역 간 경계가 허물어진 소셜 미디어 문화 안에서 일상이나 개인적 경험은 기록할 만한 것, 보여주고 싶은 것, 소개할 만한 것, 또한 타인에 대해 궁금한 것으로서 정보이자 인터넷 상에서의 관계를 매개, 생산하는 것으로 부상했다.

처음 컴퓨터가 등장했을 때 중요한 영역은 개발자 커뮤니티를 중심으로 하는 하드웨어와 소프트웨어 개발 등의 이슈이거나, 컴퓨터 유저들의 경우에는 게임이었다. 기술 영역이 그래왔듯 디지털 기술 역시 주로 남성의 영역으로 여겨졌다. 점차 컴퓨터가 대중화되고 인터넷 기술이 발전하면서 누가 정보를 가지고 있는가, 그 정보가 어떻게 유통되는가가 더 중요해지기 시작했다. '정보'라는 화두는 컴퓨터 기계가 처음 발명되었을 때 최고의 관심 대상이었던 프로그래머(해커)에 대한 관심을 축소시켰다. 컴퓨터가 더 이상 신기하고 새로운 기계가 아니게 되자, 이진법의 이상한 언어들로 기계와 소프트웨어, 유저를 묶어주는 개발자보다 유저(사용자)와 그들이 만들어내는 정보와 유저들 간 의견 교환을 가능하게 하는 소셜 네트워킹에 방점이 찍히게 되었다.

이러한 변화는 이전의 소위 '전문 영역', 예컨대 정치, 경제, IT 등이 주류였던 인터넷 공간의 콘텐츠 영역들을 음식, 패션, 뷰티, 육아, 취미 등으로 확장했다. 공과 사 그리고 이에 대응되는 것으로서의 젠더 경계를 바꾸고 있다. 이 같은 변화는 새로운 주체들을 등장시키기도 했다. 촛불시위 당시, 패션, 뷰티, 성형 등을 관심사로 만들어진 인터넷의 '여초' 커뮤니티는 주로 소비 주체로 호명되어온 2,30대 여성들의 정치적 공간으로서 기능했다. '촛불소녀'라는 새로운 정치 주체로서의 십대 여성들을 가시화시킨 것 역시 모바일 미디어와 인터넷 공간이 가진 힘이 주요했다(김수아, 2007; 김수정, 김예란, 2008; 이솔, 2011).

넘쳐나는 정보들과 똑똑한 검색엔진은 생소한 분야에서부터 관심사에 이르는 다양한 정보들에 접근성을 높이고, 특정 영역에 대한 지식이나 관심을 넘어, 새로운 '시장'을 만들어내고 있다. 특히, 웹2.0 인터넷에서 '일상' 콘텐츠가 모든 정보 검색의 시작점이 되면서, 이전에는 주목받지 못했던 일상의 행동, 취미 등이 희소하거나 트렌디한 경험들로 수용되는 분위기가 형성되었다. 이때 그 일상적 행동이나 기호는 특별한 능력이나 비즈니스 아이템, 혹은 시장성을 가늠케 하는 바로미터로 작동한다. 많은 여성들이 참여하고 있는 '일상'의 내용들, 예컨대 데일리룩, 코디룩이라는 이름으로 등장하는 패션 영역이나 '발렌타인데이 화장'과 같은 방식의 뷰티, 그 외에도 육아 정보, 인테리어 등은 그 정보에 주목하고 적극적으로 필요로 하는 독자들에 의해 수익성을 갖게 된다.

이 과정 속에서 비경제적인 것으로서의 여성들의 생활은 '정보화된', '전시를 위한', '판매를 위한' 일상으로 재탄생하기도 한다. 이렇게 매일의 보통의 일상이 시장 속으로 초대될 때, 그리고 인터넷 페이지에서 정치와 경제 정보가 소위 유머, 건강, 생활 등과 동일하게 배치될 때, 노동과 놀이, 일상과 비일상, 경제적인 것과 비경제적인 것의 경계 역시 명확하게 유지되지 않는다. 여성들의 적극적인 콘텐츠 생산은 정치, 경제,

문화적인 역동을 만들어내며, '일상'의 의미와 형식, 그리고 경계를 바꾸어내고 있다. 대단히 탈경계적인 방식으로 소위 컨버전스가 이루어지고 있는 것이다.

모든 것이 지식이 되는, 모든 것이 콘텐츠가 되는 세상에서 여성들의 일상적 노하우도 예외가 아니다. 전술했듯 그것이 소비 상품에 관한 정보일지라도 '누구나' 호기심을 가질 만한, 매력을 느낄 만한 정보는 쉽게 콘텐츠로서 지식, 정보로서 승인되고, 유통된다. 이는 고무적인 일이다. '사적인 것이 정치적인 것이다'라는 슬로건을 통해 공과 사의 경계에 대해서 질문했던 페미니스트 역사 속에서 오늘날 여성의 경험과 생각이 지식으로서 인정받게 되었다는 점은 더 이상 여성들의 경험과 일상이 정치적인, 경제적인, 사회적인, 즉 공적인 영역과 분명하게 구분되지 않음을 재차 보여준다. 1인 미디어를 통해 여성들의 경험과 생각은 이전과 비교가 안 될 정도로 더 많이 공유되고, 퍼져나갈 수 있게 된 것이다.

4. 디지털 콘텐츠의 핑크게토와 성별화된 창의성

핑크게토라는 개념은 페미니스트 지리학자들에 의해 고안된 개념으로, 19세기 여성의 노동 시장 참여가 늘면서 노동 공간이 어떻게 다시 젠더화된 장소로 구성되는지에 관한 탐구로부터 만들어졌다(McDowell, 1983). 여성의 노동은 특정 영역과 특정 직업군으로 집중된 수평적 격리, 남성과 동일한 직업이라도 위계상 하단부에 위치하게 되는 수직적 격리라는 특성과 함께 동일 직종 동일 노동을 하더라도 적은 임금을 받는 특징을 보였다. 예컨대 특정 일이나 직업이 젠더에 대한 사회적 기대들에 연관되며 남성성과 여성성으로 구분되고 위계화되었다. 여성은 양육, 보살핌, 타인을 위한 봉사에 대한 기대 속에 보모, 간호사, 교사 등의 직업으로, 남성은 트럭 운전사, 소방관, 의사 등의 직업으로 젠더화된 집중과 격리 현상이 뚜렷이 나타난다. 도심이 일을 위한 남성의 장소, 교외 주거 지역이 가정이라는 여성의 장소로 분리되면서 여성들의 가사와 육아 부담으로 인한 제한된 이동성은 주거 지역인 '교외 핑크칼라 게토suburban pink-collar ghetto'에서 자신의 교육 및 기술 수준에 관계없이 낮은 임금의 일을 수락토록 하는 젠더 분할 양상을 지속시켰다(김현미, 2008: 283).

지금 온라인 공간에서 관찰되고 있는 성별에 따른 콘텐츠 생산과 수용 양상에서 나타나는 분리 현상은 디지털 공간에도 핑크칼라게토가 형성되고 있음을 보여준다. 전통적으로 여성들이 많이 종사해온 서비스 영역에 그 뿌리를 두고 있는 뷰티, 쇼핑, 키즈 관련 콘텐츠에서 유독 여성 크리에이터들의 쏠림 현상이 관찰되고 있다. 앞서 언급했듯이 대체로 여성 크리에이터들은 뷰티, 헤어, 패션, 키즈, 쇼핑, 인테리어 등의 영역에서 활동하고 있고 남성들은 게임, 스포츠, 예능 등에서 두각을 나타내는 경향이 있다. 그중 여성의 진입 비중과 생산 콘텐츠가 압도적으로 많은 대표적인 영역이 있다면 바로 뷰티 크리에이터일 것이다.

연일, "뷰티 시장을 움직이는 1인 미디어, 뷰티 크리에이터", "메이크업 아티스트 포니, 포니이펙트 론칭", "이사배, 광고 개런티 1억↑…주름잡는 '뷰티 크리에이터'[15]", '커밋 뷰티 페스티벌' 씬님·이사배 앞세운 '팬미팅형' 뷰티 콘서트'[16] 등과 같은 기사가 보도된다. 20대 초중반의 성공한 뷰티 영역의 크리에이터들은 많은 여성들의 롤모델로서 일상에

15 http://www.newstomato.com/ReadNews.aspx?no=832146
16 http://chicnews.mk.co.kr/article.php?aid=1529288116196119014

거대한 영향력을 행사할 뿐 아니라 뷰티 크리에이터를 커리어로 삼고자 하는 열망을 불러일으킨다. 이 중 '포니'는 패션 뷰티 영역의 가장 성공한 어린 여성으로, 메이크업을 주 콘텐츠로 유튜브와 블로그를 시작, 페이스북, 인스타그램에서까지 유명인이 되었고 자신의 닉네임을 딴 화장품 브랜드 'Pony Effect'를 론칭, 해외시장에까지 진출했다. 그녀는 '아름다움을 방치하지 마세요'라는 카피의 책을 출판하기도 할 정도로 유명인이 되었다[17]. 이사배와 씬님과 같은 뷰티 크리에이터들은 공중파에 출연하여 더 이상 마이크로셀럽이 아니게 되었다. 이들은 일인 기업가이자 성공한 콘텐츠 크리에이터로 이름을 날리고 있다.

콘텐츠 시장에서 여성들은 다양한 콘텐츠 영역에서 고루 두각을 나타내기보다 유독 뷰티 콘텐츠 영역에서 두각을 나타내고 있다. 이러한 경향이 왜 문제가 되는 것일까. 우선, 미디어 산업에서 유일하게 여성들이 두드러지는 분야는 플랫폼 개발이나 경영이 아니라 광고 홍보 역할을 동시에 해내는 콘텐츠 크리에이터 영역이다. Marwick(2013), Duffy(2017)와 같은 연구자들은 이와 같은 문제를 제기하며 미디어 산업의 핑크게토화를 비판한 바 있다. 이는 본 글에서 다루는 범위를 벗어나므로 차치하더라도, 콘텐츠 생산에 있어 성별 분리 현상이 나타나는 것, 특히 여성 크리에이터들이 뷰티, 쇼핑, 요리 및 살림, 육아 등의 분야 콘텐츠 생산에 몰려 있다는 사실은 여전히 여성들이 전통적으로 사적 영역이나 소비적 영역에서의 콘텐츠에 더 관심이 크고 더 많은 것을 알고 있으며 더 많이 생산하고 있다는 것을 의미한다.

성별, 연령, 학력 등과 무관한 일로 여겨지는 콘텐츠 크리에이터 영

17 "메이크업아티스트 포니, 포니이펙트 론칭", 2015.11.27 〈여성조선〉, "포니이펙트 롯데 엘큐브 입점, 오프라인 진출 본격화", 2016.3.25 〈세계일보〉, "씨엘, 포니와의 만남은 운명? '확 달라진 메이크업'", 2016.3.26 bnt뉴스.

역에 왜 핑크게토가 형성되는가? 소위 말하는 창의성, 창조적 지식이라는 것의 획득이 단발의 경험으로 이루어지는 것이 아니라 지속적이고도 누적적인 경험을 거쳐 인지 체계 속에서 자기 것으로서 만들어지기 때문이다. 즉 창조적 지식은 누적된 경험과 이를 통해 세상을 바라보는 관점들의 특수성 속에서 만들어질 수 있다. '개인'적 경험에 초점이 맞추어진 오늘날의 창의성이라는 개념이 바로 필연적으로 핑크게토를 만든다. 지금 여성 크리에이터들이 공통적으로 제공하고 있는 콘텐츠들은 실생활에 바로 적용 가능한 생생한, 직접 체험하지 않고는 얻기 힘든 것들을 다룬다. 이때의 실용적인 콘텐츠들은 '여성'이기 때문에 알고 있는, 즉 여성으로서의 필요에 의해 알게 된 것들이다.

여성 크리에이터들이 제공하는 많은 콘텐츠들은 대부분 경험적으로 터득한 결과물들이다. 내가 만난 10대, 20대의 여성들 가운데 소위 '창조산업'에 대한 관심이 높고 또 이 분야에서 일하기를 원하는 여성들이 콘텐츠 크리에이터를 진로로 선택한 동기는 여성으로서의 소비 문화에서의 경험의 누적에 있었다. 뷰티 및 라이프스타일 크리에이터들과 그 지망생들은 스스로가 화장품이나 옷을 소비하는 데서 즐거움을 느껴왔으며 소비하기와 관련된 진로를 선택하는 것이 자신이 좋아하는 일을 하는 것이라고 생각하고 이를 진로로 연결시켰다.

이들은 옷을 구매하기 위해 다양한 쇼핑몰을 접하면서 향후 자신이 쇼핑몰을 운영하기 위해서는 어떠한 컨셉의 쇼핑몰을 만들어야 할지에 관해 파악할 수 있게 되었다고 했다. 혹은 의류매장 아르바이트를 패션 디자이너로서의 꿈과 의류 소비에의 욕망 모두를 충족할 수 있는 수단으로 여긴다. 그리고 이미 유명해진 한 뷰티 크리에이터의 경우는 우연히 고등학교 때부터 소셜 미디어에서 화장품을 광고하는 아르바이트를 시작하면서 자신의 화장품 구매 및 화장 경험을 통해 쌓은 지식을 토대로 화장품의 구매 대상들, 즉 여성들이 어떠한 광고나 상품에 이끌리는지를 분석함으로써 많은 '여자 팬'들을 모아 화장품 판매에서 큰 성공을 한 바 있다.

결과적으로 여성들은 '여성화된 영역' 안에서 커리어를 탐색하고 있다. 이들이 콘텐츠 크리에이터를 진로로 선택한 이유는 공통적으로 그것이 '좋아하는 일'을 할 수 있는 분야라고 생각하기 때문이었다. 그런데 그 일을 '좋아하게' 된 것은 소비 문화에의 적극적인 참여의 경험과 그에 대한 욕망을 통해서이다. 다양한 소비에의 경험은 또래 사이에서 심미적 노동 분야에 자질이나 능력이 있는 것으로 인정받는 계기가 되어 자신감을 가져다준다. 여성들이 수행해온 오랜 소비자로서의 역할을 통해 익힌 소비자로서의 기술과 지식은 진화하고 있는 소비자 문화 속에서 새로운 가치를 부여받고 있으며 여성들로 하여금 마케팅 영역을 포괄하는 서비스 직종으로 더 쉽게 진입할 수 있도록 한다(Gray, 2003).

많은 경우 여성 크리에이터들은 창의 노동을 잘 수행하기 위한 자질의 계발을 위해 여성화된 경험과 지식에 의존한다. 여성들은 이른 소비 경험과 외모꾸미기 문화 속에서 이를 노동의 전망으로 인식한다. 소비와 외모 가꾸기와 관련한 많은, 또 다양한 경험들이 곧 '재미있으며 좋아하는 일'로 범주화된 소위 여성적 콘텐츠 생산에 적합한 노동자로서의 자질을 갖추게 해주는 것이다.

쇼핑, 미용, 패션 분야에 종사하는 여성들에게 요구되어온 노동의 내용은 여성 자신의 몸을 통해 드러나며 여성으로의 주체화 과정에 깊숙이 개입한다(Hochschild, 1983; Freedman, 2000; Weeks, 2011). 또한 구독자이자 고객과의 실시간적인 원활한 응대 등의 커뮤니케이션 능력을 요하며, 자신만의 노하우를 일종의 콘텐츠로 공개하기 위해 소비에서의 경험을 지속적으로 축적해야 한다. 그런데 이 기술과 지식에 도달하는 것은 주로 정규 교육을 통해서가 아니다. 오히려 '자기계발적'인 문법의 적극적인 수용과 실천, 여성 잡지 혹은 이와 관련된 다양한 미디어 콘텐츠, 그리고 일상화된 소비, 옷과 인테리어용 소품이나 가구 쇼핑, 여기저기 돌아다니기 등을 통해서이다. 즉 자기계발과 일상의 심미화에 관한 지식과 기술 축적은 '여성'으로서, '여성 주체'의 구성 과정을 통해서이다(Gray, 2003).

5. 여성 크리에이터와 심미 노동

여성 크리에이터들이 주로 만들어내고 있는 콘텐츠는 그 자체가 현재 한국 사회에서 여성이라는 젠더의 범주와 의미를 반영하고 있다. 대표적으로 남성 크리에이터들이 주류인 게임 콘텐츠의 경우, 게임은 소비가 아니라 그 자체로 여가이자 취미, 재미 혹은 도전으로 여겨진다. 하지만 여성 크리에이터들이 가장 영향력을 발휘하는 분야인 뷰티 콘텐츠의 경우는 소비의 영역이자 자기계발로 포장된 지속적인 외모 관리의 필요성을 확인하는 장이다. 물론 뷰티 콘텐츠에서 뷰티 크리에이터는 스스로 피부를 관리하거나 화장을 하는 것에서 재미를 찾고 즐기는 것으로 연출되고, 실제로 그렇기도 하다. 하지만 이 콘텐츠가 수용되는 방식은 단순히 즐기는 것 그 자체보다는 여성과 여성성에 관한 특정한 필요와 욕망을 생산한다.

또한 여성 크리에이터들이 주로 포진해 있는 뷰티, 쇼핑, 키즈 콘텐츠에서는 주로 소비 상품들을 활용하는 방식으로 내용이 꾸려진다. 여성 크리에이터들은 각기 기획한 콘텐츠 속에서 부단히 각종 상품을 활용한 피부 관리 노하우를 알려주거나 시중의 화장품들을 꼼꼼하게 리뷰

해준다. 혹은 특정한 시간과 공간에 어울리는 화장법을 자세하게 알려준다. 어린이들이 좋아할만한 장난감을 조사해서 어린이들과 즐겁게 시간을 보내주기도 하고 가장 가성비가 좋은 구스다운 이불과 인테리어 소품 등을 찾아 소개해준다.

이런 장면은 남성 생산자/여성 소비자라는 전통적인 구분을 떠올리게 한다. 또한 여성성과 쇼핑 사이의 관계를 계속해서 구축한다. 소비자로서 여성의 이미지는 근대 이후 공고하게 구축되어온 역사 속에 있다. 19세기 말과 20세기 초의 '소비 사회'로의 전이과정에서 여성은 쾌락의 상업화를 추구한 자본주의 소비 이데올로기 속에서 이상적 주체로 전유되어왔다(펠스키,1998: 107). 자신의 욕구를 알고 합리적으로 추구할 수 있는 역량을 가진 자율적 존재인 '계몽주의적 남성'에 비해 여성은 욕망을 합리적으로 계산하지 못하는 욕망의 노예이며 변덕이나 충동으로 규정되는 '멍청한 소비자'로 이미지화되어왔다(슬레이터, 2000: 81).

여성과 소비주의, 근대성에 관한 글에서 리타 펠스키(1998)는 자본주의 경제에서 여성들은 남성들 사이에 교환되는 대상으로 간주되는 여성의 물신화 과정을 통해 상품 형식과 유사한 관계에 위치지어진다고 설명한다. 구매자의 시선을 끌기 위해 스스로를 유혹적인 대상으로 만들도록 한다는 면에서 상품과 여성은 동일한 위치에 놓이게 된다는 것이다. 비슷한 맥락에서 데보라 파슨스는 여성 소비자를 물신주의적이고 성애적으로 병리화시키는 남성 관찰자의 '시선' 이면에 여성들의 욕망을 관리하고 재생산하는 자본주의의 메커니즘이 자리하고 있다고 주장했다(Parsons, 2000: 49, 재인용 서지영, 2010).

또한 소비 자본주의는 여성에게 사적 공간의 경계를 넘어 욕망의 주체로서 자아를 확인하고 젠더적 억압에 균열을 가하는 계기를 제공하기도 한다. 예컨대 백화점은 여성들로 하여금 가족의 경계를 넘어 공적 공간에서 자신의 욕구를 표현하고 자기만족의 에토스를 가질 수 있는 계기를 제공했다(펠스키, 1998).

하지만 여성에게 부여된 상대적 수준의 권력은 성별화된 정체성에 대한 새로운 강제적 영향력의 출현과 병행하는 것이었다. 소비 문화는 부단한 자기감시의 관행을 조장하는 성애화된 여성성의 규범에 여성을 종속시켰을 뿐만 아니라 이질적인 욕망 형식들은 더욱더 많은 상품 소비를 유도하는 통로를 제공하기도 했다(펠스키, 1998: 169). 소비 자본주의는 상품의 생산과 소비의 메커니즘뿐 아니라, 유통의 메커니즘에도 여성을 동원했는데, 여성을 타깃으로 하여 소비를 진작시키기 위해 이상적 이미지를 부여하는 여성을 광고 모델로 삼고 여성을 판매원으로 고용했다. 지금 여성 크리에이터들은 분명하게 상품 광고와 유통에 핵심적 역할을 하고 있으며, 전술한 여성성과 소비 문화와의 연결고리를 지속시키는 데 기여한다.

21세기 새로운 비즈니스의 가장 중요한 역할로 구조화된 콘텐츠 크리에이터들은 누구보다 더 열정적으로 소비와 시장을 통해 자신을 표현한다. 뷰티나 라이프 스타일, 쇼핑 등을 다루는 콘텐츠들에서 매력적인 인물이 되는 것에 관한, 사실은 여성성에 관한 특정한 필요와 욕망은 주로는 소비를 통해 충족될 수 있는 것으로 제시된다. 소비와 소비 상품이 여성성의 획득으로 이어지는 연결고리는 여성적 삶과 체험이 여전히 소비의 영역에 존재하고 있음을 가시화한다. 동시에 이 콘텐츠는 대단히 구체적이다. 대부분의 여성 크리에이터들이 만드는 콘텐츠들은 게임, 먹방, 기상천외한 실험이나 도전 등의 영역에서와는 다르게 아주 실용적이라는 공통점을 가진다. 이는 곧 여성 구독자들의 일상, 특히 소비 영역에 직접적인 영향력으로 이어진다. 실제로 유튜버들이 언급하거나 사용하는 제품들이 완판행렬을 이어가고 있다는 이야기들은 이 같은 영향력을 잘 보여준다.

소비적인 영역을 다루는, 그래서 놀이나 여가의 영역으로 여겨지는 '뷰티' 콘텐츠 영역의 크리에이터들은 실제로는 육체적으로 매우 고된 노동을 수행한다. '씬님'이라는 뷰티 크리에이터는 텔레비전 프로그램에 출연해 크리에이터로서의 노동을 보여준 바 있다. 10분 남짓한 콘텐츠를 만들기 위해 실제로 '씬님'이 하는 노동은 화장품을 쇼핑하고, 사용해보고, 상품을 평가하고, 영상 편집과 더빙 등을 위한 조력자들과의 협업으로 이루어진다. 화장품 리뷰를 위한 쇼핑은 그 자체로 엄청난 노동이다. 몇 시간이고 매장에 서서 거의 대부분의 새로 나온 화장품들을 살펴보고 비교한 뒤 선별하여 구매한다. 어마어마한 양의 화장품은 그대로 리뷰의 대상이 된다. 수십 번 자신의 얼굴에 화장을 하고 지우고를 반복한다. 이 과정에서 화장품 사용감에 관한 풍부한 분석도 필수적으로 기록해야 한다. 이후 영상을 편집하는 일은 훨씬 고된 일이다. 최근 유명한 크리에이터들은 영상 편집을 조력자의 도움을 얻어 완료하지만, 보통은 크리에이터의 일이다. 이후 댓글을 모니터링하고 다음 회차 콘텐츠에 반영하는 것도 중요한 요소 중 하나이다.

이때 이 과정 전체를 관통하는 가장 중요한 것은 숙련된 화장술과 화장품을 통해 만들어지는 얼굴의 아름다움에 있다. 심미적 매력을 체현하는 과정을 보여줌으로써 이를 구매 가능한 것으로 만들어야 하기 때문이다. 여성 크리에이터들이 실용적인 정보를 제공해줌에도 불구하고, 실제로 고된 노동의 과정과 전문 지식이 수반됨에도 불구하고 이들의 노동에서 가시화되는 것, 가장 기본적 요소로 여겨지는 것은 (생얼은 아름답지 않더라도) 결과적으로 아름다운 외모와 구독자들을 대하는 태도이다.

1인 미디어를 기반으로 끝없이 확장하고 있는 크리에이터라는 직업 영역에서 가장 중요하게 요구되는 것은 셀프 프로모션이다. 그리고 셀프 프로모션은 심미적이고 감정적인 노동을 포함하는 상당한 노동이며 자기 규율을 요구한다(Duffy, 2017). 특히 여성 크리에이터들의 셀프 프로모션에서는 심미적이고 감정적 노동이 중시되는 경향이 있다. 여성들이 제작하고 있는 콘텐츠가 특히 일종의 심미성을 광고하고 판매하는 데 치우쳐 있기 때문이다.

이는 여성 크리에이터들이 1인 미디어를 통해 여성들이 우리 사회에 보다 가시적인 인물로 등장하고, 이들의 경험과 목소리가 콘텐츠로 수용되고 있는 고무적인 변화 속에서도 온라인상에서의 특정 관심사에 관한 젠더 격차는 여전히 지속되는 경향에 관해 알려준다. 여성적 경험의 콘텐츠화는 노동 시장으로의 진입과 성공에서 많은 가능성을 만들었지만 그 가능성만큼이나 기존의 '여성화된 노동'의 특수성이 재생산되기도 한다. 성별 분업, 성별 직무 분리의 문제는 아주 오래된 역사를 가진다. 여성들이 사적 영역의 전담자라는 역할에서부터 차츰 공적 영역으로의 진입과 함께 성별분업은 감소하는 추세를 보일 것으로 기대되었지만, 오늘날 성별 분업은 여전히 다른 모습으로 좀 더 세련된 방식으로 유지되고 있다. 그 대표적인 것이 특히 여성들에게 요구되고 있는 심미 노동일 것이다.

심미 노동은 후기 산업사회의 다품종 소량 생산, 대인 서비스 섹터의 증가 등의 산업 구조 변화 속에서 확대되어온 영역으로, 특히 여성화된 서비스 노동에 대한 문제의식을 담은 개념이다. 심미 노동은 기업의 이윤 확대를 위해 노동자의 신체를 개발하고 동원하며 상업적으로 활용하는 노동으로, 패션리테일숍, 카페, 레스토랑과 같은 '스타일 노동시장 style labor market'(Nickson, Warhurst & Dutton, 2004)의 고용 및 노동 과정을 탐색해오던 워허스트Warhurst, 닉슨Nickson 등의 영국 학 자들에 의해 개념화되었다(Warhurst et al., 2000; Warhurst & Nickson, 2003; 2007; 2009). 이 학자들은 서비스 노동의 특성과 변화 양상에 주목하여 서비스 노동에서 노동자들의 신체가 또 하나의 노동 기술이자 자질로서 인식되고 노동에 적합한 형태로 개발되고 재조직되는 현실을 포착하고 개념화한 것이다. 심미 노동은 여성의 아름다움이나 외모, 혹은 여성다움의 재현과 전시를 보다 노골적으로 노동의 내용으로 삼으며, 이를 여성 노동자가 스스로 익히고 개발해야 할 것으로 만든다. 점차 확장되고 있는 대인 서비스 영역 중 특히 심미적 노동 영역이 요구하는 여성 노동자의 자질은 성인 여성의 섹슈얼리티적 요소에 기대고 있다(Tyler & Abbott, 1998; Hall, 1993; Adkins, 1995).

물론 노동에서 신체를 자원화하는 경향은 새롭게 등장한 현상은 아니다. 그러나 심미 노동에서 신체는 외모나 몸매 같은 노동자 신체의 일부 특성이 아니라 이미지, 표정, 시선, 목소리, 제스처 등 신체의 외현과 그 활용에 관련된 포괄적인 속성으로 이해된다(심선희, 2017). 심미 노동이 다른 노동과 구별되는 가장 주요한 특징은 노동자 신체의 상업적 활용에 있어 '미학'적 차원이 명시적으로 강조된다는 데 있다. 심미 노동 개념과 그 실천은 노동에서의 심미성과 체화를 특히 중시한다. 심미 노동은 여성과 아름다움의 연결성을 더욱 중요한 것으로 불러일으킨다.

뷰티 크리에이터는 대표적인 심미 노동 직종이다. 단정하고 정돈된 외모, 일정한 목소리톤과 친절한 태도 등을 주요한 노동 규범으로 인식하고 이를 이행해야 할 필요가 있다. 이는 수용자의 '미학적 감각'을 자극하고 그들의 소비를 이끌어내기 위한 것이다. 뷰티 콘텐츠를 다루는 크리에이터가 아니라 키즈 콘텐츠나, 토크, 쇼핑, 일상 등을 두루 다루고 있는 여성 크리에이터들 가운데 탑랭커들은 공통적으로 뛰어난 외모를 자랑하거나 그렇지 않더라도 다양한 외모 향상의 도구를 통해 결과적으로는 매력적인 외모를 보여준다(캐리언니, 헤이지니, 김이브, 윰댕 등). 이들은 흥미로운 이야기 주제 기획력과 매력적인 말솜씨, 수용자들과의 실시간 소통에도 능하지만 늘 외모에 관한 관심과 평가가 끊이지 않는다.

인간 사이의 소통과 대면에서는 외양, 표정, 목소리, 억양, 제스처 등 신체의 외양적이고 체현적인 특성의 중요성이 강조된다. 그리고 이러한 서비스 노동에서의 상호작용의 문제는 노동자 신체를 일종의 '기술'이자 '자질'로 포섭하게 하는 중요한 조건으로 작용하고 있다. 이는 서비스 기업은 서비스 노동자에 의해 기업의 평판이나 이미지가 형성되고, 서비스 그 자체가 평가되는 등 서비스 노동자가 갖는 상징성과 의미가 크기 때문이며 궁극적으로는 고객의 '미학적 감각'을 자극하고 고객의 소비를 이끌어내기 위한 것이다. 서비스 노동에서 신체가 기술이나 자질이 되면서 노동자 신체의 미학적 개발과 재현에 대한 요구는 정상화되고 여성들은 자기계발의 대상으로 자신의 몸을 인식하고 몸에 관한 다양한 관리와 기술을 계발토록 한다. 이때 여성 신체의 미학적 활용은 암묵적이거나 비가시적이기보다 명시적이다.

여성 크리에이터들에게서 관찰되는 심미 노동의 경향은 미디어 산업의 노동 시장이 젠더화된 특성을 적극적으로 자원화하고 있음을 보여준다. 심미 노동 자체가 내포하는 여성 노동자들은 남성 노동자와는 다른 방식으로 배치되고 활용되며, 노동 과정에서 부드러움, 친절함, 배려심, 보살핌, 아름다움, 성적 매력 등을 적극적으로 자원화하라는 직간접적인 요구와 마주한다. 여성 크리에이터들의 노동에서 드러나는 심미 노동적 특수성은 끊임없이 여성 노동자와 노동의 결과물을 여성과 여성의 몸으로 환원한다.

6. '핑크게토'가 내포한 기회와 젠더 위반이라는 균열

홈데코, 레시피, 양육, 뷰티 블로깅, DIY 등의 인터넷 문화와 이에 대한 대중적인 관심과 활동들은 포스트 페미니즘의 담론 속에서 광범위하게 자기표현과 개인주의를 대변하는 플랫폼으로 내세워졌다. 패션 블로거나 뷰티 유튜버에서부터 개인 이용자 여성들의 셀피와 각종 라이프스타일에 관한 포스팅들은 단순히 나르시시즘적인 것을 넘어서 임파워링의 토대가 된다. 이 같은 활동들을 미래에의 약속, 투자로서 전망하기 때문이다. 기존의 사적인 혹은 여성적인, 소비적인 문화와 역할을 문화 생산물의 양식으로서 변화시킴에 따라 이 활동들은 지금 콘텐츠 생산이라고 불리게 되었고, 전통적인 젠더 위계를 교란하고 있는 동시에 경제적으로 여성 참여자들의 임파워를 약속하는 것으로 수용되고 있다 (Marwick, 2013; 김애라, 2016; 2018; Duffy, 2017).

앞에서 살펴봤듯, 디지털 기술을 통한 새로운 정보 양식은 실제로 여성들에게 스스로 콘텐츠의 소비자이자 생산자가 되는 것을 가능케 하는 새로운 공간을 제공하고 있다. 이때 여성들이 생산자로 등장하는 장면은 많은 경우 소비 상품을 매개로 자기를 전시하고 커뮤니티와의 관계를 유지하는, 즉 소비와 소비 욕망을 생산하는 장에서이다. 또한 이 장에서의 창의성과 열정은 보다 빠르고 새로운 패션, 뷰티 영역에의 상품 소비와 소비 경험에 관한 정보의 제공과 이를 통해 많은 사람들로부터 주목받을 수 있는 매력적인 여성 캐릭터의 구축으로 증명된다.

이때 여성 크리에이터들의 생산물은 주로 자신감 넘치고 트랜디하며 스타일리쉬한 여성 정체성에 대한 욕망이며 종내에는 그러한 정체성을 표상하는 소비 상품에의 욕망이다. 나오미 울프(Wolf, 1991) 식으로 말하면, 이전엔 가사 노동을 수행해야 했던 여성들은 오늘날 네일아트, 쇼핑몰 운영, 화장품 후기 알바, 아이들 옷 구매대행, 성형 후기를 열심히 살펴보고 이 정보를 실천해야 한다. 1인 미디어 산업 확장과 창조산업의 이상 속에서 여성들이 심미 노동에 품는 이상과 기대는 성별화된 여성 정체성의 수행과 전시를 공적 영역 속으로 가시화하고 나아가 전문화된 노동의 영역으로 만들고 있다.

이때 개인적 경험에 기반해 있는 여성 크리에이터들은 소비주의적인 미학의 언어를 통해 화장과 쇼핑과 감각적 스타일링과 인테리어 등을 스스로 '일'로서 전환하고 이를 육체적 자기 재현의 형태로 재구조화하는 담론을 발생시킨다. 예컨대 크리에이터가 유튜브나 블로그에 쇼핑에 대한 콘텐츠를 만들어 업로드할 때 그것은 자신의 일상이나 삶에 관한 이야기의 일부가 되고 패션에 대한 오래된 열정의 표현이거나 콘텐츠 생산을 통해 그와 같은 열정을 해소할 수 있는 것이 된다. 따라서 이들은 사회 문화적 영향력과 별개의 주체적인 개인으로 그려지는 경향이 크고, 여성 크리에이터들의 '여성적' 콘텐츠 생산 경향도 단순히 그에 관한 지식과 열정으로 가려진다.

예컨대 '라뮤끄'와 같은 크리에이터는 '라뮤끄 성형외과'라는 콘텐츠에서 일반인들을 초대, 화장법으로 이들의 '컴플렉스'에 대한 솔루션을 제공한다. 이 같은 장면에서는 '칙칙해 보이는 피부', '눈밑 지방을 동반한 다크서클', '힘 없고 우울해 보이는 인상 등 나이들어 보이는 요소', '작고 답답한 눈'을 교정의 대상으로 짚는다. 하지만 이와 같은 콘텐츠 내용을 관통하는 입장은, "이 부분은 진단이 아닌 의뢰인이 극복하기 원하는 본인의 주관적 의견입니다. 라뮤끄 성형외과를 통해 잘 극복할 수 있도록 응원하는 마음으로 바라봐주세요"라고 덧붙임으로써 이 '교정'의 시도를 구조화된 성차별이나 여성성 내부의 위계, 소비 자본주의의 문제가 아니라 한 개인의 용기나 의지로 치환한다. 그리고 여기에서 콘텐츠 크리에이터로서 라뮤끄는 스스로를 자신이 가진 지식과 열정을 '교정'을 원하는 구독자에 대한 도움을 제공하는 방식으로 포지셔닝한다.

이와 같은 뷰티 크리에이터들의 콘텐츠는 피부 관리나 화장 혹은 다이어트, 적절한 패션의 조합 '이전'과 '이후'의 격차를 가시화하는 경향이 있다. 이때, '이전'은 준비가 덜 된 것으로 낙인화하는 효과를 가진다. 그리고 이 낙인화는 소비를 통해 피할 수 있는 것, 외모 관리 실천을 통해 피할 수 있는 것이 된다. 종종 '이사배', '씬님' 같은 유명한 여성 크리에이터들은 굉장히 우스꽝스러운 얼굴 분장이나 남성 연예인 커버 메이크업, 호러 캐릭터 분장 등을 한다. 이는 아름다운 여성의 얼굴에 대한 기대감을 단번에 저버리고 해방적 즐거움을 제공하기도 한다. 물론 이는 매우 예외적인 콘텐츠가 되고 기본적으로 이들이 추구하는 매력적인 여성으로서의 외모가 유지될 것이라는 기대 속에서 작동하는 것이다.

상업화된 미디어 산업과 교묘한 마케팅 사업 속에서 크리에이터들의 콘텐츠는 완전히 자유롭기 어렵고, 소비 자본주의적 여성성의 재생산에 기여하는 경향이 크다. 하지만 여성 크리에이터들의 콘텐츠는 필연적으로 젠더에 관한 균열을 내포하고 있다. 예컨대 뷰티 크리에이터들의 콘텐츠는 '화장'이라는 것의 과정, 즉 '생얼(맨 얼굴)'에서부터 메이크업 완성에 이른 얼굴을 보여줌으로써 여성적 아름다움이라고 하는 것의 부자연성, 즉 조형적인 것으로서의 여성성에 대해 알려준다. 뿐만 아니라 여성이 여성에게 유용하거나 궁금해했던 지식을 전달해주는 여성 간의 새로운 관계의 모델을 확립하기도 한다. 여성 구독자들은 여성 크리에이터들의 콘텐츠를 일종의 공론장 삼아 각자의 목소리를 보태기도 한다. 이 젠더 균열은 여성 크리에이터들의 콘텐츠가 바로 이제 막 드러나기 시작한, 이제야 조금 더 많은 사람들이 관심을 가지기 시작한 여성들의 경험과 목소리라는 점에서 필연적이다.

물론 소비 자본주의, 미디어 산업과의 긴밀한 연계 속에 있을 수밖에 없다는 점에서 이 균열은 빠르게, 혹은 젠더 질서를 대단히 위반하는 방식으로 진행되지 않을 수도 있다. 하지만 이 글에서 주로 다루고 있는 뷰티, 쇼핑 등의 콘텐츠를 생산하는 여성 크리에이터 외에 남성이 주류인 게임이나 먹방 등의 분야에서 두각을 나타내거나 최근 '탈코르셋 운동'의 일환으로 뷰티 콘텐츠를 중단하기로 결정하면서 더 다양한 콘텐츠 기획을 시도하는 크리에이터들이 등장하고 있다. 이는 뷰티 콘텐츠보다 먹방 콘텐츠가 더 좋다는 식의 평가가 아니다. 기존의 '여성'적이라고 여겨져온 분야를 위반하고 확장하고 있다는 점에서 주목할 만하다는 것이다. 이들은 아직 소수이지만 기존의 '여성'이라는 범주와 그 사회문화적 의미를 재구조화할 가능성을 내포한다.

물론 여성들의 경험과 목소리가 새롭게 열린 경제적 장에서 성공을 거두고 있다는 점에서 이미 콘텐츠 시장이 여성에게 덜 차별적인 장이라는 생각을 할 수도 있다. 이는 사실이다. 분명히 1인 미디어와 콘텐츠 시장은 많은 여성들에게 이전에 없었던 다양한 기회를 제공하고 있다. 하지만 이들의 대중에 대한 강력한 영향력을 고려할 때, 개인 여성 크리에이터의 경제적, 사회적 성공이 '여성'이라는 범주를 더욱 공고하게 하거나 문화적으로 여성성을 재생산하는 결과를 가져온다면 그것은 긍정할 만한 결과일 것인가? 이 글은 바로 이러한 문제의식에서 시작되었다. 새롭게 열린 이 기회의 장에 도전하는 많은 여성들을 응원하며, 이제 막 시작한, 그래서 향후 더욱 다양하고 대안적인 '여성적' 경험과 목소리를 입은 콘텐츠들을 기대한다.

참고문헌

김수아 (2007). 사이버 공간에서의 힘돋우기 실천. 『한국언론학보』. 51(6): 346-380.

김수정·김예란 (2008). 사이버 공론장들의 젠더성과 담론구성의 특징. 『미디어, 젠더 & 문화』. (10): 5-36.

김애라 (2016). 디지털 노동의 성별성에 관한 비판적 고찰. 『언론과 사회』. 24(4): 98-145.

______ (2018). 『십대여성의 디지털노동과 '소녀성', 페미니스트 크리틱—더 나은 논쟁을 할 권리』. 휴머니스트

김현미 (2008). 페미니스트 지리학. 『여/성이론』. (19): 276-293.

서지영 (2010). 소비하는 여성들: 1920-30년대 경성과 욕망의 경제학. 『한국여성학』. 26(1): 127-156.

심선희 (2017). 여성노동의 새로운 분석도구로서 심미노동의 개념과 유용성 탐색. 『한국여성학』. 33(4): 119-146.

이솔 (2011). 2, 30대 여성들의 정치 참여 경험을 통해 본 여성주체성에 관한연구: 온라인 '여성 삼국'커뮤니티 회원들의 활동을 중심으로. 이화여자대학교 여성학과 석시학위 논문 (미간행).

펠스키, 리타 (1998). 『근대성과 페미니즘』. 김영찬·심진경 역. 자음과 모음 (Felski, Rita, *The gender of modernity*. Harvard University Press. 1995).

헤스몬달프, 데이비드·사라 베이커 (2016). 『창의 노동과 미디어 산업』. 안채린 역. 커뮤니케이션북스 (Hesmondhalgh, David and Sarah Baker, *Creative labour: media work in three cultural industries*. Routledge. 2011).

Adkins, L. (1995). *Gendered work, sexuality, family and the labour market*. Open University Press.

Adkins, L. (2001). Cultural feminization: "Money, sex and power" for women. *Signs: Journal of Women in Culture and Society*. 26(3): 669–695.

boyd. (2007). Why Youth (Heart) Social Network Sites: The Role of Networked Publics in Teenage Social Life. In D. Buckingham (Ed.), *MacArthur Foundation Series on Digital Learning – Youth, Identity, and Digital Media Volume*. MIT Press.

Calvert, C. (2004). Voyeur nation: Media, privacy, and peering in modern culture. *Critical Studies in Communication*. Westview Press.

Drucker, P. (1959). *Landmarks of tomorrow: A report on the new 'post-Modern' World*. Harper.

_____ (2012). *In Management Challenges for the 21st Century*. Routledge.

Duffy, B. E. (2017). *(Not) getting paid to do what you love: Gender, social media, and aspirational work*. Yale University Press.

Florida, R. (2002). *The Rise of the Creative Class*. The Electronic Times.

Freeman, C. (2000). *High tech and high heels in the global economy: Women, work, and pink-collar identities in the Caribbean*. Duke University Press.

Hancock, P. & Tyler, M. (2000). The look of love, gender and the organization of aesthetics. *Body and organization*. Sage. A. R. (1983). *The managed heart: Commercialization of human feeling.* University of California Press.

Marwick, A. E. (2013). *Status update: Celebrity, publicity, and branding in the social media age*. Yale University Press.

McDowell, L. (1983). Towards an understanding of the gender division of urban space. *Environment and planning D: Society and Space*. 1(1): 59–72.

McRobbie, A. (2016). Be creative, Cambridge: Polity. C. W. (1951). *White collar: The American middle classes.* Oxford University Press.

Nickson, D., Warhurst, C. & Dutton, E. (2004). Aesthetic labour and the policy-making agenda: time for a reappraisal of skills? (SKOPE

Research Papers). ESRC Centre on Skills, Knowledge and Organisational Performance (SKOPE).

Parsons, D. L. (2000). *Streetwalking the Metropolis: Women, the City and Modernity: Women, the City and Modernity*. OUP Oxford.

Turner, G. (2010). *Ordinary people and the media: The demotic turn*. Sage Publications.

Tyler, M. & Abbott, P. (1998). Chocs away: Weight watching in the contemporary airline industry. *Sociology*. 32(3): 433–450.

Warhurst, C., Nickson, D., Witz, A & Cullen, A.(2000). Aesthetic labour in interactive service work: Some case study evidence from the "new" Glasgow. *Service Industries Journal*. 20(3): 1–18.

Warhurst, C. & Nickson, D. (2003). The labour of aesthetics and the aesthetics of organization. *Organization*. 10(1): 33–54.

_____ (2007). Employee experience of aesthetic labour in retail and hospitality. *Work, Employment & Society*. 21(1): 103–120.

_____ (2009). 'Who's got the look?' Emotional, aesthetic and sexualized labour in interactive services. *Gender, Work & Organization*. 16(3): 385–404.

Weeks, K. (2007). Life within and against work. *Ephemera*. 7(1): 233–249.

_____ (2011). *The problem with work*. Duke University Press.

Wolf, N. (1991). *The beauty myth: How images of beauty are used against women*. Harper Perennial.

여성 게임 개발자로 살아간다는 것

이종임

1. 게임 노동, 게임 산업의 기반

문화 산업은 각 영역별 경쟁이 치열한 상황인데, 그중 게임 산업에 대한 관심은 그 어느 때보다 높다. 스마트 미디어의 대중화로, 노트북뿐만 아니라 스마트폰으로도 게임을 즐길 수 있는 시대가 되었기 때문이다. 정보통신정책연구원KISDI이 2017년 전국 16개 시도 5천여 가구와 가구원 약 1만2천 명을 대상으로 실시한 한국 미디어 패널 조사 결과에 따르면 대중교통을 이용하면서 한 가지 이상의 미디어를 이용하는 비율이 56.63%였고, 2011년부터 2017년까지 대중교통에서 이용되는 매체별 점유율의 변화를 살펴보면 스마트폰 등 전화기는 2011년 67.52%에서 2017년 90.29%까지 상승했다. 방송통신위원회의 2018년 2월 1일 발표된 〈2017년도 방송매체 이용 행태 조사 결과〉를 살펴보면, 스마트폰을 필수 매체로 선택한 응답자는 전체의 56.4%로 TV(38.1%), PC·노트북(3.4%)보다 높았다. 스마트폰의 매체 중요성은 2015년(46.4%)에 처음 TV를 제쳤고 2016년 50%대에 진입한 뒤 매년 높아지고 있다(동아일보, 2018.2.2.).

실제로 우리는 스마트폰으로 게임을 하는 이용자를 버스나 지하철 공간에서 이제는 쉽게 볼 수 있다. 그리고 일상적으로 게임을 하는 사람들을 쉽게 볼 수 있게 했던 게임으로는 포켓몬고를 들 수 있다. 증강현실 게임으로 현실과 스마트폰 화면이 겹쳐지는 방식으로 게임을 이용할 수 있게 되면서, 운전이나 길을 걸을 때 게임을 하는 이용자가 겪게 될 위험성에 대한 기사도 적지 않게 생산되었다. 2017년 1월 국내에 출시된 모바일 게임 포켓몬고Pokémon GO의 열풍은 테크놀로지가 현실과 가상의 경계를 넘어서는 체험을 이용자에게 제공하게 되었음을 인지하게 하는 중요한 계기를 제공하기도 했다.

'포켓몬 고Pokémon GO'는 게임 개발사인 나이안틱 랩스Niantic Labs에서 개발한 게임으로 호주·뉴질랜드를 시작으로 출시한 위치 기반 증강현실AR, Augmented Reality 모바일 게임이다. 현실에 디지털 콘텐츠를 중첩하는 증강현실 기술을 적용한 게임이며, 사용자의 환경과 상호작용할 수 있다는 게 장점이다. 뉴스에서는 포켓몬고 게임에 집중하게 되면, 모바일 화면만 바라보고 걷거나 운전을 하게 되는데, 이 과정에서 다수의 사건 사고가 발생하게 되었고, 증강현실 게임의 위험성에 대해 우려를 표명하기도 했다. 하지만 또 다른 한편에서는 현대 사회는 모바일/미디어가 매개된 놀이 문화가 다양한 방식으로 구현되고 있음을 인지하게 했고, 현실 생활과 가상 현실의 중첩이 가능한 테크놀로지가 구현되었다는 것 역시 대중들에게 알리는 계기가 되었다. 현실 세계에서는 눈에 보이지 않지만, 모바일이 매개된 스크린에서는 포켓몬의 캐릭터가 보인다는 경험은 기존의 미디어 환경에서는 경험할 수 없었기 때문이다. 이러한 전조는 스마트 미디어의 대중화와 SNS 중심의 인적 네트워크 구축, 이용자 중심의 콘텐츠 소비 환경을 선택 가능한 미디어 생태계가 구축되면서 이미 시작되었다고 볼 수 있다. 그만큼 게임은 우리 일상생활 깊숙이 들어와 있다는 것을 보여주는 사례는 무궁무진하다.

그렇다면 이용자의 라이프 스타일이 빠르게 변화하고, 다양한 형태의 게임을 이용하기 쉬운 지금의 상황에서, 국내 게임 산업은 현재 어디까지 성장했을까? 게임 산업의 2017년 2분기 매출액을 살펴보면, 2조 8,142억 원으로 추정되는데, 이는 전년 동기 대비 15.0%가 증가한 수준이다.[1] 2017년 상반기 통계를 살펴보면, 게임 산업 종사자 수는 전체 콘텐츠 산업 종사자 수에서 12.9%를 차지하는 것으로 나타났다.[2] 게임은 직접 게임을 플레이하는 이용자들의 증가로도 주목을 받고 있지만, e-스포츠 산업의 성장, 그리고 게임 중계 동영상 사이트의 증가 등은 게임 영역의 확장을 짐작하게 한다. 현재 게임 관련 산업의 종사자 수도 적지 않으며, 게임을 즐기고 향유하는 이용자들도 크게 증가했다.

이러한 상황에서도 알 수 있듯이, 게임은 오랫동안 새로운 문화 콘텐츠 영역으로, 산업을 성장시킬 수 있는 산업으로 논의되어왔다. 하지만 게임 산업의 성장이라는 결과와 현상에만 집중한 만큼 게임 산업 종사자들의 노동 환경에 대한 논의는 간과되어왔다.

e-스포츠 시장의 확장, 새로운 게임의 출시, 그리고 세계 게임 시장에서의 국내 게임 산업의 영향력과 순위 등은 언론을 통해 자주 접할 수 있었지만, 노동 환경과 근무 환경 등에 대한 논의는 거의 부재했다. 하지만 이제는 두 눈 질끈 감고, 고통받고 있는 노동 환경의 현장을 지나

1 한국콘텐츠진흥원의 동향 분석 보고서에 따르면, 약간의 차이는 있으나 대체적으로 매년 성장세를 보이고 있다.

2 한국콘텐츠진흥원, 『2017년 2분기 콘텐츠산업 동향분석 보고서, 〈게임산업편〉』, www.kocca.ac.kr

치기는 어렵다. 지난 몇 년 사이 게임을 만드는 일에 종사하는 게임 산업 종사자들의 돌연사가 적지 않게 일어나고 있고, 게임 노동 생태계의 위기가 감지되고 있기 때문이다. 넷마블의 자회사에서 일하던 노동자 중 2016년 7월과 11월 잇따라 직원들이 돌연사했으며, 2016년 10월에는 한 직원이 사옥에서 투신해 스스로 목숨을 끊었다.

IT 업계 노동자들의 장시간 노동과 과로사가 늘어나면서, 노동 현장을 들여다보려는 노력도 꾸준히 이루어졌다. 국회 환경노동위원회 소속 정의당 이정미 의원실이 국민건강보험공단으로부터 입수한 〈지난 5년간 넷마블게임즈와 그 계열사 직원들의 과로 관련 질병 진료 기록 현황〉을 보면, 2012년부터 2017년까지 과로와 관련된다고 보이는 뇌혈관 질환, 심장 질환, 정신 질환으로 진료받은 직원 수가 모두 증가하고 있다. 2012년부터 2015년까지 1~2명이던 뇌혈관 질환 진료 인원은 2016년 9명, 2017년 8월까지 4명으로 나타났다(오마이뉴스, 2017.10.12.). 정의당 IT노동상담센터(디버그)가 밝힌 바에 따르면, 구로구근로자복지센터, 게임개발자연대, 노동시간센터, 노동자의미래, 한국노동안전보건연구소가 지난 2017년 3월부터 4월에 걸쳐 총 621명이 참여한 '2017 게임 산업 종사자 실태 조사 설문조사 결과'가 이에 해당된다. 조사 결과 게임 산업 종사자들은 크런치 모드Crunch Mode[3]와 포괄임금제로 대표되는 장시간 저임금 체계하에서 우울증과 자살 생각 위험 비율이 높았으며 작업장 폭력 또한 심각한 상황인 것으로 드러났다.

3 소프트웨어 개발 마감 시한을 맞추기 위하여 수면, 영양 섭취, 위생, 기타 사회활동 등을 포기하고 연장 근무하는 것을 말한다. 크런치 타임Crunch Time이라고도 불린다. 몇몇 게임 개발자들의 과로사와 자살 이후 국내 개발 업계의 근로 환경이 이슈가 되었으며, 크런치 모드는 연장 근무와 고강도 노동을 당연시하는 관행을 단적으로 보여주는 개념으로서 대중적으로 알려졌다. 개발 업무 특성상 특정 시기에 노동의 집중이 필요하기는 하지만, 게임 개발 경쟁이 심화되면서 개발 기간을 줄이고자 하는 회사의 지시로 과용된다는 비판을 받는다. http://terms.naver.com/entry.nhn?docId=3595647&cid=43667&categoryId=43667

이런 작업 환경 속에서 제작되는 게임은 어떤 스토리텔링으로 구성될 수 있을까? 그리고 게임 개발자로 참여하는 노동자 중 여성 개발자들의 비중은 얼마나 될까?[4] 결국 노동 환경의 위기와 위험성을 줄이기 위해서는 다양한 이슈에 대한 논의가 이루어져야 한다. 노동 시간, 젠더 문제, 조직 내의 의사소통 방식, 게임 이용자들이 형성하는 문화 등이 이에 해당된다.

이 글에서는 게임 콘텐츠를 생산하는 문화 노동자이자 게임 개발자 그리고 여성[5]이라는 세 가지 키워드가 결합된 개발자의 정체성이 어떤 노동 환경 속에서 형성되고 있는지를 논의하고자 했다. 이를 분석하기 위해 게임 개발자 중 여성 개발자들을 대상으로 심층 인터뷰도 진행했다. 높은 경제적 수익을 창출하고 있는 게임 산업과 수많은 이용자 수를 거느린 게임업체 등 화려한 수식어에 가려진 문화 노동자, 특히 여성 문

4 전국디바협회 측은 "현재 한국 시장에 출시된 게임 대부분은 혐오와 성 상품화로 점철돼 있다. 게임업계 자체에 여성 개발자가 설 자리가 많지 않다"며 "페미니스트 게이머들과 개발자들이 모여, 성차별을 고발하고 페미니즘적 관점에서 바라본 게임 산업에 대해 이야기를 나누는 화합의 장을 만들기 위해" 이번 행사를 열었다고 밝혔다. –기사 중 일부
이세아, 페미니스트 게이머와 개발자가 만나다, 〈여성신문〉, 2017.11.26. http://www.womennews.co.kr/news/128277

5 게임 개발업계 발전을 위해 설립된 비영리 기구 IGDAInternational Game Developers Association는 지난 1월 8일, 2017년 전세계 개발자의 근로 현황 설문조사 결과를 공개했다. 이 자료에는 미국을 중심으로 한 전 세계 개발자들의 성별, 나이, 가족 관계 분포 비율은 물론, 급여, 복지, 이직률 등이 담겨 있다. 캐나다 온타리오 웨스턴 대학 주도로 이루어진 이 연구는 IGDA를 통해 2017년 2월부터 3월까지 이루어진 인터넷 설문조사를 분석한 결과다. 제시된 설문양식에 부합하지 않는 응답을 제외한 총 963명을 표본집단으로 삼았다. 표본의 직업은 코어 개발자, 개발 기술 지원, 전 개발자, 아마추어 개발자는 물론, 학술적 동기로 게임을 개발하는 연구자, 예술매체로 게임을 개발하는 예술가까지 포함됐다. 전체 응답자 중 42%는 자신이 미국에서 근로하고 있다고 응답했다. 응답한 개발자 평균 나이는 30대 중반으로 조사됐다. 30~34세가 24%로 가장 높은 비율을 차지했으며, 25~29세가 20%로 그 다음을 차지했다. 40대는 17%에 불과했다. 미국 노동통계국의 2016년 조사에 따르면 미국 노동인구 평균 연령은 42세다. 즉, 미국을 기준으로 게임 개발업계는 평균보다 10살 정도 젊은 셈이다. 이는 국내 개발자의 평균 나이와 비슷한 수준이다. 개발자 성별은 남성이 크게 우세했다. 응답자 중 74%가 자신을 남성이라고 답했으며, 21%만이 여성이라고 대답했다. 이는 미국 노동통계국이 2016년 남성 노동자를 49%, 여성 노동자를 51%로 조사한 결과에 비해 크게 높은 수치다.
이새벽, "해외 개발자 설문조사, 가혹한 근로 환경과 높은 이직률 보여", 〈게임메카〉, 2018.1.10. http://www.gamemeca.com/view.php?gid=1427189.

화 노동자들이 산업구조에 어떻게 유입되고 이탈하는지, 게임 제작 과정에 젠더적 시선의 적용 가능성은 어느 정도인지 등 그 상황을 살펴보고 노동 과정에서 나타나는 문제들을 살펴보았다.

2. 대중적 놀이 수단으로서의 게임

오락실에서 하던 게임은 PC방의 온라인 게임으로 이동했고, 지금은 모바일 게임까지 가세했다. 닌텐도의 게임 위Wii 출시 이후 다양한 연령대의 이용자가 게임을 이용할 수 있게 되었다. 국내에서 스마트폰을 소유한 개인들을 열광하게 한 게임이 출시되면서, 다양한 연령대의 게임 이용자 등장을 가능하게 했다. 지난 2012년 선데이토즈가 만든 싸이월드 앱스토어와 네이버 소셜 앱스를 기반으로 한 플래시 게임 〈애니팡Anipang〉이 출시되면서 서비스 시작 74일 만에 다운로드 건수가 2천만을 기록했는데, 애니팡은 이를 계기로 국내 사용자만으로도 2천만을 넘긴 게임으로 기록되었다(한국일보, 2012.10.13.). 이 시기는 모바일 메신저를 매개로 소통을 하는 방식이 급격하게 대중화되었던 시기이며, 〈애니팡〉이 메신저나 전화번호로 연결되어 있는 이용자들 간 게임 아이템을 주고받을 수 있는 게임이 지닌 특성으로 인해 짧은 기간에 폭발적인 관심을 받으면서 큰 인기를 끌기도 했다.

이와 동시에 최근에는 아케이드 게임에 대한 관심도 다시 높아지고 있는데, 젊은 세대가 자주 가는 카페 한편엔 아케이드 게임기가 자리하고 있는 곳을 종종 발견할 수 있다. 스마트폰, 소셜 미디어 이용이 익숙한 세대지만, 아케이드 게임기를 능숙하게 이용하는 젊은 연인들을 자주 볼 수 있다는 점은 흥미롭다. 아케이드 게임과 온라인 게임처럼 플랫폼별로 분류되는 게임의 특성은 세대를 구분하는 중요한 징표였기 때문이다. 하지만 이제 게임은 아케이드 게임부터 증강현실 게임까지 동시에 이용 가능한 것이 되었고, 취향에 따라 선택 가능한 명실상부한 놀이문화가 되었음을 이러한 사례들을 통해 짐작해볼 수 있다.

아케이드 게임기를 다루는 젊은 세대뿐만 아니라 온라인 게임을 즐겨하는 실버 세대의 등장도 이를 증명하는 사례일 것이다. 스웨덴 스톡홀름에서 개최된 '드림핵 디지털 페스티벌DreamHack Digital Festival' 〈카운터 스트라이크Counter Strike: 글로벌 오펜시브Global Offensive〉 e-스포츠 대회에 참여한 '실버 스나이퍼'Silver Snipers가 그렇다. 평균 연령 70세의 노인 팀으로 성적은 좋지 않지만 젊은 선수들과 대등한 경기력을 보여주며 e-스포츠 업계에서 긍정적인 평가를 받았다. 팀원들은 게임을 통해 손자 손녀들과 이야기를 공유할 수 있으며 경쟁이라는 목표가 생겨 인생의 새로운 활력소가 되고 있다고 답했는데, 이러한 다양한 세대의 이용자층의 증가는 게임의 긍정적 효과 사례로 볼 수 있다.[6] 이처럼 다양한 연령대가 함께 즐길 수 있는 게임과 게임 이용자 수의 증가는 게임 산업 성장의 중요한 근거다. 이후 온라인 게임뿐만 아니라 모바일로 이용 가능한 게임이 증가하면서, 게임 산업계에는 다양한 수익 구조 모델이 등장하게 되었다.

이와 동시에 국내 게임 산업에서 등장한 대형 게임 퍼블리셔의 부상도 주목하지 않을 수 없다.

국내에서 개발한 게임이 국내뿐만 아니라 해외에서도 큰 인기를 끌게 되면서, 게임 〈리니지 M〉의 엔씨소프트, 〈FIFA Online 4M〉의 넥슨, 〈리니지 2 레볼루션〉의 넷마블 등이 다양한 게임을 출시하며 대형 퍼블

6 The Federalist, Meet A Team of Senior Gamers who take on the kids counter-strike, 2017.12.18.; 한국콘텐츠진흥원, 『2018 글로벌 게임산업 트렌드』, 1월 1호, 2018, 29쪽.

리셔로서의 위치를 점유하고 있으며, 최근 〈검은 사막〉이 큰 인기를 끌면서 이 게임을 출시한 펄어비스가 새롭게 대형 퍼블리셔로서의 위치를 갖게 되었다. 카카오게임즈도 빼놓을 수 없다.

인디 게임 개발자들부터 대형 퍼블리셔까지 게임 산업에 종사하는 노동자 수는 셀 수 없을 정도로 많다. 다양한 국내외 게임의 출시, 이용자들의 관심, 구글과 애플 앱스토어에서의 게임 순위 등을 통해 우리는 유추해볼 수 있다. 하지만 이러한 성과 중심의 논의가 주를 이루면서, 게임 산업의 성장이 어떤 과정을 통해 현재의 모습을 얻게 된 것인지, 성장 과정을 찬찬히 들여다보지 못했다. 게임 출시 기한, 그리고 출시된 게임에 대한 플레이어들의 평가, 그리고 게임 시장에서의 수익 구조 중심으로만 논의를 해왔기 때문이다. 게임 개발자들이 게임을 창작하는 과정에서 수행하는 노동을 일반적인 회사의 노동 구조와 비교하여 논의할 수 없는 창작의 독특한 지점이 있을 것이다. 하지만 그럼에도 불구하고, 최근 몇 년 사이 IT업계에 종사하는 노동자들의 과로사나 자살 등의 문제가 기사를 통해 보도되면서, 게임 개발자들이 수행하는 노동의 현실적 상황에 대한 논의가 이루어져야 한다는 담론이 형성되기 시작했다.

3. 게임 개발자들의 노동 환경: 불이 꺼지지 않는 게임 회사

2016년은 게임 개발자들에게는 우울한 한 해였다. 구로공단의 넷마블 사와 넷마블 자회사에서 일하던 20대, 30대의 노동자들이 연이어 돌연사, 과로사, 자살로 사망 보도가 잇따랐기 때문이다. 넷마블은 잦은 야근으로 밤에도 회사의 불빛이 꺼지지 않는다고 해서 '구로의 등대'라고 불린다. 이러한 장시간 노동은 넷마블뿐만 아니라 많은 회사에서 일

하는 노동자들이 겪는 일반적 상황일 뿐이라는 것이 정설이다.[7] (2016청년허브 기획연구, 3쪽)

IT산업 관련 노동 현장에서 노동자들이 경험하는 장시간 노동과 노동강도의 문제가 지적되어온 지는 이미 오래되었다. 해외에서도 논란이 된 사례가 있기 때문이다.

중국 사회의 눈부신 경제 성장이 어떻게 하층민들의 고통과 죽음을 발판으로 이루어진 것인지를 고발한 지아 장커 감독의 영화 〈천주정, A Touch of Sin〉(2013)은 중국 사회 내에서 실제 일어났던 사건들을 에피소드로 엮어 제작한 영화다. 그리고 이 에피소드 중에는 청년 노동자의 자살을 다룬 이야기가 등장하는데, 이 소재는 지난 2010년 중국 광둥성 선전에 있는 대만계 전자 대기업 폭스콘 공장의 노동자들이 자살한 사건을 다룬 내용이다. 2010년 한 해 동안 이 회사에서 근무하던 노동자들은 8명이 투신자살을 시도했다. 폭스콘은 애플의 아이폰, 아이팟, 아이패드를 주로 생산하고 있으며, 인텔의 머더보드, 휴렛패커드 컴퓨터, 소니의 플레이스테이션 등 전 세계 유명 전자제품의 완제품 또는 부품을 생산하는 회사였다. 하지만 노동자들을 군대식으로 관리하고 장시간 노동으로 악명높은 회사의 문제적 시스템이 노동자들의 투신자살을 통해 알려지게 되었다.

국내의 경우는 어떨까? 2017년 4월 1일, MBC 예능 프로그램 〈무한도전-국민내각특집〉에서는 하루 22시간 노동을 했다는 일반인 출연자의 발언이 방송을 타면서, IT업계에 만연한 장시간 노동과 부당한 처우 등이 대중적으로 알려지게 되었다. 이날 방송에서는 하루 22시간 근무했지만 그에 부합하는 월급도 받지 못했다는 이야기도 다뤄졌다. IT업

7 2016 청년허브 기획연구, 『구로공단 노동자의 일과 삶에 관한 연구: 첨단지식산업 청년노동자를 중심으로』, 3쪽. www.youthhub.kr/hub/17590

계에 종사했던 경험을 가진 많은 일반인 출연자들은 열악한 노동 환경 속에서 일한 경험을 스튜디오에 출연한 국회의원들에게 성토했다.

결국 이러한 문제가 일상화되어왔지만, 게임 개발자들은 자신의 부당함과 억울한 노동 체험을 고발하거나 전달할 수 있는 어떤 채널도 마주하지 못했다는 것을 영화를 통해서, 방송을 통해서, 그리고 언론 기사를 통해서 우리는 알 수 있다.

최근 넷마블사에서 일하던 노동자의 돌연사는 '장시간 노동'이라는 만성적인 위험에 새로운 위험 요인들이 덧붙여지면서 발생한 것이라고 볼 수 있다. 그리고 새로운 위험 요인들 중 가장 문제적인 것은 개발사의 유사-하청화 경향이다.[8] 게임 산업의 유사-하청화 경향이 확산된 것은 게임 산업 구조의 재편에 따른 결과다. 2013년 이후 게임 시장이 모바일 중심으로 재편되면서 게임 시장에서 중소 규모의 개발사가 살아남기 더욱 어려워짐에 따라 영화 배급사와 유사한 역할을 하는 게임 퍼블리셔들이 이익은 독식하고 손실은 중소 개발사에 전가하는 구조가 자리잡으면서, 영세 개발사의 파산이 잦아지고 임금 체불과 고용 불안이 빈번히 일어났기 때문이다. 대형 퍼블리셔는 여러 개의 개발사를 '거느리면서' 또는 자회사의 형태는 아니더라도 시장 지배력을 통해 개발사 간 경쟁을 유도하고 결과물을 수시로 평가해서 그 가운데 하나를 선택해 런칭"한다. 즉, 문화 산업의 경우 한 상품이 시장에서 성공할지 실패할지 불확실한 경우가 많기 때문에 개발 과정의 리스크를 중소 개발사들에게 전가하여 유통 과정에 대한 통제율을 높인다는 것이 그 이유다. 제조업에서 나타나는 다단계 하청 구조와 이를 통한 리스크 전가 방식이

8 다시 말해, 중소 개발사들이 더 많은 유저를 확보하고 효과적인 마케팅과 홍보를 하기 위해 넷마블, 한게임 같은 대형 퍼블리셔에 의존하게 되고, 이로 인해 개발사와 퍼블리셔 간 위계가 생겨나기 시작한 경향을 유사-하청화 과정이라 할 수 있다.

게임 산업에서도 그대로 반복되고 있는 것이다. 게임 산업은 여전히 컨텐츠 산업의 대표 주자로 각광을 받으며 성장세를 이어가고 있지만 매출과 이익은 대기업으로만 집중되고, 게임 산업 전체 종사자 수와 임금은 하락세에 있다(한국스포츠경제, 2017. 7.26). 물량이 쏟아지면 노동자들을 더 이상 일할 수 없는 한계까지 밀어붙이는 잔업과 특근이 반복되고, 물량이 줄면 예고 없는 휴업과 해고가 이어지는 지난 날의 '공단의 일상'과 크런치 모드가 반복되는 'IT회사의 노동 방식'은 큰 차이가 없다. IT업계 회사들이 몰려 있는 구로 디지털 단지가 '구로의 등대'로 불린다는 것에서 산업의 대상/영역만 바뀌었을 뿐, 현실적인 노동 환경은 큰 변화가 없다는 것을 알 수 있다.

4. 노동 환경의 어려움과 페미니즘 '사상 검증'의 이중고

2006년 발간된 『젠더리뷰』 기획 특집의 "게임 산업에서 여성으로 살아남기"라는 내용의 글에는 게임 개발자로서의 여성 종사자들의 현실적 상황들을 정리해놓았는데(이수인, 2006), 현재의 게임 개발 환경에서 여성 종사자들이 겪는 상황과 크게 다르지 않다는 점에서 국내 게임산업의 노동 환경에 대한 논의가 필요함을 다시 한번 느끼게 한다.

『젠더리뷰』의 내용에 따르면, 2006년도에 게임업계 내의 여성 게임 개발자들은 남녀의 구분없이 모두가 밤샘작업을 통해 게임을 개발하고 출시하는 과정에 몰두해왔고, 실제로 2006년은 엔시 소프트와 넥슨 등의 유명 게임회사의 탄생을 경험한 시기이기도 하다. 게임 산업이 짧은 기간 동안 폭발적으로 성장한 탓에, "남자랑 똑같이 일하기만 한다면 여자라고 따로 구분하지 않겠다"는 태도가 게임업계에 정설이었다는 것이다. 하지만 20대의 게임 개발자들이 시간이 흐르고 30대가 된 후 겪게 되는 결혼과 출산, 자녀 교육의 문제는 여성 종사자들이 게임업계에 계속 남을 수 있을 것인가라는 현실적 고민을 하게 만든다는 것이다. 20대 초반에 게임 회사에 들어와 미친 듯이 밤샘을 하고, 하루에 16시간씩 노동하며 주말도 즐길 수 없었던 생활은 결혼 후 기혼자가 되어서도 계속 지속되었다고 설명한다. 삶의 주요 축은 변화를 겪고 있는데, 이러한 상황을 함께 논의하고 고민할 멘토도 인적 네트워크도 없는 회사 생활을 오랫동안 하게 되면서 게임 회사에서의 여성 인력의 중심축은 점차 흔들리게 된다는 현실을 논한다.

게임 개발 업무를 담당하는 여성 종사자들의 근무 환경에 대한 최근 몇 년 사이의 사례를 중심으로 할 수 있는 평가는 2006년도의 논의와 크게 다르지 않다. 최근 게임 업계에서 여성으로 일하며 겪는 고충, 여성 개발자들이나 여성 플레이어들을 바라보는 고정관념이나 편견 등에 대한 성토를 하는 자리가 많아지고 있다는 점도 게임 회사 종사자들의 정체성에 부합하는 노동 환경이 제공되고 있는지에 대한 부정적 시선을 갖게 한다. 앞서 2006년 『젠더리뷰』의 글에서 논의되던 주제들은 최근 만들어지고 있는 다양한 글에서도 반복적으로 등장하고 있기 때문이다.[9]

장시간 노동의 문제, 회사 조직 내에서 여성 개발자로서 겪는 어려움뿐만 아니라 게임 플레이어들로부터 공격을 받는 페미니즘 사상 검증이 새로운 이슈다. 조직 내에서의 어려움뿐만 아니라 게임을 이용하는 플레이어들의 윤리적 기준에 부합하지 않으면, 회사 조직 구성원으로서의

9 유니티 코리아에서 주최한 네트워킹 행사에서 참석자들을 대상으로 '업계에서 여성으로 일하며 겪은 고충과 더 이야기해 보아야 할 점' 에 대한 설문조사를 실시했다. 결과를 살펴보면, 회사 내에 같은 여성 동료가 많지 않다는 점, 인적 네트워크의 부재, '여성'에 대한 편협한 사회 시선 등이 주요 답변이었다(블로터, 2017.7.14.).

위치를 유지하기 어려운 사례가 등장하고 있는 것이다.

게임업계는 노동 환경의 현실적 문제와는 별개로 새로운 트렌드를 주도하기 위한 노력을 하고 있다. 2017년 자료에 따르면, 2017년 12월 현재 국내 게임사들의 해외 매출은 전년 대비 12.4%가 증가했고, 매출액은 12조 2,403억 원으로 추정되었는데, 인도, 동남아시아, 대만, 북미, 유럽 등 다양한 국가로 외연을 넓혔고, 모바일 게임 중심에서 최근 PC게임이 다시 주목받으면서 국내 게임 산업은 최대 성장을 이뤄냈다고 평가받았다. 최근 국내 게임사들은 AI기반 이용자 맞춤형 게임 서비스 엔진을 개발하는 노력까지 하고 있다(한국씨엔알, 2017, 48~49쪽).

하지만 게임 업계 내에서 나타나는 문제들은 장시간 노동이라는 노동 시간의 문제뿐만 아니라 여성혐오에 가까운 사건들이 계속 나타나고 있다는 점에서 여성 게임 개발자 혹은 게임 산업 여성 종사자들은 이중고를 겪고 있다고 볼 수 있다.

대표적인 사례는 지난 2018년 3월 26일, 온라인 PC게임 '트리 오브 세이비어Tree of Savior'의 원화 작가인 일러스트레이터가 메갈 트위터 이용자로 의심된다는 게임 이용자의 항의로 커뮤니티 내부에서 문제가 커졌고, 일러스트레이터가 본인의 SNS 계정에 직접 사과문을 올린 사건이다. 그리고 이 사건을 통해 우리가 짐작할 수 있는 것은 게임 이용자들이 지닌 가치관이 게임 제작자들에게 직접적으로 영향을 미치는 구조가 형성되었다는 것과 동시에, 페미니즘 사상 검증이 일상화되었다는 것을 보여준다.

좀 더 자세히 살펴보자. 이 사건은 게임 플레이어와 게임 생산자들에게는 중요한 사건이 되었다. 게임 이용자들의 수많은 항의로 이용자의 피드백에 충실해야 하는 구조에 놓여있는 게임회사의 직원으로서의 일러스트레이터는 회사로부터 아무런 보호를 받지 못했기 때문이다. 이후, '트리 오브 세이비어'의 일러스트레이터는 답변을 작성하기에 이른다. 답변의 주요 요지는 '자신은 페미니스트가 아니다'라는 것, 그리고 자신은 평범한 가정주부이자 직장인이며 페미니스트와는 거리가 멀다는 것이다. 우연히 '부적절한 글, 메갈을 옹호하는 팔로워를 접하게 되었을 뿐 자신은 메갈을 옹호할 생각도 없다는 것'을 설명하는 내용의 글이었다.

논란의 대상이 된 이유와 과정도 문제였지만, 더 큰 문제는 이 논란이 여기서 끝나지 않았다는 점이다. 일러스트레이터의 사과문이 SNS에 올라온 것뿐만 아니라 IMC게임즈 대표가 직접 이와 관련한 공지글을 올렸기 때문이다. 그는 "사회적 분열과 증오를 야기하는 반사회적 혐오논리에 대해서는 적극적인 방지와 대응이 필요하다고 생각한다"라고 하면서 직원과 나눈 일대일 면담 내용이라며 일러스트레이터와 면담한 내용을 SNS에 공개했다. '여성민우회, 페미디아 같은 계정은 왜 팔로우했는지', '한남이라는 단어가 들어간 트윗을 리트윗한 이유가 무엇인지', '과격한 메갈 내용이 들어간 글에 마음에 들어요를 찍은 이유는 무엇인지'를 묻고 답한 내용이었다.

우리가 알 수 있는 것은, 게임 관련 커뮤니티 이용자들의 페미니즘 사상 검증 요구에 대한 내용에 답하기 위해 지목된 일러스트레이터를 만났고, 항의 내용에 대한 답을 전달한 것이라 할 수 있다. '트리 오브 세이비어' 게임 창작자 집단 내부에는 '그런 문제의 사상을 가진 인력이 참여하지 않았다'는 것을 더욱 명백하게 증명하기 위한 글이었다.

실제로 몇 년 전부터 인터넷 공간에서 심각하게 이루어지고 있는 '젠더 간 전쟁'은 자신의 가치관에 반하는 대상을 검증하는 방식으로 이루어지고 있으며, 구별짓기는 SNS에서 표현되는 생각과 감정을 통해 이루어진다. 이러한 상황이 벌어지게 된 근본적인 원인 중 하나는 자본주의 사회의 무한경쟁과 승자독식이 가져오는 경기불황과 불안감이며, 국내에서는 젠더 간 갈등으로 표출되고 있다. 이후 한국여성민우회는 IMC게임즈 대표가 SNS에 올린 글에 항의했고, 논란이 커지자 IMC 게임즈 대표는 사과의 글을 올렸으며 논의는 소강상태가 되었다.

SNS를 일상적으로 이용할 수 있는 지금의 미디어 환경에서 이용자의 사적인 것과 공적인 것의 구분은 모호하다. '항상 연결되어 있는 상태'를 이용자에게 제공하기 때문이며, 자신의 경험과 체험이 타인과의 공유 정보가 되는 상황이기 때문에 더 감정적인 자신의 생각을 표현하기 쉬운 환경이다. 따라서 SNS는 더욱 사적이고 감정적인 방식으로 나의 편과 나의 반대편을 구분하게 만든다. 현재 게임 이용자들이 게임 개발자, 창작자들에게 항의하는 내용의 기준도 이러한 논의의 연장선상에 있다고 봐야 할 것이다.

IMC게임즈의 대표가 게시판에 올린 글은 이러한 논리에 충실한 결과다. 게임 개발자에게 항의하는 이용자들의 요구에 맞춰 사상을 검증하고, 반사회적 단체, 반사회적 사상을 지닌 사람들과는 함께 할 수 없다고 답한 것이 이에 해당된다. IMC게임즈 대표가 올린 글 속의 '반사회적'이라는 것의 기준도 명확하지 않음에도 불구하고 이러한 과정을 상세히 인터넷에 게시한 이유는 직원 개인의 인권과 정치적 활동의 보장을 인지하기보다, 이용자들의 요구에 충실하려는 경제적 논리를 더 중요하게 생각했기 때문이다(이종임, 2018).

미국에서도 이와 유사한 '게이머게이트'가 발생했다. 게임 커뮤니티 이용자들이 주축이 되어 게임 회사 여성 종사자들을 특정해 공격한 사건이다. '게이머게이트'는 2013년 게임 이용자들이 여성 게임 개발자인 조 퀸을 공격하면서 시작됐다. 퀸이 개발한 게임 '디프레션 퀘스트 Depression Quest'는 우울증을 주제로 한 텍스트 기반 게임이었는데, 자전적인 우울증 경험이 게임에 담긴 것이기도 했다. 이후 게임 매체에서 이 게임에 대한 긍정적인 평가가 이루어졌는데 남성 게임 이용자들은 반발했고, 게임 개발자에 대한 공격을 가하기 시작했다. 이후 불확실한 논란이 온라인에서 계속 생산되고 소비되면서 사이버불링(온라인 괴롭힘)까지 가해졌다. 급기야 개발자인 퀸의 집주소와 전화번호 등 신상 정보가 공개되기에 이르렀다. 그리고 이러한 남성 이용자들의 공격은 다른 여성 게임 개발자와 여성 저널리스트, 페미니스트 미디어 비평가 등으로 확산되었다. 특히, 아니타 사키시안은 2013년부터 비디오게임 속 여성 캐릭터가 얼마나 성차별적으로 묘사돼있는지를 분석한 영상을 제작하면서 게임 비평을 계속해온 비평가인데, 이러한 내용에 반발하는 게임 이용자들로부터 살해 협박을 받는 등 사이버불링을 당하기도 했다(한겨레, 2018.6.29.).

결국 이러한 사례들을 통해 여성 개발자와 플레이어들이 겪는 문제적 상황은 국내만의 문제가 아니라는 것을 알 수 있다. 여성 게임 개발자들이 겪는 페미니즘 사상 검증은 같은 플레이어들 사이에서도 무분별하게 지속적으로 나타나고 있다. 게임이 지닌 젠더 차별적 시선은 게임 회사에서 일하는 여성 개발자뿐만 아니라 게임을 하는 여성 게이머들도 비슷하게 겪는 문제이다. 특히 온라인 게임을 하는 여성 게이머들은 폭력적 발화에 노출되기 쉽다. 여성 게이머들은 이러한 상황에 맞서기로 하지만, 대체적으로는 자신의 성별을 숨기거나 불편한 상황을 마주치면 게임에서 이탈하곤 한다.

여성 게이머들의 성차별적 경험을 구체적으로 분석한 범유경·이병호·이예슬(2017)은 2016년 출시된 블리자드 사의 하이퍼 FPSFirst-Person-Shooter 게임 〈오버워치〉가 흥미로운 세계관과 낮은 진입장벽으로 여성 게이머들을 대거 유입시켰다고 봤다. 소위 남성적이라고 여겨왔던 FPS게임에서는 이례적인 현상이었다. 〈오버워치〉가 지닌 음성대화(팀보이스) 시스템이 '여성 게이머'를 게임 내에서 가시화했고, 여성 게이머들이 게임 내 상황을 브리핑하거나 전략을 짜기 위해 목소리를 내기 시작했다. 하지만 이와 동시에 여성 게이머에 대한 폭력적 '발화'를 가져왔다. 발화는 개인의 정체성을 구축하고 드러내는 중요한 수단이며 게이머들은 게임 내에서 지속적으로 발화하고 해석함으로써 다른 사람들과 자기 자신을 규정한다. 결국 여성 게이머의 자기 발화는 남성 게이머들이 지닌 여성에 대한 편견과 부정적 시각이 그대로 드러나게 만들었다. Kuznekoff & Rose(2013)는 FPS 게임 중 하나인 〈Halo3〉에 대한 연구를 진행했는데, 연구 결과 여성 목소리로 게이머가 인사했을 때는 남성으로 인식되었을 때보다 부정적인 코멘트를 받은 경우가 세 배 더 높게 나왔고, 여성 목소리로 인사했을 때 더 많은 질문을 받았다는 것이다.

국내에서도 여성혐오에 저항하겠다며 남성에게 공격적인 발언을 한 여성 게이머이자 유튜버에게 살해 위협을 한 사건이 있었다. 이 사건은 게임 플레이 과정에서 여성에게 불리한 발언이 반복적으로 발생하는 상황에 대해 여성 게이머들이 여성에 대한 폭력적 발화를 그대로 전유한 것에서 시작되었다. 남성혐오, 여성우월주의를 표방한 유튜브 채널을 운영하기도 했다. 그 결과 이 여성 유튜버는 2017년 8월 10일, 남성 유튜버로부터 살해 협박을 받았다. 살해 협박 전날 한 남성이 해당 여성 유튜버의 신상정보를 알아냈다는 영상을 올렸고, 이 영상을 본 다른 남성 유튜버들이 해당 여성의 집으로 가는 과정을 중계하는 위험한 상황이 연출되었다(한겨레, 2017.8.10).[10]

10 이 중 한 사람은 파출소로 연행되었으나 〈경범죄처벌법〉상의 '불안감 조성'에 해당된다는 이유로 범칙금 5만 원 처분을 받고 귀가했다(한겨레, 2017.8.10).

앞서 살펴본 사례를 통해서도 알 수 있듯이, 게임 회사 조직 내부에서 여성 개발자가 경험하는 조직의 문화와 게임 개발 방식, 게임 플레이어들 간의 여성혐오 문화 등이 동시다발적으로 나타나고 있다. 2006년 여성 개발자로 살아간다는 것에 대해 질문을 던졌던 상황과 비교했을 때, 증강현실 게임까지 등장한 현재의 시점에서 감정적이고 혐오에 가까운 발언을 하기 더 쉬워진 상황은 여성 개발자와 여성 플레이어들이 겪는 문제적 상황이 더욱 일상적으로 형성되고 있다는 것을 시사한다.

5. 여성 게임 개발자의 노동 환경

게임과 관련해서는 산업, 콘텐츠로서의 장르적 특성 그리고 게임 이용자들간의 문화 등 다양한 논의가 이루어지고 있지만, 게임 회사 종사자들의 과로사나 자살 시도, 임금 지급 방식, 계약서, 게임 출시 이후의 보상에 대한 조건의 부재 등은 필요한 정책 입안으로까지 이어지지 못할 만큼 관심 받지 못하고 있다. 크런치 모드, 히트할 게임을 출시하지 못하면 회사에서 짐을 싸야 하는 시한부 노동자라는 상황을 해결하기 위해서는 게임 창작과 개발 과정, 게임 회사 문화와 노동 환경을 좀 더 구체적으로 살펴봐야 할 것이다. 이를 위해 게임 개발/제작에 참여하는 여성 종사자들을 대상으로 인터뷰를 진행했다. 주로 여성 게임 개발자로서의 회사 생활, 결혼과 육아 문제가 회사 생활에 미치는 영향, 계약서, 과노동에 대한 인식 등을 중심으로 질문하고 이야기를 풀어갔다.

두 명의 여성 개발자는 국내에 게임 산업이 막 형성될 때 게임 산업에 유입된 13년차 경력의 A와 PC 게임에서 모바일 게임으로 전환되던

시기에 일을 시작한 8년차 경력의 B다.[11]

인터뷰 대상자들은 학부 때 이공계 전공을 살려 취업을 준비하면서 게임 회사에 취업을 하게 되었다는 답을 하기도 했고, 웹디자이너로 게임 회사에 취업했지만 게임 업무를 지켜보면서 관심을 갖게 된 이후 게임 그래픽 디자이너로 전환해 일을 하게 되었다고 답했다.

> 24살에 처음으로 게임 회사에 취업을 했어요. 게임 회사 웹디자인 일로 들어갔다가 게임 개발 과정을 지켜보면서, 여기서 일해도 좋겠다는 생각을 하게 되었죠. 게임 디자인 일에 관심을 갖게 되었어요. 처음 게임 회사에 취업을 했을 때 회사는 중소기업이었어요. 전체 직원 30명 중에 여자 직원은 3명이었죠. 그때는 게임 개발 관련 종사자 중 여성의 수가 정말 적었어요(A).

> 학부 때 전공이 이공 계열이었어요. 첫 직장은 사무직으로 시작을 했는데요. 적성에도 맞지 않고 부당한 일도 있고 해서, 다시 취업 준비를 했어요. 전공을 살리면서 취업할 수 있는 곳을 알아보다가 게임 회사를 선택하게 되었어요. 취업 준비를 하기 위해서 1년 정도 게임 아카데미를 다녔구요. 당시 게임에 대한 관심은 매니아 수준은 아니었지만, 출시된 게임은 대부분 해봤었어요. 그때 저는 게임을 즐기는 편이었죠. 처음 취업한 회사는 중소 게임 제작사였어요.(B)

개발자들은 모두 게임업계의 장시간 노동에 대해서는 문제라고 인식했지만, 게임 개발 과정의 특성을 고려한다면 바뀌기 어려울 것 같다는

11 인터뷰 대상자A: 40세/기혼/게임 그래픽디자이너, 인터뷰 대상자B: 32세/미혼/게임 개발자

답변을 했다. 게임 개발 과정이 협업이고, 단계별 과정이 모두 끝나야 게임으로 출시될 수 있는 제작 과정의 특수성이 있기 때문에 개인이 맡은 일이 완전히 끝나 퇴근할 수 있는 상황이 아니라고 답했다. 또한 새로운 게임 개발이나 출시된 게임의 문제를 해결하고 게임 이용자들의 불만 사항을 반영한 게임을 만들어야 하기 때문에, 개발자들의 애정과 관심은 열정적 노동 과정을 자발적으로 선택하게 만들었다.

> 제가 게임 회사에서 일을 시작했을 때 2005-2006년?, 그때 회사 안에 간이 침대가 있었어요. 2층 침대요. 저도 밤새 야근하고 간이 침대가 있는 공간에서 쪽잠을 자고 일하곤 했었어요. 그때는 게임을 만들고 싶은 사람들이 모였기 때문에 모두가 야근을 자발적으로 받아들이는 분위기였어요. 근데 문제는 그게 문화가 되었다는 점이라고 생각이 들더라구요. 그때 시작된 밤샘 분위기가 지금까지 '대물림'이 된 것 같아서요. 그래서 지금 게임 공부하는 친구들, 취업을 준비하는 친구들에게는 좀 미안한 생각도 들어요. 상사들이 빨리 가라고는 하지만, 눈치도 보이고 해서 일찍 퇴근을 할 수 없었어요. 예를 들면, 개발 오픈 기간 전 6개월, 오픈 후 6개월은 너무 힘든 시기에요. 오픈 후에 유저들로부터 피드백이 많이 들어오는 시간이고, 그러한 불만에 맞춰 수정을 모두 해야 하거든요. 유저들의 피드백에 충실하지 않으면, 게임은 자리 잡기 어려워요. 게임 출시 준비를 하는 1년 정도가 체력적으로 소모가 엄청 심한 시기에요. 이 시기를 잘 버티지 못하면, 게임 준비에 들인 노력이 모두 사라져요.(A)

> 회사 분위기는 '업무를 하는 다른 직원을 위해서 일이 끝났다고 퇴근하면 안 된다'였어요. 금요일에 밤 11시까지 일을 했어도, 문제가 생기면 주말이라고 해도 호출이 와요. 지금 생각해보면 인간으로서 기본적으로

누려야 하는 사항에 대한 침해가 많았어요. 휴식도 마음대로 못하고, 장시간 노동을 그대로 받아들여야 하고, 게임 회사 생활은 마치 공동체 생활을 하는 것같이 느껴졌어요. 출근하는 매일을 회식을 하는 회사에도 있어봤거든요. 뭐든 함께 해야 하는 문화가 있었어요.(B)

인터뷰 대상자들은 게임 산업에 종사자로 유입되는 과정은 '우연'이었지만, 게임에 대한 관심과 게임을 이용하는 과정에서의 즐거움 등이 직업 선택의 중요한 동기라고 이야기했다. 게임 개발에 대한 동료들과의 협업 과정에 몰두하면서 자발적으로 장시간 노동을 받아들이기도 했고, 이미 굳혀진 장시간 노동 문화, 공동체 문화가 주는 불편함과 어려움이 있다고 느끼지만 거부할 수 없는 상황에까지 이르렀다는 것을 알 수 있었다.

게임 회사에 취업할 때 작성하는 근로계약서에 대한 질문도 진행했는데, 근로 기한을 명시하지 않고, 연봉에 연장 근무, 야간 근로 등 시간 외 근로에 대한 수당이 모두 포함되어 있는 방식인 포괄임금제에 따른 계약이 이루어지고 있다는 것을 알 수 있었다.

야근 수당은 따로 없어요. 심지어 대형 게임 회사에서도 없어요. 제가 처음에는 중소 게임 회사에서 일했지만, 몇 년 뒤에 대형 게임 회사로 옮겼는데요. 그때도 저는 연봉 계약에 그런 사항이 들어가야 하는지 잘 몰랐어요. 나중에 물어보니까 연봉 계약할 때 계약서에 있는 연봉에 야근 수당이 모두 들어간 방식으로 구성되어 있다고 하더라구요. 계약할 때 저는 제 근로 계약서를 꼼꼼하게 보지 않았어요. 대형 게임 회사도 그런데, 중소 회사들은 더 하겠죠. ……게임을 힘들게 만들어도 나중에 보상을 크게 받을 수 있다는 시각이 있지만, 실제로 그 보상금은 병원비로

다 들어가는 편이에요. 참여한 게임이 성공해서 대박이 났고, 수익금을 받았는데, 그 돈을 모두 병원비로 날린 사람들이 많았어요. 퇴직한 사람들은 퇴직금이 병원비로 모두 들어갔고, 저도 병원비로 모두 사용했어요. 게임 회사는 내 몸으로는 개발을 할 수 없겠구나. ……그런 생각이 들었어요. 게임 개발을 다시 집중적으로 해보려고 했는데요. 체력적으로 힘들더라구요. 보통 10시 출근이구요, 퇴근시간은 특별히 정해져 있지 않아요. (A)

10년 이상 게임 회사에서 일을 한 게임 개발자도 근로계약서에 자신의 연봉에 시간 외 근로 수당이 포함되어 있지 않다는 것이 왜 문제인지를 명확하게 인지하지 못했다. 또한 게임 개발자들이 수행하는 노동의 특수성, 예를 들면 협업으로 하나의 완성된 게임 콘테츠를 개발하게 되고, 출시 이후에도 여러 가지 오류를 다시 수정해야 하는 과정이 필요하기 때문에, 개인의 일과 노동 시간을 명확하게 구분하기 어렵다는 점이 장시간 노동에 대한 문제제기를 적극적으로 못하게 만드는 구조적 문제가 크다. 또한 게임 출시 이후 큰 인기를 끌게 되면 받게 되는 수당을 바라보고 장시간 노동을 수행하고 있지만, 그에 대한 명확한 계약 내용도 연봉 계약 과정에서 논의하지 못하고 있었다. 아침 10시 출근 시간은 대체적으로 정해져있지만, 퇴근 시간이 명확하지 않은 것이 대부분의 게임 회사 근무 환경이라는 답변을 했다. 20대부터 시작한 게임 회사에서의 노동 방식은 지금까지 계속 이루어지고 있었고, 결국 체력적 한계를 얻게 되고 성공한 게임을 출시해 얻은 수익 배당금은 병원비로 모두 지출하는 방식이 보편적이라고 답했다.

저는 게임 회사에서 정말 오래 일을 한 경우구요. 보통은 오래 일하기가 어려워요. 왜냐면 대박난 게임이 없으면 개발하다가 그 팀이 없어지는 경우가 정말 많아서요. MMORPG 개발에는 보통 개발 업무 관련해서 100명이 참여를 하는데요. 게임 테스트 과정에서 평가가 좋지 않으면 하루 아침에 그 팀이 없어지는 거죠. 참여했던 직원들에게 다른 회사로 옮길 수 있는 시간을 좀 주지만, 대개 3개월 후에는 결국 회사를 나가야 해요. 3개월의 유예 기간을 주는 회사는 다른 회사에 비해 '신사적인' 거죠. 그래서 계약서를 작성할 때 근무 기간에 대한 기한이 명확하게 표기되지 않아요. 게임이 드랍되면 개발자는 실력이 없다고 판단되는 거고, 그럼 회사에서 나가야 해요. 만약 참여한 게임이 대박이 나면, 인센티브를 받게 되는데요. 돈 번 만큼 회사에서 알아서 나눠줘요. 참여자는 자기가 얼마나 받아야 하는지 정확하게는 잘 몰라요. 회사에서 주는 만큼 받아요. 사실 게임 주요 CEO들이 가져가는 수익률에 비하면 게임 개발자들에게는 정말 적은 수익만 돌아와요, 위에서 다 가져가요.(A)

보통 밤 10시에 퇴근한다고 봐야 하구요. 하지만 대개 밤 11시, 12시까지 회사에 남아 있는 개발자들이 많아요. 그리고 게임 개발과 테스트가 시작되는 기간에는 새벽에 퇴근, 아침에 출근하는 생활을 계속 반복하고 이러한 생활을 1년 정도 하게 되요.(B)

인터뷰 내용에서도 알 수 있듯이, 게임 개발의 성공에만 집중하는 회사의 조직 문화로 인해 게임 개발자들은 계약 과정에서의 문제를 인지하거나 개선을 요구하는 발언조차 하기 어려운 상황이라는 것을 알 수 있다. 개발자는 인센티브만을 바라보고 일을 하고 있지만, 언제 일을 그만두게 될지 알 수 없는 불안한 상황이기 때문에 성과를 내는 데에만 집중할 수밖에 없게 된다.

새벽까지 일을 하지 않으면 게임 개발 일을 계속 유지하기 어려워요. 대기업은 어떨지 모르겠는데요. 보통 게임 개발할 때 프로젝트 마감 기한을 윗선에서 결정을 하는데, 실무자가 생각하는 소요 시간과 윗선에서 생각하는 결과물 도출 시간이 달라요. 그래서 게임 작업을 하는 후반 파트에서는 거의 매일 야근을 하게 되는 구조에요. 사실 밤샘 작업은 비효율적이에요. 게임 출시에 맞춰서 작업을 해야 하니까 시간에 쫓겨서 일을 하는 건데, 밤샘 작업이 계속되면 일에 집중하기가 정말 힘들어요(B).

사실상 회사 조직 내규가 정해져 있지 않다면, 개발자는 게임을 개발하는 데에만 집중할 수밖에 없다. 따라서 장시간 노동에 대한 문제제기를 할 수 있는 문화 자체가 부재하다는 것을 알 수 있다. 이와 함께 여성 게임 개발자로서 회사 내에서 겪는 문제는 무엇인지도 질문했다. 아이러니하게도 2006년 『젠더리뷰』의 글에서 논의되었던 여성 개발자들의 인적 네트워크의 부재, 발화 기회의 부재 등의 논의와 크게 다르지 않다는 것을 알 수 있었다.

여성 개발자들이 엄청 많아졌어요. 예전에는 30명 중 2-3명이 여자였다면, 지금은 거의 50%에 육박한다고 봐야 해요. (A)

게임 산업에 유입되는 여성의 증가는 계속 이루어지고 있지만, 게임 회사의 근무 환경이나 조직 문화는 여성 개발자의 증가에 맞게 형성되고 있는지 여성 게임 개발자의 노동 환경에 대해 질문했다. 다른 분야에서도 여성이 오랫동안 자신의 커리어를 쌓아간다는 것이 어려운 만큼 게임 분야도 크게 다르지 않았다.

저는 일을 하면서 봤던 분 중에 유일하게 한 분이 결혼과 임신 이후에도 게임 개발자 일을 계속했어요. 그 분은 팀장이었는데요. 예전에는 "저렇게까지 독하게 일을 해야 할까" 그랬는데……지금 생각해보니까 그 사람도 "회사의 구성원이 되려고, 인정받으려고 그렇게 열심히 노력을 했구나"이런 생각이 들었어요. (B)

예전에는 유축실이 없어서 육아휴직을 끝내고 출근한 사람들은 모유 유축을 해야 하는데, 장소가 없으니까 화장실에서 하기도 했어요. 그런데 지금은 여성 휴게실도 있고, 병원이나 카페, 구내식당 등 모두 갖춰져 있어서 제반시설은 좋아졌다고 할 수 있어요. 그런데 일 강도가 세서 체력적으로 너무 힘들어요. 분명 좋아지기는 했는데요. 지금 회사 환경이 분명히 효율적 근무 환경이기는 한데, 다르게 생각해보면 최소한의 여가 시간만을 쓸 수 있게 하는 것 같아요. 밖으로 나가는 시간을 줄이는? 그리고 여성 개발자들을 물어보셨는데요……독한 사람들이 많은 것 같아요. 여성의 경우 결혼을 하면 확실히 승진하기가 좀 어려운 것 같아요. 그래서인지 자신의 일에 대한 성과, 인정을 받아야 하니까, 일에 미쳐 있는 사람들이 많아요. (A)

저와 똑같이 입사한 남자 동기가 있었는데요. 남자 직원을 더 선호했던 것 같아요. 제 생각에는 실력은 큰 차이가 없었던 것 같은데, 나이, 남성이라는 조건이 긍정적으로 작용했다고 생각돼요. 1주일 내내 회식을 하는 분위기여서 술을 잘 못 먹는 저보다는 그 남성 동기를 회사에서는 더 선호했던 것 같았어요. 그리고 회사 구성원 중 여성 개발자가 할 수 있는 일의 역할이 약했던 것 같아요. MMORPG 게임은 거의 남성 중심의 게임이고, 기획, 개발자도 대부분 남성이었고, 조직 문화에서도 여성이 뭔가를 주도해서 하기는 좀 어려웠던 것 같아요. 조직 내에서 발언을 할 수 있는 위치에 있는 사람들은 거의 남성이었어요. 그래도 저는 여성 동료들과 커뮤니티를 만들어보고 싶었는데, 잘 되지 않았어요. (B)

여성 개발자가 다른 여성 개발자와 소통할 수 있는 기회를 갖기 쉽지 않았고, 회사에서 오랜 시간 게임 관련 종사자로 남아 있는 여성들은 남성과 동등한 방식으로 오랜 시간 노동을 수행하는 것으로서만 보여지거나 남성의 소통 방식에 합류하는 방식으로서만 허용 가능했다. 여성 개발자는 게임 회사에서 오랫동안 일을 하기 어렵다라던지, 결혼과 임신이라는 과정을 겪게 되면 회사일에 집중하기 어렵다는 고정관념에 기반해 여성 개발자를 대하는 것에서 어려움을 겪고 있었다.

"네가 여성성을 어필해서 일을 하면 안 된다. 남성에게 기대서 일을 하면 안 된다. 실력을 키워라" 이런 말을 제게 했는데요……그런데 지금 생각해보면, 성희롱에 가까운 발언이었던 것 같아요. 그때는 매뉴얼이 없어서 방어를 잘 하지 못했어요. "나는 정말 그런 문제가 있는 사람인가" 이런 생각을 했었죠. 다른 직장에서도 "너는 여기서 더 못 큰다. 네가 결혼을 하면 결국 떠날 거 아니냐? 임신을 하면 떠날 거 아니냐?" 이런 말을 하던지, 아니면 제 업무 능력보다는 "남자친구 있냐? 결혼은 언제 할거냐?", 이런 질문이 많았던 것 같아요……그리고 회의가 공적인 장소가 아니라 흡연실, 회식 장소 이런 곳에서 많이 이루어지니까, 그런 장소에 참석하기 어려운 저는 회의 결과만 통보받는 경우도 적지 않아서, 일을 진행하기가 정말 힘들었어요.(B)

대형 게임 개발사는 여성 개발자에게 필요한 휴게 공간을 마련하는 등 회사 내의 공간이나 편의 사항 등을 마련하고 있지만, 장시간 노동이나 인센티브 지급 방식 등과 같은 구체적인 노동 환경의 문제를 해결할 수 있는 조건이 마련되었다고 평가하기는 어려웠다. 혹은 여성 개발자들이 경험하는 사회적 편견이나 차별도 적지 않았다. 여성 개발자들 간의 커뮤니티 구성이 현실적으로 어려워지면서 업무 수행에서 적극적 발화를 할 수 있는 기회를 얻기 쉽지 않고, 차별적 상황에 대해 적극적으로 저항하기도 쉽지 않다는 것을 알 수 있다.

6. 게임 노동의 '노동자성' 규명 필요

게임은 새로운 콘텐츠, 새로운 문화, 새로운 테크놀로지 등으로 연상되는 장르이자 산업 영역으로 주목받아왔지만, 게임이 어떤 과정을 통해서 만들어지는지, 노동 환경의 구체적 비판과 논의가 그 중요성에 비해 체계적으로 이루어지지 못했다. 최근 몇 년 사이 게임 산업에서 장시간 노동의 문제나 포괄임금제 등이 논의의 대상이 되었고, 여성 개발자들이나 여성 플레이어들이 경험하는 게임 문화가 폭력적이고 혐오에 가까운 발언에 쉽게 노출되는 복잡한 상황이 도래하면서 게임 개발자의 노동 환경, 게임 회사의 조직 문화 그리고 여성이라는 정체성을 지닌 여성 게임 개발자에 대한 관심이 필요한 상황이 되었다. 따라서 이 글에서는 게임 문화를 여성 게임 개발자를 중심으로 관찰했다. 그리고 여성 게임 개발자들의 삶을 통해 조금 더 현실적 문제를 구체화하고자 했다.

게임 개발자들에게 지속적으로 논의가 되어왔던 장시간 노동이나 포괄임금제에 대한 문제는 개발자들 스스로도 문제라도 인식은 했지만 게임 개발/출시를 위해서는 당연히 수행해야 하는 것으로 인식하고 있었다. 계약서에 명시된 연봉 안에 야근수당이 포함되어 있다는 것, 그리고 장시간 노동은 기본이며 어느 누구도 퇴근 시간이 일정하지 않은 밤샘 노동에 대한 문제제기를 하지 못하고 있다는 것을 알 수 있었다. 젠더의 정체성을 고려해 살펴본 결과 의사결정 과정에 참여하는 젠더 불균형에서 오는 커뮤니케이션의 어려움이 있었다. 게임 산업에 참여하는 여성의 숫자가 많이 늘어나고 있지만 회사 내에서 여성들 간의 '연대/소통/공감'이 쉽지 않다는 것이 공통적인 답변이었다. 게임 개발 업무가 협업이라는 특수성이 장시간 노동을 수행하게 만드는 가장 큰 요인이었다. 게임 출시 전 보통 6개월의 테스트 기간을 갖게 되는데, 특히 이 기간 동안 협업에 '내'가 방해가 되면 안 된다는 인식이 크게 작용했다. 보통 밤 10시에 퇴근하고 게임 개발과 테스트가 시작되는 기간에는 새벽에 퇴근, 아침에 출근하는 생활을 계속 반복하는 것이 공통적이었다. 성과 중심의 인사평가가 주를 이루고, 게임 평가가 좋지 않으면 참여 개발자들은 모두 회사를 나가야 하는 구조가 대형 게임 회사든 중소 게임 회사든 동일했다. 모바일 MMORPG를 개발하는 여성 개발자가 있는데, 게임 회사에서 여성임에도 불구하고 성공을 하고 계속 일을 하기 위해서는 '일중독'자가 되어야 했다는 답변에서 여성 개발자의 삶을 가장 잘 읽어낼 수 있었다. 여성의 경우, 결혼을 하게 되면 많은 것들을 포기해야 하기 때문에 결혼을 선택하지 않는 경우가 많았고, 대형 게임 개발사일지라도 결혼과 출산한 여성을 위한 공간이나 정책 등이 최근 몇 년 사이에 마련되었다는 점도 여성 개발자의 노동 환경을 보여주는 사례일 것이다.

현재의 여성 게임 개발자의 노동 환경은 어렵다면 어렵다고 할 수 있지만, 그럼에도 불구하고 문제를 해결하기 위한 노력도 이루어지고 있다. 넷마블에서 근무하던 개발자의 '과로사'가 산업재해로 인정되었고

(한겨레, 2017.8.3), 이를 계기로 크런치 모드에 대한 문제가 심각하다는 것에 대한 대중적 담론을 형성하게 되었다. 하지만 이러한 사례는 전체 게임 개발자에게 적용되기에는 아직 가야 할 길이 멀다. 근로계약서 작성, 게임 개발 관련 노동 시간, 게임 개발 과정에서 수행되는 노동의 특수성, 게임 개발이라는 창작성과 소요되어야 하는 시간이라는 특수성이 고려되어야 한다는 것이다. 그리고 여성 게임 개발자라는 여성이라는 젠더 정체성도 게임 개발자의 업무 수행 과정에서 고려해야 할 중요한 항목이 되어야 할 것이다.

참고문헌

강이수 (2015). 문화 노동의 특성과 젠더의 문제-영국 창조산업 논의를 중심으로. 『한국여성학』. 31(2): 181-211.

권도경 (2011). 한국 게임에 나타난 여성캐릭터의 형상과 그 특성. 『인문사회과학연구』. 제12권 2호. 부경대학교 인문사회과학연구소.

김현수 (2012. 10. 13). '애니팡' 이용자 2000만명 돌파. 〈한국일보〉. URL: https://news.v.daum.net/v/20121013023512142?f=0

마르스크, 칼 (2014). 『경제학-철학수고』. 강유원 역. 이론과 실천.

박다해·이유진 (2018. 6. 29). 5년 전 미국에서도 게임업계 '메갈 사냥'이 있었다. 〈한겨레〉. URL: http://www.hani.co.kr/arti/society/labor/851240.html#csidx81d06cb5c89e982833437cbc184c692

박민희(2010. 5. 13). 벌써 8번째…아이폰공장의 연쇄자살 악몽. 〈한겨레〉. URL: http://www.hani.co.kr/arti/international/international_general/420690.html#csidx66f3b9c265d193cb72ec58792a1ce55

박태우(2017. 8. 3). '크런치 모드'로 과로사한 넷마블노동자…산재 첫 인정. 〈한겨레〉. URL: http://www.hani.co.kr/arti/society/labor/805357.html
범유경·이병호·이예슬 (2017). 〈오버워치〉, 그리고 다른 목소리-게임 〈오버워치〉 내 여성 게이머에 대한 폭력적 발화 분석. 『공익과 인권』. 통권 제17호: 284-337.
송호근 외 (2010). 『위기의 청년세대: 출구를 찾다』. 나남.
신동진(2018. 2. 2). "스마트폰 없인 못살아". 〈동아일보〉. URL: http://news.donga.com/3/all/20180201/88476006/1
신지민(2017. 8. 10). '여혐' 살해 협박…여성 게이머 '갓건배' 신상 털고 추적 생중계. 〈한겨레〉. URL: http://www.hani.co.kr/arti/society/society_general/806325.html#csidxe5c4b8d1b8ac8c2b76e5f97ff4c2407
안선영·심재웅 (2013), e-스포츠 산업 종사자의 노동자성에 관한 연구. 『한국언론정보학보』. 2013년 여름 통권 62호: 264-285.
오원석 (2017. 12. 26). 88만원 세대? 이젠 78만원 세대…청년층 소득 감소. 〈중앙일보〉. URL: http://news.joins.com/article/22233771
이새벽 (2018. 1. 10). "해외 개발자 설문조사, 가혹한 근로환경과 높은 이직률 보여". 〈게임메카〉. URL: http://www.gamemeca.com/view.php?gid=1427189
이성봉(2017. 7. 26). 노동법 위반, "하루 22시간 근무" 발언에, 이정미 "열정페이다". 〈한국스포츠경제〉. URL: http://www.sporbiz.co.kr/news/articleView.html?idxno=128911
이세아 (2017. 11. 26). 페미니스트 게이머와 개발자가 만나다. 〈여성신문〉. URL: http://www.womennews.co.kr/news/128277
이수인 (2006). 게임산업에서 여성으로 살아남기. 『젠더리뷰』. 24-30.
이종임 (2015). 『디지털 세대·문화·정체성』. 커뮤니케이션북스.
_____ (2018. 4. 2). SNS를 통한 사상검증의 일상화, 젠더 갈등을 더욱 부추기다—IMC게임즈의 페미니즘 사상검증 사건을 중심으로. 〈문화빵〉. URL: http://culturalaction.org/archives/7388
2016 청년허브 기획연구, 구로공단 노동자의 일과 삶에 관한 연구: 첨단지식산업

청년노동자를 중심으로. URL: https://youthhub.kr/hub/17590
최민 (2017. 10. 12). 넷마블 과로질병, 2017년에도 줄지 않았다. 〈오마이뉴스〉. URL: http://www.ohmynews.com/NWS_Web/View/at_pg.aspx?CNTN_CD=A0002367095
한국콘텐츠진흥원. 『2017년 2분기 콘텐츠산업 동향분석 보고서, 〈게임산업편〉』. www.kocca.ac.kr
한수연 (2017. 7. 14). "게임 업계에서 여성으로 일한다는 건…". 〈BLOTER〉. URL: http://www.bloter.net/archives/285014
헤스몬달프, 데이비드·사라 베이커 (2016). 『창의 노동과 미디어 산업』. 안채린 역. 커뮤니케이션북스.

Banks, M. (2007). *The Politics of Cultural Work*. Palgrave Macmillan.
Kuznekoff, H. Jeffery & Lindsey M. Rose (2013). *Communication in Multiplayer Gaming: Examing Player Responses to Gender Cues*. Ohio University.
Oakley, K. (2011). Research Article: In its own image : New Labour and the cultural workforce. *Cultural trends*. 20(3-4): 281-289.

사이버 성폭력에 맞서 싸우기: 불법 촬영물을 중심으로[1]

한희정

1. 사이버 성폭력을 다루는 젠더 차별에 분노하다

2018년 1월 한 여성 검사의 조직 내 성추행 고발 이후, 한국 사회 전반에 번진 '미투 선언'은 젠더 불평등 문제를 공식적으로 제기한 사건이었다. 한국 사회의 공고한 젠더 차별 구조는 미투 선언에 참여한 피해자들의 용기와 결연한 고발로 균열되고 있다. 젠더화된 성폭력 문제는 인터넷과 스마트폰의 보급이 확대되면서 사이버 공간으로 확장됐고, 여성의 섹슈얼리티는 젠더 권력하에 '야동'으로 소비되고 있다. '야동'의 상당수는 불법적으로 촬영되어 마구 살포되는 성범죄임에도 불구하고 남성들의 통과의례나 놀이 문화로 간주되어왔다. '야동'으로 유통, 소비되어온 불법 영상물은 여성혐오의 대표적 사례다(홍남희, 2018).

1 이 글은 『미디어, 젠더, 문화』(2018, 33권 3호)에 실린 "사이버 성폭력에 맞서 싸운 여성들: 불법촬영물을 중심으로"라는 글을 보완한 것임을 밝힌다.

한편 홍대 남성 누드 모델 불법 사진 유출 사건의 여성 피의자에 대한 신속한 검거는 여성들에게 큰 충격을 주었다. 사건 수사 착수 12일 만에 포토라인까지 만들어 여성 피의자를 전시했기 때문이다. 이제까지 남성 가해자를 '특정할 수 있는' 불법 촬영과 불법 영상물 유포 피해에 대해서도 적절한 수사와 충분한 처벌이 이루어지지 않았기에 상당수의 여성들은 젠더 차별적 수사에 큰 배신감을 느꼈던 것이다(박주연, 2018. 5. 21). 한국사이버성폭력대응센터('한사성')[2]는 "홍대 누드 사진 불법 촬영 사건의 여성 피의자가 사진을 유출했던 워마드 사이트는 경찰이 그동안 수사를 꺼려왔던 기존 포르노 사이트처럼, 해외에 서버를 두고 있다는 점을 고려한다면, 그 사건의 피의자의 신속한 수사와 검거는 매우 이례적인 것"이라고 평가하고 2018년 7월, 이미 차단 조치가 내려진 토렌트와 외국인 대상 포르노 사이트를 제외하고 해외에 서버를 둔 138개의 사이트를 서울시경찰청에 고발했다.

사이버 성폭력 사건 처리에 대한 젠더 차별은 통계 수치로도 드러난다. 2006년에서 2015년까지 10년간 우리나라의 성폭력 범죄의 발생과 처리 건수를 비교했을 때, 강간이나 강제 추행의 발생 비율은 크게 달라지지 않았지만(강간 2006년 17.6% → 2015년 17%, 강제추행 2006년 34.9% → 2015년 42.7%), 통신매체이용음란죄와 카메라등이용촬영죄 등 사이버 성폭력 범죄는 크게 증가한 상황(카메라등이용촬영, 2006년 3.6% → 2015년 24.9%, 통신매체이용음란죄 2006년 1.4% → 2015년 3.7%)이다. 이 가운데 카메라등이용촬영죄의 경우, 2015년도 가해자 검거율이 97.6%이지만 기소율은 31.2%로 해마다 낮아지고 있다. 이렇

2 한국사이버성폭력대응센터는 비영리 여성인권운동단체이며 사이버 성폭력 피해자에 대한 사회적 지지 및 영상 삭제 지원, 수사·법률 지원, 심리 상담 지원 등을 통한 피해 회복 활동을 중심으로, 폭력허용적인 우리 사회의 인식 개선을 위한 캠페인, 입법 추진 활동 등 제도적·정책적 활동을 하고 있다(한사성 홈페이지).

게 기소율이 낮은 이유는 조사 단계에서 피해자와 합의를 하거나 가해자가 초범이라는 이유로 대부분 기소유예되거나 불기소처분되기 때문이다(김현아, 2017a). 최근 5년간 불법 촬영 범죄로 검거된 사람 중 남성 가해자는 98%를 차지하는데, 대부분 집행유예나 무죄 판결로 풀려났고, 가해자의 모습 또한 대대적으로 보도된 적은 없었다. 가해자를 특정해도 유포 범행을 부인하거나 설사 인정해도 오래전에 유포한 것이라면 처벌을 면하게 된다. 법적으로는 최초의 유포자가 아니면 처벌할 규정이 없기 때문이다.

이러한 상황에 분노한 여성들은 2018년 5월 19일 처음 '홍대 누드 사진 불법 촬영 편파 수사 규탄 시위'를 벌였고 불법 촬영과 유출, 유통에 대한 해결책을 마련하라고 요구했다. 청와대 국민청원 사이트에는 "여성도 대한민국 국민이다. 성별과 무관하게 국가 보호를 요청한다"고 청원하여 단 3일 만에 30만 명이 서명했다. 6월 10일 현재 41만9천여 명이 서명했으며 여성가족부 장관은 대책을 발표하고 경찰청장은 사과와 신속한 수사에 대해 해명했다. 즉, 피의자 성별에 따라 속도를 늦추거나 하지 않았으며 특히 여성과 관련된 수사나 성범죄는 각별히 신경 쓰고 있다는 입장이다(청와대 청원게시판).

이제서야 국가와 관련 정부 기관은 사이버 성폭력의 심각성을 인지했다. 지난 6월 28일 헌법재판소가 재판관 전원 일치 의견으로 '아동청소년의 성보호에 관한 법률' 제17조 제1항을 합헌 결정한 데 이어 2018년 9월 14일부터는 디지털 성범죄 불법 촬영물 삭제 지원 및 가해자에 대한 구상권 청구도 시행된다. 그러나 불법 유출 영상의 유통 경로인 p2p, 웹하드 등 플랫폼 사업자[3]에 대한 제재는 여전히 미진한 사항이다

3 본 글이 마무리된 시점에서 방영된 〈그것이 알고싶다〉(SBS, 2018년 7월 29일 방송)는 웹하드 운영자와 헤비업로더, 웹하드사의 서버를 관리하는 필터링 업체의 공생관계를 파헤쳤다. 헤비업로더heavy

(김양균, 2018. 7. 8).

일반적으로 사이버 성폭력이란 카메라 등의 매체를 이용하여 상대의 동의 없이 신체를 촬영하거나, 동의 없이 유포하는 행위, 유포하겠다고 협박하는 행위와 촬영 사진을 저장 혹은 전시하는 행위처럼 SNS와 인터넷 사이트 등에서 이루어지는 성적 괴롭힘을 의미한다. 또한 디지털 성폭력, 온라인/인터넷 기반 성폭력, 성적 이미지 조작/ 착취 성폭력, 온라인 기반 성매매, 온라인에서의 성적 괴롭힘sexual harassment 등이 포함된다(이미경, 2018). 일상이나 미디어에서 많이 사용되는 '몰카'라는 용어는 유희적 놀이같이 들릴 우려가 있고 불법성과 폭력성이 잘 드러나지 않기 때문에 여성학계 및 여성가족부에서는 범죄임을 명백히 드러날 수 있도록 "불법 촬영", 그 결과물로서 보복성 영상물 등을 통칭하여 "불법 촬영물" "불법 영상물"이라는 용어를 사용한다. 본 글에서는 큰 틀에서 사이버 성폭력, 구체적인 사이버 성범죄의 경우에는 '불법 촬영물'로 칭하고자 한다.

이 글은 첫째, 불법 촬영물을 삭제 요청하고 피해자를 지원해온 시민단체 활동가들과 정부 기관 관계자들의 목소리를 통해 불법 촬영물에 의한 사이버 성폭력의 심각성을 알리는 데 있다. 둘째, 사이버 성폭력 문제에 대해 국가가 방치하던 시기부터 지원 활동을 시작해온 시민단체

uploader를 비호하고 디지털장의사를 겸업하는 필터링 업체는 1편 삭제에 55만 원을 받고 삭제 요청된 불법 영상들을 '기꺼이' 삭제해준다. 얼마든지 헤비업로더들에게 새로운 아이디를 부여해주고 다시 불법 영상을 사이트에 올려 수익을 창출할 수 있기 때문이다. 특정 헤비업로더들은 사업자등록까지 하고 불법 동영상에 대한 소유권을 갖고 "제휴 콘텐츠"로 웹하드에 올리기도 한다. 심지어 외부의 업로더들이 아닌, 웹하드 업체의 직원들이 직접 불법 동영상을 집중적으로 업로드하기도 한다. 이러한 불법 영상들은 100원 정도로 볼 수 있는데, 업로더들과 웹하드 운영업자는 5:5 또는 3:7로 수익을 나눠 먹는 구조이다. 이런 식으로 헤비업로더들은 연간 평균 3-4억을 벌어들이고 있으며, 이러한 헤비업로더들이 몇백, 몇천 명이 될지도 모르겠다는 증언도 나왔다. 현행법은 성매매 업주와 알선 행위, 매수자는 처벌하고 있다. 웹하드 운영자들을 처벌할 법이 제정되어야 한다. 심심풀이로 "야동"을 보는 것이 얼마나 폭력적인지 사회적으로 인식하지 않으면 끝나지 않는 전쟁이다.

활동가들의 초기 활동을 정서 측면에서 분석하고자 한다. 이들은 사이버 성폭력이라는 거대한 외부 대상과 마주침으로써 끊임없는 신체적 정서적 변용 과정을 거치고 있다. 이들의 초기 개입과 피해자 지원에 대해 스피노자의 정서 이론인 코나투스와 모방정서 개념을 적용, 이들의 활동을 설명하고자 한다.

2. 사이버 성폭력은 젠더 기반 폭력이다

미투운동으로 성폭력에 대한 혁명적인 인식의 전환을 맞은 한국 사회이지만, 그동안 성폭력 피해에 대한 사회적 고발이 없었던 것은 아니다. 1991년 1월, 9살 때 자신을 성폭행한 이웃집 남자를 21년 만에 찾아가 '짐승을 죽였다'고 고백한 김○○ 여사, 1992년 2월, 12년 동안 성폭력을 행한 의붓아버지를 죽일 수밖에 없었던 김○○ 씨와 그녀의 남자친구, 1991년 8월 14일, 위안부 성폭력 피해 사실을 공개 증언함으로써 일본 군대의 성폭력을 국제 사회에 처음 고발한 김학순 할머니, 1993년 10월, 서울대 신교수와 서울대총장, 그리고 국가를 상대로 손해배상 청구를 했던 우○○조교 이외에도 수많은 여성들은 조직에서의 성폭력에 대해 폭로와 고발, 호소를 끊임없이 해왔다. 이전과 달리 2018년 미투운동이 사회 전반에 혁명적 균열을 가져올 수 있었던 것은 인터넷과 SNS 등 사이버 공간이 존재했기 때문이다.

사이버 공간을 통해 성폭력 피해자의 고통에 수많은 이들이 공감할 수 있었고 가해자가 권력자이거나 유명인인 경우, 뒤늦게 응분의 대가를 치르기도 했다. 반면, 다양한 유형의 2차 피해를 포함한 미투운동의 반격도 사이버 공간을 통해 더욱 더 심화됐다. 사이버 공간은 이렇듯 오프라인 공간과 연동하여 매우 문제적 장소가 되기도 한다. 사이버 공간에서는 오프라인에서의 젠더 기반 성폭력GBV, Gender-based Violence 현상과 비슷하면서도 다른 양상의 성폭력이 자행되기도 한다. 오프라인 성폭력보다 잔인한 점은 가해자가 그 불법 행위로 인해 사법적 처벌을 받는다 하더라도 사이버 공간의 특성상 한 번 게재되고 유포되면 해당 피해 콘텐츠를 완전히 제거하기가 어렵다는 점이다.

사이버 성폭력은 여성의 성적 대상화를 당연시 여기면서 여성의 성적 자기결정권과 사생활을 침해한다는 점에서 젠더 기반 폭력[4]이다(김보화, 2017). 1993년 UN은 '여성에 대한 폭력 철폐 선언Decalaration of the Elimination of Violence against Women'을 채택했다. 젠더 기반 폭력은 이 선언에서 처음 사용된 용어로서 성폭력, 성적 착취, 강요된 성매매, 인신매매처럼 여성의 섹슈얼리티에 가해지는 폭력적 행위와 가정 폭력, 할례, 지참금 살인, 명예 살인 등 여성의 신체를 해치는 폭력, 그리고 전쟁 무기로서의 강간 등 조직적이고 집단적 성폭력으로 구분될 수 있다(이미경, 2018). 젠더 기반 폭력은 전 세계 여성들이 공통적으로 겪고 있는 문제이지만, 특히 한국에서 불법 촬영 가해자의 97%가 남성이라는 점에서, 또한 남성에게 성관계 불법 촬영물 유포는 큰 해가 되지 않고 젠더 기득권 측면에서 오히려 여러 가지 의도된 목적을 달성할 수 있다는 점에서(김현아, 2017b) 사이버 성폭력 또한 젠더 기반 폭력이다.

사이버 성폭력의 가장 일반적인 형태는 사이버 공간 내 성적 괴롭힘이다. 이를 가부장적 성문화의 시각으로 설명(남정림, 2005)할 수도 있지만 여성혐오가 근간이 된다. 여성혐오는 여성을 성적 대상화하면서,

4 UN 여성차별철폐위원회CEDAW: Committee on the Elimination of Discrimination Against Women는 1992년 일반권고 No. 19에서 "성에 근거한 여성 폭력은 여성이기 때문에 여성을 겨냥한 폭력, 또는 여성에게 편파적인 영향을 주는 폭력을 가리키고, 신체적 정신적 혹은 성적인 해나 고통을 주는 행위를 포함한다"고 밝혔다.

젠더 이원론을 공고히 하는 핵심 기제이기 때문에 가부장제 하의 성차별과 관련된 현상들이 여성혐오 개념과 연결될 수 있다. 여성혐오는 남녀간에 지배와 종속의 위계에 익숙한 가부장제적 성문화에 동화된 남성들이 역차별을 주장하며 상처받거나 좌절된 남성성을 보상받기 위해 폭력성, 공격성을 보이는 것으로 풀이된다(김수아·이예슬, 2017). 특히 남녀관계의 버팀목이 되는 여성의 감정적 지원성, 순수성, 희생성 등 관계적 여성성이 사라진 점에 대한 분노라고 할 수 있다(이수연, 2018). 큰 맥락에서는 상통하지만, 여성 철학자 케이트 만(Kate Manne, 2017)은 성차별과 여성혐오를 구분하고 성차별이 가부장제에서 남녀간의 불평등한 권력을 정당화하고 자연스럽게 하는 관념으로서 보살핌, 돌봄, 감정적 지원을 위해 여성을 규정하는 것이라면, 여성혐오는 성차별의 치안 권력police force이라고 말한다. 여성혐오는 성차별을 위한 일종의 집행 전략으로서 성차별과 더불어 작동한다. 케이트 만은 젠더화된 권력 역동성에 대한 페미니즘적 분석을 위해 여성혐오를 정치화하여 성차별과 가부장제와 더불어 작동하는 중요한 개념틀로 삼는다.

2018년 2월 22일, UN여성차별철폐위원회의 제 69차 세션 한국 제8차 본심의에서 위원들은 젠더 기반한 폭력 문제에 관심을 가지고 한국정부에 다양한 질의와 요구를 했다. 특히 사이버 성폭력에 관해서 "지난 10년간 현저하게 증가한 온라인 성폭력 범죄와 가해자에 대한 낮은 기소율 및 관대한 제재, 방송통신심의위원회의 범죄 콘텐츠의 삭제 및 차단 계획이 사후적 조치에 불과한 점, 그나마 시행되지 않아서 사이버 성폭력 피해자들이 고비용의 디지털장의사에 의존해야 하는 점을 우려하고 사이버 성폭력을 예방하는 조치를 강화할 것, 온라인 플랫폼 및 온라인 배포자들이 범죄 콘텐츠를 삭제하지 않거나 차단하지 않을 경우, 상당한 재정적 제재를 부과할 것, 여성에 대한 새로운 형태의 폭력을 명확히 범죄화하는 법안을 마련하고 방송통신위원회의 범죄 콘텐츠를 삭제하고 차단하겠다는 계획을 신속하게 이행할 것"을 권고했다(이미경, 2018). 방송통신위원회와 방송통신심의위원회, 여성가족부는 2018년 4월 30일부터 사이버 성폭력 피해자를 위한 불법 촬영물의 삭제 및 불법 사이트 차단을 해당 사이트 사업자에게 요구해오고 있다.

3. 사이버 성범죄의 법제재 미미하다

사이버 성폭력의 가해 행위별 유형에 따른 성격을 크게 나누면 두 가지, 촬영물 이용 성폭력과 사이버 공간 내 성적 괴롭힘이 있다. 촬영물 이용 성폭력은 다시 촬영, 유포/재유포, 유포 협박, 유통/소비의 유형으로 분류할 수 있다(옆의 표 참조).

사이버 성폭력에 해당되는 범죄의 특성은 첫째, 사이버상에서뿐만 아니라 조건 만남, 준강간, 스토킹, 주거/공공 장소 침입, 데이트(성)폭력 등 현실에서의 성폭력과 밀접하게 관계가 있다. 둘째, 최음제 등 불법 약물이나 도박, 성매매 알선 등 불법 광고와 연결되어 있다. 셋째, 피해 영상의 삭제 및 채증을 위한 전문적인 기술이 필요하다. 넷째, 거대 웹하드 업체 등 유통 자본 산업과 연결되어 있어 개인에 대한 처벌만으로 근절이 어렵다. 다섯째, 디지털장의사 등 삭제를 대행해주는 업체들이 상업화되어가고 있고 신고/고소가 어려울 시 피해자 개인의 금전적 정신적 피해가 발생한다(성폭력상담소 & 한국사이버성폭력대응센터, 2017).

한국사이버 성폭력대응센터(한사성)가 2017년 5월부터 12월까지 피해사례 206건의 사례를 분석한 결과, '비동의 성적 촬영물 유포'가

사이버 성폭력의 가해 행위별 유형과 종류

유형		성격	예시
촬영물 이용 성폭력	촬영	• 설치형/직접 촬영형 • 자신 또는 타인의 신체를 그 의사에 반하여 촬영 • 유포로 이어질 가능성 다분함	• 불법도촬(소위 몰래카메라) • 신체 일부(치마속, 뒷모습, 전신, 얼굴, 나체 등) • 행위(용변 보는 행위, 성행위 등)
	유포/재유포	• 성행위 촬영물 유포/재유포 • 본인이 동의하여 촬영한 촬영물(최초 유포자 본인) 포함 • 촬영시 동의 여부와 상관없이 유포시 촬영 당사자의 동의없이 정보통신망을 이용하여 유포/재유포 • 얼굴 사진과 성적 사진을 합성하거나 조작하여 유포	• 업로드(헤비업로더 포함) • 단톡방, SNS, 포르노사이트, 커뮤니티 등에 유포 • 보복성 유포 • 지인능욕, SNS 계정에 유포
	유포 협박	• 성행위 촬영물을 유포하겠다는 협박 • 괴롭힘 등의 목적을 이루기 위해 성적 촬영물을 유포하겠다고 협박	• 가족 및 지인들에게 유포하겠다는 협박 • 이별 후 재회를 요구하며 유포 협박 • 다시 본인과 사귀면 유포하지 않겠다고 회유 • 유포 협박으로 금전 요구
	유통 소비	• 영리목적으로 사이버 성폭력 촬영물의 유포 방조 및 협력 • 비동의 유포 성적 촬영물을 시청, 공유, 저장 등의 방식으로 소비	• 웹하드, 포르노사이트 등 플랫폼 사업자 • 웹하드, 포르노사이트 등의 플랫폼 이용자 • 피해 영상을 확산시키는 재유포자 • 피해 영상 시청자
사이버 공간 내 성적 괴롭힘		• 사이버 공간 내에서 성적 내용을 포함한 명예훼손이나 모욕 등의 행위 • SNS 문자 전자우편 공개커뮤니티 게임채팅 모바일 앱 등의 사이버 공간 내에서 발생	• 피해자 사진과 함께 성적인 모욕성 글을 함께 게시 • 원치 않는 성적 이미지나 영상(링크) 제공 • 사이버 공간 내 성희롱

* 한국성폭력상담소 & 한국사이버성폭력대응센터 〈사이버 성폭력피해자지원을 위한 안내서〉(2017). p. 13.

48.5%로 절반 가까이 차지했다. 성적 사이버불링(10.2%), 불법도촬(10.2%)이 그 뒤를 이었다. 사이버 성폭력 피해 상담은 여성이 대다수(93.7%)다. 남성 피해자는 3.3%, 여성과 남성이 동시에 피해를 입은 경

우도 3%로 나타났다. 사이버 성폭력의 가해자와 피해자의 관계를 분석한 통계를 보면, '전 애인'과 '가해자가 누군지 알 수 없음'이 각각 34.5%로 가장 높았다. 특히 '알 수 없음'의 경우, 단순히 '누군지 모른다'는 의미에서 그치지 않고 '아는 사이인지, 모르는 사이인지조차 모른다'는 것을 의미해, 사이버 성폭력의 경우 최소한의 정보도 없는 불상의 누군가로부터 피해를 당하는 경우가 많은 것으로 해석된다. 사이버 성폭력의 피해 발생 플랫폼은 '사회관계망서비스'(SNS)가 40.9%로 가장 높았고, 불법 포르노사이트(39.4%), 국내 웹하드(15.1%)가 그 뒤를 이었다. 사이버 성폭력이 가장 많이 발생하고 있는 SNS의 경우 서버가 해외에 있고 유포자 추적이 어려운 탓에 피해·수사 지원에 한계가 보였다(황금비, 2018. 2. 13). 한편, 여성가족부가 2018년 4월 30일 이후 50일 동안 디지털성범죄피해자지원센터를 운영한 결과, 플랫폼별로 성인 사이트를 통해 유포된 경우가 47%로 절반가량을 차지했고 SNS는 11.2% 웹하드는 11.1% 개인간파일공유(p2p)는 7.7%의 수준이었다. 특히 삭제 요청을 한 성인 사이트 IP주소는 모두 해외 서버를 두고 있었고 대부분이 미국, 그 외 일본, 싱가포르에 서버를 둔 사이트도 있었다(여가부 보도자료, 2018. 6. 21).

사이버 성폭력에 대응하기 시작한 것은 1994년, '성폭력범죄의 처벌 및 피해자보호 등에 관한 법률'이 제정되면서 '통신매체이용음란죄'가 입법화되면서부터이다. 1998년, '카메라등이용촬영죄'가 추가로 입법화됨으로써 이전에는 처벌 규제가 없어서 무혐의 처분되거나 경범죄처벌법으로 처벌되었던 행위가 성폭력 범죄로 처벌되기 시작했다. 또한 인터넷에 유포하는 행위에 대해서는 사생활 침해 또는 명예훼손 등 타인의 권리를 침해하는 정보를 정보통신망에 유통시키면 정보통신망이용촉진 및 정보보호 등에 관한 법률(이하 정통망법) 제 74조제1항제2호에 따른 음란물유포죄로 처벌되거나 정통망법 제70조제1항 및 제2항에 따른 사이버명예훼손죄에 의해 처벌될 수 있다(김현아, 2017a). 경찰청 〈경찰통계연보〉의 범죄 분류에 따르면 성폭력처벌법 제14조 카메라등이용촬영죄와 성폭력처벌법 제13조 통신매체이용음란의죄, 정통망법 음란물유포의죄는 '성풍속 범죄'로 분류된다. 불법 촬영 피해에 대한 피해자들의 호소가 20년이 넘게 지속되고 있음에도 불구하고 여전히 '도박'과 같이 피해자 없는 범죄로 인식되고 있는 것이다. 즉, 불법 촬영물 속 여성의 몸은 사회적 도덕 규범과 관련하여 얼마나 음란한가의 문제로 보는 '성풍속'에 속한다(김민정, 2018).

카메라등이용촬영죄의 범죄 형태에서 촬영자가 촬영물을 유포까지 한 경우는 인터넷의 엄청난 전파력으로 인해 사후에 완벽한 삭제가 거의 불가능하고 피해자의 피해 회복이 매우 어렵다는 점에서 불법성이 훨씬 크다. 카메라등이용촬영죄의 피해자들은 촬영물이 유포되고 재유포된 경우, 보이지 않는 불특정 다수의 시선까지 두려워한다. 사진이나 동영상이 유포된 여성 피해자는 대인공포증에 시달리며, 아직 유포 여부가 확인되지 않은 피해자라 하더라도 이미 자신도 모르게 유포되었을지 모른다는 두려움과 앞으로 언제 자신의 사진이나 영상이 유포될지 모른다는 공포심을 갖는다. 이런 피해 감정 속에서 여성 피해자들은 타인에 대한 신뢰를 상실하고 결국 온라인에서의 활동이 위축되는 것을 넘어 오프라인에서의 실생활까지도 위축되는 피해를 입게 된다(김현아, 2017c).

현재 비동의유포 성적 촬영물 피해의 최초 촬영·유포자의 신상정보를 알지 못하거나 심신미약 상태의 촬영, 해킹, 촬영기기 분실 등으로 성적 촬영물이 유포되었을 경우 피해자는 본인의 성관계 촬영물이 온라인 공간에 계속해서 유통되어도 '카메라등이용촬영죄'로 2차 유포자를 처벌할 수 없다. 때문에 성폭력 피해자로서 받을 수 있는 국가적 차원의 지원과 보호를 받기 어렵고, 촬영물 유포자들을 정통망법 제44조 '음란물유포죄'로 신고하기 위해 피해자가 본인의 피해촬영물이 '음란물'임을 증명해야 하는 상태이다. 따라서 2차 유포자 또한 성폭력처벌법으로 처벌할 수 있도록 개정되어야 한다. 또한 비동의 유포 성적 촬영물 피해자 보호를 위해서는 경찰서 내 사이버 성폭력 전담 경찰 인력이 필요하다. 무엇보다 개인의 피해 촬영물을 유통하여 수익을 얻는 유통 플랫폼 및 인터넷 플랫폼 사업자에 대한 규제와 지속적인 모니터링을 강조하고 있다(서승희, 2017).

사이버성 폭력을 다룬 학계 및 현실에서의 법 적용시 문제점을 정리하면 다음과 같다(이미경, 2018: 51-52). 첫째, 형법상 음화 반포, 제조의 경우, '성풍속에 의한 죄'로 분류되어 있다. 성폭력 영상을 제조, 반포하는 행위는 성풍속 차원에서 고려할 문제가 아니라 성폭력, 여성에 대한 폭력으로 규정되어야 한다. 둘째, 성폭력 처벌법 14조 '성적 욕망 또는 수치심을 유발할 수 있는 타인의 신체'에 대한 판단 기준이 남성 즉 가해자 중심으로 구성되어 있다. 또한 스스로 찍은 사진이나 신체가 아닌 속옷 등일 경우에는 법적 제재의 적용을 전혀 받지 못한다. 어떤 신체 부위가 성적 욕망 또는 수치심을 유발할 수 있는가의 판단에 따라, 직접 촬영하지 않더라도 저장하거나 제시했을 때, 가해자를 처벌하기 어려울 수 있다. 셋째, 디지털 성폭력 피해 촬영물 유포 협박을 받는 경우, 현재는 협박죄로만 처벌이 가능하여 명백한 성폭력임에도 불구하고 성폭력으로 처벌할 수 없다. 유포 협박은 사이버 성폭력의 진행 단계로 개인의 성적 자기결정권 침해와 직결되기 때문에 성폭력으로서 처벌되어야 한다. 또한 유포 협박과 동시에 실제 유포 가능성이 존재하는 디지털 성폭력의 특성을 고려하여 유포 협박을 단순한 협박이 아닌 성폭력의 단계로 인식할 필요가 있다. 영상물의 존재 여부와 상관없이 영상물 유포 협박에 대한 처벌 조항이 마련되어야 한다. 넷째, 디지털 성폭력 피해자는 성폭력 처벌법 13조, 14조를 제외하고, 정통망법, 형법 음화반포, 제조 등의 법에서는 성폭력 피해자로서의 권리와 지원 제도를 활용할 수 없으므로 보완 개정되어야 한다. 또한 수사시 2차 피해를 막기 위해 수사관의 디지털 성범죄와 성폭력 범죄에 대한 이해, 감수성 교육이 필요하다. 사이버 성폭력의 특성상 수사시 온라인 플랫폼 및 유통업체에 대한 실제적 규제와 더불어서 국제적인 공조에 대한 지침이 필요하다.

4. 연구 방법 및 연구 문제

본 연구는 젠더 기반 폭력으로서의 사이버 성폭력의 실태와 대응 상황을 살펴보기 위해, 사이버 성폭력의 피해 구제에 힘쓰고 있는 현장 활동가들과 정부 관계자들의 심층 인터뷰 및 다큐멘터리 〈얼굴, 그 맞은편〉(이선희 감독, 2018)의 인터뷰 내용을 감독의 재가하에 재인용했다(다음 페이지의 표 참조). 이 영화는 제20회 서울국제여성영화제(2018년 6월)에 출품된 다큐멘터리로서, 국가가 사이버 성폭력에 대해 관심조차 두지 않았던 기간 동안 피해자 구제 활동을 해온 한국사이버 성폭력대응센터(한사성)의 활동가들의 삶과 경험, 용기와 열정에 관한 기록이다. 페미니즘과 액티비즘과는 상관없이 살고 있던, 한국의 20대~30대 여성들은 피해자의 얼굴 그 맞은편에서 성폭력 영상을 소비하고 있는 이들을 밝혀내기 위해, 자발적으로 모여 아르바이트로 생계를 이어가며 밤을 지새워 피해자 영상을 검색하여 증거를 모으고 경찰에 신고한다. 또한 사이버상에 무한대로 퍼날라지는 피해자들의 영상을 지워주며 그

인터뷰 대상자 목록

인터뷰이	소속 기관	면담 일시
A	DSO 소속 활동가	5월 30일 면담
B	DSO 소속 활동가	5월 30일 면담
C	한사성 활동가	다큐 〈얼굴, 그 맞은편〉 인터뷰 인용 6월 3일/5일 영화 관람
D	한사성 활동가	다큐 인터뷰 인용 6월 3일/5일 영화 관람
E	한사성 활동가	다큐 인터뷰 인용 6월 3일/5일 영화 관람
F	한사성 활동가	다큐 인터뷰 인용 6월 3일/5일 영화 관람
G	한사성 활동가	6월 7일/ 7월 27일 면담
H	한사성 활동가	6월 7일/ 7월 27일 면담
I	방통위 담당 사무관	6월 1일 면담
J	방통심위 담당 차장	7월 2일 면담
K	여가부 담당 서기관	7월 14일 전화면담
L	성평등 교육 담당 경찰	6월 27일 면담
M	한사성 활동가	다큐 인터뷰 인용 6월 3일/5일 영화 관람

들의 삶이 회복될 수 있도록 돕는다. 영화제 프로듀서의 해설에 의하면, 〈얼굴, 그 맞은 편〉은 성폭력 피해 영상을 소비하고, 제작하고, 유통하는 범죄 카르텔을 밝혀내는 탐사 보도에만 그치지 않고 젊은 여성들이 자신의 몸의 통제권을 되찾기 위해 페미니스트와 액티비스트로 성장해 나가는 임파워링의 서사이다(조혜영, 2018).

한국 정부가 사이버 성폭력에 대해 무관심과 속수무책으로 일관해오던 시기에 20대 여성들 몇몇은 사이버 성폭력의 현실을 목도하게 되었고, 피해자 구제를 위해 요청할 부서도 마땅히 없는 경찰서에 삭제 요청을 도와주게 되었다. 피해자로부터 금전적 대가도 바라지 않고 후원도 없었다. 아르바이트로 생활비를 조달하면서 그들은 무보수로 지난 2-3년간 자신들의 모든 것을 바쳐서 피해 영상을 검색하고 찾아 채증하고 국가 기관에 신고하고 삭제를 요청했다. 그들은 성폭력을 소비하는 가부장적 사회에 분노하고 무대책의 국가에 분노했다. 이 글에서는 디지털 성폭력 근절을 위한 시민단체 '한국사이버성폭력대응센터(한사성)', '디지털 성범죄 아웃(DSO)'의 활동가들이 경험하는 피해 실태와 그들의 정서, 해결책을 위한 몸부림, 답답한 현실은 무엇이며 디지털 성폭력의 근절은 가능한 일인지, 현재 정부는 어떤 대책으로 맞서고 있는지, 현 시점에서 해결책은 무엇인지 모색해보고자 한다.

이 글은 이를 위해 스피노자의 철학, 특히 그의 정서론을 원용하고자 한다. 스피노자의 『윤리학Etica』은 사물에 대한 참된 인식 및 인간의 욕망과 정서에 대한 적합한 인식을 통해 우리가 지복(행복beatitudo) 또는 자유를 얻을 수 있다는 것을 보여주기 위한 책이다(진태원, 2018: 35). 스피노자는 『윤리학』 3부 정리7에서 인간을 포함한 모든 독특한 실재의 본질을 '코나투스conatus', 곧 자신의 존재 속에서 존속하려는 노력, 자신의 존재를 보존하기 위해 애쓰는 것이라고 규정한다. 즉, 코나투스의 인간적인 표현은 '욕구' 내지 '욕망'(3부 정리9)이다. 욕망은 자기 자신을 보존하려고 애쓰는 노력으로서의 활동이다. 스피노자는 기쁨, 슬픔, 사랑 등의 정서가 이성과 따로 존재하지 않는다고 보았다. 정서가 없다면 인간은 어떤 행위도 할 수 없다고 본다. 그는 정서affectus, affect를 "신체의 행위 역량을 증대시키거나 감소시키고 촉진하거나 억제하는 신체의 변용affectio들이자 동시에 이러한 변용들의 관념들"(3부 정의3)로 정의하면서 인간의 모든 정서는 욕망conatus, 기쁨laetitia, 슬픔tristitia이라는 세 가지 기본 정서에서 파생된다고 간주한다(3부 정리11의 주석). 정서는 사유 속성에 속하는 관념의 한 종류이지만 인지적 기능에 따라 정의되는 일반적 관념에 따라 신체와 정신의 역량의 증대 및 감소를 나타낸다(진태원, 2015).

특히 스피노자의 인간학은 인간들이 다른 사람의 욕망을 모방하는 정서모방 개념을 중시하는데, 이 개념에 따르면 사람들의 욕망과 정서(기쁨, 슬픔, 사랑, 미움, 희망, 두려움, 시기 등)는 근본적으로 다른 사람들의 욕망과 정서를 모방한 결과다. 이는 인간들이 서로 분리되어 존재하는 원초적 개인들이 아니라, 관계 속에서 실존하고 성립한다고 보는 스피노자의 관계론적 존재론에 근거를 두고 있다. 에티엔 발리바르(Étienne Balibar, 2010/2012)의 표현에 의하면, 스피노자에게 인간들의 관계는 관개체성transindividuality의 성격을 지닌다. "개인의 '존재'를 구성하는 것은 개인의 항상 이미 다른 개인들(이미 개인 자신의 일부를 이루고 있으며 개인 자신 역시 다른 개인들이라는 존재의 일부를 이룬다)과 맺고 있는 관계의 총화인 것이다."(진태원, 2018: 330). 이러한 관개체적 존재론으로 인해, 인간들 각자는 정서모방의 네트워크에 들어감으로써 비로소 욕망을 비롯한 정서를 갖는 법을 배우게 된다.

스피노자는 어린 아이들의 경우를 들어 이것을 설명한다. "왜냐하면 우리는 경험으로부터, 아이들의 신체는 마치 계속 평형 속에 있는 것과 같아서, 아이들은 다른 사람들이 웃거나 우는 것을 본다는 이유 하나만으로 웃거나 울게 된다는 것을 알고 있기 때문이다. 그리고 그들은 다른 사람들이 하는 것을 보게 되면 그것을 곧바로 모두 따라하려고 하며, 마지막으로 그들은 자신들이 생각하기에 다른 사람들이 즐거워할 만한 모든 것을 스스로 욕망한다."(『윤리학』 3부 정리 32의 주석). 스피노자는 더 나아가 정서모방이 반드시 어린 아이들의 경우에만 나타난다고 생각하지 않는다. 연민이라든가 공감, 민족주의적 정서 등은 모두 정서모방의 대표적 사례들이다.

이러한 스피노자의 정서 이론은 사이버 성폭력에 맞서는 활동가들의 연대와 정서를 해석하는 데 유용하다고 여겨진다. 스피노자의 정서모방은 시민단체 활동가들이 디지털 성폭력 현상을 경험하고, 피해자를 지원하면서 느낀 좌절과 희망의 내용을 파악하는 데 높은 설명력을 지닌다고 본다. 활동가들이 보여준 반사이버 성폭력 활동은 자신의 존재를 보존하려는 노력인 '코나투스'에 해당한다.

5. 사이버 성폭력에 맞서다

상반된 감정으로 현실 마주하기

2015년 워터파크 몰카 사태가 보도되었을 때만 해도 탈의실에서 일반 여성의 벗은 몸이 어떻게 성적으로 소비될 수 있는지 사이버 성폭력의 개념이 미미했기에 그 범죄성을 깨닫지 못했다. 은연중에 불법 성관계 동영상과 비교해 경중을 따졌는지 모르겠다. 그 즈음은 "몰카에 찍'히'지 맙시다"라는 형용모순의 슬로건도 눈에 띄던 때였다. 짧은 치마를 입은 여성은 계단을 오를 때 가방으로 하체를 가리고 자신의 몸은 자신이 지켜야 한다고 스스로 주문하던 때였다. 사이버 성폭력에 전면적으로 맞서고자 용기를 낸 한국사이버성폭력대응센터 등 활동가들이 아니었다면, 정부의 오랜 무대책, 공권력의 묵인, 남성들의 유희, 여성 성폭력산업의 결집체인 사이버 성폭력의 범죄성이 드러났을까 싶을 정도이다. 이들은 우연한 기회에 사이버 성폭력의 참혹한 현실을 알게 되면서 두려움과 공포, 분노의 감정을 갖게 된다.

본래 나의 모습을 다시 찾아가고 있는 가운데 뭔가 이런 센 의견을 흡수하는 것이 겁나는 ……지금은 덜 겁나는데 …나를 찾는 게 ……페미니즘이 너무 좋고 같이 아닌 것에도 대응하고 더 좋은 것은 이 속에서 나라는 사람을 찾아가는 거예요. (C)

중학교때 촛불집회 나갔는데 내 속에서 들끓는 피를 발화시킬 용기가 없었더라구요. 내가 그런 상황을 감당해야 하는데 용기가 나지 않았고 어떻게 보면 그 분노를 정말 건드리지 않는 일을 할 수도 있었는데 이제는 그게 저한테 다가온 페미니즘이었어요. (H)

의문스러운 지점은 국가가 우리가 생각했던 어떤 구조든 기존에 알던 구조들은 우리를 환영하면서도 우리가 생존할 공간을 위해서는 적극적으로 돕지 않는지…… 우리가 사라지고 나면, 한때 그랬었다, 기억하면 되는 일일까. 그렇게 애쓰다가 없어졌다고 하면 되는 것일까 (D)

이러한 감정들도 정서모방 개념에 입각하여 설명할 수 있다. 스피노자는 분개indignatio를 타인에게 잘못 대해준 이에 대한 미움이라고 정의한다(『윤리학』 3부 "부록" 20항). 여기서 타인이란 나와 아무런 이해관계가 없는 제3자의 위치에 있는 사람들이다. 이러한 분개 개념은 사회정치적 소요를 설명하기 위한 중요한 개념으로 설명된다. 스피노자의 『정치론』 4장 4절에 의하면 "국가civitas는 자신의 권리 아래 존재하기esse sui juris sit 위해서는 두려움과 공경의 원인들을 유지해야 하며 그렇지 않으면 국가로 존재하지 못하게 된다. 왜냐하면 통치권imperium을 보유한 이(또는 보유한 이들 중 하나)가 술에 취한 채로 또는 벌거벗은 채로 창녀들과 함께 거리를 활보하거나 광대짓을 하면서 또는 자기 자신이 만든 법을 공공연히 위반하거나 무시하면서 자신의 권위를 보존한다는 것은, 동시에 존재하면서 존재하지 않는 것과 마찬가지로 불가능하기 때문이다. 자기 신민들을 도륙하거나 약탈하고, 젊은 처자들을 성폭행하는 일 그리고 그와 유사한 행위들은 두려움을 분개로 바꾸게 되며, 결과적으로 사회상태를 적대상태로 바꾸게 된다." 물론 이 당시의 국가는 『군주론』에 제시된 마키아벨리의 교훈을 염두에 둔 상황이므로 지금의 자유민주주의 국가와 차이가 있겠지만, 두려움이 분개로 전환되면 사회상태statum civilem에서 적대상태statum hostilitatis로 전환되는 원인이 된다(진태원, 2018). 이러한 분개의 감정은 2018년 혜화동 불법 촬영 편파 수사 규탄 시위를 촉발시켰다고 할 수 있다. 홍대 남성 누드 모델 사진 유출 사건은 피해자가 사건을 인지하기도 전에, '정의로운' 목격자들에 의해 순식간에 공론화되었고, 학교는 신속하게 가해자를 색출하려고 노력했고 즉시 경찰에 수사를 의뢰했다. 여성 가해자는 '긴급' 체포되었고 포토라인에 세움으로써 불법 촬영의 '범죄성'을 전시했다. 이는 여성들이 그간 지속적으로 요구하고 바라던 불법 촬영 범죄를 대하는 모범 답안이었다(김민정, 2018).

> 성범죄의 조사와 처벌은 어떤 수사 담당 경찰, 어떤 검사를 만나느냐에 따라 매우 달라져요. 교육이 우선적으로 이루어져야 할 대상이 다름 아닌, 수사나 재판절차에서 등장하는 인물이라고 생각돼요. (L)

스피노자는 정서가 산출되는 원인으로서 유사성을 언급한다. "어떤 실재가 보통 정신을 기쁨이나 슬픔으로 변용하는 대상과 유사하다고 우리가 상상한다는 사실 하나만으로, 그리고 비록 이 실재가 대상과 유사하다는 사실이 이 정서들의 작용인이 아니라 할지라도, 우리는 이 실재를 사랑하거나 미워하게 될 것이다"(3부 정리16). 한사성의 활동가들이 자발적으로 사이버 성폭력 근절을 위해 모여 활동을 시작하게 된 것은 사이버 성폭력 피해자에 대한 연민과 두려움에 공감했기 때문이다. 대부분 여성들은 일상에서 젠더 권력으로 인한 억압적 상황을 체감할 수 있고 스스로 잠재적 피해자로서 두려움과 공포, 불안감을 느낀 경험이 있기 때문에 디지털 성폭력 피해자의 고통에 쉽게 정서 모방을 일으킬 수 있다.

> 내가 페미니즘 활동을 하면서 이런 일을 당했다는 게 이상한 기분이 들고……더 이상 묵과만 하고 미안하게 만들고 싶지 않아요. (E)

> p2p사이트에 접속해서 소위 '야동'이라는 것을 본 적이 있어요. 거기 19금 성인 카테고리에 캡처되어 있는 스크린샷을 보고 유저들이 다운을 받는데…… 그 스크린샷에 이목구비가 자세히 나오지는 않았지만 측면 모습이 비슷한 거예요. 그걸 발견하고 아침까지 잠을 한숨도 잘 수가 없었어요. 다운받고 확인까지 시간이 걸렸어요. 엄청 다시 절망감이 나의 것이라는 공포가 있었거든요. 소위 '야동'으로 소비되는 영상 속에 있는 사람이 실제 사람이라는 것을 체감하게 되는 경험이었구요. 그 안도감이 너무 이기적이라고 생각했어요.(F)

사이버 성폭력의 피해자를 만나고 채증을 위해 피해 영상을 보고 그들의 얼굴과 몸을 확인하는 작업은 피해자 못지않게 고통스럽다. 자고 일어나서 삭제 지원을 위해 해당 사이트에 접속할 생각을 하면 가슴이 두근거린다든지, 활동가 거의 대부분이 외상트라우마 수치가 높게 나오고, 원형탈모증을 겪기도 하고, "공황 상태에 빠져 활동 자체를 그만두기도 한다"(B). 이러한 신체적 정신적 변용으로 인한 고통을 감내하는 것은 그들이 이 일을 통해 자신의 코나투스, 즉 "할 수 있는 한, 자신의 존재 안에 존속하고자 노력하기"(3부 정리6) 때문이다. 각각의 실재가 되는 이러한 역량의 유한한 양인 코나투스는 노력striving, 경향tendency, 추구endeavor로 다양하게 번역될 수 있다(Nadler, 2006/2013: 324-325).

> 나는 한사성에서 일하면서 가장 나다울 수 있고 행복해. 하루하루가 뿌듯하고 내일이 기대돼요. 그런데 그것들은 여기 있는 사람들밖에는 나눌 수 없어. 이제야 나 자신을 받아들이고 이제야 너무 행복해요. (C)

> 우리가 사실 가부장제에 이바지하는 국가권력, 정치권력에 타협해야 하고 생존하기 위해 최소한의 기반을 마련할 때까지 타협의 선택지를 먼저 찾게 되는데 어느 선까지 타협해야 하는가. 타협을 안 하는 것도 자생적으로 천천히 키워나가는 것도 우리의 길이라고 생각하는데. (H)

> 그렇게 애쓰다가 없어졌다, 하면 되는 것일까. 우리는 일상으로 돌아와서 그 사회에 질식해가면서 그저 살아가면 되는 걸까. 그것을 찾아가는 게 너무 어려워. 생활도 막막하고 후원자를 500명 모으면 된다는데 솔직히 어떻게 모으는지 모르고 해본 적도 없고 될지 안 될지도 모르고(C, 웃음+울음).

최소한의 인프라도 없이 아르바이트로 생활비를 벌어가면서 반사이버 성폭력 운동을 한다는 것은 때로는 양가적 정서에 휩싸이게 만든다. 정서의 양면성에서 비롯되는 혼란은 '마음의 동요fluctuatio animi'를 일으킨다. "상반된 두 개의 정서에서 생겨나는 이러한 정신의 상태constitutio는 '마음의 동요'라 불리며 이것은 불확실성이 상상과 맺고 있는 것과 동일한 관계를 정서와 맺고 있다"(2부 정리44의 주석에 의해). 게다가 "마음의 동요와 불확실성 사이에는 더함과 덜함의 차이만 있을 뿐이다."(3부 정리17 주석). 한사성 활동가들은 정체성을 찾아가는 과정으로서 행복감과 만족감Gaudium을 느끼기도 하고 단체를 운영하면서 타협해야 하는 부분에 대한 안타까움으로 좌절감을 느끼기도 한다. 이들의 정서의 양면성은 윤리학적 실천으로서 딜레마이지만 극복해야 할 우리의 과제이기도 하다(장정연, 2018: 209).

피해자 지지하기

2015년 기준으로 국내 디지털 성폭력은 '정보통신망법'상 음란물 유포가 3,419건, 성폭력처벌법상 카메라 촬영이 7,615건, 통신매체이용음란물 유통이 1,130건에 이를 만큼 문제가 심각했다(이현숙, 2017. 7. 7). 이렇다 할 정부의 대책이 없는 사이 시민단체 활동가들은 디지털 성폭력 피해자들의 고통에 직면할 수밖에 없는 상황이다. 피해자들은 피해가 발생하기 전부터 막연한 두려움을 갖게 되고 최초 유포를 확인한 후에는 매일 재유포되어 다운로드되는 상황으로 고통은 가중되기 마련이다.

> 초반 소라넷이 너무 셌어요. 당시 공황증상이 일어났어요. 그때 초기였지만, 몇만 개 케이지에 저장했었는데, 모니터링 한다고 20명도 더 있었는데 다 나가고 딱 3명 남았어요. 일할 때는 모르다가 쉴 때 와요. 계속 약을 먹고 버티기도 하고. (A)
>
> 자신의 피해를 말하는 것 자체가 너무 힘듭니다. 피해자들은 자신의 피해 사실을 입증하기 위해 시간과 돈을 쓰고 그 과정을 오롯이 감당을 해

야 하는 거예요. 피해에 대해 어떻게 할지 어디서도 가르쳐주지 않으니까요. 경찰도 어떻게 해야 할지 몰라 가져간 영상을 그대로 틀었다는 거여요. 피해 유포는 끝이 없고 해결책도 딱히 없는 막막한 기분……대안을 찾아 나아가야겠죠. (D)

결국에 이 폭력이 너무 끔찍하다 보니까 이 폭력을 지원하는 과정도 고고한 과정이 아닌거죠. 같이 그 흙탕물에서 피비린내 나는 삶의 현장을 같이 들여다보지 않고서는 해결할 수 없는 일이라는 생각이 들더라구요. 직접 피해자를 대면할 수 있는 현장에 있어야만 제대로 된 방향을 가질 수 있는 거잖아요. 그래서 피해자를 지원하고 직접 대면하는 일이 저희한테는 힘들지만 해야 되는 일이라고 생각하고. (H)

최초 가해자가 1인이라고 하더라도 유포되고 소비되는 동안 가해자는 셀 수 없을 정도로 많게 된다. 파생 범죄로 피해 촬영물이 있다고 협박하여 성매매를 강요하기도 하고, 다시 물리적 강간 등으로 연결될 수 있다. 도움을 청하는 이들의 30퍼센트는 유포에 대한 불안에 대한 상담이다. 물리적인 성폭력은 미래에 당할 것이 불안하고 두려워 상담하지는 않는다. 그러나 사이버 성폭력은 자신이 통제할 수 없으므로 미래에 유포되지 않을지, 유포된 뒤에는 내가 무엇을 할 수 있을지, 벌어질 미래의 피해를 상상해 마치 순간 순간 성폭력을 당한 듯한 고통을 받게 된다. 피해자는 다급한 마음에 약 600만 원(3달 단위)의 돈을 지불해야 하는 디지털장의사를 찾기도 한다. 그러나 큰돈을 주고 삭제를 해도 곧 삭제불가능의 구조 속에 갇혀 있음을 깨닫게 된다. 괴로움으로 고통받다가 여성 피해자가 자살한 후에 그 영상은 "유작"으로 명명되어 웹하드 등 사이트에서 인기 있는 콘텐츠가 된다.

실제 도대체 뭔가 하고 디지털장의사를 찾아가봤어요. 삭제를 연계해주고 싶은 게 있었는데, 삭제하는 방법이 공개되어 있지 않아서…가서 보니까 방통위 신고하고 경찰 신고하고 저희랑 똑같은 일을 하고 있더라구요. (B)

불법 촬영 사진 그리고 불법 이미지는 아니더라도 온라인에 떠도는 이미지와 합성해 유포하는 '지인능욕(예를 들어, 여성 지인 사진에 사정한 이미지를 합성하거나 실제로 사정한 사진을 찍어 올리는 것)', 불법 촬영물 원본을 편집하여 재유포하는 등 유포죄는 벌금형에 그친다. 또한 유포가 너무 오래전에 이루어졌다든지, 유포의 혐의를 부인한다든지, 또는 재유포자들의 신상을 밝히기가 어려워 수사가 종결되기도 한다. 재유포자에 대한 처벌에 어려움이 있어서 사이버 성폭력 피해자들은 평생 디지털 감옥에 갇히게 된다.

영상이 퍼졌으니 삭제 지원을 요청한 피해자가 있어서 해당 영상을 찾던 중에 어떤 대형 웹하드 사이트에서 게시물을 찾았는데 저작권이 있는, 그게 제휴 컨텐츠라는 거여요. 저작권이 있을 수 없죠. 그게 불법 영상물인데 누군가가 저작권 등록을 해서 수익을 내고 있는거죠. (D)

우리 피해자 영상이네요. 우리 피해자 영상을 자기네들이 편집 제작해서 판매하고 있어. 왜 몰카 영상을 저작권 있다고 파는거야? (M)

사이버 성폭력 피해자들은 불안감을 넘은 공포심, 우리가 그 결과에 대해 어느 정도 불확실하게 여기는 미래나 과거의 것에 대한 관념으로부터 생겨나는 불안정한 슬픔(『윤리학』 3부 "부록" 13항)을 느낀다. 또는 공황Consternatio의 상태에 놓이게 된다. 즉, "나쁜 일을 피하려는 욕망을 품고 있지만, 그를 두렵게 하는 어떤 나쁜 일에 대한 놀람으로 인해 이 욕망이 제약당하는 것이다"(3부 "부록" 42항). 피해자들의 고통을 덜어주기에 역부족인 활동가들이 느끼는 슬픔은 자괴감이다. "자괴감Humilitas은 사람이 자신의 무능력이나 무력함을 바라봄으로써 느끼는 슬픔이다"(3부 "부록" 26항).

> 사이버 성폭력의 가해자가 피해자의 주거를 아는 경우, 피해자가 다른 곳으로 이사하는 것이 최선이기도 하다. (C)

> 반짝거리는 것 보면 불안해하니까, 이 도구도 유리 깨는 거고 이것도 드라이버이긴 한데 이렇게 하면 깨진다고 하더라구요. 너무 불안해하니까 불안감을 덜어주려고 이런 것도 사주고 그랬어요. (D)

불법 촬영물에 등장하는 이가 자퇴를 하거나, 심지어 스스로 죽음을 택한 '유작' 영상은 더 인기가 있고 비싸게 팔린다. 불법 촬영물이 아니더라도 남초 커뮤니티에 존재하는 능욕 이미지의 합성사진이나 음란물은 아무리 신고를 해도 조치가 이루어지지 않는다. 여성혐오의 극단적 표현은 인터넷 유머라는 관점에서 소비된다. 많은 여성들이 온라인상의 여성혐오 표현물에 대하여 "하여간 다른 곳에서 숨쉴 수 없기 때문에, 생존할 수 있는 공간을 만들어나가야 하기에"(F), 자구책을 동원하지만 통신사업자의 차별적 제재조치로 인해 그 효과를 기대하기 힘든 상황이다(추지현, 2018: 19).

> 미투운동 이후나 이전과 차이나는 것은 없고요. 하루에 많으면 신규가 5

> 건 정도……최소 하루에 1건은 꼭 오는 것 같고 평균적으로 3건, 4건은 피해자 신고가 있어요. 피해자가 보고 인지를 해서 연락을 주시는 거죠. 저희가 찾은 링크랑 캡처해서 보내요. 순차적으로 하기 때문에……너무 많으니까…… 시간이 걸리잖아요. 급하니까 급한 분들은 저희가 삭제를 이렇게 하면 된다 알려드리는 거예요. (G)

한사성 홈페이지에는 "더 나은 세상을 위한 움직임"이라는 캐치프레이즈와 함께 개개인 누구든지 웹하드, p2p를 이용하다가 유포된 피해 촬영물을 발견했다면 피해 촬영물 무단유포 업로드를 직접 신고할 수 있도록 방법을 자세하게 소개하고 있다.[5]

디지털 성폭력은 여성의 몸과 섹슈얼리티를 포르노로 소비하면서도 도리어 피해자인 여성을 비난하고 낙인찍는 사회, 이미지의 유출이 여성의 통제를 강화하고 여성 존재 자체를 무너뜨리는 수단으로 악용될 수 있다는 현실을 단적으로 보여준다(김소라, 2018). 당장 피해를 복구한다 해도 피해자는 '내 영상이 인터넷에 떠돈다'는 불안감을 평생 안고

5 신고 방법은 다음과 같다. ① "국민신문고"사이트에 접속한다. ② 국민신문고 사이트에서 '민원 신청'을 누른다. ③동의를 누르고 신청인 구분에 개인 선택, 본인인증을 진행한다. ④ 연락받을 이메일과 전화번호를 기입한다(주소는 본인의 주소를 기입해도 상관없다) ⑤ 민원발생지역은 '해당없음'에 체크하고 이외 부분은 필요한 부분에 체크한다. ⑥ 유포된 사이트명, 업로더 닉네임, 게시글 제목과 URL 링크를 명확히 하여 각 신고내용에 맞게 바꾸고 이외 부분은 자유롭게 작성한다. ⑦ 첨부파일은 채증자료 폴더 전체를 압축하여 .zip으로 한번에 올려준다. 다음 장에서 채증해야 하는 자료 목록을 확인한다. 피신고자 정보에는 해당 업로드 닉네임과 p2p 사이트 이름을 써준다. ⑧ 처리기관은 직접 선택으로 "경찰청"으로 선택한다. ⑨ 처리부서 기피 신청 '안함', 교통법규 위반에 '아니오'를 클릭한다. "000님의 민원을 경찰청(으)로 신청하시겠습니까?"의 질문에 "신청"에 클릭하여 신고를 완료한다.
다음은 채증이 필요한 목록이다. ① 해당 게시글 캡처(피해 촬영물 원본 게시물 JPG, PDF 파일 캡처 ② 목록 중 게시글 캡처(피해촬영물 게시물/ 게시목록/ 현재 시각 동시캡처) ③ 다운로드 중 캡처(해당 피해 촬영물을 직접 다운로드 받는 화면/현재시각 동시 캡처 ④ 성기노출 장면 캡처(영상 중 성기노출 장면 캡처(여성기, 남성기 관계없음/ 음모 및 항문 가능) ⑤ 판매자 게시물 캡처 첫 페이지와 마지막 페이지 캡처(업로드 아이디 클릭 후 '판매자 자료실' 이동해 목록의 첫 페이지, 마지막 페이지 캡처)
*원본 영상물은 파일 용량의 문제로 대부분, 신고창구에 업로드가 되지 않지만 수사과정에서 원본 영상물을 요구할 수 있다고 제시되어 있다.

살아야 한다. 따라서 피해자를 지원하는 것과 더불어 피해가 발생하지 않게 예방하는 것이 정책적으로 더 우선되어야 한다. 따라서 영상을 찍고 그것을 유포하고 보기 위해 다운받는 것이 모두 차단되고 특히 불법 촬영물을 소비하는 것이 "범죄"라는 사회적 인식이 뿌리내려야 한다. 시민단체 활동가들은 최근 정부 대책이 삭제에 국가적으로 큰 비용을 투입하고 삭제 지원에만 치중해서 사이버 성폭력 문제를 해결하려는 것은 바람직하지 못하다고 지적한다.

카르텔 파헤치기

한사성은 2017년 활동을 하면서 불법 영상 업로더들-웹하드-도박·성매매·디지털장의사 광고-필터링업체의 카르텔 의혹을 제기했다. 이러한 의혹은 다큐멘터리 〈얼굴, 그 맞은편〉에 담겨 소개된 바 있다.

> 유통업체의 관리 규정에 대한 문제입니다. 본 기관에서는 지난[2017년] 6월 한달간 국내 최대 규모의 p2p 사이트를 대상으로 국산노모사이트 즉 성폭력 촬영 영상물에 대한 통계를 내봤는데요. 해당 키워드 수가 이상하게 유지되는 것으로 보아 사이트 관리자가 의도적으로 영상수를 조절하는 것이 아닌가 하는 강한 추정을 하고 있고요. (D)

2017년 9월 7일 방송통신위원회에서 디지털 성폭력 근절을 위한 인터넷사업자 간담회가 열렸고 한사성도 초대받아 참석했다. 그 자리에서 웹하드 대표는 스스로 자성노력을 하겠다고 디지털성폭력클린센터(DSAC·이하 클린센터) 설립을 선언하고 9월 13일 한겨레신문을 통해 홍보한다. "클린센터에 피해 신고가 접수된 촬영물이나 클린센터가 자체적으로 조사해 발견한 촬영물의 해시값과 DNA(전자지문)를 필터링 시스템에 등록하게 된다. 등록된 촬영물은 웹하드 사이트에 업로드와 다운로드가 불가능해진다. 통상 웹하드 업체는 필터링 업체와 협의해 저작권법에 위배되는 영상의 유통을 차단해왔다"(고한솔, 2017. 9. 13). 이 기사대로라면 이후 국내 웹하드에서는 불법 촬영물이 존재하지 않아야 한다. 그러나 불행하게도 현재까지 일일이 채증하여 웹하드 업체에 삭제 요청을 하고 웹하드 업체의 처분을 기다리는 수밖에 없다. 이후 달라진 점은 없다.

> 웹하드협회하고 협약을 맺어서 자기네들이 피해 영상들을 지우겠다 발표를 했죠. 이상하더라구요. 최대 필터업체인 M사의 김기문 대표도 패널이고, 디지털콘텐츠네트워크 협회장도 패널이고 클린센터 공동대표 남희섭 씨도 패널인데, 언젠가 남희섭 씨가 전화로 "웹하드 업체들이랑 친한데 한사성이 삭제 요청 별로 안 했다던데? "이렇게 말해요. 웹하드에 삭제 요청 여부도 물어볼 수 있는 관계인 거죠……. 거의 모든 웹하드사가 DCNA[디지털콘텐츠네트워크협회]에 들어가 있고 DSAC 홈페이지에 회장이 누군지 가입 회원이 몇 명인지도 없어. 2012년-2017년 5년 동안 공지사항에 게시물이 4건이야. 거의 활동을 안 했다는 거잖아. (활동가들 대화, 다큐에서)

2018년 7월 말 현재, 디지털콘텐츠네트워크협회 홈페이지는 리뉴얼 중이다. 또한 활동가들의 짐작대로 디지털성폭력클린센터 홈페이지는 검색이 어렵다. 한겨레신문의 기사에 소개된 url을 찾아서 홈페이지에 접근할 수 있었다. 당시 2017년에는 정부기관에 예산이 마련되어 있지 않은 상태여서 삭제 요청 지원조차 하지 못하던 때였다. 서버가 해외에

디지털콘텐츠네트워크협회 홈페이지(2018년 7월 29일 검색)

있는 불법 음란 사이트는 물론이고 웹하드라고 하는 합법적 사이트에서조차 불법 영상물이 수익을 낳는 구조이다 보니 피해 영상물의 업로더를 방치하는 일이 지속되고 있었다. 2017년 9월 26일, 국회의원회관에서 열린 '디지털 성폭력 근절을 위한 정책 마련 토론회'의 질의 응답 시간에 디지털콘텐츠네트워크협회의 김호범 씨가 "저희는 민간단체구요. 음란물에 대해서는 전혀 수입이 없는 상태여요"라고 말하자 "어제도 들어가 봤는데, 다운로드하는데 싼 것은 700원 비싼 것은 1,300원하는데 어떻게 수익이 없다는 겁니까?"라고 한 여기자는 강변한다.

> 클린센터 링크가 안 나와요. 일반인이 들어가지지가 않더라고. 무슨 캠페인 하는 홈페이지가 링크를 받지 않으면 들어갈 수가 없어? 지란지교 소프트웨어……지란지교 누르면 들어가지고, 홈페이지가 너무 '가라'로 만들어져 있으니, 다시 채워서 만들어 나올려나……한숨(활동가들 대화)

> 클린센터가 생겨나면서 퍼즐이 연결이 되는 거죠. 대외적으로는 이런 식으로 DNA 필터링하겠다고 했지만 사실은 기술 사업자들과도 다 연동이 되어 있고 웹하드하고 그 이해관계가 같으니까 겉으로는 클린센터로 운영하고 안에서는 불법으로 유통하는 거죠. 이 판이 사이버 성폭력 판에서는 클린센터가 되는 거죠. 정부 기관에서 제대로 안 하니까 저렇게 뻘

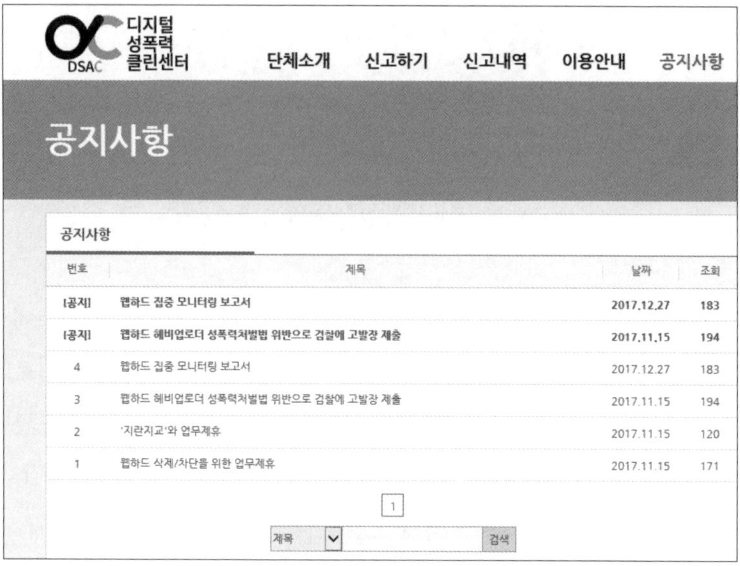

디지털성폭력클린센터 홈페이지 캡처(2018.7.19) http://www.dsacc.or.kr/?inc=list&category=ntc

> 짓을 해도…… 정부에서 정책을 마련하려고 하던 차에 얘네들이 쏙 끼어들어 물타기하고…… 자기네들이 컨트롤하기 위해 만드는 것. (활동가들 대화).

2017년 11월 당시 클린센터(DSAC)에 관여한 DSO 단체의 한 활동가에 의하면, "홈페이지 구축 등 초기 비용을 손해보면서까지 내부 사정으로 사실상 클린센터의 활동이 무산되었다"(A)고 한다. 불법 영상 제공자(헤비업로더)와 수요(성폭력을 소비하려는 자들)가 존재하는데, 큰 수익원이 되는 콘텐츠를 자발적으로 삭제하겠다는 발상이니, 누구보다 삭제가 불가능하다는 것을 아는 이들로서 이는 다른 의도가 아니라면, 불가능한 기획은 아니었던가 싶다.

국회톡톡 페이스북그룹에 제보가 올라왔는데 웹하드 1위와 3위인 위디스크와 파일노리가 같은 회사고 자기가 거기 00팀에서 일했다고 올린 거예요. 피해자가 삭제 요청을 하면, "네 고객님, 콘텐츠번호 알려주고 경찰에 협조가 있어야 합니다." 이렇게 말하라고 교육을 받는다는 거예요. 그리고 피해자 영상 한번 보고 안 지워주는 거죠. 그게 돈이 되니까(H).

최근에는 불법 촬영물을 업로드할 수 있게 한 음란 사이트 운영자와 디지털장의사와 결탁하여 수익을 챙긴 이들이 구속되는 보도(김영동, 2018. 6. 19)를 통해 업로더, 플랫폼 운영자, 광고업자의 수익 구조가 사실로 드러나기도 했다. 한사성은 2018년 비공개촬영회의 촬영물 불법 유포구조를 통해서 "이들 플랫폼을 통해서 성이 상품화되는 것을 넘어 성폭력이 상품화되고 있고 이제 더 나아가 상업화되고"(E) 있음을 입증했다.

웹하드업체의 저작권 보호를 위한 필터링업체, 뮤레카는 국내 최대 웹하드업체인 위디스크의 자본으로 만들어진 업체라고 알려져 있다. 이들은 그동안 저작권 보호 기술로 활용해오던 DNA 필터링 시스템을 불법 촬영물의 웹하드 차단에 활용할 수 있다고 주장했다. 국내 최대 필터링 업체인 뮤레카의 김기문 대표는 2017년 9월, 디지털 성폭력 근절을 위한 정책 마련 토론회에서 "현재 인터넷 검색이나 웹하드에 문의하여 당사로 접수되고 있는 몰카 & 리벤지포르노 차단 요청 건수가 최근엔 월평균 5건 이상 지속적으로 발생되고 있는 상황이다. 기존에는 직접 연락이 오는 개인 유출에 대한 피해 사례 접수는 필터링 기술업체의 도의적 의무 차원에서 진행해왔으나, 최근에는 인터넷장의사 등 차단 서비스를 대행해주는 업체들이 생겨나면서 피해자들에게 큰 금액을 받고 당사에게 필터링 요청을 해오는 악용사례가 늘어나고 있는 추세이다.

하여 검색 서버 운영 및 시스템 운영 비용이 증가함에 따라 최소한의 운영 비용을 받아 차단 서비스를 진행하고 있는 상황이다. 이어 웹하드 시장에 이미 적용되어 있으며 지난 6년간 운영되어온 노하우를 바탕으로 적용 즉시 보호 조치가 가능한 만큼 DNA 필터링 플랫폼을 통해 몰카 및 리벤지포르노 영상 차단을 적용하는 것이 현재로서는 가장 합리적인 기술적 보호조치로 판단된다"(김기문, 2017)고 말한다.

> 지금 당장 있는 기술을 써라……본인들에게 이득이 되는 방향으로 피해자들을 또다시 들먹이는 거구나. 나오면서 울음이 터지더라구요. 우리가 분노하고 있는 사회 부조리의 실체를 완전히 까발려서 본 것 같은 느낌

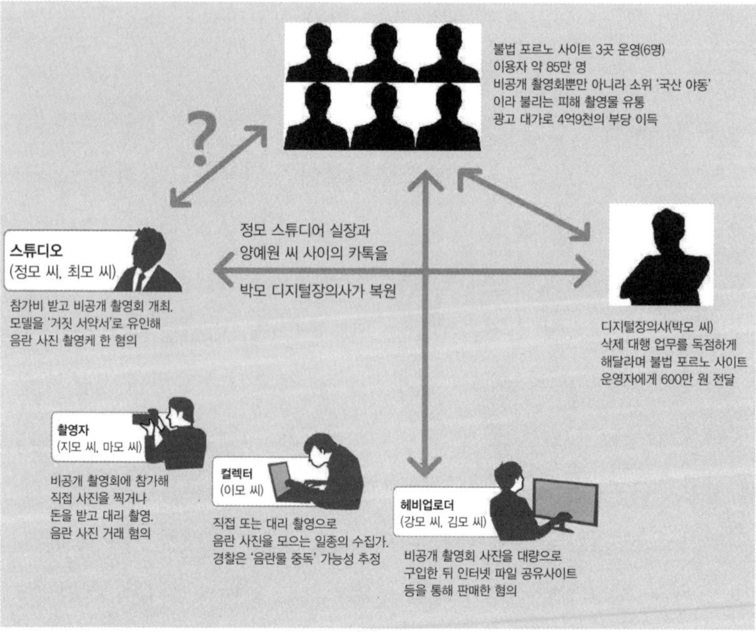

비공개 촬영회 성폭력 사건의 카르텔

* 출처: 음란 사진 유통 범죄 구조(이지훈, 2018.6.14, 동아일보 A12면)/한사성 페이스북 타임라인 제공(2018.7.10).

이었고 우리가 이것과 싸우고 있었구나. 앞으로 싸워야 할 것이 바로 이거구나. (H)

뮤레카 김기문 대표가 밝힌 DNA 필러링 기술과 웹하드 업체들의 자정노력이 이루어졌다면 웹하드의 불법 촬영물은 어느 정도는 통제되어야 한다. 그러나 방송통신위원회와 여성가족부의 보도자료(2018. 7. 6)에 의하면 웹하드상 디지털 성범죄 영상물 적발 건수는 범정부 차원의 디지털 성범죄 피해방지 종합 대책(2017년 9월 26일) 이후 다소 감소했으나 올해 들어 다시 증가 추세를 보이고 있다고 밝히고 있다. 한사성 활동가들은 정부 기관에서 마련한 간담회(2017년 9월)에서도 불법영상물 헤비업로더-웹하드 등 플랫폼 운영자-광고주(디지털장의사, 성매매, 도박)-소비자의 수익 구조에 대한 의혹을 품게 되었다.

정부 기관 대응하기

사이버 성폭력 방지와 관련한 정부 기관 중 핵심적인 네 곳의 대책을 중심으로 살펴보고자 한다. 먼저 사이버 성폭력 사건 전담부서가 없던 경찰청에서는 2018년 3월부터 서울시경찰청을 비롯해서 경기 남부, 광역도시, 각 도에 사이버 성폭력 전담팀이 만들어졌다. 하지만 일선 경찰서에서는 사이버 성폭력 전담팀이 없는 셈이다. 사이버 성폭력 피해 지원 매뉴얼이라든지 사이버 성폭력 전문 인력 교육도 여전히 미비한 실정이다.

사이버 수사와 성폭력 수사는 결이 틀려요. 마치 온라인과 오프라인처럼 느낌이 전혀 달라요. 온라인 거래상 사기사건을 주로 수사하는 사이버 수사와 오프라인의 성폭력 수사도 이질적이에요. 사이버 수사는 계좌 추적, 압수영장, 어디에서 어떤 결제를 했는지 추적해야 하고…… 성폭력 수사에서는 성폭력 범인을 잡기 위해 현장에서 발로 뛰어 확인해야죠. 사이버 성폭력은 사이버 수사기법을 잘 알면서 젠더 감수성이 높은 분들이어야 하는데…… 젠더 감수성을 갖추고 사이버 수사와 성폭력 수사의 경험이 많은 분이어야 하죠. (L)

사이버 성폭력은 국가적 차원의 근절 의지에 따라 직접적으로 큰 효과를 볼 수 있는 유일한 성폭력(서승희, 2017)이기에 정부 기관의 대응이 보다 절실했다. 그러나 주지하다시피 방송통신위원회(이하 방통위) 및 방송통신심의위원회(이하 방통심위), 여성가족부(이하 여가부)에서 디지털 성폭력에 전면 대응하기 시작한 것은 2018년 4월 30일부터이다. 방통위는 불법 촬영물의 삭제 및 해외 불법 사이트의 차단 업무를 맡고 있다. 웹하드의 불법 영상물 업로드 차단은 정보통신진흥협회KAIT[6]를 통해 2016년부터 불법 음란 정보 유통 방지를 위한 웹하드 사업자의 불법 영상물 상시 점검이 이루어지고 있다. 즉 이론적으로는 현재 58개 웹하드 업체들이 차단 기술을 적용해서 불법 촬영물이 업로드되었을 때 100퍼센트 자동 차단이 되어야 한다. 그러나 웹하드 업체의 업로더를 제재할 수 있는 법이 없다 보니 근절되지 않는 상황이다.

웹하드 업체가 불법영상 업로드 차단 기술을 심어 적용을 해야 하는데 적용 안 할 때가 있을 수 있죠. 야간 시간 때라든가 그 기능을 오프 시키면 그 사이 업로드되는 것으로 의심하지만, 확증은 못하고요. 기술 미이

6 방송통신발전기본법 제15조에 근거 방송통신 발전 및 공공복리 증진에 기여하고자 1987년 설립된 법인이다.

행 조치 업체나 삭제 요청을 받아들이지 않는 곳은 현장 점검해서 지적하면 웹하드 업체는 그래도 어느 정도 협조는 합니다. [업로드]차단을 하려면 불법영상물 DB가 있어야 하고 원본과 매칭해서 차단이 가능한데 방심위가 심의한 DB를 기본으로 가지고 있고 자신들이 불법 영상물이라고 하는 것을 추가로 필터링업체가 웹하드에 공급해주고 있는 구조입니다. 원본이 없는 새로운 영상물같이 매칭이 안 되는 것이 올라올 수도 있고 ……우리가 개선하려는 것이 DNA 필터링 개발은 사업자 선정 중이고…… 더 문제는 해외에 서버가 있는 불법 사이트는 차단해야 하는데, 구글, 페이스북, 일본의 FC2 등 5군데 정도는 협조가 비교적 되는 편이고 해외 사이트에서는 법적 집행력, 협조가 안 되서 국내 통신사를 통해 접속 차단하는 것…… 기존에 올라와 있는 불법 촬영물이 완전 삭제가 되지 않고 남아 있다는 것이 문제입니다. (I)

국가는 일단 웹하드 업체가 책임을 이행하지 않았을 때 이득보다 손실이 크다는 것을 보여줘야 하는 거죠. 국가 기관에서 해외에 서버가 있는 경우, 어쩔 수 없다고 말하는 것은 사이버 성폭력, 여성들이 당하는 이러한 피해에 대해 심각하게 생각하지 못하는 거 아닐까 싶어요(G, H).

한사성 활동가들은 관련 기관이 사이버 성폭력을 완전히 근절할 수 없다고 전제해서는 안 된다고 말한다. 현재 과기부는 2019년 완료 목표로 좀 더 발전된 업로드 차단 AI 기술을 개발 중이다. 기존 해외에서 개발된 기술의 경우는 해당 사업자가 적용해야 하는데 재정적 부담도 있고, 무엇보다 강제로 적용할 수 있도록 의무를 지워야 하는데 해당 법 제정이 쉽지 않은 상황이다.

웹하드 등 사업자에게 음란물이 유통되면 삭제 의무를 강제하는 법안은 발의가 되어 있어요. 의무적으로 사업자들이 기술을 심도록 법이 제정되어야 합니다. 이 법이 제정되면 불법 음란물에 대해서는 심의와는 상관없이 망에 유통되고 있으면 바로 삭제하라고 요구하고 삭제 안 하면 사업자를 처벌할 수 있습니다. (I)

방통위는 2018년 6월 12일, 한국정보통신진흥협회에서 38개 웹하드 사업자를 대상으로 디지털 성범죄 영상물 유통 차단 정책 설명회를 개최한 바 있다. 이 자리에서 방통위는 '몰카', '국산', '국노' 등 디지털 성범죄를 연상시키는 단어를 제목으로 하는 성인물에 대한 금칙어 서비스 검색 결과 개선, 영상물이 변형되어도 걸러지는 '해시기반 DNA 필터링 기술'의 연내 적용을 계획하고 있다고 밝혔다. 앞으로 개발될 이 필터링 기술은, 2017년 9월 웹하드의 필터링 업체의 저작권 보호를 위한 기술로서 최대 웹하드 필터링 업체인 뮤레카의 김기문 대표가 불법 촬영물 삭제를 위해 적용을 강권했던 그 '필터링 기술'과 어떻게 다른 것인가? 또한 국내 최초 디지털장의사인 박형진 대표가 "동영상 삭제 노하우와 동영상 DNA 필터링 기술을 근간으로 인터넷 유출 동영상 삭제 및 원천 차단이 가능하다"(통일신문, 2017. 10. 17)고 말한 '필터링 기술'이란 무엇인가? 2018년 4월 대한민국 국민 브랜드대상, 국회행정안전위원장상을 수상한 바 있는 박형진 대표는 2018년 7월 현재 스튜디오 비공개촬영회 사건과 관련하여 피의자 신분으로 조사를 받고 있다.

방통심위에 디지털성범죄팀이 만들어진 후, 달라진 점은 "첫째 이전 통신심의관련 민원 처리가 음란물에 국한된 것이었다면, 그와 더불어 음란물로 규정하기에는 애매모호한 성폭력 이미지·영상, 초상권, 명예훼손 침해 등 디지털 성범죄에 해당되는 사안을 포괄해서 민원처리할 수 있게 되었다는 점, 둘째, 소위원회를 주3회로 늘려서 운영하여 차단, 삭제 등 심의 결과가 좀 더 빠르게 나올 수 있도록 했다는 점, 셋째, 전문 모니터 요원 3인이 민원이 들어온 건에 관해 검색하여 심의를 올리는 사항 이외에 업체에 자율 삭제 등을 요청하도록 한 점이다"(J). 그러나 웹하드 등 업체의 자율 삭제를 "요청"하는 것으로는 역부족인 상황이다.

> 애매한 성폭력이라……확실한 성폭력 영상도 삭제가 다 안 되고 있는 것인데 애매모호한 성폭력이라고 하면, 되고 있는 것인지, 확실한 성폭력 영상도 삭제가 다 안 되고 있는 것인데 저희가 방통위에 신고를 할 때는 확실히 다운이 되는 것이고 이것이 피해 촬영물인 것은 확실한데 피해자 있는 것이 명백하기 때문에 방통위에 민원을 넣는 것인데…… 그것이 처리되지 않는 이유가 뜨는데요. '다운을 못한다. 보이지 않는다' 하지만 저희는 다운이 되고 보이기 때문에 신고를 넣은 거거든요. (G)

> 민원 접수부터 통신심의소위원회 상정을 거쳐 삭제나 접속 차단의 심의 결과를 얻고 업체에 협조 요청을 하고 그 결과를 피해자에게 통고하기까지 2주, 3주 정도 걸리는 셈이다. 피해자 입장에서 해당 사업자에게 삭제 요구 등 자율 조치하도록 권고하기도 하지만 강제 사항이 아니다. 그러다 보니 업체 쪽에서 삭제하려면 피해 당사자의 인적사항, 위임증 등을 요구하면서 삭제를 회피하는 경우도 있다. (J)

"민원처리가 곧 '삭제'를 의미하는 것은 아니며 단지 신고를 받는다는 것"(H)이어서 방통심위의 삭제 요청을 보다 적극적으로 받아들이기 위한 웹하드 등 업계를 제재할 수 있는 법 마련이 시급하다.

여성가족부 산하 여성인권진흥원의 디지털성범죄피해지원센터는 피해자의 피해 상황에 따라 맞춤형 지원을 해주는 기관이다. 삭제 지원 인력은 현재 9명이다. 유포 피해를 입은 분이 영상물을 제공하면 웹하드 등 어디에 퍼져있는지를 검색하고 관련 키워드를 넣고 찾은 영상물을 하나씩 열어보고 피해자의 영상물인지를 확인하고 해당 사이트 운영자에게 성범죄 피해 영상물이므로 삭제 요청을 한다. 삭제 지원이라고는 하지만 영상물을 직접 삭제할 수 있는 것은 아니고 영상물이 게재되어 있는 해당 사이트 운용자에게 삭제 요청을 하고 해당 영상물이 삭제되었는지 여부를 확인한다. 여가부 관계자는 방통심위의 심의제도와 한국여성인권진흥원의 디지털성범죄피해자지원센터가 업무적으로 목적과 기능이 다른 사업임을 강조한다.

> 일부 삭제 지원이 겹치기는 하는데, 저희는 피해자 지원을 위해 만들어진 센터입니다. 디지털 성범죄의 특성상, 유포 피해가 발생되면, 피해자의 피해 회복을 위해 삭제 지원이 필수적이어서 삭제 요청 지원을 하는 것이고, 방통심위의 심의 제도는 건전한 인터넷 환경 조성을 위해서 만들어진 제도입니다. 기존의 도박 성매매 잔혹 영상에 대해 심의하는 가운데 음란물이 들어가 있던 것이고 이번에 디지털 성범죄가 워낙 중요해지다보니 디지털 성범죄가 강화된 거고요. (K)

방통심위는 반드시 피해자가 삭제 요청을 신청할 필요는 없지만 여가부의 디지털성범죄피해자지원센터는 반드시 피해자 당사자나 법정대리인이 신청해야 한다. 방통심위는 인터넷피해구제센터를 통해서 신청을 해서 심의에 들어간 경우가 있기는 한데 언론에 보도된 사항에 대해서 긴급 모니터링을 하기도 하고 꼭 영상물에 등장한 피해자가 아니어도 심의는 진행된다. 방통심위에서 2018년 4월 30일부터 불법 촬영물 삭제 요청 작업을 시행하고 있지만 역부족인 면이 있다.

> 7월 2일 하루만도 600여 건의 민원을 통신심의소위원회에 상정했다. 주 500건에서 1000건이라고 보면 된다. 일명 '폭탄사이트'라고 해서 신고 당시에는 살아 있다가, 심의소위원회 회의 현장에서 보려면 다운이 안 되거나 사이트 자체가 사라져버리는 경우도 있다. (J)

웹하드가 아니어도 외국에 서버를 둔 성인 사이트나 p2p를 통해 쉽게 불법 촬영물을 접할 수 있으니 불법 촬영물의 유포와 시청을 과연 막을 수 있을까. 더불어 어린 시절부터 만화나 영화 등 불법 다운로드는 일종의 관행이 되어 있고, 영상에 심어진 성인 사이트, 성매매 광고는 지속할 수밖에 없는 수익 구조를 형성한다. 현재 국가 기관은 사이버 성폭력의 문제를 인식하고 해결을 위해 해당 영상의 심의 삭제, 불법 사이트 차단, 피해자 지원, 기술 개발 등 노력을 하고 있지만, 부처별 예산과 조직의 특성에 따른 해결책에만 초점을 두고 있는 한계를 보인다. 예산이나 조직면에서 티무니없이 부족하지만 총체적으로 조감할 수 있는 시민단체의 노력이 중요한 이유이다. 사이버 성폭력은 지속적으로 열정과 믿음을 갖고 문제에 집중할 때 해결 역량이 축적될 것으로 보인다.

6. 사이버 성폭력, 텍스트와 담론 바깥에서 바라보자

2018년 3월부터 광역시도 지방행정 단위의 경찰청마다 사이버 성폭력 전담수사팀이 꾸려졌고 4월 30일부터 본격 가동된 방송통신위원회, 방송통신심의위원회, 여성가족부의 디지털성범죄피해자지원센터 등의 활동으로 가시적인 성과도 보이고 있다. 현 시점에서 사이버 성폭력 근절 효과를 높이기 위해 문제점과 해결 방안을 제시하면 다음과 같다.

첫째, 사이버 성폭력의 최초 유포자, 재유포자, 플랫폼 사업자를 강력하게 처벌할 수 있는 법 개정이 필요하다. 현재 웹하드 등 플랫폼 운영자가 불법 촬영물을 자동 차단해주는 기술 적용을 24시간 강제하는 강력한 법안이 존재하지 않아, 기술이 개발되어도 제대로 적용되지 않을 수 있다.

둘째, 최근 문제가 심각한 텀블러 등 SNS의 경우, 삭제 요청을 할 수 있는 공식적 창구가 있지만 문제해결에 적극적이지 않다. 방통위에서도 해외에 서버를 둔 불법 포르노사이트의 피해 촬영물의 경우, 추적과 삭제가 어려운 현실이라고 토로한다. 정부 차원에서의 불법 포르노사이트 폐쇄 및 운영자 처벌, 해외에 도피해 있는 가해자를 처벌하기 위한 국제적 수사 공조가 반드시 필요하다.

셋째, 웹하드, 불법 포르노사이트, 텀블러 등 사이버 성범죄물이 유통되는 플랫폼에 대한 다양한 규제가 이루어져야 한다.

넷째, 불법 피해 영상을 자동 차단할 수 있는 필터링 기술이 필요하다. 필터링 기술 개발에 시간이 걸린다면, 당장은 '네이버'나 '다음'과 같은 포털사이트와 공익적 차원에서 필터링 시스템을 공조하는 방안도 고려해볼 필요가 있다. 예를 들어, 다음 사이트는 댓글에 불법 사이트 주소나 불법 사진이 올라오면 새벽 3시든, 4시든 바로 차단되고 있다. 다만, 사기업에 장기적으로 필터링 기술을 의존하는 것은 여러 가지 측면에서 우려스럽다.

넷째, 무엇보다 사이버 성폭력에 대한 대대적인 인식 개선이 필요하다. 우리는 매우 오랫동안 사회적으로 '야동' 소비를 당연시했다. 1990년대 *** 비디오 등 우리는 이미 오래전부터 불법 촬영물을 접하고 돌려

보고 그것이 반인권적이고 비윤리적이라는 인식 없이 여성의 벗은 몸과 섹슈얼리티를 소비해왔다. 단톡방에서나 SNS에서 건네지는 음담패설이나 이미지, 동의 여부와 상관없이 촬영하여 유포시킨 포르노를 '야동'이라는 이름으로 소비하고 권장하는 일도 성폭력이라는 인식 없이 야동 시청을 당연시여기지 말아야 한다. 더불어 불법 촬영물을 다운로드받고 소비하는 것 또한 사이버 성범죄라는 점이 널리 유포되어야 한다. 또한 피해 이미지나 불법 영상을 무심코 타인에게 전송하거나 공감, 리트윗, 댓글 달기 등을 하는 것 또한 사이버 성폭력을 키우는 데 일조한다는 점을 인식해야 한다.

다섯째, 청소년뿐만 아니라 기자, 피디 등 미디어 생산자들, 무엇보다 일선 수사기관의 관계자들, 법조인 대상 디지털 리터러시와 섹슈얼리티 교육이 필요하다.

여섯째, 다양한 젠더 폭력(스토킹, 데이트 폭력, 온라인 성폭력) 등에 대한 대응 강화 및 사각지대 해소를 위한 〈젠더폭력방지법(가칭)〉의 제정 논의가 진행 중이지만, 디지털 성폭력을 포함한 젠더 성폭력을 예방 차원에서 〈포괄적 차별금지법〉(가칭) 제정이 시급하다.

여성의 몸은 이미, 언제나 성적 대상화로 관습화된 재현의 프레임에 갇혀 있다. 왜 여성의 몸만 성적인 흥분을 일으키며, 음란한 것으로 간주되어야 하는가. 신체에는 항상 공적인 차원이 있다. 공적 영역에서 사회적 현상으로 구성되는 나의 신체는 나의 것이며 또 나의 것이 아니다. 처음부터 타자들의 세계에 배당된 신체는 타자들의 자국을 지니고 있고 사회적 삶의 도가니 안에서 형성된다(Butler, 2004/2008: 121). 앞서 소개한 제안점들이 제대로 시행된다면 불법 영상물의 유포나 소비를 일시적으로 줄이는 데 일조하겠지만, 불법 영상의 완전한 근절을 위해서는 보다 전복적 인식 전환이 있어야 한다.

우리는 기존의 젠더 권력 구조에 조건화된 담론 바깥에서 이 문제를 바라볼 필요가 있다. 불법영상물을 '야동' 혹은 '포르노'로 부름으로써, 규제의 근거와 음란성의 책임을 재현과 착취의 대상인 여성에게 전가시킨다는 비판(김소라, 2018)은 적절하다. 불법 영상물의 음란성은 텍스트 자체가 아닌, 그것을 생산, 유포, 소비하는 가운데 구성되는 것이다. 최근 한국 사회에서 벌어진 상의 탈의 퍼포먼스는 여성의 벗은 몸을 음란한 것으로 보려는 시각에 항의한 것이다. 즉 여성의 가슴은 사이버상에서 음란물로 규정되어 권력에 의해 검열되어 삭제되거나, 성적 이미지로 남성들에 의해 소비되는 반면, 남성의 벗은 몸은 '보편인간의 몸'으로 인식되어 전혀 수치스럽지 않다. 또한 탈코르셋운동 또한 남성 시선의 구속에서 벗어남으로써, 보는 자와 보여지는 자 사이의 젠더 권력을 깨고자 하는 노력이다.

불법 영상물의 유포와 소비의 근절은 반드시 이뤄내야 할 의지와 지향성의 문제이다. 우리에게 필요한 것은 텍스트들 사이에서 어긋남décalage의 효과로 구축되는 새로운 담론들(Foucault, 1971/2014)이다. 이 글이 다큐멘터리 〈얼굴, 그 맞은편〉과 참고 텍스트들과의 어긋남이듯, 웹하드사-헤비업로더들(성매매 광고)-필터링회사-디지털장의사의 공생관계를 파헤친 〈그것이 알고 싶다〉(sbs, 2018년 7월 29일 방영)의 텍스트는 그 이전 사이버 성폭력 문제를 다룬 〈추적60분〉(kbs, 2018년 7월 18일 방영) 텍스트와의 어긋남이다. 사회적 논란과 우려로 틀지워지고 있는 혜화동 시위의 과격 표현이든, 삭제 불가능성에 대한 피해자의 좌절감을 담아낸 TV 담론이든, 남성 문화로 소비되는 사이버 성폭력 산업의 실체를 파헤치려는 대항담론들counterdiscouses의 생성이 지금 여기 우리에게 절실하다.

참고문헌

고한솔 (2017. 9. 13). 몰카·리벤지포르노… 디지털 성범죄물 웹하드에서 자취 감춘다. 〈한겨레신문〉. URL: http://www.hani.co.kr/arti/society/society_general/810879.html#csidx088930c2b8b63a98f896e320e309b30

〈그것이 알고싶다〉 (2018. 7. 29). 1131회, 죽어도 사라지지 않는… -웹하드 불법 동영상의 진실. 〈SBS〉. URL: http://programs.sbs.co.kr/culture/unansweredquestions/visualboard/55074?cmd=view&board_no=519921

김기문 (2017). 국내필터링 시스템 현황 및 관리체계. 『디지털 성폭력 근절을 위한 정책 마련 토론회』(78-82). 국회의원세미나실.

김민정 (2018). 통계의 정치: 숫자로 보는 '몰카'수사 그리고 혜화역. 『불법촬영 편파수사의 젠더정치』(1-10). 한국성폭력상담소.

김보화 (2017). 젠더에 기반한 폭력으로서 사이버 성폭력. 『젠더 폭력과 온라인 페미니즘』 토론 자료. 『여성주의 라테: 세대가 공감하는 새로운 의제, 오래된 역사』 서울시 성평등기금 사업.

김소라 (2018). 시선의 정치: 보는 자, 보여지는 자와 젠더 권력. 『불법촬영 편파수사의 젠더정치』(28-47). 한국성폭력상담소.

김수아·이예슬 (2017). 온라인 커뮤니티와 남성-약자 서사 구축: '여성혐오' 및 성차별 사건 관련 게시판 토론의 담론 분석을 중심으로. 『한국여성학』. 33권 3호: 67-107.

김양균 (2018. 7. 8). 불법영상 대응 인터넷사업자 강력 제재해야. 〈국민일보〉. URL: http://news.kmib.co.kr/article/view.asp?arcid=0923975860&code=14130000&cp=nv

김영동 (2018. 6. 19). 못 믿을 디지털 장의사…음란사이트와 결탁해 독점 계약. 〈한겨레〉. URL: http://www.hani.co.kr/arti/society/area/849676.html

정 현 (2017). 보복 포르노 관련 처벌 사례 및 입법 소개. 『반성폭력 이슈리포트』.

제11권: 79-81.
김현아 (2017a). 디지털 성폭력 처벌 실태와 문제점. 『디지털 성폭력 근절을 위한 정책 마련 토론회』(38-58). 국회의원 남인순·진선미·신용현, DSO(디지털성범죄 아웃), 십대여성인권센터, SNS성범죄박멸팀, 디지털성폭력클린센터 DSAC.
_____ (2017b). 『성폭력범죄의 처벌 등에 관한 특례법상 카메라 등 이용촬용죄에 관한 연구』. 이화여자대학교 법학과 박사학위 논문.
_____ (2017c). 카메라등이용촬영죄 처벌의 문제점과 개선방안. 『이화젠더법학』. 9권 1호: 1-32.
남정림 (2005). 인터넷 게시판상의 성폭력의 특성과 합리파 메커니즘. 『한국여성학』. 21권 3호: 38-66.
박주연 (2018. 5. 21). 강남역 2주기…우리의 마음은 지지 않았다. 〈페미니스트저널 일다〉. URL: http://www.ildaro.com/sub_read.html?uid=8207&section=sc1&section2=성차별
서승희 (2017). 사이버 성폭력 피해의 특성과 근절을 위한 대응방안: 비동의유포성적촬영물을 중심으로. 『이화젠더법학』. 9권 3호: 59-95.
서울특별시·한국성폭력상담소·한국사이버성폭력대응센터 (2018). 『사이버 성폭력 피해자 지원을 위한 안내서』. URL: http://www.sisters.or.kr/load.asp?subPage=310.view&cate1=발간&cate2=&page=1&idx=224
〈얼굴, 그 맞은 편〉. 이선희 감독, 제20회 서울국제여성영화제 출품작.
여가부 (2018. 6. 21) 보도자료. URL: http://www.mogef.go.kr/kor/skin/doc.html?fn=339f6375788448b1bfbd78ca272d62fb.hwp&rs=/rsfiles/201807/
여가부·방통위 (2018. 7. 6) 보도자료. URL: http://www.mogef.go.kr/nw/rpd/nw_rpd_s001d.do?mid=news405&bbtSn=705770
이미경 (2018). 유엔 여성차별철폐협약의 국내 이행방안 모색: 형사법 개정을 중심으로. 『#MeToo, 분노를 넘어 실천으로』(45-64). 경찰청인권센터, 이화여자대학교 젠더법학연구소.

이수연 (2018). 여성혐오표현이란 무엇이며 왜 위험한가. 『여성혐오규제방안: 국제사례』(3-14). 여성가족부.

이지훈 (2018. 6. 14). 촬영강요→사진거래→불법유통…취미 아닌 돈벌이 조직범죄였다. 〈동아일보〉. URL: http://news.donga.com/3/all/20180614/90570732/1

이현숙 (2017. 7. 7). 사이버 성폭력 피해 사례를 통해 본 신고 및 수사 체계의 문제점. 〈TV서울〉. URL: http://tvseoul.kr/news/article.html?no=10634

장정연 (2018). 스피노자의 정서와 정신장애인의 정서. 『철학·사상·문화』. 26호: 178-212.

조혜영 (2018). 〈얼굴, 그 맞은편〉. 〈제20회 국제여성영화제〉 프로그램 해설. URL: http://www.siwff.or.kr/kor/addon/00000001/program_view.asp?m_idx=102998&c_idx=250&QueryYear=2018&QueryType=B&QueryStep=2

진태원 (2010). 변용의 질서와 연관. 스피노자의 상상계 이론. 『철학논집』. 22호: 103-140.

_____ (2015). 『스피노자 에티카 강의록』(미발간). 엑스플렉스.

_____ (2018). 스피노자의 『윤리학』: 욕망의 힘, 이성의 역량. 『동서인문』. 9호: 31-63.

〈추적60분〉 (2018. 7. 18). 1274회, 나는 당신의 야동이 아닙니다- 디지털성폭력. 〈KBS〉. URL: http://www.kbs.co.kr/2tv/sisa/chu60/view/vod/index.html?searchStatus=0&articleIndex=1&vosample=&currentUrl=http://www.kbs.co.kr/2tv/sisa/chu60/view/vod/index.html

추지현 (2018). 처벌의 정치: 사적 구제와 공적 처벌. 『불법촬영 편파수사의 젠더정치』(11-27). 한국성폭력상담소.

통일신문 (2017. 10. 17). 디지털장의사 박형진 대표, 국내 웹하드·P2P '몰카·유출동영상 삭제 DNA 필터링 시스템' 도입 완료. URL: http://www.unityinfo.co.kr/sub_read.html?uid=23259

한국사이버성폭력대응센터. URL: http://cyber-lion.com/

홍남희 (2018). 디지털 성폭력의 '불법화' 과정에 대한 연구. 『미디어, 젠더 & 문화』. 33권 2호: 203-246.

황금비 (2018. 2. 13). 사이버 성폭력, 피해자 93.7% '여성', 가해자 34.5% '옛 애인'. 〈한겨레신문〉. URL: http://www.hani.co.kr/arti/society/society_general/830374.html#csidxeb810588f10588591326e802415babd

Balibar, É. (1985). *Spinoza et al politique*. Presses University de Frances. 진태원 역 (2014). 『스피노자와 정치』. 그린비.

Butler, J. (2004). *Precarious Life: The Power of Mourning and Violence*. Verso. 양효실 역 (2008). 『불확실한 삶: 애도와 폭력의 권력들』. 경성대학교출판부.

Foucault, M. (1971). *L'Ordre du Discours*. Gallimard. 이정우 역 (2014). 『담론의 질서』. 중원문화.

Nadler, S. (2006). *Spinoza's Ethics: An Introduction*. Cambridge University Press. 이혁주 역 (2013). 『에티카를 읽는다』. 그린비.

Manne, K. (2017). *Down Girl: the logic of misogyny.* Oxford University Press.

찾아보기

[ㅎ]

디지털 미디어와 페미니즘

펴낸날 1판 1쇄 2018년 11월 1일
지은이 이희은 · 채석진 · 김예란 · 백지연 · 김수정 · 김은영
강혜원 · 강보라 · 김애라 · 이종임 · 한희정
펴낸이 김헌민
펴낸곳 이화여자대학교출판문화원
주소 서울특별시 서대문구 이화여대길 52(우03760)
등록 1954년 7월 6일 제9-61호
전화 02) 3277-2965(편집), 362-6076(마케팅)
팩스 02) 312-4312
전자우편 press@ewha.ac.kr
홈페이지 www.ewhapress.com
책임편집 민지영
디자인 신성기획
찍은곳 (주)현문자현

ISBN 979-11-5890-293-3 93300

값 25,000원

이 도서의 국립중앙도서관 출판예정도서목록(CIP)은 서지정보유통지원시스템 홈페이지(http://seoji.nl.go.kr)와 국가자료공동목록시스템(http://www.nl.go.kr/kolisnet)에서 이용하실 수 있습니다. (CIP제어번호: CIP2018033318)

*** 이 책은 NS 홈쇼핑의 후원으로 제작되었습니다.**